Hermann von Berg
Vorbeugende Unterwerfung

Hermann von Berg

Vorbeugende Unterwerfung

Politik im realen Sozialismus

Universitas

© 1988 by Universitas Verlag in
F. A. Herbig Verlagsbuchhandlung GmbH, München
Alle Rechte vorbehalten
Schutzumschlag: Christel Aumann, München
Satz: Fotosatz Völkl, Germering
Druck: Jos. C. Huber KG, Dießen
Binden: Thomas Buchbinderei, Augsburg
Printed in Germany
ISBN: 3-8004-1177-6

Inhaltsverzeichnis

wird man Doktor? – Sozialdemokratismus und Geschichtskonzeption KPD-Konspirateure als Bundesbeamte – Dozent und Professor an der Humboldt-Universität – Weiterbildung der Eliten – Habilitation – Konflikt mit dem SSD –
SED-Opposition – Wirtschaftstheorie und Wirtschafspoli-
tik – Berufsverbot

Zwischen den Parteien, den Regierungen und der Presse in
Deutschland
Presseamt und Ministerrat – SSD und Westpresse – Senats-
kanzlei und Bundesregierung – SED-SPD-CDU-FDP –
Kanzler Ludwig Erhards kleine Schritte vor der SPD – Aus-
spionierte Arbeitgeberverbände – Passierscheine – Briefe
zwischen Ost und West – Wendt/Abusch/Kohl/Stoph/
Ulbricht/Honecker/Norden/Brandt/Spangenberg/Bahr/
Mühlbradt/Paulssen – SSD und Halbwelt-Dialog SED-SPD
– Bahr und die Akkreditierung westlicher Journalisten –
SED und SPD gegen die CDU – Spionagechef Markus
Wolff, Stasichef Mielke – Hager – Korruption und Eitelkeit
der Bonzen – Blecha, der Zensurfloh – Zeitungstausch
»Zeit« gegen ND – Friedensengel und sonstige nützliche
Idioten – Ost-Propaganda im Westen – Hetze und Desinfor-
mationen – Feindbild BRD – Zirkus im Innerdeutschen – Li-
berale in Ost und West: Genscher, Moersch, Dieckmann –
Manifest des Bundes Demokratischer Kommunisten – Im
Betonloch der Stasi – Gestehen Sie endlich! – Wo ist denn der
Oberförster? – Befördert zum BND – Hauptagenten – Kri-
minelle im SSD – Mitschnitt zum Abendbrot – Verhöre –
Vögel des Vogelhändlers – Fast-Enteignung – Schikanen à la
Sippenhaft der Nazis – Zwangsscheidung – Abschied von
der Heimat

»Die Neigung, sich für fremde Nationalitäten und Nationalbestrebungen zu begeistern, auch dann, wenn dieselben nur auf Kosten des eigenen Vaterlandes verwirklicht werden können, ist eine politische Krankheit, deren geographische Verbreitung sich leider auf Deutschland beschränkt.«

Otto von Bismarck

Vorwort

Als ich, ausgebürgert drüben, in Köln eintraf, sagte mir mein Verleger, der, bevor ich kam, zwei Monographien für mich herausgebracht hatte: »Beiß' die Zähne zusammen. Laß dich nicht kaputt machen, die ersten zwei Jahre sind die schlimmsten.« Sie liegen hinter mir und haben meine Meinung bestätigt: Hierzulande kann nichts so schlimm sein wie da, wo ich herkomme. Für Berufsverbote und Arbeitslosigkeit gibt es keine Abfederung in der so sozialen DDR. Für die zackigen, politkriminellen Offiziere des SSD können die biederen Verfassungsschutzbeamten, mit denen ich mich im Innenministerium ganze zwei Stunden unterhalte, wahrlich kein Pendant sein: reiches Deutschland!
Ich kam ohne Illusionen in die Bundesrepublik. Die Welt der Konsumgüter und der Blechkarossen interessiert mich nicht sonderlich, obwohl ich die Annehmlichkeiten einer kultivierten Gastronomie zu schätzen weiß, wie die einer angenehmen und zeitsparenden Reise im IC.
Mich interessiert die Fachliteratur, die gute alte seriöse der Deutschen, aus welcher der Marx seinen »Murks« unter Niveau abgeschrieben hat, und die moderne aus aller Welt, derer ich hier endlich uneingeschränkt habhaft werden kann. Mich reizt der Zugang zum letzten Stand des Wissens, zu den aktuellen Informationen, die Möglichkeit, frei und unzensiert von reaktionären, linken Meinungsmonopolen, die es auch hierzulande als fortschrittlich orientierte gibt, zu reden und zu schreiben. Schließlich komme ich aus jenem Teil Deutschlands, in welchem nicht einmal die Gedanken frei sind: Wer von Kindesbeinen an durch die Dressur der Volksbildung russischen Zuschnittes geht, ist qualitativ und methodisch selbst im Denken negativ vorbelastet: ein Deutscher zweiter Klasse. Die Umstellung braucht Zeit.
»Sie werden sehen, hier gibt es Leute, die behandeln uns wie deutschsprechende Türken«, sagt mir ein jüngerer Fachkollege bitter. »Die hiesige Bourgeoisie hat nämlich keine Ahnung von ihren objektiven Klasseninteressen, und die SPD-Führung übt an der gesamtdeutschen Arbeiterklasse Verrat wie an der polnischen ›Solidarität‹. Hier sind keine Oppositionellen oder gar Gegner der östli-

chen Diktatur gefragt, die meisten Unis stellen nur Marxisten ein. Auch die SPD-Beamten aus den Ministerien und Behörden verfolgen unsereinen. Wenn diesen wertemäßig verkommenen Westen überhaupt noch etwas retten kann, dann ist es der siegreiche Aufstand der Völker im Osten und in der DDR.«

Meine Erfahrungen sind differenzierter.

In meinen Buchlesungen habe ich ein interessiertes Publikum vorgefunden. Es gibt ein brennendes Interesse an gesamtdeutschen Problemen, aber: Die Zuhörer wollen konkrete Antworten haben. Ich habe vor ca. 15 000 Menschen vorgetragen in diesen zwei Jahren, in der Berliner Urania wiederholt bei überfülltem Saal, aber auch in der kleinen Volkshochschule in der Lüneburger Heide, wo mir ein Bauer sagte: »Sie drücken sich verständlich aus, Professor, ich habe alles verstanden, was Sie zum Protektionismus und zur EG-Rechtslage gegenüber der DDR gesagt haben, aber glauben Sie mir: Jede einzelne Sau ist zuviel, die von drüben nach hier verbracht wird.« Es war eine der seltenen Gelegenheiten, wo ich Tränen lachen mußte: Auch ich bin schließlich »verbracht« worden, die Alternative wäre wieder das Betonloch der Stasi gewesen.

Ob nun in den Ringvorlesungen an den großen Universitäten oder in den kleineren Bildungseinrichtungen, überall tauchte, wie ich feststellte, die gleiche Neugier auf: zum Leben in der DDR, zur geistigen Entwicklung meiner Generation in der SBZ, zur perspektivischen Möglichkeit der Lösung unseres nationalen Problems. Gefragt wurde immer wieder, wie es denn in Partei und Staat oder unter den Ordinarien der Universität wirklich zugehe, wie es sich im ZK und Regierungsapparat der DDR denn lebe und arbeite, wie die DDR-Funktionäre die bundesdeutschen Politiker sähen usw.

Der Gorbi-Euphemismus als letzte Modetorheit des leicht verwirrten Zeitgeistes bot die Soße für alle politischen Bröckchen auch bei der Erörterung wissenschaftlicher Fragen aus Geschichte und Volkswirtschaft des Ostens im Kollegenkreis.

In diesem Buch versuche ich, auf vieles zu antworten, was aus Zeitmangel in den Unterhaltungen unterging, und auf das, was man mir schrieb. Leider kann ich nicht alle Briefe beantworten, die mir zugingen, es sind zu viele, offenbar eine Auswirkung des Medienrummels um meine Person, als ich übersiedelte. Ich bitte um Verständnis. Es kostet mich meine ganze Arbeitskraft, eben das Wichtigste zuerst zu machen, und alle Lebensumstände sind besonders anstrengend für einen, der mit der Aktentasche ausreist und dann hier allein steht: bürokratische Einbettung, Wohnungssuche, Arbeitssuche – und das nicht nur bei kameradschaftlicher Unterstützung, sondern bei einer Kette koordinierter und wohlerwogener verleumderischer Angriffe der Ersatzrussen aus Ost und West, derer man sich zu erwehren hat. Das kostet Zeit und Geld. Mir fehlt gar nichts – außer Zeit. Und als zunächst Arbeitsloser muß man zuerst publizieren, um materiell zu überleben. Man braucht wieder eine Bibliothek, oben ohne mag man auch nicht laufen, und eine solide Wohnungseinrichtung kostet auch etwas. Tröstlich für die Söhne: Die DDR hat über Genex den Devisentransfer seit langem ermöglicht, er wird, im Gegensatz zum Briefverkehr, seltsamerweise auch gar nicht behindert.

Hiermit bedanke ich mich deshalb auf diese Weise für alle Zuschriften herzlich. Anregungen greife ich gerne auf und verwerte sie in Vorträgen oder publizistisch auch weiterhin: immer unter Nennung der Quelle.

Inhaltlich ist das, was ich schildere, keine historische Abhandlung. Ich erzähle lediglich meine subjektiven Eindrücke aus Wissenschaft und Politik, gesammelt in der DDR und in der Bundesrepublik, aus meinem Leben als Parteiarbeiter, Student und Hochschullehrer, als Aspirant an der Akademie für Gesellschaftswissenschaften beim Zentralkomitee und als Mitarbeiter im Regierungsapparat der DDR.

Was ich schildere, hat den Vorteil, nicht erfunden zu sein. Weder ist es chronologisch streng geordnet noch sachlich besonders komprimiert, sondern nur lose thematisch miteinander verknüpft. Den roten Faden bildet die Strategie und Taktik der SED im Hinblick auf Deutschland als Ganzes, und ich bewege mich zeitlich im Feld der voroffiziellen Beziehungen zwischen den Staaten und Parteien in Deutschland. Keiner entgeht seinem Schicksal. Mein politisches, von dem ich hier berichte, war angesiedelt an der ideologischen und politischen Grenze, die unser Land teilt.

Wenn nun über Zeitgeschichte nicht fachlich-kritisch anhand von Quellen, sondern lediglich aus persönlicher Erfahrung geschrieben wird, ist zu fragen, wieweit sich im Einzelleben Allgemeingültiges niederschlägt, ob es dementsprechend überhaupt einen Sinn hat, zu sagen, wie es aus einer bestimmten Optik heraus war. Mehr oder weniger ist die Verkettung des Objektiven mit dem Subjektiven wohl immer gegeben, und den Deutschen in beiden Weltsystemen kann es im nationalen Eigeninteresse nichts schaden, dabei wechselseitig mehr Verständnis füreinander zu entwickeln: »Willst den Feind du recht verstehen, mußt in Feindes Lande gehen«, hat mir einer meiner russischen Freunde mit Vorliebe öfter zitiert. Das Mißverständnis über das Wesen der marxistischen Ideologie und Praxis und der daraus resultierenden Rechtfertigung der politischen Diktatur könnte für die Zukunft unseres Landes tödlich werden. Die demagogische Doppelzüngigkeit macht gravierende Fortschritte: über die ausgelöschte nationalsozialistische Diktatur ereifert man sich, das ist ungefährlich, über die real existierende sozialistische Diktatur redet und schreibt man stetig freundlicher werdend; und es wird danach oft würdelos gehandelt; wer weiß, wozu das noch gut ist: *vorbeugende Unterwerfung*.

Wie kam es denn eigentlich in der SBZ und in der DDR und wie kommt es heute in der Bundesrepublik, vorwiegend unter weltfremden, wirrwuseligen Intellektuellen und Studenten, noch immer dazu, daß sie Partei für den »Fortschritt« östlicher Prägung ergreifen? Sprechen nicht zur Zeit die »Glasnost«-Enthüllungen eine härtere Sprache als alle Kritik, geübt von Demokraten? Was soll eigentlich ein Humanist, der für Menschen- und Bürgerrechte eintritt, anders sein als ein Antikommunist? Wieso weicht man vor dem Gebrauch dieses ehrenhaften Begriffes, diskreditiert als Schimpfwort, angepaßt kommunistischer Sprachregelung, zurück? Demokraten haben gegen jede Form der Diktatur zu kämpfen!

Nun kommt der Kommunismus im Osten, auch in der DDR, mit seiner auf eigener Basis produzierten, nichtbürgerlichen, neuen Intelligenz immer weniger zurecht. Warum verschiebt sich so die Wertung des realen Kommunismus in der Praxis derart ins Negative? Warum die ständige Abwanderung der Wissenschaftler, Künstler, Schriftsteller, Facharbeiter, der Jugendlichen? Wieso das Heer der oppositionellen intellektuellen Dissidenten, wieso des Heer von elf Millionen Arbeitern in der polnischen Gewerkschaft »Solidarität«? Warum die Kette der Aufstände gegen die Sowjets, beginnend mit dem 17. Juni 1953 in der DDR bis zur Niederschlagung der tschechoslowakischen Reformer auch mit Hilfe der besonders friedlichen SED-Armee 1968?

Hier zeichnen sich typische Entwicklungstendenzen allgemeiner Art im Ostblock ab, die offenbar von der Majorität der Westdeutschen wenig beachtet worden sind. Vielleicht werden die dortigen Probleme durch Erfahrungen persönlicher Art anschaulicher und faßlicher. Deshalb schreibe ich, auch, weil es manchem, der es künftig mit SED-Kadern zu tun haben wird, in der politischen oder wissenschaftlich-technischen Zusammenarbeit, in Sport und Kulturaustausch, beim Tourismus wie bei den Städtepartnerschaften von Nutzen sein kann.

Nun gibt es hierzulande als beachtliche Minorität Deutsche, die vertrieben wurden aus den deutschen Ostgebieten und aus Mitteldeutschland, und sie haben psychologisch daher ein anderes Gespür für die noch immer anhaltenden ständigen Vertreibungen und Ausbürgerungen aus der DDR als jene drei Viertel unserer Mitbürger, die, desinteressiert oder gar dümmlich-arrogant, ohne familiäre, kameradschaftliche oder freundschaftliche Beziehungen nach drüben, teilnahmslos auf den halbdeutschen Jammer schauen und ihre trotz Forckelicher Fürbitte noch nicht quotierten Landsleute wirklich als eine Art deutschsprechender Türken ansehen.

Es gibt in der Bundesrepublik Deutschland allerdings gottlob auch patriotisch denkende Menschen, die sich aufopfernd um vertriebene Heimatlose aller Couleur kümmern, Männer und Frauen, die handeln, praktisch helfen: nicht nur schwätzen wie gewisse Spezialdemokraten, welche die entfernte Apartheid mittels Mundwerk entschieden attackieren, aber die rote vor der Haustür, wie die roten Terroristen im Inland, mit Streicheleinheiten bedenken.

Mich hat an unseren gesamtdeutschen Problemen immer besonders interessiert: Ist es moralisch vertretbar, daß eine lautstarke, inzwischen rot-grüne Front so tut, als hätten die Ost- und Mitteldeutschen den Krieg allein verloren, als hätten die Westdeutschen nicht die selbstverständliche Pflicht, das Selbstbestimmungsrecht, das tragende Prinzip der Vereinten Nationen, für unser Volk in ganz Deutschland durchzusetzen? Haben wir nicht als Nation das Recht wie andere auch, unter einem gemeinsamen Dach zu leben, unsere nationalen, wirtschaftlichen, sozialen und ökologischen Interessen gemeinsam zu verfolgen, weil sich dann die Beseitigung des politischen, ökonomischen, sozialen und ökologischen Rückstandes in der DDR besser bewältigen ließe als im geteilten Land?

13

Haben wir nicht die Pflicht, eingedenk historischer Belastungen und Erfahrungen dafür zu sorgen, daß keine Form der Diktatur in Deutschland Bestand haben kann, sondern nur eine freiheitliche Ordnung, die alle Menschen- und Bürgerrechte für alle Deutschen garantiert?

Es ist eine schlimme, unverantwortliche Lüge, geistige Russifizierung, Unterwerfung unter die Geschichtsverfälschung der stalinistischen Siegermacht und Zerstörung demokratischer Werte, zu behaupten, Deutschland sei am 8. Mai 1945 befreit worden. Dr. Kurt Schumacher, deutscher Patriot und Widerstandskämpfer der Tat, Geschundener aus dem KZ, hat den KZ-Staat Stalins sofort beim richtigen Namen genannt. Allein ein Mann seines Formats konnte die Kommunisten als »rotlackierte Nazis« brandmarken. Westdeutschland genoß den Segen der politischen Befreiung. Ost- und Mitteldeutschland wechselte die Farbe der Diktatur. So ist das bis heute geblieben. Das ist die Wahrheit: die objektive, die ganze, die bittere Wahrheit.

Die Geschichte kennt alles, eines kennt sie nicht: den unveränderlichen Status quo. Sie weiß um den ständigen Wechsel, den Wandel, die Entwicklung, die zu erneuerten und verbesserten politischen Kulturen führt.

Das Zeitalter des kolonialen Imperialismus ist zu Ende. Der rote Imperialismus erlebt den Verfall seines eigenen, des letzten Kolonialreiches. Der Ostblock ist hinter der politischen Kultur der pluralistischen Gewaltenteilung, der Menschen- und Bürgerrechtsgarantien des Westens Jahrhunderte zurück und hat seine demokratische Revolution, die ihm auch seine ökonomisch-soziale Rückständigkeit austreiben wird, noch vor sich. Das ist unsere optimistische Perspektive.

Die pessimistische gibt es auch. Wird gestaltende politische Veränderung und Einwirkung durch vorbeugende Unterwerfung ersetzt, dann wird die offene deutsche Frage zugunsten der Ersatzrussen entschieden werden, die es in ganz Deutschland gibt.

Entweder wird unser Land friedlich und demokratisch geeinigt, oder es versinkt, und Westeuropa mit ihm, in die Schwärze der russischen Nacht. Die verteidigungspolitisch weitgehend saturierten, um nicht zu sagen: degenerierten Westdeutschen mögen das bedenken. Noch haben wir die Freiheit der Wahl – wie lange noch? Nichts wird

14

sich außer Erscheinungsformen ändern am reaktionären Wesen des kommunistischen Systems, es ist aus objektiven Gründen nicht reformfähig und muß zum Frieden nach außen und realen Menschenrechten nach innen gezwungen werden. Auch Gorbatschows neues Parteiprogramm verpflichtet die Sowjets zum Export ihrer bolschewistischen Konterrevolution – schon in der ersten Kapitelüberschrift.

Maidbronn, Juni 1988   Hermann von Berg

Einleitung

1945: Gott, steh uns bei – die Russen kommen!

Meine thüringische Heimat wurde in meinen Kinderjahren mit damals noch gemäßigtem Werbungsvokabular das »grüne Herz Deutschlands« genannt.

Ab 1944 brach der Krieg mit zerstörerischer Wucht auch direkt in dieses deutsche Land ein, welches die Stalinisten der SED später in drei Bezirke zersplitterten, um das Volk besser kontrollieren zu können.

Ich war 1944, zehn Jahre alt, mit meinen Kameraden in das Deutsche Jungvolk aufgenommen worden. Wir waren zu zehnt in einer Jungenschaft organisiert, und mit den Älteren trainierten wir vor allem Kampfsport, machten Geländespiele, warfen Handgranaten, spielten Rugby und Völkerball, unternahmen Fahrten, bei denen im Freien kampiert und feldmäßig abgekocht wurde: kurz, wir fühlten uns wie Soldaten. Wir marschierten im Sommer wie im Winter in größeren Formationen, Tornister, Feldbeutel und Feldflasche umgeschnallt, viele Kilometer am Tag, um uns abzuhärten.

Das war die Zeit, als der Krieg im täglichen Leben unseres Dorfes immer spürbarer wurde. Es gab kaum noch eine Familie, die nicht einen Toten, Vermißten oder Schwerverletzten zu beklagen hatte. Dauernd war Fliegeralarm. Wir hatten kaum noch Schule. Ich war mit dazu eingeteilt, ein Signal vom Kirchturm zu blasen, wenn das Radio den Anflug feindlicher Bomberverbände gemeldet hatte. Die Bauern verließen dann ihre Felder, denn es kamen auch die Jagdbomber, die, mit ihren rotgestrichenen Schnauzen sofort erkennbar, von oben pfeilschnell herabstießen und auf alles schossen, was sich irgendwo bewegte.

Zusammen mit einem verwundeten Soldaten aus dem Dorf, der Genesungsurlaub hatte, wurde ich von einem solchen Tieffliegerangriff auf freiem Feld überrascht. Wir warfen uns auf die Erde und robbten zum nächsten Hang. Als die Flugzeuge in kurzer Schleife wendeten, heranheulten und die Geschoßgarben wieder vor uns aufspritzten, verlor ich die Beherrschung, sprang auf und wollte weglaufen. Der Soldat warf mir seinen Krückstock zwischen die Beine, daß ich stürzte, packte mich, stieß mich mit dem Gesicht in die Erde, ohrfeigte mich kräftig und brüllte: »Hiergeblieben, hier sind wir völlig sicher, wenn du wegläufst, mähen sie dich nieder.« Ich schlotterte an allen Gliedern, konnte meinen Körper nicht ruhig halten und verkrallte mich fest in die Grasnarbe des Hanges. Was Todesangst hieß, wußte ich seitdem, auch, daß man sich beherrschen muß, um zu überleben.

Je weiter das Jahr 1945 heranrückte, desto alltäglicher und immer mächtiger wurden die schwarzen Bomberpulks, die in musterhafter Formation vom Südwesten her erst nur nachts, später auch am hellen Tag in Richtung Norden zum Rennsteig dröhnten und dann hinter den Bergen verschwanden. Die Amerikaner bombardierten bei uns die nahe Kreisstadt und zerschossen die Tankwagen auf dem nächsten Bahnhof. Wir lasen die Geschosse eimerweise für die Schrottsammlung auf.

Durch das Dorf irrten Soldaten, erst vereinzelt, später in Gruppen und Zügen, die ziellos hin und her zogen. Die deutsche Wehrmacht zerfiel. Der Fluß füllte sich immer mehr mit Waffen und Munition aller Art. Wir zogen die langen Gurte der MG-Munition heraus, ebenso Handgranaten, bis uns Vater das energisch verbot, denn wir hatten auf den Kiesbänken mit Treibholz Feuer gemacht und die Munition hineingeworfen: Privatkrieg. Es hatte ganz ordentlich geknallt.

In den letzten Tagen des Monats Februar 1945 wurde ich mit meinen Kameraden zum Volkssturm eingezogen. Wir bekamen ein Fallschirmjägermesser, dessen Klinge auf Druck aus dem Griff schnellte, und mußten nachts gemeinsam in einem Haus bei unserem HJ-Führer schlafen. Bei Kampfhandlungen sollten wir als Meldegänger fungieren. Dazu kam es aber nicht mehr.

Im April, nachdem wir schon Wochen das dumpfe Grollen der näherrückenden Front vernommen hatten, beschossen die Amerikaner unser Dorf mit Artillerie. Wir saßen in einem Keller unseres Hauses. Vaters Stimme kam aus dem Dunkel: »Ihr könnt ruhig sein, es passiert nichts. Ihr wißt, was wir für starke Mauern außen haben und wie dieser Keller hier gebaut ist. Dieses runde Gewölbe hält stand, selbst wenn wir einen Volltreffer abbekommen sollten.« Vater war Soldat gewesen. Wir hatten keine Furcht. Was Vater sagte, stimmte immer.

Der Keller war voller Lebensmittel, weil niemand wußte, was geschehen würde. Der Artilleriebeschuß brach ab, als einige beherzte Frauen auf dem Kirchturm weiße Laken gehißt hatten.

Die Kirche war, wie einige Bauernhöfe und das Pfarrhaus, getroffen worden. Wir verließen den Keller. Mutter meinte: »Nun muß ich euch auch wieder etwas zu essen machen.« Sie nahm den großen handgeflochtenen Weidenkorb, der voller Eier war, mit nach oben und stellte ihn auf dem Kachelofen ab. Plötzlich sagte Vater: »Aha, sie sind schon da.«

Mit kreischenden Bremsen hielt vor unserem Haus ein amerikanischer Jeep. Zwei Mann sprangen ab, ein Neger und ein Weißer, Pistolen in der Faust. Sie öffneten die Haustür und kamen herein. Der Weiße fragte in einwandfreiem Deutsch: »Sind hier noch Soldaten der Wehrmacht? Ist hier Waffen-SS?« Vater verneinte. »Ist das ganze Dorf geräumt?« »So ist es.« Er drehte sich um, sah den großen Korb mit den Eiern: »Wieviel kostet das?« Mutter wollte sie ihm schenken. Sie wehrte ganz erschrocken ab, als er einen großen Schein aus seiner Uniformtasche zog und auf den Tisch legte. »Endlich etwas Frisches, vielen Dank«, sagte der amerikanische Soldat, nahm den Korb und ging nach draußen. Der Jeep wendete, fuhr rückwärts unseren blauen und weißen Fliederbusch vor der Haustür nieder und schrammte den Kastanienbaum. Ernstere Beschädigungen haben wir zum Glück während dieses Krieges daheim nicht erlitten.

Zwei Stunden später rückten die Fahrzeugkolonnen der Amerikaner an. Mitten in die Getreidefelder gruben sie ihre Geschütze ein und verteilten die Panzer längs der Straße. Der Ausrufer des Dorfes, der seine Klingel schwang und mit dem Fahrrad vom unteren ins hintere und dann in das obere Dorf fuhr, hatte als ersten Befehl mitzuteilen, daß alle Waffen sofort auf dem Schulhof abzuliefern seien. Dazu zählten auch feststehende Messer mit einer Klinge von über zehn Zentimetern Länge. Zu meinem großen Leidwesen mußte ich bei Vater alle die schönen Finnmesser abgeben, die mir unsere Soldaten dagelassen hatten, als sie in den letzten Wochen bei uns im Haus übernachteten. Vater ging mit mir zum Fluß an die tiefste Stelle beim Wehr und warf dort alles hinein. »Hier ist es so tief, daß du nicht bis unten tauchen kannst, oder? Rühr' mir das nicht wieder an und achte auf die Kleinen, holt keine anderen Waffen oder Munition aus dem Fluß, wo es seichter ist, es könnte euch das Leben kosten.«

Die Amerikaner verhängten ein Ausgehverbot vom Einbruch der Dämmerung bis zum Morgen und bauten an geeigneten Stellen ihre Versorgungsdepots auf. Wir waren sehr neugierig. Aber die Soldaten scheuchten uns weg. Sie hatten strenge Weisung, nicht einmal mit Kindern Umgang zu halten. Es roch ungewohnt süßlich nach Benzin und Zigaretten. Auch die gestapelten Kekskartons waren mit der Nase wahrzunehmen. Besonders beeindruckte uns, daß die Amerikaner Nüsse aus Dosen aßen. Da wir diese seltsamen Nüsse probieren wollten, lehnten sich die Großen so über den Zaun, daß die Kleinen, ungesehen von den Soldaten, an die Stapel herankriechen konnten. Nachdem die Beute verteilt war, kosteten wir zum ersten Mal salzige Erdnüsse und andere Verpflegung. Das ging aber nicht lange so. Zu unserem großen Entsetzen begossen die Amis, wie sie von Anfang an genannt wurden, ihre Vorratslager mit Benzin und verbrannten sie restlos. Als Vater fragte, warum sie dies täten, erhielt er die knappe Antwort: überlagerte Bestände. Mein Vater meinte: »Stell dir vor, wir hätten zu unseren Kohlrüben im Ersten Weltkrieg nur einmal solche Verpflegung gesehen: diese Fleischdosen, die Kekse, die Schokolade. Für die ist das doch mehr Erholung als Krieg. Laufen brauchen die Brüder auch keinen Schritt, die fahren selbst zur Latrine mit dem Auto ...«

Nach einigen Tagen lockerten sich die Sitten bei den amerikanischen Soldaten. Allmählich nahmen sie mit der einen oder anderen Familie Kontakt auf oder flirteten mit einem Mädchen. Jetzt begann auch die Jagd nach Souvenirs. Gefragt waren vor allem Ausrüstungsgegenstände der Wehrmacht. Gegen Lebensmittel tauschten sie alles Mögliche und Unmögliche ein. Viele Dorfbewohner verschacherten jetzt Ausrüstungen deutscher Flieger, die sie beim Plündern der großen Wehrmachtslager erbeutet hatten. Wir holten Koppelschlösser mit Reichsadler und Hakenkreuz aus dem Fluß, polierten sie wieder auf und lasen Seitengewehre, Stahlhelme und ähnliche Trophäen zusammen, die in Fülle im Wald zu finden waren. Auf diese unökonomische Weise machte ich meine ersten Erfahrungen im Außenhandel. Seitdem weiß ich: Politik und Ökonomie gehören zusammen. Sechs Wochen, nachdem die US-Armee bei uns eingerückt war, dauerte es noch, bis der Krieg in ganz Deutschland zu Ende war. Die Menschen atmeten auf.

Eines Tages gab es dann große Aufregung im Dorf, als eine Familie von einem befreundeten Amerikaner erfahren hatte, daß sich diese auf den Rückzug vorbereiteten. Erst wollte es niemand glauben, aber langsam wurde es zur Gewißheit: Die Amerikaner würden abziehen und die Russen kommen! Die Russen kommen! Wir zuckten zusammen. Ein Schock fuhr allen in die Knochen. Katyn(!) hatten noch eben die furchteinflößenden grellen Plakate von den Wänden geschrien, grauenhafte Bilder ..., und nun kamen sie? Angst bemächtigte sich der Menschen. Übrigens: Während weder die Russen noch die Polen heute das Verbrechen von Katyn noch andere der Kommunisten verschweigen, bringt die Hamburger »Zeit« vom 15.4.1988 ein Bild eines dortigen Massengrabes polnischer Offiziere mit der Unterschrift: »erschossen – vermutlich (!!) durch die Rote Armee«.

Doch zurück zu 1945: Manche erwogen, mit den Amerikanern wegzuziehen. Viele Familien befürchteten zutreffend, auf den Einmarsch der Russen würden wieder, wie bei den Nazis, Verhaftungen und Terror folgen. So verließen deshalb schon damals manche ihre Heimat, darunter auch Bauern, die – nicht zu Unrecht – glaubten, mit der Kollektivierung ihrer Höfe rechnen zu müssen.

Zu dieser Zeit gab es niemanden im Dorf, der einem politisch wirklich klare Auskünfte geben konnte. Alle waren verunsichert, desorientiert. Die etwa 30 Mitglieder des SPD-Ortsvereins waren farblos. Weder von ihnen noch von den drei Kommunisten des Dorfes, die sich mangels Masse ihren Genossen in der Kreisstadt angeschlossen hatten, waren hilfreiche Informationen zu erhalten.

Vater gehörte weder zu den Sozialdemokraten noch zu den Kommunisten. Als ich ihn in diesen Tagen fragte, meinte er: »Wir werden abwarten, die eine Diktatur ist vorbei und die andere kommt. Gut für uns kann es wohl nicht werden!« Der Bruder meiner Mutter, ein Maurer, sagte: »Du fragst, was wird? Wenn die Russen kommen, dann werden die als erstes hier eine Grenze bauen. Dann machen die alles mit Stacheldraht zu, schneiden die Straße, die Wiesenwege und die Bahnlinie ab, keiner darf mehr herüber und hinüber.« Ich sah ihn entgeistert an. Schließlich war hier früher doch auch die Grenze zwischen den Herzogtümern gewesen, deswegen konnte aber jeder hin und her. »Aber nicht bei den Russen, du wirst sehen. Ich habe es gesehen, als ich im Polenfeldzug war. Als die Russen kamen und mit uns Polen teilten: Das erste war, sie haben ihre Grenze eingezäunt und dichtgemacht.

Und dann kamen die ersten Russen. Ich hatte gerade gelesen, als mich meine Brüder nach draußen riefen. Auf der Landstraße stolperten zwei total betrunkene Rotarmisten heran, die vergeblich, bald einzeln, bald zusammen, auf einem Damenfahrrad zu fahren versuchten. Sie fielen lachend andauernd über das Fahrrad hinweg. Bald trugen sie es, bald schoben sie es, bald gaben sie ihm einen Schub. Sie grölten laut und fröhlich und kamen ohne Waffen. Dann setzten sie sich unter die Apfelbäume in der Allee, holten ein Stück Zeitung heraus, rissen Papier ab und kramten in ihren Uniformtaschen nach grobgehäckseltem Tabak. Sie drehten sich Zigaretten und fingen an zu rauchen. Wir standen sprachlos davor und amüsierten uns, weil wir an die feinverpackten amerikanischen Zigaretten in den langen Stangen dachten, die eine begehrte Schieberware waren. Die Russen rochen penetrant nach Schweiß, Leder, Waffenöl, Kohlsuppe und vor allem nach diesem Tabak, dem Machorka. Sie dufteten jedenfalls ganz anders als die Amerikaner. Nachbars gepflegtes Töchterlein, das amerikanische Wohlgerüche hautnah genossen hatte, rümpfte die Nase und sagte: »Sie stinken wie die Säue.« Die Russen starrten sie gierig an und brüllten: »Gutt, gutt, tu gutt! Fick fick!« Die Holde rannte davon. Der Kontrast SU/US war dazu angetan.

So erlebten wir die Vorhut unserer wahren Befreier. Nach einer knappen Stunde kam Marschtritt auf, eine Kompanie rückte an. Feldmarschmäßig ausgerüstet, marschierten sie auf der alten Reichsstraße 89 bei uns ein.

Als wir am nächsten Tag aus dem Wald zurückkamen, die schweren Körbe mit Holzknütteln auf dem Rücken, stießen wir auf den schon errichteten Schlagbaum zwischen der SBZ und der amerikanischen Zone. Mißmutig ließen uns die in ihren Erdlöchern hockenden Sowjets passieren. Da war sie – zuerst noch fast harmlos, die Grenze zwischen Ost und West.

Die Regierungsgewalt im Dorf übernahmen nun im Auftrag der Russen sogenannte Kommunisten, die, in den zwanziger Jahren als Asoziale verschrien, damals herumrandaliert hatten und sich nun als Widerständler ausgaben. Die SPD hatte ab sofort nichts mehr zu melden. Das gesamte Leben änderte sich einschneidend. Die Ersatzrussen, wie die Menschen sagten, hatten ab sofort das Sagen – bis heute ist das vorerst noch so.

Für mich war entscheidend, daß ich alle meine Lehrer verlor. Einer hatte sich beim Einmarsch der Amerikaner erschossen, die anderen wurden entlassen. Damit war auch mein Klavierunterricht zu Ende, und wir hatten etwa ein halbes Jahr lang überhaupt keine Schule.

In dieser Zeit und auch noch später übernachteten dann viele junge deutsche Soldaten bei uns, die nach Hause wollten, in die Westzonen. Zusammen mit meinen Schulfreunden brachte ich sie sicher über die Demarkationslinie. Dafür wurde ich denunziert, aus dem Unterricht geholt, zur sowjetischen Kommandantur gebracht, verhört und verprügelt: »Du so klein und schon Spion!«

Die Neulehrer, die nach und nach kamen, stammten nicht aus unserer Gegend. Wir merkten bald, daß sie fachlich nicht sonderlich beschlagen waren, dafür aber uneingeschränkt die Positionen der Besatzungsmacht vertraten. Wenn wir ihre vorgedruckten, von ihnen verlesenen Propagandasprüche bei den Erwachsenen zum besten gaben, löste dies ungetrübte Heiterkeit aus: Alles Wichtige auf dieser Welt war von den Russen erfunden und erdacht worden, die Glühbirne wie das Flugzeug, das Auto wie das U-Boot – von sonstigen Nebensächlichem zu schweigen. Dabei war der Spott über die zivilisatorische Unbildung der sowjetischen Soldaten grob – woher sollten sie auch wissen, daß man in der WC-Spülung kein Geschirr wusch? Inzwischen wissen wir Dank Glasnost, daß noch immer 30 % ihrer Krankenhäuser keine Kanalisation haben und 35 %, also 1,2 Mill. Krankenhausbetten, ohne Warmwasseranschluß sind und jedes sechste Bett überhaupt keinen Wasseranschluß hat – bis heute!*

Die Neulehrer waren in Kurzlehrgängen mehr politisch als fachlich auf ihren Beruf vorbereitet worden.

Es gab in diesen Jahren ein von der KPD herausgegebenes blau eingebundenes Heft, in dem historisch-politische Fragen und Antworten vorgegeben waren. Dieses Heft wurde nun in der Schule katechismusartig mit uns durchgenommen. Sozusagen besuchten wir als

---

* Vgl. »Literaturnaja Gazeta« vom 3.2.88, Interview des Ministers für das Gesundheitswesen.

zehn- bis zwölfjährige Bengels die Kreisparteischule der Kommunisten.

Das erste Problem, das mit uns besprochen wurde, waren die vorgeblichen Ursachen des Krieges. Die Antwort lautete damals wie heute:»Der Krieg entspringt aus dem ökonomischen Wesen des Kapitalismus. Kapitalismus ist, wenn die Arbeiter, die Bauern, die Landarbeiter von Unternehmern und Gutsbesitzern ausgebeutet werden. Im Kapitalismus will der Unternehmer Profit machen, und am Krieg kann er am besten verdienen. Deshalb muß er beseitigt und der Sozialismus errichtet werden.«

Ich kannte niemanden, der damals etwas gegen diese Art der Geschichtsinterpretation einzuwenden gehabt hätte, im Gegenteil, selbst christlich gesonnene Menschen dachten so. In den Westzonen fand die Ablehnung des Kapitalismus ihren Niederschlag im Ahlener Programm der CDU.

Das Pensum der Neulehrer ging weiter. Nach Krieg und Frieden wurde der Verlauf der jüngsten deutschen Geschichte behandelt: Hätte sie für Deutschland zu so katastrophalen Ergebnissen führen müssen? Hätten die Kräfte der Sozialdemokratie nicht schon den Ersten Weltkrieg und hätte die Sozialdemokratie und die Kommunistische Partei nicht erst recht Hitler und den Zweiten Weltkrieg verhindern können? Sicher! Die wichtigste Lehre der Geschichte lautete daher: Die Kräfte der Arbeiterparteien und die Kräfte der Bauern, die keine fremden Arbeitskräfte beschäftigen, also niemanden ausbeuten, muß man vereinigen. Wir brauchen eine sozialistische Einheitspartei, die Arbeiter, Bauern, Landarbeiter und Intellektuelle vereinigt, damit friedensfeindliche Kräfte nie mehr zum Zuge kommen können.

Ich erlebte, daß dann aus dem sozialdemokratischen Ortsverein eine Ortsgruppe der Sozialistischen Einheitspartei Deutschlands entstand, in der am Ende die Kommunisten dominierten. Aber das kam Jahre später. Zunächst schien alles in Ordnung. Die Russen gingen taktisch geschickt vor. In der neuen Einheitspartei gab es einen kommunistischen und einen sozialdemokratischen Vorsitzenden. Beide waren gleichberechtigt.

Wir erlebten die Bodenreform. Mit Vater ging ich, wie andere Söhne mit ihren Vätern, Bäume fällen und Stubben roden, um für Neubauern aus dem Forst der Freiherrn zusätzliches Land zu gewinnen. Wenn Vaters Kollegen kamen und sagten:»Kannst du uns den Her-

mann mitschicken, wir bauen morgen Zäune bei den Neubauern und Umsiedlern, und übermorgen müssen wir die Scheunen reparieren«, dann ging ich mit und lernte allerhand, was mir für mein praktisches Leben – auch beim eigenen Hausbau – später zugute kam.
Im Dorf herrschte Aufbruchstimmung. Alles wurde anscheinend zugunsten der arbeitenden Menschen umgestaltet. Die Neulehrer, Kern der Partei, traten den Ängsten der Bauern entgegen, die nach wie vor mit einer sofortigen Kollektivierung der Landwirtschaft nach sowjetischem Muster rechneten. Sie verteilten Flugblätter mit dem Aufruf der KPD, in dem fettgedruckt zu lesen war: »Es wäre falsch, Deutschland das Sowjetsystem aufzwingen zu wollen!« Was die Kommunisten wollten, sei ein antifaschistisch-demokratisches Deutschland, hieß es da. Antifaschistisch, das wollten alle sein, nach den gemachten Erfahrungen. Und demokratisch wollten wir auch sein.
Viele Jahre später sagte mir die Frau des ersten Präsidenten der Volkskammer über die Wirkung der kommunistischen Demagogie: »Wir haben damals Hermann Matern gehört in Dresden, wir, politisch erfahrene Vertreter des Bürgertums, und nach dessen Rede gesagt: Wenn die Kommunisten das wollen, dann sind wir alle Kommunisten.« Matern gehörte lange der Führung der SED an.
Wir erhielten von unseren Neulehrern auch sowjetische Literatur. Zuerst wurden Ostrowskis »Wie der Stahl gehärtet wurde« und Fadejews »Die junge Garde« verteilt. Natürlich wußten wir nichts von Fadejews oder Majakowskis Freitod aus Verzweiflung über den politischen Terror in der UdSSR. Auch die Darstellungen des Bürgerkrieges in Serafimowitschs »Eisernem Strom« und Scholochows »Stiller Don« beeindruckten mich sehr. So erfuhr ich vom Kampf der Sowjetunion gegen ihre Feinde in den Jahren des Krieges und des Bürgerkrieges und wurde mit dem revolutionär-patriotischen Pathos ihrer Autoren konfrontiert, welches ich unkritisch, noch nicht erwachsen, für echt hielt: ideologische Leitartikel, raffinierte Lüge statt Literatur, aber beeindruckend, besonders emotional. Ich unterhielt mich über diese Bücher auch mit meinem früheren Lehrer, an dem wir alle sehr hingen. Er war als junger Absolvent eines Lehrerbildungsinstitutes im Krieg schwer verletzt worden, hatte nach seiner Genesung Musik und Mathematik unterrichtet und war aus dem Schuldienst entlassen worden, obwohl er kein Nazi gewesen war. Mit ihm und einem Kreis Interessierter trafen wir uns ein-

mal in der Woche. Sonst sahen wir uns in den FDJ-Veranstaltungen, der Freiwilligen Feuerwehr und dem Sportverein sowie beim Pfarrer im Konfirmandenraum. Wir nannten uns nicht Junge Gemeinde, sondern waren einander kameradschaftlich verbundene junge Burschen, die sich hier mit Älteren unterhielten, auch kritisch über das, was jetzt an neuen geistigen Werten an uns herangetragen wurde. Mit unserem ehemaligen Lehrer spazierten wir an manchen Abenden über die stille Straße zwischen den Dörfern. Dann erzählte er uns in einer wahrhaftigen Weise von Philosophie und deutscher Geschichte, wie wir es zu diesem Zeitpunkt nirgendwo hätten hören können. Je kritischer ich sehr viel später theoretische Axiome und empirische Tatsachen des realen Sozialismus prüfte, desto mehr erkannte ich im nachhinein seine Verdienste um uns.

Mir ist einer jener milden Septemberabende in Erinnerung, in denen sich das Flußtal langsam mit dichtem weißem Nebel füllte, aus dem dann nur noch die schwarzen Wipfel der Erlen herausragten, während die höher liegende Feldmark, in mildes Mondlicht getaucht, alle Konturen nur verschwommen erkennen ließ. An diesem Abend diskutierten wir lange über Nietzsche und den damals kategorisch behaupteten Zusammenhang zwischen seiner Philosophie und der nationalsozialistischen Ideologie, ein Thema, welches heute gerade wieder aktuell diskutiert wird in der DDR. Es hatte Ärger bei einer Kulturveranstaltung gegeben, weil wir dort unseren Standpunkt zu den völkerrechtswidrigen Verbrechen der Vertreibungen aus dem deutschen Osten gesagt und dabei ebenfalls Nietzsche zitiert hatten, nicht ohne unter den Zuhörern, vielen direkt Betroffenen, starke Emotionen ausgelöst zu haben, was man uns als »versteckten Antisowjetismus« ankreidete; ein nahezu tödlicher Vorwurf:

»Nun stehst du bleich,
zur Winter-Wanderschaft verflucht,
dem Rauche gleich,
der stets nach kältern Himmeln sucht ...

Die Krähen schrein
und ziehen schwirren Flugs zur Stadt:
– bald wird es schnein,
weh dem, der keine Heimat hat!«

Bei den Auseinandersetzungen um dieses Thema, die in der FDJ erbittert geführt wurden, vertrat ich die Ansicht, die ich noch heute habe: Das Verbrechen hat kein nationales Antlitz. Die Geschichte ist voller Verbrechen. Ob von Deutschen oder an Deutschen begangen: Verbrechen bleibt Verbrechen. Aus Verantwortung vor der Zukunft kann niemand mit plakativen Vereinfachungen oder gar Lügen leben. Sie sind die Wegweiser zu neuen Verbrechen.

Wir begriffen die Gefährlichkeit unseres Tuns erst, als die Russen im Nachbardorf Rottmar eine Gruppe von Minderjährigen unseres Alters nach Sibirien verschleppten, angebliche »Wehrwölfe«. Zwei von 22 kamen nach vielen Jahren als zerstörte Menschen zurück. Zwischenzeitlich gab es niemals eine Nachricht von ihnen.

Unser Lehrer sagte, als wir uns bei ihm verabschiedeten: »Und merkt euch unbedingt noch eins, was Zarathustra sagt: Der Staat ist das kälteste der Ungeheuer.« Der Staat, das kälteste Ungeheuer? Welcher Staat? Der des Kaisers? Der Hitlers? Der Stalins? Gab es eigentlich etwas Allgemeingültiges am Staat? War nicht die Wahrheit immer konkret? Mußte man nicht fragen, für oder gegen wen setzt ein Staat seine Macht ein? Oder sollten wir anarchistisch denken und jede Macht, jegliche Art von Gewalt gegen Menschen verachten? Wir debattierten darüber mit unseren Neulehrern und kamen zu dem Schluß: Es gibt einen Staat, der für das arbeitende Volk ist, und es gibt einen Staat, der gegen das arbeitende Volk ist. Es gibt keinen neutralen Staat, der für alle da ist, es gibt nur einen Staat, der Klasseninteressen vertritt, und diese schlagen sich nieder in den politischen Positionen der Parteien. Deshalb muß man sich auf die Seite jener Partei stellen, die sich für den Fortschritt engagiert, denn schon Goethe sagte: Wer nicht Partei ergreift, verdient nirgends zu wirken.

Gab es überhaupt einen namhaften Intellektuellen in Ost und West, der nicht für soziale Gerechtigkeit, für Freiheit und Frieden eintrat? Hatte nicht stellvertretend für alle der Nobelpreisträger Thomas Mann unmißverständlich gesagt, der Antikommunismus sei die Grundtorheit des 20. Jahrhunderts? War an einem Nobelpreisträger zu zweifeln wie an der Reihe glanzvoller Namen, deren Träger Marxisten waren? Nein. Es waren Vorbilder. Solche Geister konnten nicht irren, und Marx war der größte der deutschen Gelehrten. Niemand sagte uns die Wahrheit über diesen ökonomischen Autodidakten und Plagiator unter Niveau.

In diesen Diskussionen entstand bei mir sehr früh, noch in den Kinderjahren, die Überzeugung, alle Probleme des Lebens ließen sich durch die Weltanschauung des Marxismus-Leninismus lösen.

Auch in den Bildungszirkeln der Freien Deutschen Jugend fanden lebhafte Streitgespräche statt. Es waren dies die Vorläufer eines breiten Studiensystems, das erst Jahre später eingeführt wurde. Die Russen kennen den Wert der Ideologie. Der Anreiz bestand darin, daß man in diesen Zirkeln nach einer entsprechenden Prüfung ein Abzeichen aus Bronze, Silber oder Gold mit der Aufschrift »Für gutes Wissen« erwerben konnte. Mein Prüfungsergebnis wurde von der Kreisleitung der FDJ besonders positiv registriert. Als ich mich später um einen Studienplatz in Jena bewarb, sagte man mir: »Wir haben deine Beurteilung angefordert. Da steht, daß du dich für historische, philosophische, literarische und politische Probleme außergewöhnlich interessierst. Wir sehen, daß dein Vater Metallarbeiter, Feindreher war. Arbeiterkinder fördern wir.«

Aber bevor ich studierte, sollte ich Kandidat der Sozialistischen Einheitspartei werden, meine Lehrer würden die Bürgschaft übernehmen. Außerdem sollte ich vor dem Studium einige Jahre in der FDJ arbeiten. Der Jugendverband benötigte dringend Kader. Dann könne ich studieren, aber erst einmal würde man mich brauchen. Ich erwiderte: »Es ist meine Absicht, Lehrer in der Volksbildung zu werden, und ich will aufs Dorf zurück, wo ich herkomme. Warum soll ich erst den Umweg über die FDJ machen?« Dies sei kein Umweg, wurde mir erklärt, ein guter Lehrer solle nicht nur einen fachlich ausgezeichneten Unterricht erteilen, er müsse auch in der Lage sein, die außerschulische Arbeit mit den Pionieren und der FDJ zu leiten. Das sei aus erzieherischen Gründen äußerst wichtig. Jedenfalls sollte ich zwei Semester an der Jugendhochschule studieren und erst nach weiteren Jahren Praxis an die Universität gehen. »Sicher verlierst du Zeit, aber du gewinnst inhaltlich nicht nur für den Beruf, sondern für das ganze Leben.« Mir paßte das überhaupt nicht. Mich interessierte die Wissenschaft. »Ich will studieren, um mir Klarheit über alles zu verschaffen, was mich interessiert.« »Will, will«, brauste der Vorsitzende der Zulassungskommission, ein grauhaariger Genosse, nun auf. »Was glaubst du, was wir gewollt haben? Und was glaubst du, wie unser Leben verlaufen ist? Und warum ist es so verlaufen? Wir hätten auch gerne so wie du gewollt. Wir haben die Universitäten als Arbeiter nur von außen gesehen. Wir haben für euch vorgearbeitet. Aber wir brauchen jetzt junge Menschen, die unseren Kampf weiterführen. Also, geh essen, komm in zwei Stunden wieder, überleg dir das!«

Ehe ich ging, sagte er noch: »Hör mal, es gibt da noch eines: Wenn du vor dem Studium arbeitest, dann wirst du bezahlt. Das wäre doch für deine kleinen Geschwister gar nicht schlecht, oder? Von deinem Stipendium wirst du nichts abgeben können, aber wenn du arbeitest, könntest du dafür sorgen, daß es zu Hause leichter geht.«

Ich ging in die Mensa, bemerkte überhaupt nicht, was es zu essen gab, ging nach draußen, setzte mich auf eine Parkbank und dachte nach. Warum eigentlich nicht? Erfahrungen in der FDJ hatte ich schon gesammelt, vom Sport über Literaturabende, von Laienspiel, Chor bis zu fachlichen Diskussionsabenden und Wanderungen. Warum sollte ich nicht an die Jugendhochschule gehen?

Warum hast du nicht gefragt, Berg, was das überhaupt für eine Einrichtung ist? Also, frage sie, was dort studiert wird, wie lange das dauert und welche Verpflichtungen du übernimmst. Und der zweite Punkt: Sie wollen, daß ich in die Partei eintrete. Das wollten meine Lehrer schon lange, die nun eigentlich gar keine Neulehrer mehr waren und die ich alle sehr schätzte. Sie hatten inzwischen gelernt, daß man Blume nicht mit »h« schreibt, sich im Fernstudium qualifiziert, wie viele Praktiker in der DDR es in ihren Berufen taten und noch heute tun.

Was würde Vater sagen? Vater kann ich nicht mehr fragen. Was würde der Schwager sagen? Der ist im Westen. Was wird Mutter sagen? Du mußt wissen, was du willst. Aber sicherlich wäre sie froh, wenn ich ihr neben diesen lächerlichen Pfennigen – pro Monat 60 Mark für mich und meine drei kleineren Geschwister als Halbwaisenunterstützung – Geld geben könnte. Ich stand ruckartig auf, marschierte zurück, klopfte an, sagte: »Ich nehme euren Vorschlag an. Ich verschiebe mein Studium.« »Das machen wir gleich korrekt. Du verschiebst das Studium um vier Jahre. Du gehst ein Jahr zur Jugendhochschule und arbeitest danach drei Jahre im Jugendverband, klar?« »Klar.« Die Würfel über meine Zukunft waren gefallen.

Ein Jahr nach der Gründung der DDR wurde ich in Berlin auf dem III. Parteitag der SED 1950 durch den damaligen Vorsitzenden der SED, den ersten Präsidenten der DDR, Wilhelm Pieck, in die Sozialistische Einheitspartei Deutschlands als Kandidat aufgenommen. Meine Aufnahme in die FDJ war vier Jahre vorher erfolgt. Ich hatte dazu nie einen Antrag ausgefüllt. Unser Zugführer aus dem Jungvolk, ein hochintelligenter, sympathischer Bursche, allgemein beliebt, von Beruf Elektriker, der nun im Ort Chef der FDJ war, hatte kurzerhand an die Kreisleitung gemeldet, daß wir alle geschlossen eintreten würden. Ich hatte das belustigt zur Kenntnis genommen, aber keinen Grund gesehen, mich von meinen Freunden abzusondern.

Ohne eigene Initiative war ich so Mitglied der FDJ geworden, aber mit voller Absicht und einer klaren Vorstellung von der Richtigkeit des damaligen Parteiprogramms trat ich der Sozialistischen Einheitspartei Deutschlands bei. Die Partei war für die Einheit Deutschlands, für den Abzug aller Besatzungstruppen, für den Friedensvertrag, für den deutschen nationalen Weg zum Sozialismus – alles Ziele, die ich rückhaltlos bejahte.

Kapitel I

Politische Erfahrungen in der kommunistischen Jugend- und Studentenorganisation der DDR sowie mit dem VDS in der Bundesrepublik Deutschland

Kurz nach meinen Aufnahmegesprächen in Jena wurde ich zur Landesleitung der FDJ bestellt. In Erfurt sah ich mich einer Kommission der Kaderabteilung des Zentralrates aus Berlin gegenüber. Mit am Tisch saßen Mitarbeiter der Kaderabteilung aus der Landesleitung der SED. Sie führten mit mir das in der DDR in allen Bereichen, ganz gleich ob Partei, Staat, Wirtschaft oder Gesellschaft, bis heute übliche sogenannte »Kadergespräch«. Das ist alte bolschewistische Tradition, jeden Kandidaten für die Nomenklatur gründlich zu prüfen und zu überprüfen. Es begann mit einer Erörterung der sozialen Herkunft, der politischen Auffassungen und wurde dann anhand der vorliegenden Zeugnisse und Beurteilungen über fachliche Leistungen, charakterliche Qualitäten, persönliche Neigungen bis zu den Hobbys fortgesetzt. Ich war überrascht, was sie alles von mir und ebenso von meiner Familie wußten und sprach das auch verblüfft aus. »Meinst du, wir bestellen uns irgendwen?« fragte einer der sichtlich amüsierten Funktionäre. »Die Informationen sind eingezogen auf allen Strängen, die Partei weiß alles, wie sich das gehört.« Alle Stränge: das heißt, wie ich später im Apparat dazulernte, die zuständigen staatlichen Organe, ferner die FDJ, die SED sowie der Staatssicherheitsdienst, meist Stasi genannt. Ohne dessen Zustimmung gibt es in den politischen Funktionen keine Bestätigung. Ich wünsche dem Verfassungsschutz nur einen Bruchteil dieser Rechte. Sie genügten, um den Romeos in den Betten der Bonner Sekretärinnen den Garaus zu machen. Das Ergebnis bekam ich gleich mitgeteilt. Der Vorsitzende meinte: »Du bist ein unbeschriebenes Blatt, ein problemloser Fall, keine nazistische Aktivität in der Familie. Die Unterlagen der Aufnahmeprüfung und deine Zeugnisse sind in Ordnung. Deine charakterlichen Einschätzungen lauten: offen, ehrlich, kameradschaftlich, gesund und sportlich bist du auch. Also, dann delegieren wir dich.« Mutter fing daheim wortlos an, alles zusammenzusuchen, was ich brauchte, nachdem ich ihr alles erzählt hatte. Sie brachte mir aus der Stadt einen riesengroßen Holzkoffer mit, andere gab es damals nicht. Ich probte das Herumschleppen meines Gepäcks und reiste zum ersten Einjahreslehrgang der Jugendhochschule »Wilhelm Pieck«.

Diese, ein ehemaliger Goebbels-Besitz, liegt – heute ein hochmoderner Komplex – in der Nähe von Bernau bei Berlin. Etwa 100 Jungen und gleich viele Mädchen – unvorstellbar, so etwas ging bei den Kommunisten, ohne daß der Quotenbeschluß der SPD bekannt war – bereiteten sich mit mir dort auf den Unterricht vor. Die heutige Kapazität liegt erheblich höher und bezieht die Ausbildung von »nationalrevolutionären Kadern«, d. h. Jungkommunisten aus den Entwicklungsländern, mit ein. Unser ganzes Lehrprogramm war nach sowjetischem Muster aufgebaut. Der kommunistische Jugendverband der UdSSR galt der FDJ so wie die KPdSU der SED als unübertreffbares Vorbild. Als Losung stand überall: Von der Sowjetunion lernen, heißt siegen lernen! Da Gorbatschows Reformabsichten den Alt-Stalinisten Honecker, heute SED-Chef, damals FDJ-Chef, hart treffen, gilt gegenwärtig in der DDR wieder die Losung der KPD von 1919, der Zeit des Bürgerkrieges: Hände weg von Sowjetrußland!

Unsere Lehrer waren nicht sehr viel älter als wir. Sie hatten als ehemalige Kriegsgefangene beim Nationalkomitee Freies Deutschland in der UdSSR ihre ersten politischen Schulungen erfahren und waren dort für ihre Aufgabe ausgebildet worden, Kader in der sowjetischen Besatzungszone zu erziehen. Das Lehrprogramm umfaßte ein breites Spektrum. Es wurden Übersichtsvorlesungen zu naturwissenschaftlich-technischen Problemen gehalten, die aber keine Vertiefung durch Seminare erfuhren. Da diese Hochschule vor allem eine gesellschaftswissenschaftliche Ausbildung zum Ziel hatte, die auf die politischen Bedürfnisse der DDR zugeschnitten war, stand die weltanschauliche Vermittlung des Marxismus-Leninismus im Vordergrund. Wir hörten Vorlesungen über ausgewählte Probleme der Weltgeschichte, über die des deutschen Volkes, vor allem der kommunistischen und sozialdemokratischen Arbeiterbewegung, und besonders ausführlich über die Geschichte Rußlands, der UdSSR sowie der KPdSU nach Stalins »Kurzem Lehrgang«. Dabei war die Grundtendenz darauf gerichtet, die Abfolge der gesamten Menschheitsgeschichte als eine Kette gesetzmäßig ablaufender Revolutionen darzustellen, die in der Endkonsequenz die seit 1917 herrschende Epoche, »des Übergangs vom Imperialismus zum Sozialismus«, eröffneten. So steht das noch heute in der ersten Überschrift zu Gorbatschows Parteiprogramm. Die stalinistische Ideologie ist bis heute im Wesen unverändert geblieben, ihre Auswüchse werden als persönliche Entartung Stalins kritisiert. Das ist nicht so. Es handelt sich nicht um ein Personal-, sondern um ein Sachproblem, um die Struktur und das Statut der KP. Eine Auswechslung von Personen bietet keine Lösung, das zeigen Stalin, Chruschtschow, Breschnew. Die Auswechslung der KP ist die Lösung. Nach Lenins von den deutschen Sozialdemokraten abgeschriebener »Imperialismustheorie« ist der Imperialismus die letzte Phase des Kapitalismus, der Vorabend der sozialistisch-kommunistischen Revolution.

Die KPdSU hatte damit begonnen, die kapitalistische »Ausbeuterordnung« zu zerschlagen und den Aufbau der neuen Gesellschaft einzuleiten, in welcher, nach politökonomischen Maßstäben des Marxismus, die Ausbeutungsrate heute höher liegt als in kapitalistischen Industrieländern und die Säuglingssterblichkeit höher ist als in lateinamerikanischen Entwicklungsländern. Dieser Sozialismus sollte dann später in einen gesellschaftlichen Zustand übergehen, in dem wirkliche Gleichheit und soziale Gerechtigkeit dadurch entständen, daß der Mensch nicht mehr nach seiner Leistung bezahlt werde, sondern sich jeder aufgrund des produzierten Überflusses in der Lage sähe, ohne Geld nach seinen Bedürfnissen zu leben. Auf diese Weise würde der Kommunismus das uralte Gleichheitsproblem lösen. Wenn jeder als Gleicher unter Gleichen lebte, würden auch alle Repressivvorgänge, die die Freiheit beschnitten, wie der Staat, Zuchthäuser, Gefängnisse, Polizei, überflüssig, weil der Mensch dem Menschen nun nicht mehr Feind, Wolf, Gegner sei, sondern Kamerad, Freund, Bruder, Genosse. Und wir waren berufen, auserwählt, dieses Leben, den Höhepunkt der Menschheitsentwicklung, zu gestalten! Wir glaubten der Utopie. Sie war zu schön, und wir waren jugendliche Idealisten, d. h. – ziemlich blöd.

Die These vom »sterbenden Imperialismus« wurde nicht abstrakt behandelt: Die »Große Sozialistische Oktoberrevolution« – in Wahrheit ein konterrevolutionärer Putsch, denn der Zarismus war in der Februarrevolution gestürzt worden, und die Bolschewiki vernichteten die erstmals seit 1000 Jahren in Rußland existierenden bürgerlich-demokratischen Freiheiten einer liberal-sozialen, demokratischen Regierung und stellten den Absolutismus in rückständigster Form wieder her – die Durchsetzung des Bolschewismus im ehemaligen zaristischen Reich, die Gebietsannektionen der UdSSR, in Abmachungen mit Hitler vor dem Zweiten Weltkrieg getroffen, was man uns natürlich verschwieg, die »Befreiungstaten« der SU in Osteuropa, der Sieg der Kommunisten in Asien, in China, der Niedergang des weltweiten Kolonialsystems und nicht zuletzt die Gründung der DDR in Europa bewiesen die »Gesetzmäßigkeit« des revolutionären Weltprozesses, d. h. die Übernahme der Macht durch die Kommunisten in allen Ländern eindrucksvoll.

Auch in den anderen Disziplinen – Ökonomie, Philosophie, Pädagogik, Literatur, Kultur – war alles intellektuell schlüssig. Der Stoff war so ausgewählt, raffiniert verfälscht, daß Widerspruchsgeist, kritisches Denken, Zweifel überhaupt nicht aufkommen konnten. Noch heute wird, auch an den Universitäten in der DDR, genau die Pflicht- und Zusatzliteratur zu jedem Thema angegeben, damit niemand auf die Idee kommt, Quellen zu lesen. Außerdem bleibt dem Studenten gar keine Zeit, und ohne Sondergenehmigung kommt nicht einmal der Hochschullehrer an die Quellen heran. Bezug von Westliteratur ist, ohne Sondergenehmigung, strafbar.

In der Ökonomie beschäftigten wir uns sehr gründlich mit der damals – zu Beginn der fünfziger Jahre – gerade wieder einmal »neu« beschlossenen wirtschaftlichen Rechnungsführung als Möglichkeit zur grundsätzlichen Verbesserung des sozialistischen Wirtschaftssystems. Auch in diesem Themenbereich bildeten Stalin-Schriften die Grundlage. Stalins ökonomisches Nachkriegskonzept stand, wie alle Wirtschaftsreformen der Sowjets seit Lenin und Stalins Nachfolgern, stets nur auf dem Papier.

Für die heutige KPdSU unter Gorbatschow gilt Stalins ökonomische Rechnungsführung als Kernpunkt der Reform in der Wirtschaft, dieser ließ sie erstmals 1932 nach dem ersten Fünfjahresplan festlegen ... Der »weise Führer der Menschheit und Vater aller Werktätigen in aller Welt« hatte natürlich auch in der Philosophie maßgebende Leitlinien geprägt und den ganzen Reichtum dieser Wissenschaft auf wenige Merksätze agitatorisch, aber eindrucksvoll für junge, unkritische Gemüter versimpelt. Diese Glaubensregeln wurden demonstriert durch naturwissenschaftliche, mathematische und gesellschaftswissenschaftliche »Beispiele«, wobei man dem Gesetz von der Negation der Negation die entscheidende Position zuerkannte.

Erstaunlich viel Raum wurde den künstlerischen, literarischen und pädagogischen Themen, der emotionalen Erziehung insgesamt, zugestanden. Neben der theoretischen Ausbildung gab es auch praktische Übungen in den nach russischem Vorbild so bezeichneten »Kabinetten«. So war ich eine Zeitlang in einer Sonderklasse, die redaktionelle und pädagogische Arbeiten absolvierte.

Zur Erholung war der Sport da. Mit dem Leistungsabzeichen in Gold wurde die bestandene Sportprüfung belohnt: »Bereit zur Arbeit und zur Verteidigung des Friedens« stand da geprägt, der hiesigen »Szene« sehr zu empfehlen, so ein Abzeichen ...

Wir hatten in dieser Schule außer einer kurzen Ferienwoche im Jahr keinen privaten Kontakt zu unseren Angehörigen oder Freunden, waren von jeder Information aus dem Westen abgeschnitten und wurden von früh bis abends auf eine genau dosierte Art in allen Wissensbereichen unter ideologischen Vorzeichen indoktriniert. Die Ersatzreligion des Marxismus-Leninismus betrachteten wir so bald gläubig als Wahrheit, als Wissenschaft. An jedem Sonntagmorgen wurde im großen Hörsaal drei Stunden gemeinsam rezitiert und gesungen. Die Lieder und Texte waren vorher in den Gruppen vorbereitet worden. Dabei erinnerte mich manches melodisch wie inhaltlich an das, was wir als Kinder während der NS-Zeit im Jungvolk gesungen hatten. Erst später wurde ein großer Teil dieses Liedgutes gestrichen. Dazu zählte auch jenes Lied, von den Wandervögeln übernommen, welches Honecker kürzlich vor Johannes Rau mit der Zeile zitierte: »... uns geht die Sonne nicht unter«. Nun, nicht wegen der Sonne, wegen christlicher Ideen, die im Text formuliert waren, wurde es »hinausgesäubert«, wie das nicht nur damals in der FDJ hieß.

Interessanter als die eigenen Veranstaltungen waren die Theater- und Konzertbesuche. Es entging uns keine wichtige Aufführung in den Theatern Berlins und in den Konzertsälen, die wir als Schüler nicht, kollektiv organisiert, geschlossen besucht und anschließend analytisch erörtert hätten. Professor Rebling von der Berliner Musikhochschule kam auch regelmäßig zum Bogensee, um uns in die

Welt der Musik einzuführen. Wir hörten eine kurze Erläuterung über die Komponisten und ihre Werke, viele Russen dabei, dann spielte Rebling vor.

Der Ablauf des Schulbetriebes war auf die Minute genau von morgens um sechs bis abends 22 Uhr geregelt. Das ist noch heute für mich die effektivste Einteilung. Auch an den Wochenenden gab es kaum Freizeit. Der Sonnabend war in der DDR noch Mitte der sechziger Jahre Arbeitstag. Für den Schlaf blieben acht Stunden täglich.

In der alten Goebbels-Anlage wohnten die Lehrer, waren die Verpflegungsräume, die Krankenzimmer und die Bibliothek untergebracht. Wir Schüler bewohnten Baracken im Wald, mit kleinen Kachelöfen in den Zimmern, die wir selbst zu heizen hatten. Eine große Wäscherei und den sonstigen Komfort, der heute in den massiven Gebäuden der Jugendhochschule geboten wird, besaß diese Ausbildungsstätte der FDJ – analoge gibt es in allen Bezirken und Kreisen, selbst Großbetriebe haben eigene Schulungseinrichtungen – damals noch nicht. Wir waren beeindruckt von der Fülle dessen, was uns die eigenen Lehrer, Praktiker aus Wirtschaft und Politik, Theoretiker von den Universitäten und Gastlektoren aus dem Ausland boten.

Einer der ersten Nationalpreisträger der DDR, Claudius, las aus seinen Erzählungen und Romanen über den spanischen Bürgerkrieg. Eine Emanze griff ihn an, sie sah in seinen erotischen Schilderungen eine Verletzung der sozialistischen Moral, jener unglaublich scheinheiligen, sowjetischen Prüderie, die den Kontrast zur Vergewaltigungsmentalität bildet. Es entstand eine peinliche Stille. Claudius entgegnete unter befreiendem Lachen seiner Zuhörer: »Du redest wie eine alte Nonne – die jungen sind gar nicht so!« Mir fiel nicht nur hier, sondern später noch oft bei wesentlicheren Problemen auf, wie die alten, gestandenen deutschen Kommunisten sich intellektuell und mentalitätsmäßig vom unterwürfigen Herdengeist der sowjetischen Apparatschiks, der uns als disziplinarische Norm eingeimpft wurde, wohltuend abhoben.

Sowjetische Pädagogen aus Moskau interpretierten in diesem Sinne Makarenkows Werke und Erziehungsmodelle für uns, Führer ausländischer Jugendverbände berichteten über politische, wirtschaftliche und soziale Probleme ihrer Länder und ihrer Jugendbewegungen. Für uns erschlossen sich neue Welten. Wir wurden auch für das vorbereitet, was in der FDJ jahrzehntelang »frohes Jugendleben« hieß, lernten u. a., wie man Sketche und Songs schreibt oder Agitprop-Programme entwirft. Wie genial daneben die Texte mitunter gingen, fällt mir bei einem Song ein, der von unseren westdeutschen Freunden, heute sind einige von ihnen leitende Funktionäre der DKP, geschrieben und nach der Melodie eines Schlagers vorgetragen wurde:

»Aus weiter Ferne, von USA her,
schickt man uns ständig neue Ladenhüter übers Meer.
Die westdeutsche Wirtschaft – das Herz wird uns schwer –
wird machen bald Pleite, den Ami freut's sehr.«

Das war die Verzerrung der westdeutschen Wirklichkeit zum kommunistischen Surrealismus, aber schließlich war Stalin für die Autarkie und gegen den Marshall-Plan! Heute läßt sich der RGW durch Westkredite über die Runden schleppen ..., ohne Songs. Sicher, sobald Gorbatschows fast neues Denken den SED-Ableger DKP erfaßt haben wird, wird die Mies-Partei ganz anders singen.
Beim ersten und den folgenden Deutschlandtreffen der FDJ, als Hunderttausende zu Beginn der fünfziger Jahre im Blauhemd zu Massenaufmärschen in Ostberlin zusammenströmten unter militärischer Organisation, perfekt wie bei der Hitler-Jugend, arbeiteten wir in den jeweiligen nationalen oder internationalen Verbindungszentren.
Dabei ging es nach der erklärten Prämisse vor allen Dingen darum, mit den spezifischen Mitteln der Jugendarbeit die Bewegung für Deutschlands Einheit voranzutreiben; die Deutschlandtreffen gaben schon von der Benennung her die prinzipielle politische Ausrichtung der FDJ in diesen Jahren an. Daneben galt es ökonomisch, die Jugendbrigaden in der Produktion zu Höchstleistungen anzuspornen. Wir fuhren oft in Schwerpunktbetriebe, um selbst mitzuarbeiten und Hochleistungsschichten zu organisieren; ich war mehrfach im Uranbergbau bei Annaberg eingesetzt.
Zwei Erlebnisse aus dieser Zeit an der Jugendhochschule sind mir nachhaltig in Erinnerung geblieben. Das eine bezog sich auf eine Begegnung mit Wilhelm Pieck. Unsere Sonderklasse – Eliten züchteten die Sowjets immer – war eingeladen, mit dem Präsidenten der

Republik zu sprechen. Er wurde von seinem Staatssekretär, Walter Bartel, begleitet, den ich, bevor ich in die Bundesrepublik übersiedelte, 1985 zum letzten Mal als emeritierten Professor in meiner Parteigruppe an der Humboldt-Universität sah. Bartel hatte, wie Pieck, einen legendären Ruf. Pieck war der Führer der KPD in der sowjetischen Emigration, und Bartel war der Kopf der illegalen Widerstandsgruppe im KZ Buchenwald gewesen, der dort beim Heranrücken der US-Armee den bewaffneten Aufstand organisiert hatte. Personifizierte Geschichte: Wir waren fasziniert, lebten wir doch mehr in unserer Traumwelt von Legenden über Vergangenheit und Zukunft als in der Wirklichkeit. Wilhelm Pieck, das war der Mann, über den wir sangen:

> Viel Tausend wurden zu Grabe gebracht,
> erhängt und erwürgt und vorbei,
> aber leis', ganz leise war überall
> die Stimme der guten Partei ...
> In düsterer Nacht und in bitterer Zeit
> erklang sie und gab sie uns Mut,
> heute wissen wir, wer der Sprecher war,
> wir kennen ihn alle, und gut.

Wir saßen in einem kleinen Kabinett, und der wohlbeleibte Pieck, der einen gütigen, väterlichen, fürsorglichen Eindruck machte, redete ungeschminkt mit uns. Er erzählte aus seinem Leben und merkte trocken als Seitenhieb auf den damals noch nicht verbal verurteilten Personenkult um kommunistische Führer an: »Das brauche ich eigentlich gar nicht so darzutun, das haben andere, die es schlechter wissen, schon viel besser gemacht, mein Leben dargestellt ... Ich will euch nur einiges mitgeben, was ihr mir nicht vergessen sollt: Ich habe mir genau angesehen, was in den Lehrplänen steht und in einige Lehrveranstaltungen hineingehört. Wie man das euch vermittelt, ist das alles super-ideal. Das stimmt auch, aber das ist die Theorie. Vergeßt niemals, daß die Theorie im besten Falle eine Anleitung zum Handeln sein, daß die Theorie aber niemals die Praxis ersetzen kann! Werdet mir als Funktionäre keine weltfremden Leute! Habt das Ohr dort, wo die einfachen Leute die Sorgen drücken. Wir haben als einzelne und wir haben als Partei – jetzt hört genau her –

wir haben als Partei unverzeihliche Fehler gemacht.« Für einen Augenblick glaubte ich, nicht richtig zu hören. Er fuhr fort: »Wir haben die Sozialdemokraten in der Weimarer Zeit als die schlimmsten Feinde angesehen. Die waren für uns schlimmer als die Nazis. Sozialfaschisten haben wir sie genannt. Das war grundfalsch. Wir haben viel zu spät begriffen, daß wir wirklich die Einheit der Arbeiterbewegung im Kampf gegen Hitler brauchten. Wenn wir in Deutschland nicht noch einmal in einen Abgrund stürzen wollen, müßt ihr alles tun, daß später einmal in Deutschland wirklich kameradschaftliche Beziehungen zu den Mitgliedern der SPD hergestellt werden. Das hebt niemals den Kampf um die Durchsetzung des Leninismus auf, aber bitte die SPD-Mitglieder kameradschaftlich überzeugen, keinen physischen Druck mehr!

Und noch etwas. Ich sage euch als Fazit der Erfahrungen meines langen politischen Lebens: Wir haben die Nazis deshalb nicht besiegt, weil wir das nationale Problem verkannt haben. Einer, der sich gegen sein Volk, gegen seine Nation stellt, wird ebenso untergehen wie eine Partei, die sich gegen das Volk und damit gegen die Nation stellt.« Er hob die Hand und zitierte Becher, seinen späteren Kulturminister, von dem z. Z. in »Sinn und Form« mitgeteilt wurde, daß er sich mitschuldig bekennt an den Verbrechen der Partei unter Stalin, weil er geschwiegen hat, obwohl er wußte, was geschah:

»Es riefen uns die Stimmen unserer Ahnen,
die Zukunft schien uns daran zu gemahnen:
›Ihr seid berufen! Deutsches Reich seid ihr!‹ ...
Ein heimlich Reich, so lag es wie vergangen,
so lag es wie im Traum und lag gefangen.
Doch einmal, wußten wir, wird es geschehn,
da wird des Volkes Wille es erwecken,
und alle werden dann das Reich entdecken,
das Deutschland heißt. Deutschland wird auferstehn!«

Nicht nur in diesem Punkt wirkte die kommunistische Jugendhochschule wie die national-politische Erziehungsanstalt unter Hitler. Internationaler und nationaler Sozialismus haben eine fatale Ähnlichkeit in Methode und Psychologie. Nicht umsonst nannte bereits Lenin Stalin einen »sozialen Nationalisten«. So einer konnte sich mit dem »nationalen Sozialisten« Hitler die Welt teilen und Hitler den Krieg ermöglichen.

Pieck fuhr fort: »Merkt euch: Ihr seid mit uns die ersten erfolgreichen Revolutionäre der deutschen Geschichte! Entweder wir schlachten mit den ›Freunden‹ den Westen, oder der Westen massakriert uns. Lenins klare Position: Wer wen? ist noch lange nicht entschieden. Anders ist die Frage in keiner Revolution gestellt! Aber: Um zu siegen, brauchen wir die Aktionseinheit mit der SPD und die Volksfront mit allen alternativen Kräften gegen das Kapital. Volksfront, Volksfront, Volksfront! Mit der Reaktion gegen die reaktionärste Spitze! Das ist die politisch entscheidende Lehre aus Weimar. Laßt nie mehr kommunistisches Sektierertum zu! Sonst hängen sie euch – ihr sollt sie hängen, vergeßt auch das nicht, aber alles zu seiner Zeit: Erst die Schlimmsten, dann die Schlimmen!« Nach einer kurzen Pause fuhr er fort:

»Ihr wißt, wir wollen wie die KPdSU die Einheit Deutschlands. Deshalb zuerst sind wir mit der SU verbündet. Wir wollen die Wiedergeburt unseres Volkes, unseres Landes. Wir wollen Frieden in Deutschland, aber in dieser Demokratie muß auch zunächst Platz sein für unterschiedliche Strömungen in der Arbeiterbewegung.« Hier räusperte sich Bartel, Pieck reagierte unwillig. »Was ich euch sage«, fuhr er fort, »ist nicht zur Veröffentlichung gedacht. Das ist nicht einmal in der Form dafür gedacht, daß ihr es jetzt in der FDJ breittretet. Unsere Überlegenheit gegenüber der SPD besteht darin, daß wir taktisch und strategisch denken. Behaltet das in eurem Kopf für lange Zeit, bis die Zeiten so sind, daß man das diskutieren kann und muß in der Partei. Ihr müßt begreifen, die Wahrheit kommt nicht von selbst, das Richtige setzt sich nicht von alleine durch. Aber: Richtige Einsichten, theoretisch richtige Einsichten helfen euch überhaupt nichts, wenn Ihr nicht die politische Klugheit besitzt, das Richtige zum richtigen Zeitpunkt zu sagen und zu tun. Einige von euch werden vielleicht Theoretiker. Die sollen meinetwegen am reinen Dogma hängenbleiben. Andere von euch werden vielleicht Praktiker, Politiker. Die müssen lernen, auf dem Bauch zu kriechen, die müssen lernen, sich zu verstellen, zu heucheln, zu lügen, die müssen lernen zu täuschen, die mickrigen westdeutschen SPD-Führer und sonstigen Spießbürger. Die Praxis ist mein Feld, und es ist ein anderes Feld als die Theorie. Und wenn ihr nun denkt, woher hat der Alte das, dann sage ich euch, mit meinem Freund To-gliatti habe ich über diese Dinge viele Jahre nachgedacht, gegrübelt, nach Lösungen gesucht. Ein bißchen Weisheit findet ihr in den Dokumenten des 7. Weltkongresses der Komintern. Dort ist meine Position und die der der italienischen Genossen auf einen Nenner gebracht.«

Er nahm einen Schluck Selterwasser und sagte: »Ach, jetzt guckt ihr, einige gucken ganz schön dumm, wie ich sehe. Aber ich sage euch, ich habe in meinem Leben auch oft dumm geguckt. Glaubt ihr vielleicht, ich hätte jemals geglaubt, daß ich mich mit preußischen, ja nazistischen Generälen an einen Tisch setzen würde, um über Deutschland zu reden? Meint ihr, ich hätte mir träumen lassen, daß ich mich einmal mit hitlerdeutschen Offizieren in ein National-Komitee Freies Deutschland begebe? Vielleicht müssen wir eines Tages wieder mit westdeutschen Generälen an einem Tisch sitzen, die Armee drüben kommt todsicher wieder ...«

Damals habe ich das Gehörte nicht völlig begriffen. Weil Stalin damals noch die vergöttlichte Führergestalt der kommunistischen Weltbewegung war, wollte uns Pieck offensichtlich vor dem blinden Dogmatismus der marxistisch-stalinistischen Ideologie warnen und auf das differenzierte kommunistische Denken aufmerksam machen. Aber selbst nach Stalins Tod im Jahr 1953 war Gramsci, dessen Name am Anfang dieses Denkens stand, verpönt und weithin unbekannt. Erst etwa sieben Jahre nach dieser Begegnung mit Wilhelm Pieck wurde Togliattis These vom Polyzentrismus in der kommunistischen Weltbewegung publik. Der alte Kämpe in Berlin hatte uns vor einer Wiederholung der Vergangenheit gewarnt. Seine politische Bildung hatte er übrigens auf der Reichsparteischule der SPD genossen, nicht an der Lenin-Schule wie Ulbricht und Honecker, der gleich zweimal dahin mußte, Wiederholung bildet. Natürlich sagte uns auch Pieck nur die halbe Wahrheit. Die Komintern, Bucharin und Stalin befahlen den Kampf gegen die SPD, und die KPD war nur eine Abteilung der Komintern, den Weisungen der Russen unterworfen, die auch nach 1945 dafür sorgten, daß aufrechte Sozialdemokraten nicht in die SED, sondern in die KZ kamen – Buchenwald war bis 1952 voll besetzt, viele SPD-Funktionäre kannten das Lager noch aus der Hitler-Zeit.

Die zweite nachhaltige Erfahrung vermittelte mir die erste Parteiüberprüfung 1951–52, mit der die SED ihren Kampf gegen den »Sozialdemokratismus« abschließen wollte, der bis heute aktuell geblieben ist, allen Idelogie-Papieren zum Trotz – die sind für die Fassade, nicht für's Innenleben der SED! Nicht das mit mir geführte Gespräch beeindruckte mich, das unterschied sich überhaupt nicht vom üblichen Kadergespräch, sondern die in einer zentralen Parteiversammlung vorgetragene Auswertung, wobei einige Genossen »entlarvt« und als Feinde, Agenten, Renegaten, Verräter aus der Partei ausgeschlossen wurden.

Die Äußerungen Piecks und dieser Vorgang machten mir zum ersten Mal andeutungsweise klar, welche komplizierten Prozesse der geistigen und politischen Entwicklung sich unter den deutschen Kommunisten abgespielt hatten und weiterhin abspielten, und wie ausgeprägt die Furcht der jetzigen, eindeutig an Moskau orientierten Führung unter Ulbricht war. Bisher war die Parteigeschichte immer ganz klar gewesen: Da gab es am Anfang Marx und Engels im 19. und Karl Liebknecht und Rosa Luxemburg im 20. Jahrhundert, wobei diese Genossin sehr verdächtig und der Kampf gegen den »Luxemburgismus« Pflicht war. Aber beide wurden ermordet, sie spielten keine Rolle in der weiteren Entwicklung der KPD. Dann war die Partei identisch mit Thälmann, und Thälmann war identisch mit Stalin, und Stalin war wie der größte Ersatzheilige, wie Marx, allwissend, allmächtig, unfehlbar: Führer befiehl, wir folgen dir. Nicht umsonst hatten Stalin wie Thälmann den Führerkult vom erfolgreicheren Hitler übernommen. Nun hörte ich plötzlich von den mörderischen Fraktionskämpfen der Kommunisten untereinander und erfuhr, daß die alten, abweichlerischen, trotzkistischen, brandleristischen Ideen noch immer lebendig seien, daß es noch immer Sympathien für Ruth Fischer-Maslow gäbe, die Westemigranten der KP unter Franz Dahlem, die gegen die Ostemigranten kämpften usw. Wir wollten unseren Ohren nicht trauen.

Man ermahnte uns zur »revolutionären Wachsamkeit«, zum notwendigen Kampf gegen Agenten, Spione, Saboteure in der Partei und belegte das mit Vorgängen nicht nur an der Spitze der FDJ, sondern auch aus dem Kampf, den die Partei gegen sonstige »Agenturen des Imperialismus«, etwa die »faschistische Tito-Clique«, gegen Slansky, Raijk und Konsorten zu führen hätte. Das war alles aufregend, aber eigentlich nach unserem angelernten Geschichtsverständnis nur die Wiederholung des notwendigen Prozesses, der sich in der Sowjetunion schon in den »Säuberungen« der dreißiger Jahre vollzogen hatte – also ein wegen des sich verschärfenden Klassenkampfes, den der Marxismus lehrte, historisch nicht zu vermeidender Konflikt.

Die Konsequenz – absolute Verschwiegenheit in Partei-, FDJ- und Staatsangelegenheiten, absolute Treue zur Ideologie, die Lehre von der »Einheit und Reinheit« der Partei als höchstem Gut – wurde mit Nachdruck gezogen. Honeckers Losung für die FDJ lautete: »Stählerne Treue zu Stalin!« Das Gegenteil bedeutete Verrat an allen demokratischen Bewegungen und Traditionen des eigenen Volkes und der internationalen Klassenbewegung.

Der Parteisekretär der Schule brachte es auf einen Nenner: »Wir sind Soldaten, Parteisoldaten der Revolution. Die Partei befiehlt, und wir folgen. Verräter werden ausgemerzt.« Als sich eines unserer Mädchen an einem Spätherbstabend weigerte, alleine nach Wandlitz zu gehen, weil sie befürchtete, unterwegs von Russen belästigt zu werden, wurde sofort unter Abbruch aller anderen Veranstaltungen eine Vollversammlung gegen sie einberufen. Sie wurde aus dem Jugendverband ausgestoßen und mußte nach einer Stunde das Gebiet der Schule verlassen haben. So verfuhr man mit allen, die bei der Parteiüberprüfung ausgeschlossen worden waren. Viele von ihnen sind, was wir erst sehr viel später erfuhren, damals anschließend in den Haftanstalten und Zuchthäusern verschwunden. Nichtparteimäßige, also antisowjetische Haltung galt als das allerschlimmste der schlimmsten Verbrechen. Wer sich geistig nicht unterwarf, entweder weil er glaubte oder weil er sich anpaßte, wurde ausgemerzt, kam erst gar nicht in die Nomenklatur der Funktionäre.

Am Ende unserer Ausbildung waren wir ausnahmslos von dem Glauben beseelt, für die heiligsten Güter der Menschheit zu kämpfen, und drückten dies in einem auch melodisch packenden Lied so aus:

Das neue Leben muß anders werden,
als dieses Leben, als diese Zeit.
Da darf's kein Hungern, kein Elend geben,
packt alle an, dann ist es bald so weit!
Komm mit, Kamerad, steh nicht abseits, Kamerad,

unser Kampf, Kamerad, ist auch dein Kampf.
Komm mit, halte Schritt,
komm ins neue Leben mit ...

Wir sangen das und Kampflieder aus dem Spanienkrieg, Militärlieder der Roten Armee und der Partisanen im Gleichschritt bei unseren Tag- und Nachtmärschen: Es war wieder, fünf Jahre nach Kriegsende, wie beim Jungvolk – wir marschierten, wieder mit dem Gewehr, für Deutschland und glaubten an Deutschland. Wir lebten in dem uns vermittelten Selbstverständnis, nunmehr auserwählte Werkzeuge der Geschichte zu sein, berufen, die revolutionären Traditionen der gescheiterten Bauernkriege, der gescheiterten Revolutionen von 1848 und 1918 fortzuführen und das Humanitätsideal des Kommunismus zu verwirklichen. Wir waren berufen, all jene jungen Menschen zu erziehen, die in absehbarer Zeit Deutschland einigen und in ganz Deutschland den Idealen der ersten Stufe des Kommunismus, des Sozialismus, zum Durchbruch verhelfen würden.
Zum Abschluß gab es an der Jugendhochschule ein festliches Bankett. Ich erlebte so etwas zum ersten Mal. Die Tische waren – nach russischem Vorbild, was ich damals nicht wußte, die Unterwerfung ging bis ins Technische – genauso T-förmig aufgestellt, wie ich es später bei den Regierungs- oder Staatsempfängen kennenlernte: Am oberen Ende saß die Prominenz, durch das Kommando vom »Persönlichen Schutz« abgeschottet, mit einem eigenen Büffet. Zutritt zu ihr hatten nur Auserwählte, streng nach Protokoll. Wo kämen wir hin, wenn alle Gleichen jeden Gleichen einfach anquatschen, belästigen könnten? Fragen, Sorgen, Probleme? Schriftlich einreichen, Genossen – der Apparat entscheidet. Anonym und mit Sicherheit, versteht sich.
Wir wurden feierlich verabschiedet und am nächsten Tag zur Einsatzbesprechung vorgeladen. Diese war kurz und geschäftsmäßig. Bei mir hieß es: »Das Sekretariat hat beschlossen, du gehst als zweiter Sekretär nach Nordhausen. Du bist in Thüringen daheim, das kann dir ganz recht sein. Wir hatten eigentlich erst vorgesehen, dich für die theoretische Arbeit einzusetzen, aber seitdem unser verehrter Genosse Semjonow (hoher Kommissar, später Botschafter) hier gesprochen hat, weißt du, welchem Wert wir der Orientierung auf die Kreissekretariate beimessen. Dort, an der Nahtstelle zwischen

unten und oben, wird wirklich entschieden, wie die Jugend geformt
wird, wie die Partei ihre Politik realisiert. Es gibt keine ehrenhaftere
Funktion in der FDJ als die des Kreissekretärs. In Nordhausen sitzt
ein sympathischer Bursche, mit dem wirst du gut auskommen.« Ich
fuhr nach Nordhausen. Der Chef der Kreisleitung war ein Mann,
den ich 30 Jahre später in der ZK-Akademie wiedertraf. Wir verstanden uns gut, aber wir arbeiteten nur kurze Zeit zusammen.
Nach vier Wochen wurde ich nach Erfurt bestellt. Die Kaderabteilung der SED-Bezirksleitung instruierte mich kurz und bündig, daß
ich, so wie ich bin – ohne alles Gepäck gleich nach Eisenach weiter-
zufahren habe, um dort – Glückwunsch, du bist der Jüngste von
allen – als Erster Sekretär tätig zu werden. Ich müsse mich beeilen,
am Abend solle ich bereits gewählt sein. Man ruft mir einen Dienstwagen aus der Fahrbereitschaft. Ich fahre noch zur FDJ-Bezirkslei-
tung, nehme einige Instruktionen über die Situation im Kreis entgegen und bin am Abend in Eisenach.
Natürlich werde ich gewählt, obwohl mich niemand kennt. Vier Delegierte machen einen Gegenvorschlag. Sie werden wegen Verstoßes
gegen den demokratischen Zentralismus aus FDJ und Partei ausgeschlossen. Über den Einsatz der Ersten Sekretäre befindet das Sekretariat des Zentralrates der FDJ und die Kaderabteilung des Zentralkomitees der SED. Der Beschluß der Führung ist Befehl. Wer ihn
verweigert, begeht politischen Selbstmord. Niemand pfuscht der
Nomenklatur in ihre Rechte.
Eine gewählte Kreisleitung der FDJ bestand damals aus etwa 30 Mitgliedern, vor allem aus ehrenamtlichen Funktionären der Produk-
tionseinheiten in Industrie und Landwirtschaft sowie aus der Volksbildung, auch hauptamtliche Pionierleiter und Instrukteure oder
Abteilungsleiter der Kreisleitung selbst zählten dazu. Diese Kreisleitung tagte einmal im Monat, um sich über Grundsätzliches zu beraten, und zwar immer im Anschluß an die Kreisleitungssitzungen
der Partei, denn das Konzept für die Jugendarbeit und dessen Umsetzung mußte vorher von der Partei bestätigt werden. Ich war als
Erster Sekretär der FDJ, wie die Nomenklatur es analog auch im Bezirk und der Zentrale vorsieht, zugleich gewähltes Mitglied derer
zuständigen Leitung der SED und nahm an den Tagungen der Kreisleitung sowie an wichtigen Sekretariatssitzungen teil. Dies war für
mich eine Studienzeit in Politik und Wirtschaft, die mich nachdrück-

lich geprägt hat. So wie das Schema der politischen Führung im Kreisgebiet funktionierte, funktioniert es noch heute, und so lief es auch im Bezirk und in der Hauptstadt ab. Das war so, ist so und bleibt so, solange kommunistische Parteien regieren werden. Ich lernte, wie das absolute Machtmonopol der Partei in Ideologie, Staat, Wirtschaft und Gesellschaft angewandt, wie der Begriff der »Diktatur des Proletariats« interpretiert wurde: Nicht Herrschaft der arbeitenden Klassen, sondern Herrschaft des hauptamtlichen Parteiapparates – eingegrenzt auf dessen Sekretäre – heißt die wahre Übersetzung, und Diktatur heißt, nach Lenin und somit heilig, nicht rechtliche Kontrolle über die Parteiführungen, sondern deren »Recht« auf rechtlose Gewalt. Gorbatschow verweist zutreffend stets darauf, daß er Lenins Vermächtnis unbegrenzt erfüllen will. Seine jetzigen Thesen zur Juni-Parteikonferenz 1988 heben den »demokratischen Zentralismus« nicht auf, sondern »vervollkommnen« ihn.

Nun muß der Bundesbürger noch wissen, daß nicht nur nach oben, sondern auch nach unten, in den Verwaltungen, Betrieben, Genossenschaften, kurz, überall in Stadt und Land das gleiche Prinzip gilt: überal entscheidet eine Handvoll Parteileitungsmitglieder, oft nur der jeweilige Chef allein mit formaler oder nachträglicher Zustimmung seiner Leitung, über Wohl und Wehe des Betriebes, der Schule, der Gemeinde. Sie verfügen über jeden dritten DDR-Menschen per disziplinarischer Gewalt. Honecker wiederholt stolz immer wieder, daß jeder dritte Bürger der DDR ein Funktionär ist. Die Parteifunktionäre aber bestimmen, was diese ehrenamtlichen Kader alles machen müssen, ob sie nun in der Gewerkschaft, der FDJ, dem Frauenbund, der GST, Zivilverteidigung, den Kampfgruppen, der DSF, dem Sportbund, den Kleingärtnern, dem Angelverband oder den Hühner- und Taubenzüchtern, den Jungen Pionieren, der Kinderkrippe oder dem Altersheim, der Nationalen Front oder der dem Innenministerium unterstellten Freiwilligen Feuerwehr angehören: Wenn die Politbüro-Sekte in Berlin um 14 Uhr befiehlt, daß zwischen 17 und 18 Uhr eine Kampagne zu starten, die gesamte DDR in Alarmbereitschaft gegen die Friedensfeinde der BRD zu bringen ist, damit am 1. Mai 1988 nicht wieder oppositionelle Transparente in der Demonstration hochgehalten werden, dann läuft diese Kampagne über alle diese Drähte, überall spurt der Partei-

sekretär, die Blockgenossen ziehen mit, und die VP und Stasi bilden
das Rückgrat: Vorsorglich schlagen diesen wahren Humanisten
echte und vermeintliche Gegner vorbeugend zusammen, wie etwa
das Mitglied der Unabhängigen Friedensbewegung Misseletz in
Ostberlin, wie dpa am 24.4.88 meldete, »unmenschlich und brutal«.
Die Instrukteurbrigaden der Bezirksleitungen der SED überwachen
die Vorgänge und erstatten Bericht über Sonderleitungen. In Ost-
Berlin ginge im Falle eines Falles im Politbüro-Ghetto weder Licht
noch Wasser aus, noch brächen die Kommunikationssysteme zusammen: Die Sektenprominenz hat ihre Schlüsse aus dem 17. Juni
1953 gezogen. So funktioniert in der DDR die Diktatur gegen das
Proletariat und das ganze Volk: Wunschtraum aller wahren, also
marxistischen Sozialisten, Volksfront- und Friedensfreunde in ganz
Deutschland!
Erster Sekretär der Partei in Eisenach war Fritz Geißler, ein Mann,
dem die Strapazen eines entbehrungsreichen Lebens ins Gesicht geschnitten waren. Er war groß, hager, ausgelaugt, ausgemergelt, aber
zäh. Sie hatten ihn in der KZ-Haft und im Strafbataillon nicht um-
bringen können. Wir sahen uns in der Regel einmal wöchentlich in
der Sekretariatssitzung. Diese verliefen alle gleich: Es gab anhand
eines bestätigten Monatsarbeitsplanes, der wiederum auf Quartals-
und Jahresplänen fußte, welche auf Parteitagsbeschlüsse zurückgingen, eine strenge Tagesordnung. Der erste Punkt war jedesmal die
Beschlußkontrolle. Sie nahm immer der zweite Sekretär – verantwortlich nach schriftlichem Funktionsplan in allen Leitungen für
Kader, Parteiorganisation, Sicherheit, bewaffnete Kräfte – selbst
vor, und es wurden, wenn Festlegungen nicht realisiert waren, nach
einer kurzen Debatte neue präzise Anweisungen zur Erledigung der
beschlossenen Aufgaben schriftlich als Beschluß unter Parteikon-
trolle herausgegeben oder Parteiverfahren gegen Säumige angewiesen. Der nächste Punkt behandelte die allgemeinen politischen und
wirtschaftlichen Probleme des Kreises, die in der Regel auf betrieb-
liche und kommunalpolitische Schwachstellen zurückgingen. Danach gab es verschiedene Tagesordnungspunkte, zu denen leitende
Persönlichkeiten, haupt- und ehrenamtliche Funktionäre, eingeladen waren.
Überflüssiges Gerede ließ Fritz nicht zu. Seine Fragen waren kurz,
genau, sachkundig. Er war von seinen Fachabteilungen vorher auf

jeden wunden Punkt aufmerksam gemacht worden. Ein Lob brachte er kaum einmal über seine schmalen Lippen; nur selten fand er etwas gut. Selbst wenn wir alle meinten, es sei alles in Ordnung, hatte er – hervorragend informiert – noch eine kritische Nachfrage parat, die die Berichterstatter arg in Verlegenheit bringen konnte. Später erinnerte mich Ministerpräsident Willi Stoph nicht nur äußerlich immer wieder an Geißler. Der Arbeitsstil im Regierungs- und Parteiapparat der DDR ist identisch, der Staat die Nebendienststelle der Partei. Hier habe ich fassungslos über den Arbeitsstil amerikanischer Präsidenten gelesen, wo bei einem Mittagessen über die Arbeit ohne Protokoll geredet wird und hinterher jeder etwas anderes in Erinnerung hat, oder über unpräzise Koalitionsabsprachen in Bonn. Den Geist der SED kann ich nicht empfehlen, die Präzision und Disziplin aber sehr wohl.

Als ich mich einarbeitete, begriff ich, wie die Informationsstränge liefen. Der erste Mann erfährt alles, was staatliche Ebene, Industrie, Landwirtschaft, Handel, Kommune an Informationen liefern über seine Sekretäre. Er weiß, wie die Gewerkschaft einen Sachverhalt einschätzt und nach oben gibt; er kennt die Berichte der Volkspolizei, vor allem aber die Meldungen und Analysen der Staatssicherheit.

Später, in Berlin, sah ich, wie zu all diesen Informationssträngen in der großen Politik im ZK und im Ministerrat noch die Berichte der Diplomaten und der Auslandsaufklärung beim ersten Mann an der Spitze zusammenliefen, dem es überlassen blieb, die anderen zu informieren – oder auch nicht, vor allem über das, was er, und nur er, mit dem sowjetischen Botschafter oder Moskauer Sekretären besprochen und vereinbart hatte. Richtig angewandtes Wissen ist Macht. Nichts wissen macht allerhand. Mir wurde innerhalb kürzester Zeit der Diktaturmechnismus, die Effektivität von Weisung und Kontrolle, Lob und Tadel, disziplinarischer Bestrafung und juristischer Strafe, nach Parteistatut und Gesetz, geläufig, wobei der Genosse Richter von der jeweiligen Parteileitung bis heute erfährt, welches Strafmaß er anzuwenden hat.

Eben war über den Ferkelplan entschieden worden, anschließend wurde die Erweiterung von Kinderkrippen beschlosen und die Baukapazitäten entsprechend verändert. Dann stand die sofortige Absetzung und Entlassung eines Schuldirektors wegen mangelnder

Disziplin an der Schule oder eines Journalisten wegen nicht partei-
genehmer Schreibe an; danach wurde für einen Richter oder Staats-
anwalt ein Parteiverfahren mit Amtsentzug wegen zu milder Urteils-
sprechung im Kampf gegen Klassenfeinde angeordnet. So ging das,
ruck zuck.
»Besser eine Diktatur als gar keine Ordnung«, knurrte Geißler gelegentlich dabei. Das Sekretariat tagte von früh bis abends, oftmals
länger als zwölf Stunden, aber es gab nichts an wesentlichen Dingen
im Kreis, von denen wir nichts erfuhren. Selbst die kleinste Einheit
wurde kontrolliert und angeleitet. So wird auch die Republik ver-
waltet. Honecker prüft selbst sogar die Kaderakten von ZK-Mitar-
beitern, falls diese eine Russin heiraten. Welcher Draht nach Moskau tut sich da wohin auf? Man kann nie wissen: Vertrauen ist gut,
Kontrolle ist besser. Lenins Wort gilt. Jeder Diktator muß, bestens
gehaßt, ständig mißtrauisch sein.
Im Bereich der Jugendarbeit interessierten uns besonders die Probleme der Berufsschulen und der Volksbildung, der fachlichen Bildung und Erziehung, der gesamte Bereich der Kultur, des Sportes
und natürlich nicht zuletzt die Tätigkeit der Jugendbrigaden und
Jungaktivisten in der industriellen Produktion in den damals noch
seltenen landwirtschaftlichen Genossenschaften, in den volkseigenen Gütern, MAS, später MTS, und in den Dienstleistungsberei-
chen.
Zum Sekretariat der Kreisleitung gehörten neben dem Chef der Partei und dessen Sekretären der Vorsitzende der Gewerkschaft, der
Chef der Staatssicherheit, der Vorsitzende des Rates des Kreises und
noch zwei, drei ehrenamtliche Mitglieder, Betriebsleiter aus VEB
und Praktiker der Landwirtschaft aus dem Kreisgebiet. Zu den Mitgliedern und Kandidaten der Kreisleitung, welche formell das Sekretariat zu wählen hatte, gehörten alle im Kreis entscheidenden Persönlichkeiten aus allen wichtigen gesellschaftlichen Bereichen, aber
nicht die Kreisleitung entschied real über die Zusammensetzung des
Sekretariats, sondern das Sekretariat der Bezirksleitung und das ZK
über den 1. Sekretär, so funktioniert der »demokratische« Zentralismus, das Grundprinzip im Organisationsaufbau der Kommunisten.
Er verkörpert das Übermonopol der Partei über die staatsmonopolistische Wirtschaft, die Ideologie und den Sicherheitsapparat von Polizei und Geheimdienst.

Nach kurzer Zeit nahm mich eines Tages der Erste Sekretär beiseite und sagte: »Laß uns mal unter vier Augen reden. Ich glaube, ihr macht im Jugendverband einen schweren Fehler. Ihr kopiert einfach zu sehr den Komsomol- und Parteistil in der Methode wie im Inhalt. Das ist doch nichts für die jungen Leute. Sag mal, wollen die wirklich so leben wie die Russen und wir Alten?«

Ich sah ihn fassungslos an. An der Jugendhochschule hatten sie uns eingebleut, wie wichtig es sei, von der Partei und vom Komsomol zu lernen. Als ich ihm das sagte, amüsierte er sich: »Na, sind deine Lehrer nicht diese weltfremden Leute gewesen, die da irgendwo in der ruhmreichen großen Sowjetunion ausgebildet worden sind? Weißt du nicht, daß unsere Bürger uns schon öfters Ersatzrussen nennen? Blinder Eifer schadet nur!«

Der Spott in seiner Stimme war milde. »Du weißt, daß wir von der KPdSU siegen lernen und daß sie unser Vorbild ist, das muß ich dir nicht erzählen. Aber ihr dürft nicht bedenkenlos alles übernehmen.«

Das kam mir nicht ganz unbekannt vor. Hatte Pieck nicht auch Anklänge dieser Art zu erkennen gegeben? Aber das war doch wohl eine etwas eigene Interpretation der »Linie«, wie die verbindlichen Vorgaben der SED-Spitze genannt wurden? Ich dachte an meine Neulehrer und an die Dozenten an der Jugendhochschule: Sie priesen uns die UdSSR als das heilige Land, das gelobte Land, und Stalin war der Messias. Die SU hatte die Welt angeblich von der faschistischen Barbarei gerettet, was wir glaubten, damals, die Amerikaner in den Krieg nur eingegriffen, um sich selbst ein Stück Europa anzueignen, das sonst voll sowjetisiert worden wäre, zum Segen der Menschheit ... Wir kannten die SU nur aus der lobhudelnden, verlogenen Literatur, von Gorki bis Brecht, von Neruda bis Aragon, der verherrlichenden Kunst, den Schablonen der Propagandafilme, die uns überrollten – hatte Fritz vielleicht Zweifel an der Richtigkeit der Linie? Nein, das konnte nicht sein! Aber ein Haken im Gedächtnis blieb. Es bedarf vieler Haken, um ein gedrilltes Hirn auf normale, kritisch-selbständige Bahnen zu bringen.

Dann sagte Geißler noch: »Bremse die Radikalinskis in deinem Hause. Ich habe mir von meiner Kaderabteilung eure Unterlagen geben lassen. Die meisten der Instrukteure in der FDJ sind frühere HJ-Führer, anders kann es schlecht sein. Du weißt, die sind besonders übereifrig. Bremse sie besonders im Hinblick auf die Aktionen gegen die Junge Gemeinde.«

Jetzt war ich noch überraschter. Hatte die Partei in der letzten Kreisleitungssitzung nicht eben in Übereinstimmung mit einem verbindlichen Referat Honeckers, der als FDJ-Vorsitzender selbstverständlich auch ZK-Mitglied war, gefordert, die atheistische Propaganda und den Kampf gegen die »Junge Gemeinde« zu verstärken? Ich sagte ihm das auch, und er meinte: »Ja ja, aber Inhalt und Form gehören zusammen. Du hast die Berichte noch nicht gelesen. Nimm sie dir mit, schau dir alles genau an. So darf man mit christlichen Jugendlichen nicht umgehen. Hier oben« – er deutete zum Hügel mit der Villa des Landesbischofs – »thront Mitzenheim. Junge, über den schlägt das Wellen bis nach Berlin und bis nach Westdeutschland. Das kann tödlich für uns enden. Du mußt sehen, daß die Exzesse unterbunden werden.«

Ich machte mich daran, die Berichte auszuwerten, sie waren zum Teil schlimm. Wir legten dann fest, was ich konkret an Weisungen an die entsprechenden hauptamtlichen Mitarbeiter der Kreisleitung ausgeben würde.

Es war höchste Zeit. Die Erbitterung über den von Honecker entfachten Kampf gegen die Junge Gemeinde, die mit einer subversiven, halbfaschistischen Westorganisation verleumderisch gleichgesetzt wurde, nahm in der Bevölkerung überhand. Die größte Kirche Eisenachs war übervoll, als Bischof Mitzenheim eine mutige Rede gegen den Honecker-Kurs in der FDJ hielt. Natürlich tat Honecker nichts ohne Ulbrichts Billigung. Der Bischof nahm die Kriegserklärung der SED an und schlug zurück. Eine Kuriosität ist mir in Erinnerung: Jeder, der während der Rede des Bischofs in Eisenach den Telefonhörer abnahm, konnte ihn hören. Trotzdem wird das wohl kein Gotteswunder gewesen sein ...

Auch heute gehört es zum guten Ton in Thüringen, daß die Kirche der Partei die Wahrheit sagt. Am 12. Juni 1988 hat Propst Falcke auf dem Erfurter Kirchentag verlangt, das »Ritual der Selbstbestätigung und Selbstbeschwichtigung« abzuschaffen. Der Staat müsse es ertragen, daß Negatives ausgesprochen würde. Von der SED forderte er: »Tut alles, damit immer mehr Wegstrebende von sich aus bleiben und immer weniger bleiben, nur weil sie müssen.«

Im Zentralrat der FDJ in Berlin dominierte Honecker damals abso-

lut, wie heute im ZK. Was an Kult um seine Person von seinen engsten Mitarbeitern und den Sekretären schon damals getrieben
wurde, stieß uns Kreissekretäre oft genug ab, da dieser Kult bei jeder
Dienstbesprechung praktiziert wurde. In der FDJ-Führung hatte
sich unter Honeckers Einfluß die Meinung durchgesetzt, daß mit
aller Schärfe gegen die sogenannte Konterrevolution durchgegriffen
werden müsse, und als konterrevolutionär galt alles, was nicht mit
dem Kurs der FDJ übereinstimmte. Zugleich berief er sich auf die
sowjetischen Erfahrungen des Kampfes zur »Ausrottung der Pfaf-
fen« und »Schleifung der Kirchen«. In den Köpfen der Spitzenfunktionäre, aber auch bei uns in den Kreisen war damals ein Bild der
Bundesrepublik entstanden, das starke Ähnlichkeit mit dem der
Weimarer Zeit aufwies, in der Justiz, Polizei und Armee im Zweifels-
fall vorwiegend gegen die Linken vorgegangen waren. So waren die
westdeutschen FDJler, die am Deutschlandtreffen und den Weltfestspielen teilgenommen hatten, an der Grenze aufgehalten und
schikaniert worden. Der FDJ-Funktionär und KPD-Genosse Philipp Müller war bei einer Demonstration erschossen und andere Ju-
gendfreunde angeschossen worden. Von der Jugendhochschule her
kannte ich Hans Breukmann und andere westdeutsche Funktionäre,
die im Essener Prozeß verurteilt wurden.
Nach unserem ideologischen Weltbild strebte das revanchistisch gesonnene Großkapital die Wiederaufrüstung an und knüppelte dabei
alle Kräfte der Demokratie im Inneren erbarmungslos nieder. Entsprechend emotionsgeladen waren die Diskussionen in den Be-
triebs-, Dorf- und Schulgruppen bei uns: Kein neues Weimar! Nie
wieder Faschismus! Der unkorrekte Faschismus-Begriff war damals
bereits eingebürgert worden, während sich die Widerständler korrekt VVN – Verfolgte des Naziregimes – nannten.
Fritz Geißler rief mich zu sich und sagte: »Wir machen wegen des
Mordes an Philipp Müller eine Großkundgebung. Du wirst sprechen. Und höre mir genau zu: Du wirst einen Lehrer an der Oberschule angreifen. Komm mit.« Wir gingen in die Kantine, wo er
mich weiter instruierte. Wenn dieser Lehrer so weitermache, müsse
er ihn von Gaida verhaften lassen. Gaida war der Chef des Kreis-
kommandos der Staatssicherheit:
»Erinnerst du dich an die letzte Auseinandersetzung mit deinen
Funktionären?« Ich erinnerte mich sehr wohl. Wir waren zu einer

Stelle gefahren, wo während des Kapp-Putsches auf dem Wege nach Gotha gefangengenommene Arbeiter aus Eisenach erschossen worden waren. Am Abend dieses Tages, als wir mit Veteranen über die Geschichte der Arbeiterbewegung im Kreis Eisenach sprachen, hatten einige unserer hauptamtlichen Mitarbeiter, emotional aufgewühlt, demonstrativ von dem Chef der Staatssicherheit des Kreises verlangt, er solle eine Reihe von »subversiven und feindlichen Elementen«, die sie ihm namhaft machen könnten, verhaften. Gaida brauste auf: »So weit kommen wir, daß ihr Rotzlöffel bestimmt, wer hier verhaftet wird!« Was ich nicht wußte, deutete Geißler bei dieser Unterhaltung an: Gaida hatte selbst schlimme persönliche Erfahrungen mit dem Mißbrauch der Macht in der SU gemacht, aber durch einen glücklichen Umstand war er dem Tod im sowjetischen KZ entgangen.

Allmählich begriff ich, worauf Geißler hinauswollte. Ich fragte noch einmal klipp und klar: »Also, wenn ich X. bei dieser Großveranstaltung nicht angreife, dann wird man ihn wegen subversiver Tätigkeit an der Schule verhaften?« »So ungefähr, aber natürlich wird ihm sofort Agententätigkeit für drüben ›nachgewiesen‹ – weg ist er.« »Und ihr wollt nicht, daß er verhaftet wird?« – »So ist es.« – »Was wollt ihr?« »Du sollst ihn öffentlich angreifen. Das wird ihn wie der Blitz aus heiterem Himmel treffen, und dann wird er, da er die Praktiken kennt, nach drüben abhauen. Wir lassen ihn abhauen.«

Am nächsten Tag sprach ich auf einer Massenkundgebung auf dem Marktplatz etwa zehn Minuten, aber so, daß es den Zuhörern an die Nieren ging. Die Leute liefen nicht weg, sondern blieben stehen. Im angeblich freien demokratischen Deutschland hatte die Polizei einen jungen Menschen erschossen, der unserem Verband angehörte. Ich sagte in etwa: »Philipp Müller war so alt wie wir, die wir hier auf der Tribüne vor euch stehen. Er ist, so wie die meisten hier von uns, verheiratet, und er hat, wie die meisten von uns, gerade die Freuden der ersten Vaterschaft erlebt, und seine Frau und sein Söhnchen leben zu Hause in Berlin; und nun hat die imperialistische Reaktion wieder dafür gesorgt, daß es einen deutschen Sohn mehr gibt, der ohne Vater groß werden muß – so wie sie das seit Generationen mit Vätern und Söhnen tun. Aber es gibt bei uns an der Oberschule Lehrer in erzieherischen Positionen, die glauben, sie müßten unkritisch gegenüber dieser Reaktion von der anderen Seite sein.«

Das Ergebnis war wie erwartet. Der Lehrer erschien am nächsten Tag nicht zum Dienst. Die FDJ-Gruppe an der Oberschule triumphierte im Kampf gegen die Junge Gemeinde. Auch Honecker sprach damals in Berlin am 16. Mai 1952: »... erheben wir ... im Namen von Millionen jungen Deutschen mit loderndem Haß und unsagbarer Empörung im Herzen flammenden Protest gegen den Blut-Terror der Lehr-Soldateska in Essen ... Wir rufen die deutsche Jugend auf, sich unter dem Banner des nationalen Widerstandes, das die mutige Jugend in Westdeutschland kühn entfaltet hat, zu vereinen unter dem Ruf der jungen Helden von Essen: Nieder mit dem Generalkriegsvertrag, her mit dem Friedensvertrag, fort mit Adenauer und seinen Bluthunden!«

Auf Honeckers Weisung schrieb damals Walther Pollatschek ein schmales Bändchen: Philipp Müller, Held der Nation. Er erzählt von Philipp Müller, daß er, aktiver KPD-Genosse, zu den III. Weltfestspielen 1951 nach Berlin fuhr, wo er seine spätere Frau kennenlernte: »Die Zonengrenze geht nun mitten durch sein Herz«, und »Dies ist die Geschichte zweier junger Menschen ... am Sonnenaufgang ihres gemeinsamen Lebens. Doch am Wege lauerten die Mörder.« Philipp Müllers Geschichte ist »die Geschichte des gemarterten Deutschland und seiner künftigen Befreiung«.

Noch immer geht die Zonengrenze vielen Deutschen, jungen und alten, mitten durchs Herz. Noch immer lauern die Mörder auf Befehl des Altstalinisten Honecker am Wege ...

Her mit dem Friedensvertrag, fort mit Honeckers wirklichen Bluthunden! Saarländer, laß wenigstens deine vierbeinigen Untertanen frei laufen, nimm sie von der Kette!

In jenen Jahren startete die FDJ in regelmäßigen Abständen große Westeinsätze, um »das Banner des nationalen Widerstandes« zu erheben. Vorher wurden die politisch informiertesten und wendigsten FDJler zusammengezogen und durch Brigaden verstärkt, die die Bezirksleitung der SED delegierte. Nach kurzer Einweisung wurden die jungen Funktionäre in Richtung Westen geschickt mit dem Auftrag, bei einer Landtags- oder Bundestagswahl als Agitatoren für die KPD aufzutreten, ein schönes Beispiel für die koexenzliche Nichteinmischung. Die Folge waren massenhafte kurzfristige Festnahmen und Abschiebungen der FDJler. Im nachhinein frage ich mich, ob die Führung der FDJ unter Honecker damals wirklich so unbedarft war, daß sie ernsthaft glaubte, mit diesen primitiven Agit-prop-Einsätzen grundsätzlich politische Entwicklungen in der Bundesrepublik beeinflussen zu können. Allerdings taten diese Vorgänge dem revolutionären Elan und der Begeisterung in den FDJ-Veranstaltungen keinen Abbruch, ganz im Gegenteil. Vielleicht war das überhaupt der tiefere Sinn der Aktionen, bei denen massenhaft Westmark sinnlos verschleudert wurden.

Mein Freund Geißler übernahm eine Aufgabe als Abteilungsleiter im Zentralkomitee der SED. Ich vermißte ihn sehr. Von ihm hatte ich gelernt, wie man die Funktionäre zu einem leistungsfähigen Kollektiv zusammenschweißt, wie man sich Vertrauen erwirbt, so daß sie zu einem kommen, gleich, was sie auf dem Herzen haben, und wie man als Chef ungerechtfertigte Angriffe gegen sie abfängt. Mit Mitarbeitern kam ich nach diesen Erfahrungen mein Leben lang gut aus, mit meinen Obrigkeiten selten.

Der Nachfolger Geißlers hatte kein kameradschaftliches Verhältnis zu uns Jungen, sondern einen schroffen Befehlston an sich, der mir und meinem Sekretariat überhaupt nicht paßte. Unter seiner Regie vollzog sich eine der wichtigsten Aktionen, die wir als Jugendverband, als »Transmissionsriemen der Partei«, zu leisten hatten.

Nachts um eins bekam ich einen Anruf. Am anderen Ende war der neue Erste Sekretär: »Mach dich fertig, in einer Stunde fahren wir nach Berlin, wir sind für morgen früh zum Genossen Ulbricht bestellt.« »Zu Walter Ulbricht? Wieso? Ich bin auf nichts vorbereitet, ich weiß gar nichts.« »Das brauchst du auch nicht, es ist diesmal keine individuelle Vorladung. Die Ersten Sekretäre der Partei und der FDJ müssen hin.«

Nach einer Stunde stand der Wagen vor der Tür. Er trug damals schon nicht mehr das Zeichen BMW, sondern EMW. Es hatte Streit um die Bezeichnung der Eisenacher Motorenwerke gegeben, da sich die Bayern zu Recht benachteiligt fühlten.

Der Neue wies mich an: »Leg dich auf den Rücksitz, schlafe, das hast du nötig. Ich weck dich schon.« Wir kamen früh am Tagungsort an. Die Sitzung im Zentralkomitee begann um acht. Der Saal war brechend voll. Ein Präsidium gab es nicht. An der Seite stand lediglich ein Rednerpult. Auf die Minute genau erschien, mit Beifall begrüßt, Ulbricht. Er sprach etwa eine Stunde.

Das Fazit seiner Ausführungen war: »Angesichts der Entwicklung in Westdeutschland ist es klar, daß wir reagieren müssen. Es gibt ab heute für den Ersten Sekretär der Partei und für den Ersten Sekretär der FDJ keine wichtigere Aufgabe, als die Offizierskader für unsere neue Armee zu werben. Gleich können wir die Wehrpflicht nicht durchsetzen. Ihr wißt, wie schwer die Werbung sein wird. Wir haben Propaganda gegen die Waffen gemacht, wir haben Propaganda gegen die Armee gemacht, wir haben Propaganda gegen den Militarismus gemacht. Das alles muß jetzt umgedreht werden. Gewehr ist nicht Gewehr, Armee ist nicht Armee, Militär ist nicht Militär. Wem dient es, wem nützt es? Das ist der entscheidende Punkt. Wir müssen mit dem Pazifismus brechen, und von den Sekretären der FDJ erwarte ich, daß sie sich als erste alle freiwillig verpflichten, in der neuen Volksarmee zu dienen.«

Das kam nicht so abrupt, wie es sich hier anhört. Über die »Junge Welt« und die »Junge Generation«, die Zeitung und das Funktionärsorgan des Verbandes, war schon in dieser Richtung vorgearbeitet worden. Aber es war klar, daß sich in der FDJ jetzt eine Kluft zwischen den Funktionären und den einfachen Mitgliedern auftun würde. Bisher hatten sich selbst viele Funktionäre geweigert, auch nur symbolisch ein Luftgewehr zu tragen oder an den Kreismeisterschaften beim Schießen teilzunehmen. Die Erinnerung an 1945 war noch zu frisch. Es gab auch Widerstand, sichtbar mit der Waffe zu demonstrieren: Erstmals öffentlich marschierten 1952 symbolisch mit Luftgewehren ausgerüstete FDJler in der damals üblichen Einheitskleidung mit khakifarbenen Windjacken geschlossen in Marschblöcken bei dem Leipziger Parlament der FDJ auf.

Ich füllte meinen Fragebogen und meine Bewerbung aus und meldete mich für die Offiziersschule der Luftstreitkräfte. Der Bescheid lautete: »Das Kreissekretariat der Partei hat beschlossen, daß Sie zunächst zurückgestellt sind.« Wir konzentrierten ab sofort unsere Kräfte auf die Gewinnung der Kader für die Offiziersschulen. Mein Sekretariat verpflichtete sich und wurde fast hundertprozentig eingezogen, darunter auch die Jungaktivisten und die Bestarbeiter, also die ehrenamtlichen Mitglieder neben dem ersten und dem zweiten Sekretär und denen für Industrie, Landwirtschaft, Agitation und Propaganda. In der Struktur waren die FDJ-Sekretariate denen der Partei gleich. Der Kulturbereich war damals noch der Propaganda zugeordnet, nach dem bis heute gültigen Motto: Kunst ist Waffe.

Aber insgesamt wurden die Erwartungen der Partei nicht rasch genug erfüllt. Daraufhin wurde ein System des Psychoterrors organisiert. In jedem Betrieb, in jeder kommunalen Einrichtung wurde eine Arbeitsgruppe gebildet, welcher der Partei- und FDJ-Sekretär, der Gewerkschaftsvorsitzende und noch zwei bis drei angesehene Persönlichkeiten des Arbeitsbereiches angehörten. Diese Kommission stellte fest, wer intellektuell und politisch für die Offiziersausbildung in Frage käme. Dann wurden die Betreffenden, ohne daß sie Einbußen am Lohn hatten, zu stundenlangen »Werbegesprächen« vorgeladen, bei denen die Umworbenen sich rechtfertigen mußten, wenn sie die für sie vorgesehene Laufbahn ablehnten. Wenn sie am Montag nein sagten, holte man sie am Mittwoch wieder; sagten sie am Mittwoch nein, holte man sie am Freitag wieder. Später mußten sie täglich erscheinen. Danach wurden sie früh, mittags und abends vorgeladen. Man ließ ihnen keine Ruhe, bis eine Entscheidung gefallen war. Sie gaben ihren Widerstand entweder auf oder gingen in den Westen. Diese Methoden wurden auch bei der Schaffung der Kollektivierung der Landwirtschaft angewandt, als die Partei beschlossen hatte, von der antifaschistisch-demokratischen Phase »zum Aufbau des Sozialismus« überzugehen, mit den gleichen Resultaten: erhöhte Republikflucht oder vorbeugende Unterwerfung. Das Ziel des Sozialismus rechtfertigt jedes Mittel.

In den Jahren, als ich in der Kreisleitung in Eisenach tätig war, fanden politische Ereignisse von nachhaltiger Bedeutung statt. Das erste war der Tod Stalins, dem wochenlang eine organisierte Trauerwelle folgte. Die öffentlichen Gebäude waren halbmast geflaggt. Überall an den Schulen und in den Betrieben wurden Ehrenwachen der FDJ gehalten. Es gab auch echte Tränen. Dann kam der Arbeiteraufstand vom 17. Juni 1953.

Es war ein schöner, sonniger Tag, ich fuhr mit meinem Fahrer früh hinaus an die Werra, weil ich vor Schichtbeginn mit einer Jugendbrigade eine Begegnung verabredet hatte. Der Hausmeister in der Pförtnerloge hatte seltsam herumgedruckst, als ich das Haus verließ. Es kämen so merkwürdige Meldungen aus Berlin. Ich war mit meinen Gedanken ganz woanders und sagte: »Berlin, wieso? Ich hab doch nichts auf dem Schreibtisch gehabt.«

Offensichtlich hatte er wieder einen Westsender gehört, was bei uns als ehrlos galt. »Wer vom Ami frißt«, hatte Honecker verkündet,

»stirbt daran.« Daß diese Losung nicht stimmt, bezeugt die noch immer währende Existenz Honeckers samt Politbüro, welches wegen der Ami-Verpackungen selbst den eigenen Müllplatz von der Stasi abschirmen läßt. Draußen erreichte mich dann ein Anruf, der mich aufforderte, »sofort zurück ins Kreissekretariat der Partei« zu kommen. Ich brach die Veranstaltung ab und fuhr in die Stadt zurück. Als letzter machte ich die Tür im Sekretariat hinter mir zu. Von der anderen Seite kam der Erste Sekretär der SED mit dem russischen Stadtkommandanten herein.

Als der Dolmetscher den Kommandanten darüber informiert hatte, daß alle Mitglieder des Sekretariats vollständig versammelt waren, sagte der Offizier: »Genossen, es ist einfach, die Faschisten machen einen Putsch. Ab sofort gilt der Ausnahmezustand und das Kriegsrecht für Eisenach. Das Sekretariat bleibt hier versammelt, erwartet meine Befehle. Gibt es Fragen?« Fragen gab es keine, aber wir waren wie gelähmt. Der Russe wiederholte: »Sie erwarten meine Befehle!« Aha, dachte ich bitter, das ist die führende Rolle der Partei. Der Offizier schaute auf die Uhr: »Es ist zwei Minuten vor zehn. In zwei Minuten wird mein Befehl verkündet.«

Er trat nach vorn, öffnete das Fenster, und tatsächlich, Punkt zehn Uhr, dröhnten die Lautsprecher. »Achtung, Achtung, der Stadtkommandant befiehlt ...«

Es wurden Ansammlungen von mehr als zwei Personen verboten, eine nächtliche Ausgangssperre verhängt und mit Standgerichten gedroht. Ich fühlte mich an die erste Deklaration der Amerikaner erinnert, die ich bei Kriegsende erlebt hatte. Der Kommandant ging, wir blieben zusammen. Der Erste Sekretär der Partei erklärte in ziemlich gereiztem Tonfall: »Ich kann euch überhaupt nichts mitteilen. Das ZK scheint sprachlos zu sein. Als erstes bilden wir einen Krisenstab.« Wir wurden angewiesen, auf unseren Plätzen Tag und Nacht erreichbar zu sein, weitere Weisungen würden folgen.

Aber es kamen keine. In Eisenach ging das Leben völlig unbeeinträchtigt von den Ereignissen in Berlin und anderen Städten seinen Gang. Wir hatten an der Peripherie keine Probleme. Durch ihr blitzschnelles Reagieren hatten die Russen von vornherein alles unter Kontrolle gebracht, denn kaum war der Ausnahmezustand verkündet, dröhnten bereits die ersten Panzer in den Straßen und postierten sich an den Kreuzungen, an Großbetrieben, dem Hauptbahnhof und anderen wichtigen Punkten. Die aufsitzenden Mannschaften sprangen ab und patrouillierten, kriegsmäßig ausgerüstet, die MP schußbereit in den Händen, um zentrale Objekte. Wenn es um die Macht geht, zählt bei den Russen nur die Brutalität.

Am 19. Juni erreichte mich ein dringendes Telegramm von daheim. Was tun? Darf man in einer politischen Krise privaten Sorgen nachgehen? Andererseits: Es ging um Leben oder Tod, und hier war alles ruhig. Ich ging zum diensthabenden Chef des Stabes. Eine Frau. Ich erzähle ihr das Problem, frage sie, ob ich den Ersten Sekretär der Partei anrufen solle oder ob es genüge, wenn ich meinen Stellvertreter informiere. »Das entscheiden wir selbst«, meinte sie. »Du hast dich ordentlich abgemeldet. Beauftrage deinen Vertreter mit der Wahrnehmung deiner Verpflichtungen, und dann fährst du. Du bekommst eine BMW aus der Fahrbereitschaft.« »Dann fahre ich in einer Stunde und bin morgen früh zurück.« – »Nein, du fährst nicht, du bist übermüdet wie wir alle. Du bekommst einen Fahrer, der ausgeruht aus dem Urlaub zurückgekommen ist und der den Kopf hinhält, daß er dich heil wiederbringt. Also, in einer Stunde.«

Nach einer Stunde fahren wir los, aber der Fahrer fährt mir zu langsam. Ich lasse ihn absteigen und jage die schwere Maschine über die schmalen Gebirgsstraßen. So schnell war ich noch nie zu Hause. Nach wenigen Stunden erreicht mich dort ein Anruf: »Hier hat es Ärger gegeben; es waren Instrukteure aus dem Zentralrat hier, die im Auftrag Honeckers recherchieren, was sich in den Leitungen tut. Sie haben sich furchtbar aufgeregt, weil sie deine Fahrt als Desertion ausgelegt haben.« Ich wecke den Fahrer, und kurz nach Mitternacht bin ich wieder in meinem Sekretariat. Ich mache eine knappe Meldung an den Stab der Kreisleitung und an das Sekretariat des Zentralrates, lasse sie bestätigen und mit dem ZKD-Dienst am nächsten Tag mit nach Berlin gehen. Honecker benutzt auf einer großen Konferenz jedoch nicht meine und die vom Sekretariat der Kreisleitung bestätigte Darstellung, sondern die frei erfundene seiner Mitarbeiter.

Er folgt dem üblichen Schema: Neben den positiven müssen auch ausreichend negative Beispiele für das Referat vorhanden sein. Das wirbelt Staub auf, gibt Ärger. Der Erste Sekretär der Eisenacher Parteiorganisation sagt knochenhart: »Berlin kann uns, wir entscheiden in unserem Arbeitsbereich selbständig. Es gibt keinen Formverstoß und keinen Verstoß gegen das Statut.« Honeckers Antrag an die Kreisleitung, Berg auszuschließen, wird einstimmig abgelehnt. Honecker muß sich auf der nächsten Beratung im Zentralkomitee der SED einiges darüber anhören, ob gewählte Leiter vor Ort eine Sachlage zu entscheiden haben oder ob irgendein wichtigtuerischer Instrukteur des Jugendverbandes, der zufällig Mitarbeiter des Zentralrates der FDJ ist, mit falschen Berichten Kaderpolitik machen kann. Seitdem verbindet uns eine wechselseitige herzliche Zuneigung ...

Ich tauschte mich privat mit meinem alten Freund Geißler über diese Vorkommnisse aus. Er legte mir begütigend die Hand auf die Schulter und sagte:»Reg dich nicht so auf; du hast eines, was ganz wichtig ist, noch nicht begriffen. Du mußt begreifen, es gibt seit eh und je zwei Parteien in der Partei. Das ist bei den Sowjets so, das ist bei uns so, das ist in allen anderen kommunistischen Parteien so, wahrscheinlich ist das in allen politischen Parteien so. Es gibt immer Leute, die für die Ideale leben, und es gibt immer Leute, die die Apparatur benutzen, damit sie gut leben. Das ist die ganze Parteiweisheit, die du wissen mußt.

Einer von den sogenannten Abweichlern – wohl Koestler«, fuhr er fort, »hat einmal gesagt: ›Der letzte Kampf findet zwischen den Kommunisten statt.‹ Damit hat er recht. Der morbide, verkommene Westen hält unserer Disziplin nicht stand. Die letzte Entscheidung fällt zwischen den Kommunisten des Ostens und des Westens. Mach dir keine Illusionen. Das Zusammenspiel der divergierenden Kräfte in den unterschiedlichen Apparaten ist, wie in den Parteien, so kompliziert, daß es dabei immer Leute geben wird, die erbarmungslos über Leichen gehen, und eines sage ich dir: Dieser Honecker gehört zu der Sorte, die über Leichen geht.«

Damals gab es noch nicht die Toten an Mauer und Grenze und den Schießbefehl – unterzeichnet vom Zweiten Sekretär des ZK, Honekker –, auch nicht die Kontroversen zwischen dem sowjetischen und dem Eurokommunismus, nicht den weltweiten Zerfall und Niedergang der kommunistischen Systeme, den wir heute erleben.

Ich gab ihm recht. Inzwischen hatte ich auch anderweitig meine Erfahrungen gemacht. Welch völlig unterschiedliche Typen von Parteifunktionären es gab, konnte ich beim Vergleich meines Ersten Sekretärs und dem Ersten Sekretär der Landesleitung feststellen. Dieser war damals Erich Mückenberger, der später im Politbüro der SED verantwortlich für die Zentrale Kontrollkommission wurde, die zusammen mit dem Staatssicherheitsdienst die Führungskader zu überwachen und »Parteifeinde« auszumerzen hat.

Ich hatte bei mehreren Begegnungen mit Mückenberger dessen abenteuerlichen Arbeitsstil kennengelernt. Er war ein Mann, der stundenlang schwätzen konnte, ohne jemals etwas Konkretes zu sagen; wir schliefen an den Tischen fast ein. Ich frage mich, wie damals Thüringen wohl regiert worden ist.

Typisch für den Stil und die Entwicklung in der FDJ und in der SED war, daß alle, die die allgemeinen Phrasen des »Neuen Deutschland« nachbeteten, sich niemals nach oben in irgendeiner Form kritisch äußerten und bei Fehlentscheidungen intern keinen Widerstand gegen den zentralen Apparat leisteten, in der Regel in die entscheidenden Positionen an der Spitze gehievt wurden. Nachdem Ulbricht in Gefahr geraten war, von Genossen gestürzt zu werden, die ihm gewachsen waren, umgab er sich mit einer Vielzahl von Leuten, die ihm nicht gefährlich werden konnten. Es herrschte bei uns Übereinstimmung, daß der 17. Juni 1953 Ulbricht und seinen treuesten und beschränktesten Gefolgsmann Honecker vor der Ablösung bewahrt hatte, und es gab nach dem 17. Juni in den Sekretariaten von SED und FDJ im kleinsten Kreis lange, erbitterte Debatten darüber, ob der »Neue Kurs«, den das ZK kurz vor dem Arbeiteraufstand beschlossen hatte, richtig oder falsch war. Es dauerte Monate, bis sich die Partei wieder annähernd gefangen hatte. Die Mehrzahl der leitenden Genossen, die ich in den Kreisen und Bezirken kannte, hielten damals den Kurs der Führung von SED und FDJ für falsch, für überzogen, volksfremd und sektiererisch. Sie warnten Ulbricht, wir warnten Honecker – vergeblich. Vorsicht war geboten. Honeckers Lieblingswort in jenen Tagen war »Defätist«. Dies konnte das Ende der Parteimitgliedschaft und Schlimmeres bedeuten.

Nach dem Aufstand wurden die Methoden bei der Werbung für die Armee moderater, auch der Kampf gegen die Junge Gemeinde verlor an Schärfe. Zugleich aber bewaffnete die SED ihre Genossen und faßte sie in militärisch organisierten und ausgebildeten Betriebskampfgruppen gegen die Arbeiterklasse zusammen, die bis heute eine private, kriegsmäßig bewaffnete SA des Generalsekretärs bilden.

Wir veranstalteten im Sommer 1953 zur Ablenkung ein großes Ju-

gendtreffen auf der Wartburg, für das wir als Hauptredner den Agit-
prop-Dichter Kurt Bartel gewannen, der mit Henselmann, dem Architekten der Stalin-Allee, der »ersten sozialistischen Straße
Deutschlands«, erschien und am Abend bei Fackelschein vom Bur-
schenschaftsdenkmal herab die revolutionären Traditionen der
deutschen Studentenschaft beschwor, die Tradition jener, die vom
Thüringischen – von Jena – aus unter der Duldung und Abschir-
mung des Ministers Goethe nach Eisenach zur Wartburg gezogen
waren und ihre Ziele, den Kampf gegen die Reaktion und für die
deutsche Einheit, hier proklamiert hatten.
Wir hatten die ganze Nacht über mit KUBA, wie sich Bartel nannte,
gezecht, und er hatte tagsüber noch weitergetrunken. Ich hatte
Angst, daß er die ganze Großkundgebung schmiß, und ein zweiter
prominenter Redner war nicht anwesend. KUBA stand am Abend
auf einem Felsbrocken am Hang; ich daneben, ihn krampfhaft fest-
haltend. Er konnte zunächst überhaupt nicht sprechen, sondern
stieß nur immer wieder mit dem ausgestreckten rechten Arm in
Richtung der illuminierten Wartburg und rief: »Dort drüben ...«
Die Massen unten drehten die Köpfe, folgten dem Arm. Dann fiel
ihm der Arm kraftlos herab. Er raffte sich erneut auf, und das Schau-
spiel wiederholte sich: »Dort drüben ...« Die Köpfe drehten sich ...
Beim dritten Anlauf klappte es. Kuba dröhnte los: »Dort drüben,
dort oben auf der Wartburg hauste der janusgesichtige Luther, der ei-
nesteils für den ideologischen Fortschritt, für die Loslösung von
Rom, auftrat und andererseits konsequent die materiellen Träger des
Fortschritts, die Bauern, ruinieren und abschlachten und morden
ließ.«
Dann kam es abgehackt, im schlimmsten Agitprop, als Antwort auf
den 17. Juni aus ihm heraus: »Keine Inkonsequenz, nur die völlige
Revolution wird uns retten. Der Klassenfeind gehört guillotiniert,
oder er köpft uns.« In dieser Tonlage sprach er dann noch etwa eine
Viertelstunde.
Am Tag vorher hatte er, das ZK-Mitglied, den Anmarsch der Ober-
schüler und Studenten zur Wartburg abgenommen und sehr mißbil-
ligt. »Also, so nicht. Entweder wir marschieren, dann richtig, oder
wir lassen es bleiben. Ihr latscht ja nur, ihr Kerle könnt nicht einmal
marschieren, eine Schande!« Das sollte sich, in GST und Zivilverteidigung, bald einschneidend ändern. Alle marschierten – zackig wie

vorher beim Jungvolk und der HJ, nun unter der völlig roten Fahne ohne Kreis und ohne Hakenkreuz.

Ich bin KUBA dann Jahre später noch einmal in Rostock begegnet, als wir uns mit westdeutschen Freunden aus dem Sozialistischen Studentenbund seine sogenannte »Erdöloper« ansahen und uns im Parkett halb totlachten. Er war seinem primitiven, in der DDR aber höchstprämierten Agitpropstil treu geblieben. Es ging in diesem »Theater« darum, ob die räuberischen Westdeutschen von ihrem Territorium aus mit überlegenem technischem Gerät unterirdisch eine Erdölblase in der DDR anzapfen oder nicht, natürlich: Sie zapften. Inzwischen müßte ein neuer KUBA schreiben über die devisenlosen Öllieferungen der Bundesrepublik ins volkseigene Kombinat nach Schwedt, damit dort nicht die Arbeitslosigkeit ausbricht. Dies ist natürlich eine höhere, besonders tückische Form des Wirtschaftkrieges gegen die DDR seitens der imperialistischen Bundesrepublik, oder gar echte brüderliche Hilfe?

Zu Beginn der fünfziger Jahre gab es in den internen Diskussionen der Funktionäre noch ein Problem, das die SED bis heute beschäftigt. Als die Partei den Aufbau der »Grundlagen des Sozialismus« und später dessen »Weiterentwicklung« beschloß, konnte die Führung den einfachen Mitgliedern nicht klarmachen, welche konkreten Konsequenzen sich aus diesen Beschlüssen für sie ergaben. Was ändert sich im realen Leben, wenn der Sozialismus errichtet wird? Was ist denn anders im Arbeitsprozeß? Was ist anders in der Verwaltung? Was wird anders im gesellschaftlichen Bereich? Was heißt dieses abstrakt formulierte Ziel konkret? Nun: nichts.

Diese Debatte beschäftigt die Kommunisten in den realsozialistischen Ländern nach wie vor. Heute ist die Antwort klar: Der reale Kommunismus ist die reale Katastrophe. Auch die Deutschen haben bis heute jedenfalls keine zufriedenstellende Antwort auf dieses Problem gefunden. Nach wie vor laufen die Menschen aus der DDR dem realen Sozialismus davon: 25 % der Bevölkerung haben die SBZ/DDR verlassen. Dies ist die höchste Fluchtquote der Welt. Die DDR ist Spitze.

Neben der Arbeit in der SED und im Jugendverband, die sich auch auf Arbeiten in der Bezirksleitung erstreckte – die Ersten Kreissekretäre werden nach Nomenklatur automatisch in die Bezirksleitung gewählt –, betrieb ich in dieser Zeit meine eigene Weiterbildung an der Abenduniversität in Erfurt und in einem naturwissenschaftlich-pädogogischen Fernstudium für Lehrer. Im Bezirk kam ich mit vielen leitenden älteren Genossen zusammen. Die dabei geführten Gespräche waren für mich sehr wertvoll, weil hier nicht jugendliche, weltfremde Idealisten zusammentrafen, sondern Männer, die damit beschäftigt waren, ihre praktischen Probleme in Industrie, Landwirtschaft, Handel und Versorgung, im Verkehrswesen, bei der Reichsbahn, aber auch in der Schutz- und Kriminalpolizei zu bewältigen. Ich sah die Wirklichkeit noch vorwiegend durch die Brille der Jugendhochschule und hatte für alles eine mehr oder weniger klugscheißerische Antwort parat, nur wie man die praktischen Probleme anging und löste, das mußte ich erst mühselig und langsam lernen.

Es ist sehr schön, wie die DDR die Jugend fördert. Damals geschah dies aus einem Übermaß an Not, weil keine anderen Kräfte vorhanden waren, die den jungen Staat aufbauen konnten. Aber verantwortliche Arbeit in erzieherischen und politischen Positionen sollten nur solche Menschen ausüben, die durch ein bestimmtes Maß an eigener beruflicher und Lebenserfahrung die rein abstrakt-ideologische Sicht abstreifen und zu einem vernünftigen, gut kombinierten Maß in der Beurteilung der realen Lebensprozesse fähig sind. Noch nicht trocken hinter den Ohren, kurz: grün zu sein, ist kein Zeichen von Reife. Für die Mehrzahl selbst von Parlamentariern scheint mir das doppelt zu gelten. Ganz allgemein graut mir, wenn ich daran denke, welche selbsternannten Sicherheitsexperten z. B. die heutigen Gegenspieler des russischen Generalstabes sind. Trotzdem sind vielleicht diese Parlamentarier für die Sowjets lebensbedrohend: Die könnten sich in Moskau totlachen.

Eine der bedrückendsten Seiten des Lebens, die ich damals kennenlernte, war die Verantwortung für die Opfer des Naziregimes. Ich hatte mich u. a. um Jugendliche zu kümmern, die sterilisiert worden waren. Ärztlich nicht korrekt behandelt, quälten sie sich mit körperlichen Schmerzen und schlimmen psychischen Depressionen. Solche Erfahrungen und die Besichtigung der Konzentrationslager bestätigten uns in der ebenso grundsätzlichen wie falschen Überzeugung, daß die internationale sozialistische Partei das Gegenstück zur nationalsozialistischen sei. Man muß nüchtern festhalten, daß der Antifaschismus der DDR-Obrigkeit der kommunistische Stalinismus war. Er wird auch heute, wenn auch in abgeschwächter

Form, praktiziert, wie das neue Papiere der SED-Opposition im Frühjahr 1988 klar definiert haben. Was wird, wenn diese »weißen Flecken« der KPD-SED-Geschichte getilgt werden und das Zusammenspiel zur Auslieferung zwischen KPD-Führung, GPU und Gestapo bekannt wird, fragen z. B. diese SED-Genossen heute. Was soll werden? Menschenhandel wurde und wird großgeschrieben in der SED. Warum nicht Genossen an den Faschismus verkaufen und ausliefern, wenn es für die KPdSU und bestimmte KPD-Funktionäre nützlich ist?

Die extrem überhöhte Propagandakampagne gegen die angebliche Wiederkehr und Wiederorganisation des Faschismus in der Bundesrepublik zog sich in der DDR von den fünfziger Jahren bis in die Mitte der sechziger Jahre hin. Aus meiner Erfahrung kann ich sagen, daß die Elemente dieser Vergangenheit, die in der Bundesrepublik scheinbar nicht so radikal eliminiert worden waren wie in der DDR, für uns als junge Generation dort immer ein wichtiger Faktor dafür gewesen sind, zu sagen, daß man in der DDR zwar das ökonomisch schwächere aber politisch und moralisch bessere Deutschland vor sich habe. Hier hat ein großer Teil der westdeutschen Intelligenz zur Festigung der roten Diktatur Schlimmes geleistet – und tut es noch heute.

1953 stellte ich den Antrag, auf die vor Jahren mit der Kaderabteilung vereinbarte Studienregelung zurückgreifen zu können und fuhr, um die Einzelheiten zu besprechen, nach Jena. Dort trug ich dem zuständigen Prorektor der Universität meinen Wunsch vor, als Student eine Kombination von Geschichte und Geographie zu belegen. Er ließ sich von einem seiner Mitarbeiter ein Rundschreiben der Karl-Marx-Universität Leipzig bringen, in dem darauf verwiesen wurde, daß das Staatssekretariat für Hochschulwesen auf Weisung des Zentralkomitees festgelegt habe, die Ausbildung von Diplomlehrern am dortigen Franz-Mehring-Institut zu beschleunigen, weil die Partei beabsichtige, das obligatorische Grundstudium für alle Studenten in marxistisch-leninistischen Disziplinen an allen Universitäten zur Regel zu machen.

»Nun«, meinte der Prorektor, »wäre das nicht etwas für dich? Du bist doch dazu wie geboren. Erstens kennst du die Jugendhochschule, und zweitens kennst du die politische Praxis. Warum willst du unbedingt auf ein Dorf zurück, und warum willst du dort Lehrer für Geschichte und Geographie werden?«

Ich merkte, daß da wieder etwas auf mich zukam, was nicht unbedingt meinen Wünschen entsprach, denn wenn ich eine solche Fachrichtung einschlüge, wäre der Traum vom Leben zu Hause auf dem Dorf vorbei. Dann müßte man völlig mit den bisherigen Lebensgewohnheiten brechen und Großstadtmensch werden, denn der Lehrberuf an der Hochschule sieht natürlich entscheidend anders aus als der eines Dorfschullehrers. Wir unterhielten uns noch eine Weile, dann beendete der Prorektor unser Gespräch: »Weißt du« (das »Du« ist unter Genossen selbstverständlich, erst ab ZK-Sekretär muß man mit »Sie« angeredet werden), »wie du dich entscheidest, ist egal. Ob du hier die Immatrikulation beantragst oder in Leipzig, ist eigentlich völlig gleichgültig. Die Studienrichtung schreibt dir, wie jedem anderen, allemal die Partei vor. Selbst die Parteilosen haben sich nach dem Fünfjahresplan für die Immatrikulation zu richten. Also, wenn die Partei Leute in dieser Position braucht, dann wirst du in Leipzig studieren.«

Anschließend erklärte mir der Referent des Prorektors noch kurz, was es mit dem Franz-Mehring-Institut an der Karl-Marx-Universität auf sich habe. Er meinte, die Ausbildung sei schon deshalb nicht schlecht, weil die Fachdisziplinen von den Philosophen, den Historikern, den Wirtschaftswissenschaftlern gelehrt würden, also keinen verdünnten Aufguß des sogenannten Marxismus-Leninismus-Studiums darstellten. Außerdem führe das Institut eine Reihe von Spezialveranstaltungen zu Problemen der Geschichte der sozialistischen und kommunistischen Theorie und Praxis, der deutschen und internationalen Arbeiterbewegung durch, wie sie sonst nirgendwo geboten würden. Später könne ich mich immer noch auf deutsche Geschichte, die der Arbeiterbewegung, Philosophie oder Wirtschaftswissenschaft spezialisieren. Am Institut für Erwachsenenbildung würde ich zusätzlich eine solide pädagogisch-psychologisch-methodische Ausbildung erhalten, bei den Slawisten mit Russisch und bei den Anglisten mit Englisch vertraut gemacht werden. Er pries seine Ware kräftig an.

Ich fuhr zurück und bewarb mich an der Jenaer Universität. Die lakonische Auskunft lautete: »Ihre Unterlagen sind nach Leipzig weitergereicht an das Franz-Mehring-Institut, da Sie nach Meinung der Zulassungskommission für das dortige Studium beste Voraussetzungen besitzen. Mit sozialistischem Gruß ...«

Im August 1954 ließ ich mich an der Karl-Marx-Universität immatrikulieren. So wurde ich Berufsmarxist extremster Art – zunächst wider Willen, aber bald vertiefte ich mich leidenschaftlich in meine Disziplinen.

Wir hatten ein Wochenpensum von etwa 35 Stunden mit Vorlesungen, Seminaren, Kolloquien und praktischen Übungen zu absolvieren. Die Wochenenden waren meist belegt durch Aktivitäten in der Gesellschaft für Sport und Technik. Ich hatte mich bei den Segelfliegern gemeldet. Wir trainierten eine Weile, bis es zu einigen schlimmen Unfällen kam und der Ausbildungsbetrieb mangels qualifizierter Fachleute eingestellt werden mußte. So wurden wir in die infanteristische Ausbildung übernommen. Kein Wort hört der DDR-Student häufiger als das Wort »Kampf«. Es handelt sich natürlich für den um den Frieden, für den sowjetischen Frieden, die K.o.-Existenz.

Eine Reihe von Wochenenden war ferner dem Studienbetrieb entzogen, weil wir im Herbst in der inzwischen sowjetisierten, also unökonomischen Landwirtschaft halfen, besonders bei der Kartoffel- und Zuckerrübenernte, und die Semesterferien im Winter waren in der Regel für Arbeitseinsätze im Braunkohlebergbau »verplant«.

Von Kindesbeinen an war ich an körperliche Arbeit im Freien gewohnt, aber die Schinderei bei Hitze, Frost und Tauwetter in den Braunkohlerevieren hat mir einen lebenslangen Respekt vor der Arbeit dieser Kumpel beigebracht.

Wir wohnten in Studentenheimen, zum Teil komfortabel eingerichtet, denn Leipzig war ein Ort, an dem viele Ausländer studierten, und außerdem befand sich dort das Herder-Institut, das die ausländischen Studenten auf ihre Ausbildung in der DDR vorbereitete. Ich hatte zuerst ein Einzelzimmer und zog später mit einem Kommilitonen zusammen ins Ausländerheim, weil ich einen Aspiranten aus Indien zu betreuen hatte. Nachdem mein indischer Kamerad zur Promotion an die Technische Universität Dresden gegangen war, zog ich mit einem reumütig aus Westberlin zurückgekehrten Germanik-Studenten im 14. Semester – allein das löste schon Lachsalven bei uns aus, denn wir hatten klar begrenzte Prüfungs- und Studienzeiten, acht Semester – und einem Mediziner zusammen. Wir waren nicht nur menschlich, sondern auch fachlich ein sehr anregendes Dreigespann.

Ein anderer Freundeskreis verband mich bald mit Physikern und Mathematikern. Wir hatten, oft nächtelang, anregende Gespräche. Die Ausbildung am Institut vollzog sich so, wie man mir das erklärt hatte. Wir hörten Geschichte bei Ernst Engelberg und dessen Mitarbeitern. Engelberg hat sich kürzlich noch einmal als Emeritus mit der ersten Bismarck-Biographie der DDR in Erinnerung gebracht. Wir hatten in Bloch einen brillanten Kopf im Bereich der philosophischen Ausbildung und in Gropp einen nicht weniger imposanten Mann, der mühselig, gekennzeichnet vom KZ-Aufenthalt, an Krücken zum Pult humpelte, aber mit derselben Leidenschaft und Schärfe, wenn auch ohne die Bloch'sche Ironie, seine Vorlesungen hielt. Gropp und Bloch waren auf den Tod verfeindet. Bloch hielt Gropp für einen Sektierer und Dogmatiker und nannte ihn im kleinen Kreis auch so, während Gropp »den Bloch« als Schwätzer und Literaten bezeichnete, der von Philosophie keine Ahnung habe.

Da wir als Ergänzung zur deutschen Geschichte spezielle Vorlesungen über deutsche Sprache und Literatur zu besuchen hatten, hörten wir u. a. bei Hans Mayer, der aus der Bundesrepublik gekommen war und dann die DDR auch wieder verließ. Er wurde Mitte der achtziger Jahre in der DDR wieder rehabilitiert, so daß er in der Akademie der Wissenschaften als Gast auftreten durfte. In der Bundesrepublik erhielt er kürzlich den Bloch-Preis der Stadt Ludwigshafen.

Wir hörten auch bei einer Reihe von Russen und Bulgaren und anderen Ausländern, die von den Universitäten ihrer Länder kamen, aber es waren keine beeindruckenden Lehrer. Das Niveau der Gesellschaftswissenschaften befand sich damals wie heute auf einem erdrückend niedrigen, vom marxistischen Dogmatismus gekennzeichneten Stand. Der Bulgare schwätzte ein Vierteljahr lang über einen Grundzug der Thermodynamik und verstand wahrscheinlich selbst nicht, was er da vortrug, er klebte am Papier.

Nachhaltig in Erinnerung geblieben sind mir die Vorlesungen bei Zschäbitz, dessen Luther-Biographie in den fünfziger Jahren für uns bereits jenes Bild von Martin Luther zeichnete, das dann im Marx-Luther-Jubeljahr 1983 auch im Westen mit der angeblich neuen Luther-Wertung Furore machte. Seltsam, daß diese Fehlbeurteilungen trotz des vielen Geldes, welches durch die Bundesregierung für die Deutschlandforschung ausgegeben wird, immer wieder vorkommen. Das zeitgeschichtliche Gedächtnis scheint in Westdeutschland sehr kurz zu sein, nicht nur bei der SPD, aber da wohl besonders ausgeprägt.

Am Franz-Mehring-Institut hatten wir drei Köpfe, deren Vorlesungen und Lehrveranstaltungen sich qualitativ von allen anderen abhoben. Da war einmal Hans Lauter, der durch die Verfolgungen der Nazis gegangen, später im Zentralkomitee für Kulturpolitik verantwortlich war. Von Ulbricht geschaßt, weil er eigene Gedanken entwickelte, behandelte dieser linientreue Mann mit fanatischem Eifer, aber wahrhaftig, die Probleme der Geschichte der deutschen Arbeiterbewegung, der SPD und der KPD, wirklich als Probleme und beschönigte nichts. Das wollte schon etwas heißen in den damaligen Zeiten. Im Gegensatz zu anderen fälschte er auch nicht die christliche Arbeiterbewegung hinweg.

Dann war da ein Professor, der später Ernst Bloch an dessen Institut ablöste, Josef Schleifstein, der seinem Namen alle Ehre machte. Aber immerhin, er war ein exzellenter Mehring-Kenner und beherrschte alle spezifischen Entwicklungsaspekte der deutschen Linken in der Sozialdemokratie. Nachdem er Bloch abgelöst hatte und Mitglied der Volkskammer geworden war, als die übliche große Karriere durch die Verflechtung von Politik und Wissenschaft für ihn beginnen sollte, wurde er aufgrund einer Denunziation wegen nicht parteigemäßen Verhaltens in der Westemigration abgelöst und später von Honecker als Chef des Instituts für marxistische Studien in der Bundesrepublik eingesetzt. Sobald der Bundeskanzler in der Lage sein wird, analoge »Schleifsteine« in der DDR einzubauen, dürfte die Gleichberechtigung im friedlichen Kampf um die K. o.-Existenz in Deutschland erreicht sein. Inzwischen fungiert Schleifstein als Mitherausgeber der kommunistischen »Marxistischen Blätter« und beschwört die von der Krise des Moskauer Weltkommunismus arg gebeutelten Kader der westdeutschen KP, für die Weltrevolution auszuharren, den aktiven – von der DDR bezahlten – Kern nicht zerfallen zu lassen. Sein Namenszug steht in meinem Studienbuch als Bestätigung für eine Prüfungsnote, eine Unterschrift von 25 Zwischenprüfungen in sieben Semestern, die vor dem Staatsexamen und dem Diplom lagen. Wer klagt wo in Deutschland über verschulte Universitäten? Lassen sich die hiesigen Bummelanten im Kulturabkommen nicht einmal mit der DDR austauschen?

Der dritte war Professor Lothar Mosler, der Direktor des Institutes. Zunächst hatte ich den Eindruck, er rede sehr allgemein und sehr nichtssagend. Das war das vorlaute Urteil eines unerfahrenen Studenten, der glaubte, wenn man einen Sachverhalt klar, einfach, logisch und verständlich darstelle, könne nicht viel Interessantes dahinterstecken, wahre Wissenschaft müsse sich hochverquer und anstrengend darbieten. Ich habe erst später bei meinen eigenen Forschungen und Vorlesungen gemerkt, wieviel methodisches Geschick und theoretische Reife und welches Wissen hinter einer klaren Formulierung steckt, wenn man sie akademisch sauber formulieren will. Mosler war hervorragend pädagogisch begabt und charakterlich sehr anständig im Umgang mit seinen Studenten, die er förderte, wo er konnte, und von denen er Unheil fernhielt, wo es ging. Er bestellte mich eines Tages zu sich und sagte: »Ich höre von allen Seminarleitern bei der Auswertung immer deinen Namen im positiven Sinne. Was hältst du davon, wenn du bei mir Hilfsassistent für Forschung wirst?« Auf meine Frage nach den näheren Umständen erklärte er mir, wie ich ihm zuarbeiten sollte. Ihn interessierten zur Zeit besonders Probleme der Kolonialpolitik und die Haltung der Sozialdemokratie dazu. Das vorliegende Material dazu sei nicht gesichert. Ich sollte ihm bei der Vorbereitung der Vorlesungen helfen. »Wir haben zuwenig Fachleute und müssen uns deshalb mit Studenten behelfen.« Ich sagte zu, und es wurde eine Periode fruchtbarer Zusammenarbeit, in der ich sehr viele theoretische Anregungen erhielt. Außerdem arbeitete ich als Hilfsassistent auch in der Lehre. Diese Hilfsassistentätigkeit brachte immerhin 80 Mark Entlohnung pro Monat ein. Als Studenten erhielten wir damals ein Grundstipendium von 180 Mark. Die Kinder von Angestellten bekamen allerdings nur 130 Mark – ein hartes Dasein, ein unsinniger Maßstab, da das Einkommen eines kleinen Angestellten unter dem eines Arbeiters lag und die Lebenshaltungskosten schließlich für alle gleich waren. Aber nach der damals verbindlichen sowjetischen Parteidoktrin galt die proletarische Abstammung als moderner Adelsbrief und war besonders förderungswürdig. Sozialpsychologisch hat das bei den gedemütigten »Kleinbürgerlichen« in der DDR bis heute Auswirkungen. Niemand vergißt, wenn er als Mensch zweiter Klasse behandelt wird. Schließlich sind nicht die soziale Herkunft, sondern Leistung und Charakter für ein Menschenbild entscheidend. Auch hier zeigt sich die Wirkung der zutiefst antihumanitären, aus dem Absolutismus stammenden Ideologie des Marxismus.

Die eine Kollegin in der Brotfabrik, die die Semmeln in den Sack packt, ist Arbeiterin, die andere, die im Staatsladen HO die Semmeln auspackt, ist Angestellte und bekommt noch weniger Lohn – finsterstes Mittelalter in der ständischen Rubrizierung, aber auch so kann man die hohe Ausbeutung noch weiter erhöhen.

Bei sehr guten Leistungen erhielten wir Studenten 80 und bei guten 40 Mark an Leistungsstipendium. Diejenigen, die vor Aufnahme des Studiums gearbeitet hatten, hatten Anspruch auf einen besonderen Zuschlag.

Die Kosten für das Internat waren gering. Wir zahlten 25 Mark für das Zimmer, und die Mensapreise waren ebenfalls hoch subventioniert: Für eine 70-Pfennig-Marke konnte man warm essen. Ich habe mit meinem Grundstipendium und den verschiedenen Zuschlägen immerhin so viel verdient wie ein Arbeiter mit einem durchschnittlichen Einkommen.

Die Durchschnittslöhne für Arbeiter lagen damals bei etwa 300 bis 400 Mark, nur Spitzenverdiener in den Schwerpunktbetrieben kamen auf 500 bis 600 Mark. Parteikader im Kreis verdienten das Doppelte, im Bezirk das Drei- und in Berlin das Fünffache. Eigentlich ist das nicht viel, denn die selbsternannte Führung ist unbezahlbar, unersetzbar; neben dem Gehalt hat sie ein mehrfaches Einkommen durch die materiellen Privilegien: Dienstwohnung, Dienstwagen, Jagd- und Fischereirechte, Sonderläden, Sonderrente usw., also die Feudalen waren früher keineswegs besser dran. Der reale Sozialismus ist zwar nicht das hohe, wohl aber das profitable Mittelalter für die Herrschenden.

Die intellektuellen und sozialen Voraussetzungen für ein erfolgreiches Arbeiten waren alles in allem für uns Studenten an der Universität recht gut. Am Institut, wie überhaupt in den meisten gesellschaftswissenschaftlichen Fakultäten, wurde trotzdem eine hohe Exmatrikulationsrate und starke Fluktuation verzeichnet. Viele Studenten wechselten aus politischen Gründen in naturwissenschaftliche Fächer, nachdem sie nach einigen Semestern vom marxistisch-leninistischen Dogma kuriert waren. Viele mußten aber auch aufgrund »politischer Unlauterkeit, mangelndem Klassenbewußtsein« die Universität verlassen. In meiner Seminargruppe scheiterte ein Drittel der Studierenden an den ständigen Zwischenprüfungen. Eine grauenhafte Unsitte am Institut wie in der Partei, der FDJ, der Gewerkschaft, der DSF, der GST war die Vielzahl von Sitzungen, Beratungen, Versammlungen, der politischen Weiterbildung, Konferenzen und Tagungen. Die in einer Woche zur Verfügung stehende Studienzeit schrumpfte dadurch mitunter auf Null. Für die eigene geistige Arbeit blieb kein Raum, und wenn man eine Woche überstanden hatte, wußte man, die nächste wird nicht besser. Ich entzog mich diesem Leerlauf, so gut es ging. In den Versammlungen, in denen stundenlang geschwätzt wurde und man sich nur wechselseitig seine Staats- und Parteitreue beteuerte oder die Weisheit des »rühmlichen, erleuchteten, genialen« Genossen Stalin pries, schrieb ich scheinbar wie alle anderen fleißig mit, aber hörte überhaupt nicht hin. Meine Blöcke waren dann voller Notizen für die Vorbereitung eines Seminarreferates, oder ich schrieb Briefe. Auf diese Weise konnte man die in den Versammlungen verbrachte Zeit wenigstens einigermaßen sinnvoll nutzen.

Am intensivsten arbeitete ich am Wochenende. Wenn uns die Gesellschaft für Sport und Technik nicht mit militärischer Ausbildung in Anspruch nahm und keine politischen Aktionen zu bewältigen waren, arbeitete ich samstags und sonntags von früh um sechs bis abends um zehn. Um Zeit zu sparen, ging ich auch nicht Mittagessen, sondern kochte mir eine Fertigsuppe oder ein einfaches Gericht. In den notwendigen Entspannungspausen bügelte ich Hemden und Anzüge, wusch Wäsche, nähte Knöpfe an oder putzte Schuhe: Zeit sparen, Zeit sparen, Zeit sparen!

Während der Woche hörte ich Vorlesungen, nahm an Seminaren teil, von denen ich keine Stunde schwänzte, auch wenn wenig herauskam, büffelte Vokabeln für den Sprachunterricht, sah die Fachzeitschriften durch, führte Fachgespräche, kümmerte mich in den sogenannten Patenschaften um leistungsschwächere Kommilitonen, bestellte und holte Literatur ab, absolvierte meine politischen Verpflichtungen im Patenbetrieb, bei den Veranstaltungen im Rahmen des Partei- und FDJ-Studienjahres und im Gesamtdeutschen Arbeitskreis. Die Woche war für alles stets viel zu kurz.

Auch unsere Ferien waren knapp bemessen, denn anders als in der Bundesrepublik gehören in der DDR zu einem Studienjahr zwei Semester zu jeweils fünf Monaten mit einem verbindlichen Unterrichtsprogramm einschließlich Anwesenheitskontrolle. Wer fehlt, wird finanziell oder disziplinarisch bestraft und bei Wiederholung exmatrikuliert. Wie sagte Geißler? »Lieber eine Diktatur als gar keine Ordnung ...« Den Semestern folgen vier Wochen Arbeitseinsatz oder gesellschaftliche Arbeit, so daß nur drei bis vier Wochen wirkliche Urlaubszeit übrigbleiben, die man nach den Anstrengungen des Jahres gut gebrauchen kann.

Ab 1956 mußten wir sechs Wochen im Sommer Dienst in der Armee verrichten, in der wir später als Offiziere dienen sollten. Die Absicht, Studentenbataillone aufzustellen, wurde aber wieder aufgegeben, nachdem sich Ulbricht gezwungen gesehen hatte, die Humboldt-Universität mit seinen Partei-Kampfgruppen umstellen zu lassen, als die Studenten dort eigene politische Forderungen artikulierten. Danach schien die Studentenschaft der Partei zu unsicher.

Wir wurden an der Ostsee in den alten Kasernen der Hitler-Wehrmacht ausgebildet, zweimal waren wir in Prenzlau in der Uckermark stationiert. Wir nutzten diese Zeit zur körperlichen Kräftigung und betrachteten die militärischen Übungen als erholsame sportliche Belastung. Das goldene Sportleistungsabzeichen erwarben wir, um an der Uni von der Sportprüfung befreit zu sein.

Die Nationale Volksarmee, von der ich ein Wunder an Präzision, Genauigkeit, Sorgfalt und Zuverlässigkeit erwartet hatte, machte auf mich einen verschlampten Eindruck. Von der materiell-technischen Ausrüstung her gab es fast nichts, was einwandfrei funktionierte. Wir lachten schon, wenn wir am Dienstplan lasen, daß dort die Bereitstellung von LKWs angekündigt wurde – wir sind nicht ein einziges Mal gefahren, entweder fehlten Ersatzteile, der Sprit oder die Fahrer, letzte, weil sie Offiziere herumzukutschieren hatten. Also marschierten wir zu Fuß zu unserer »Kampfausgangsstellung Vorderhang weiße Birke«, Tag für Tag und Nacht für Nacht.

In der Gefechtsausbildung wurde uns nichts geschenkt. Manche Offiziere revanchierten sich dafür, daß wir sie im Politunterricht bloßgestellt hatten.

Wir übten unter den Bedingungen eines atomaren Krieges, und immer wieder Angriff, Angriff, Angriff. Die Doktrin war einfach: Wir würden den Westen sowohl vom Weltraum aus mit Raketen wie von der Erde mit konventionellen Waffen schlagen. Später, als sich hochrangige Offiziere aus der Militärakademie Friedrich Engels in Dresden an der Ausbildung der akademischen Reservisten beteiligten, wurde uns das Konzept eines künftigen »Befreiungskrieges« differenzierter erläutert. Der Hauptangriff, massiv mit allen Kräften, motorisiert, mit den Panzerarmeen, würde über die Norddeutsche Tiefebene geführt werden. Der Zielpunkt sei in der Nähe von Köln am Rhein, dort, wo die Kommandostränge der im Südwesten operierenden Amerikaner mit denen der im Norden stehenden Briten zusammenliefen. Zur gleichen Zeit würde aus der Tiefe des böhmischen Raumes der Angriff über die Oberpfalz vorangetragen, alles entworfen nach dem klassischen Muster der deutschen Angriffsstrategie, welche die Russen für vorzüglich hielten: Operation Sichelschnitt.

Da die Notstandsgesetzgebung durch den Widerstand der Kommunisten und der »Friedenskräfte« ausgehöhlt sei, würden alle Operationen in der Bundesrepublik in einer solchen Schnelligkeit ablaufen, daß der Sieg errungen wäre, bevor überhaupt die Mobilmachung der Bundeswehr erfolgt sei. Für diesen Blitzkrieg galt die Kampflosung: Angriff ist die beste Verteidigung – in zwölf Stunden stehen wir am Rhein. Untermauert wurde diese Parole mit dem Ausspruch des sowjetischen Parteichefs Chruschtschow, der in einem Rausch von Überlegenheit im Zusammenhang mit den Erfolgen der Russen beim erfolgreichen Start des Sputnik erklärt hatte: »Wir gewinnen den nächsten Krieg, er wird durch die dicksten und größten Raketen entschieden, und beide haben wir.«

Das war der Jargon und der sozialistische Ungeist, der unserer Ausbildung zugrunde lag. In diesem Stil schwadronierten unsere Offiziere, und wir sahen keinen Grund, an ihren Aussagen zu zweifeln. Die in unseren Augen katastrophale Zerfahrenheit und moralische Verkommenheit, die Labilität westdeutscher Verhältnisse hatten wir bei unseren gesamtdeutschen Verbindungen inzwischen kennengelernt: Wer wollte den westdeutschen Staat schon verteidigen?

Auch in diesem Punkt hat sich bis heute nichts geändert. Trotz INF-Vertrag baut der Warschauer Pakt seine Offensivstrategie unter Gorbatschow weiter aus: Wozu brauchen die Sowjets Fallschirmjäger in der DDR, Brückenbaugerät und dreimal mehr Panzer als die Nato? Mit Panzern besetzt und beherrscht man Länder. Und dann: Einige SS-20-Raketen sind abgezogen. Durch verlegte U-Boote und neuin-

74

stallierte Kurzstreckenraketen in der DDR ist der Abzug der SS-20 voll kompensiert: Das Feindesland Bundesrepublik ist atomar bedroht wie vor dem INF-Abkommen. Es ist das alte Lied: Die Kommunisten wechseln Form und Taktik, niemals aber Wesen und Ziel.

Der Dienst in der Armee war für uns eine Zeit der Entspannung zwischen den Semestern. Im ersten Studienjahr hatten wir an aktiver, selbständiger, fachlicher Arbeit nur Seminarreferate zu halten. Im zweiten Jahr mußten wir eine Semesterarbeit im Umfang von etwa 30 Seiten, danach eine Jahresarbeit im Umfang bis zu 50 Seiten und im letzten Jahr eine Diplomarbeit bis 100 Seiten schreiben.

Ich stand noch ganz unter dem Eindruck der Parteipropaganda, die in Verbindung mit dem Wiederaufbau der Armee die historische Bedeutung der Befreiungskriege von 1812/13 besonders hervorgehoben hatte. Da ich mich intensiver mit diesem Thema beschäftigen wollte, schrieb ich meine erste Semesterarbeit über die Rolle der militärischen Streifkorps und der Freikorps, besonders der Lützower, in den Befreiungskriegen. Wie soziale und ökonomische, hatten mich militärische Themen in der Geschichtsschreibung immer besonders interessiert. Ich kam in der abschließenden Bewertung zu der Feststellung, daß Ulbricht in seinen Ausführungen auf der 2. Parteikonferenz die Rolle der Freikorps, besonders der Lützower, militärisch bei weitem überschätzt habe. Das sorgte für einige Heiterkeit im Seminar, aber auch für Ärger. Mein Betreuer nahm mich beiseite und sagte: »Sowas kann man natürlich denken, aber nicht schreiben. Du mußt begreifen, daß Propaganda etwas anderes ist als Wissenschaft, und Parteipropaganda schon ganz und gar!«

In aller Naivität meinte ich, man könnte Propaganda doch nicht losgelöst von den wirklichen Tatsachen und wissenschaftlichen, also objektiven und wahren Zusammenhängen betreiben. »Man kann, man kann«, sagte er, »Propaganda ist halbe Politik. Also, wenn du künftig ein Problem ausdrücken willst, das heikel ist, dann verschleiere das so, daß dich nur Fachleute verstehen. Was, meinst du, sagt die Propagandaabteilung im ZK, wenn die hören, was du da behauptest? Junge, die feuern dich und mich von der Uni!«

Meine zweite Erfahrung mit der Wissenschaft machte ich bei meiner Jahresarbeit. Wir hatten inzwischen bei Friederici eine Vorlesung über Lassalle gehört. Das war also vor 30 Jahren, 1957. 1985 durfte dieser Professor im Zeichen der Vorbereitung des Ideologie-Papiers

SED – SPD ein Büchlein über Lassalle, Teil seiner Dissertation, sogar in der DDR drucken lassen – auch der ideologische Fortschritt lahmt in der DDR, nicht nur der technische und soziale. Damals erklärte Friederici in seiner Vorlesung, er komme jetzt bei der Behandlung der Revolution 1848/49 auf einige komplizierte Vorgänge zu sprechen, die bisher absolut tabu gewesen seien und über die erst seit dem XX., dem Anti-Stalin- Parteitag der KPdSU gesprochen werden dürfe. Es handele sich um die sozialdemokratische Bewegung innerhalb der Deutschen Arbeiterverbrüderung und deren führende Persönlichkeiten. Das Problem liege darin, daß sich Marx und Engels mit diesen Männern nicht verstanden, sondern sie als Parteifeinde bekämpften. Tatsache war, wie ich bei Forschungen später feststellte, daß Marx und Engels als Journalisten während der Revolution am Rande der proletarischen Bewegung standen, während die wirklichen Führer der deutschen Arbeiter, welche die Gesamtdeutsche Arbeiterverbrüderung als Organisation aufbauten, an den Brennpunkten der Revolution gekämpft hatten. Später hat Ferdinand Lassalle auf die Organisationsstruktur, auf das Programm und auf die Ideologie dieser ersten nationalen deutschen Arbeiterorganisation zurückgegriffen, ohne die Quellen zu nennen. Von Königsberg bis Wien und München reichten die Bezirks- und Lokalkomitees der »Verbrüderung«, die, nach unserem heutigen Selbstverständnis, eine sozialdemokratische Parteiorganisation bildeten. Lassalle wurde also von Männern angeregt, die ihre Überzeugung aus den Erfahrungen der Revolution von 1848 ableiteten, nicht aus dem Marxismus.

Friederici meinte, er würde es sehr begrüßen, wenn sich einer von uns mit diesem Themenbereich beschäftigen würde. Es gäbe dazu keine brauchbare marxistisch-leninistische Literatur. Das Problem sei nicht nur theoretisch und ideologisch, sondern auch politisch bedeutsam im Hinblick auf unsere praktische Haltung zur Sozialdemokratie, da wir unser Konzept gegenüber der SPD ohnehin früher oder später ändern müßten. Er warnte uns aber auch vor den mit diesem Thema verbundenen Fallstricken. Es gäbe vernichtende Kritiken von Engels an den führenden Persönlichkeiten dieser Organisation, dem Buchdrucker Stephan Born etwa, und wir wüßten nicht, wie weit der Dogmatismus in der sowjetischen Geschichtswissenschaft auch weiterhin verhindere, daß diese Probleme restlos aufgearbeitet würden. Die Bruderpartei in der UdSSR führe einen harten Kampf gegen den Dogmatismus, für die Entstalinisierung, jedoch wir trabten hinterher, warteten ihre Erfahrungen ab (wie neu für die heutige Haltung der SED gegenüber Gorbatschow!), aber beim heutigen Stand des politischen Denkens sei es natürlich unmöglich, eine von Engels vorgenommene historische Wertung umzustoßen, weil dies sofort als Angriff auf den Marxismus interpretiert würde. Trotzdem müßte die Wissenschaft an der Aufdeckung objektiver Sachverhalt interessiert sein, und auch wir müßten unser Geschichtsbild partiell korrigieren und erweitern. Ähnlichkeiten mit dem heutigen »neuen« Denken in der UdSSR sind rein zufällig. Es scheint alles schon mehrfach dagewesen zu sein.

Wir saßen völlig entgeistert da und starrten wie gebannt auf unseren Dozenten. Keiner hatte mitgeschrieben. Bisher hatte man uns die Geschichte der deutschen Arbeiterbewegung als konfliktlose Konsequenz der Marxschen Lehre dargestellt. Marx und Engels hätten die Gesetze des wissenschaftlichen Kommunismus erkannt, die Arbeiter hätten sich diese Erkenntnisse zu eigen gemacht, und so wären Marx und Engels zu unangefochtenen Führern der deutschen Arbeiterbewegung geworden. In Wahrheit hatten die Arbeiter im »Bund der Kommunisten« Marx und Engels nach der Revolution von 1848/49 als »halbgebildete Elemente«, als klassenfremde Journalisten ausgeschlossen. Keine nationale Arbeiterpartei hatte sie je wieder aufgenommen.

Davon war natürlich bei Friederici keine Rede. Obwohl ich damit rechnete, daß man auf der nächsten Parteiversammlung ein Verfahren gegen ihn beantragen würde, meldete ich mich bei ihm, um dieses Thema zu bearbeiten. Außer mir hatten sich noch einige andere Studenten für das Thema interessiert. Friederici wollte sich im Kollegium beraten und von sich hören lassen. Nach der nächsten Vorlesung winkte er mich zu sich und sagte: »Du sollst das Thema bearbeiten. Es gibt viel her, das kannst du als Student unmöglich bewältigen. Aber du kannst Vorarbeiten leisten. Also, mach eine Jahresarbeit, verschaff dir einen Überblick über die Sekundärliteratur, über die Positionen der Klassiker, recherchiere ganz genau, wie weit die sowjetische Forschung ist. Dann fährst du nach Berlin, gehst in das Institut für Marxismus-Leninismus beim ZK und läßt dir erklären, wie weit die interne Verständigung vorangekommen ist, ob es überhaupt sinnvoll ist, daß man da etwas macht. Dann beratschlagen wir weiter. Daraus kann noch eine Diplomarbeit und später eine Promotion werden. Du kannst das Thema auch biographisch behandeln. Biographien sind bei uns rar, wer hat schon anständige Biographien geschrieben? Du kannst aber auch die Organisationsform dieser elementaren Massenbewegung des Proletariats untersuchen oder ihre Presseorgane behandeln, es soll da einiges geben. Oder du kannst das Thema rein abstrakt theoretisch bearbeiten, nach den strategischen und taktisch-politischen Konzeptionen der Revolution. Also, mach, was du willst, such dir was aus, es ist ein weites Gebiet.«

Nun mußte ich unserem geschätzten Lehrer gestehen, daß ich nicht völlig ahnungslos an dieses Thema heranging, sondern bereits mit Professor Heimpel darüber gesprochen hatte. »Was«, sagte Friederici überrascht, »mit dem, der hier abgehauen ist? Ist das nicht zu riskant?«

Bei einem meiner Besuche des Göttinger ASTA, Besuche, die vom Gesamtdeutschen Studentenkomitee der Universität vermittelt wurden, dem ich als stellvertretender Leiter angehörte, hatte ich zu meiner Überraschung eines Tages in der Türmerwohnung auf dem Johannisturm, in der ich zeitweilig mit meinem westdeutschen Kommilitionen Werner Gessler hauste, eine Einladung von Hermann Heimpel vorgefunden. Meine westdeutschen Freunde hänselten mich und sagten: »Wenn du zum Größten aller Großen gehst, dann übe vorher, wie man Kaviar ißt und Hummer aufbricht, am besten, du nimmst Hammer und Sichel mit.«

Tatsächlich war mir schon etwas seltsam zumute, einem derartig namhaften Vertreter der bei uns so verteufelten bürgerlichen Wissenschaft gegenüberzutreten. Aber ich wurde angenehm überrascht. Zunächst entdeckte ich auf einem Bücherbord die Arbeiten Makarenkos und erfuhr von Frau Heimpel, daß sie über Erziehungsprobleme gearbeitet und promoviert habe. Ich kam aus einer Welt, in der es streng verboten war, die Bücher des Klassenfeindes auch nur anzusehen, geschweige denn sie zu besitzen und erfuhr nun, daß dieser Klassenfeind nicht nur die Bücher eines kommunistischen Autors las, sondern einige wissenschaftliche Thesen und Hypothesen sogar sehr interessant fand und – beschränkt auf die Zeit, in der Makarenko wirkte – für richtig hielt. Leipziger Wissenschaftler wären im analogen Fall sofort entlassen worden.

Mit Professor Heimpel sprach ich dann vor allem über den realen Einfluß von Marx und Engels auf die deutsche Arbeiterbewegung am Anfang ihres politischen Wirkens in der Revolution von 1848/49 und über die nach Heimpels Meinung völlig falsche Bewertung der Allgemeinen Deutschen Arbeiterverbrüderung, der ersten gesamtdeutschen Arbeiterpartei. Heimpel war sehr daran interessiert, wie man in Leipzig, seinem früheren Wirkungsort, über diese Themen heute dachte, und wie man sich in den Seminaren dazu äußerte, wo mehr gesagt werden konnte als in Vorlesungen. Außerdem wurde bei dieser ersten Begegnung noch eine Fülle von Problemen der deutsch-deutschen Studentenkontakte erörtert.

Bei einem zweiten Gespräch unterhielten wir uns über die wirtschaftliche Entwicklung im Ostblock und in Westeuropa, wobei wir vor allem über die damalige Europa-Euphorie der Westdeutschen (unbegründet wie ihr heutiger Pessimismus), die möglichen historischen Entwicklungschancen West- und Osteuropas sowie das Verhältnis von militärischer Sicherheit, europäischer Annäherung oder Feindschaft und die Möglichkeiten einer Neutralisierung und einer Wiedervereinigung Deutschlands sprachen. Natürlich wußte ich damals noch nicht, daß ich über das erste Thema als Historiker promovieren und mich über das zweite in den Wirtschaftswissenschaften habilitieren würde. Mich beeinflußten diese Unterhaltungen sehr nachhaltig.

In Leipzig erzählte ich Friederici davon, was er sehr interessiert zur Kenntnis nahm, und teilte ihm auch mit, daß ich in Berlin bereits meine Fühler ausgestreckt hatte. Ich hatte aufgrund meiner Tätigkeit für die Abteilung Internationale Verbindungen im Zentralrat der FDJ, der die gesamtdeutsche Studentenarbeit an der Universität zum Teil mit unterstand, und über kameradschaftliche Verbindungen aus der Zeit der Jugendhochschule am ZK-Institut für Marxismus-Leninismus vorgefühlt, was es denn eigentlich mit dieser Thematik um die »Arbeiterverbrüderung« in der Revolution 1848 und speziell mit Stephan Born auf sich habe. Dabei hatte ich erfahren, daß Gerhard Bekker, ein sehr talentierter Mann am ZK-Institut, in größte Schwierigkeiten gekommen war und ausscheiden mußte, weil er einige Problemfelder aus der Vorgeschichte dieser Arbeiterorganisation wahrheitsgemäß erschlossen hatte. Heute ist Becker Chefredakteur der »Zeitschrift für Geschichtswissenschaft« in der DDR.

Ich selbst kannte die näheren Umstände der Auseinandersetzung nicht, weil mir der Mitarbeiter des IML sagte, daß diese Vorgänge vertraulich seien und man darüber nicht zu reden habe. Er warnte mich, dieses Thema anzufassen.

Friederici hörte sich alles wortlos an und nickte bedrückt. »So deprimierend ist das halt. Wir verpflichten dich zu nichts, und du verpflichtest dich auch zu nichts. Du hast noch Zeit. Überlege dir noch einmal, ob du dich unter diesen Umständen mit dieser Sache beschäftigen willst.«

Für mich gab es keinen Zweifel. Aber als ich das Konzept meiner künftigen Arbeit durchdachte, wurde mir klar, daß Professor Heimpel im Westen sehr viel korrekter wissenschaftlich argumentierte als die eigene Seite. Die SED-Institute und deren Parteilichkeit der Wissenschaft konnte man gleich vergessen. Immerhin machten uns Lehrer an der Universität Mut. Und es gab da noch den zum Trost wie zur Ergötzung alle überragenden Ernst Bloch und die Philosophie. Ich besitze noch die erste Mitschrift der obligatorischen Philosophie-Vorlesung von 1954. Sie war natürlich der »neuen« Lage entsprechend dem Thema »Friedenskampf« gewidmet. Das ist ja auch heute noch die »neueste« Masche der SED, es ist in den Lehrplänen, die verbindlich sind, einleitendes und durchgehendes Thema. Der Dozent fragte, ob das allgemeine Prinzip des Humanismus mit dem militärischen Klassenkampf vereinbart werden könne, und gab die Antwort: »Wir müssen die Angst der Menschheit vor der Katastrophe ausnützen. Der Atomkrieg ist für den Sozialismus zu gewinnen. Die bürgerliche Ordnung, soweit wir sie nicht revolutionär von innen her subversiv oder durch Bürgerkrieg zerstören, muß unter Umständen militärisch von außen zerschlagen werden. Die Gewalt ist immer der Geburtshelfer des Neuen. Das Alte weicht nicht ohne Kampf. Die Koexistenz tarnt unsere Absichten. Der Friedenskampf ist die umspannendste objektive Möglichkeit, alle Feinde des Kapitals gegen den Imperialismus zu vereinigen, aus den unterschiedlichsten Gründen, weil die Menschen aus biologischem Überlebensinteresse und, geschult durch uns, mit der Einsicht, daß das Profitstreben mit ökonomischer Gesetzmäßigkeit den Krieg gebiert, dazu gebracht werden müssen, dieses System mit allen Mitteln zu bekämpfen und zu vernichten. Denken Sie daran, daß unsere Verbündeten, Helden der unsichtbaren Front, in den Spitzen der Großbourgeoisie, bei den Millionären, genauso zu finden sind wie in den heterogensten Elementen der Friedensdemonstrationen.« Direktor des Instituts für Philosophie und damit verantwortlich war Bloch. Er war das politische und wissenschaftliche Paradepferd der Universität. Es gab keinen halbwegs wichtigen Ausländer, der ihm nicht vorgestellt wurde. Obwohl parteilos, war er von der Universitätsparteileitung beauftragt, die wichtigen »Westkontakte« zu pflegen, denn die DDR war völkerrechtlich vom Westen noch nicht anerkannt, und uns im Gesamtdeutschen Studentenkomitee zu unterstützen. So kam es, daß wir nicht nur in Blochs überfüllten Vorlesungen saßen, sondern auch bei ihm zu Hause eingeladen waren.

Wenn ich mich an die Vorlesungen erinnere, etwa wie Bloch seine letzte vor dem Sommerferien süffisant schloß: »Und dann, meine Freunde, bedenken Sie bitte eines mit: Wie schon Lenin sagt, der kluge Idealismus steht uns näher, vielfach näher als der dumme – der dumme! – Materialismus« – dann kann ich mich des Eindrucks nicht erwehren, daß Blochs Ruhm nicht zuletzt darauf zurückging, daß er den Marxismus nicht in der bis heute üblichen stupiden, dogmatisch-trockenen Art, sondern in einer brillanten Sprache vortrug, die der Phantasie noch Raum ließ.

Die hervorragende Beherrschung der deutschen Sprache ging den meisten Hochschullehrern völlig ab, die über die Arbeiter- und Bauernfakultäten nach der Emigration, dem KZ oder aus einer Parteifunktion an die Universität gelangt waren.

Wie alle anderen Studenten war ich sehr beeindruckt. Alles, was ich von Bloch hörte, schien mir jedoch mehr Literatur als Philosophie zu sein. Mir fiel auf, daß er über geschichtliche Dinge nur abstrakt und sehr allgemein sprach, über wirtschaftliche Probleme, die soziale Bewegungen motivieren und zum Teil auch objektiv erklären, fast gar nicht. Er bewegte sich immer in einem nahezu mystisch-utopischen Bereich, war stets mehr Form, Erscheinung als Inhalt, Wesen. Ich entsinne mich seiner Bemerkungen über die Phantasie, über die Träume als notwendige Voraussetzung einer schöpferischen Kreativität des Menschen – sicherlich zutreffende Feststellungen – und wie er dieses Phänomen mit Hoffmanns Gespenstererzählungen verband: »Also, ist der Spuk real physisch greifbar? Gibt es ihn? Was ist Realismus? Und gar ›sozialistischer‹ Realismus? Wenn wir da die alte Hexe einem jungen Paar nachspionieren sehen und sie ver-

wandelt sich in eine Türklinke, einen Bronzegriff, um lüstern mitzu-
bekommen, was sich im Zimmer tut, und der junge Mann merkt das,
und er zerschlägt eine Flasche mit Salzsäure auf diesem Griff, und
der Griff ist angefressen, und unser Liebhaber kommt nach einer
halben Stunde über den Markt, dann hockt diese Hexe mit wegge-
fressenem, mit angefressenem Gesicht dort und verhökert ihre
Äpfel – sie hat sich zurückverwandelt – ist das Realismus, ist das sozialistischer Realismus, ist das Kunst?«
Wenn er solche Fragen bei Ästhetik-Seminaren stellte, war die Verblüffung natürlich groß, die Ratlosigkeit und geistige Hilflosigkeit
auch. Das galt auch für die von Bloch gern zitierte Freudsche Psy-
choanalyse, die in der DDR als reaktionär verpönt war. Keiner von
uns wußte genau, was es damit auf sich hatte. Die Quellen waren
eben Sperrliteratur, und neu gedruckt wurde nur Kommunistisches.
Bloch operierte mit einer Vielzahl von Begriffen aus den unterschiedlichsten Bereichen, die uns fremd waren.
Mein direkter Kontakt zu ihm bestand in der Zeit vor dem XX. Parteitag, also vor 1956. Sein Haus machte auf mich den Eindruck, als
sei es innen sehr bewußt den Wohnräumen Goethes in Weimar nach-
gestaltet worden, in der konzeptionellen Anlage wie in der Farbge-
bung. Wir saßen zu viert mit Bloch bei einem Glas Tee mit einem
Schuß Rum, wobei er fluchte, daß der letzte Besuch doch schon wieder alles Trinkbare ausgesoffen habe. Er drückte sich im kleinen
Kreis keineswegs immer nur akademisch-gewählt aus.
Bloch sprach über Philosophie, Geschichte und Literatur. Wir hörten andächtig und aufmerksam zu, doch dann kam er auf Politisches
zu sprechen.
Er berichtete, welchen verbissenen Kampf er und seine Freunde mit
den Dogmatikern und »Partei-Vorbeiphilosophen« führten. Diese
»Schädlinge« und »Schwätzer«, wie er sie nannte, hätten die ganze
Universität durchsetzt, das Geistesleben negativ beeinträchtigt. Mit
Unterstützung Berlins habe man durch personelle Verschiebungen
die Machtpositionen im Lehrkörper so regulieren müssen, daß nicht
das schlimmste Sektierertum die Universität beherrschte. Bloch
sprach davon, daß wir auf allen Ebenen feudale Formen reprodu-
zierten, das glatte Parkett, den Höfling, die Speichellecker, Kabalen,
Parasiten, die Denunzianten, die Intriganten, und er fügte, seine
Pfeife ausklopfend, hinzu, nachdem er über asoziales Schmarotzer-

tum, Bereicherungssucht, Korruption gesprochen hatte: »Früher, früher hat man Schillers Parasiten doch gar nicht verstehen können. Dazu muß man in der DDR leben.«

»Wir verkaufen«, fuhr Bloch fort, »die beste Ware, die Wahrheit. Aber die Qualität und die Aufmachung muß dem Käufer entsprechen, und davon versteht die Intelligenz in der DDR überhaupt nichts ... Häßlichkeit verkauft sich schlecht. Wenn man den Marxismus-Leninismus an den Mann bringen will, die Parteiideologie, die richtig ist, dann muß man auch für die entsprechende Verpackung sorgen.«

Aber davon verstünden weder die Journalisten noch die Lehrer in den Gesellschaftsdisziplinen etwas. Er wetterte gegen die Populärwissenschaftler, die unpopulär und keine Wissenschaftler seien, und über die Agitatoren merkte er an: »Es gibt nichts Aktuelles, was nicht aus dem Vergangenen fundiert und zukunftsträchtig nach vorne gerichtet ist. Diese Zeitungen kann man kaum benützen, um sich den Arsch abzuwischen. Diese Broschüren, die es gibt wie Fliegen im Kuhstall, sind zum Kotzen. Aber was soll's«, knurrte der Alte weiter, »vom Ochsen kann man eben nur Rindfleisch verlangen!«

Wir sprachen über unsere Erfahrungen in der Bundesrepublik im Umgang mit den Allgemeinen Studentenausschüssen und dem Verband deutscher Studentenschaften, und Bloch meinte: »Das wichtigste ist, macht in der FDJ klar: Man darf sich von den Erscheinungsformen des Westens nicht blenden lassen. Benützt das chinesische Märchen. Ihr wißt, was ich meine, wo die Schlangen wie Nudeln aussehen, und entwickelt Gegengifte, Gegengifte, Gegengifte.«

Über die bundesdeutschen Journalisten höhnte er: »Weil sie nichts zu sagen haben, können sie alles sagen. Die sind noch schlimmer als das ›Neue Deutschland‹. Eine verkommene Gossenpresse, prostituierte Oberflächenjournaille, Kloakentaucher, Stinkstiefel!« Wir amüsierten uns wie selten. »Wir haben etwas zu sagen, und deshalb können wir nicht alles sagen«, fuhr er fort. »Die Verpflichtungen und die Rechte, die wir wahrzunehmen haben, legen uns Beschränkungen auf.«

Trotzdem, meinte Bloch, gäbe es doch ein sehr interessantes Phänomen. Der Marxismus sei nach dem Ersten Weltkrieg brennend aktuell gewesen, und nach dem Zweiten sei er es in Westdeutschland wieder geworden. Warum nehme gerade in der DDR das Desinteresse am Marxismus zu, obwohl hier eine marxistische Partei herrsche und die ökonomische Basis zugunsten der sozialistischen Ideologie verändert ist? Wie sei das zu erklären? Bedinge doch nicht die Basis den Überbau? Warum sei denn nach dem Ersten Weltkrieg jeder Gebildete für die soziale Demokratie, für die Grundprinzipien des Marxismus gewesen? Nachdenklich fügte er hinzu: »Was wäre aus Deutschland geworden, wenn man alle diese Leute auf die Seite der jungen Kommunistischen Partei gezogen hätte?«

Wir unterhielten uns über einige seiner Bücher. Aber, obwohl wir Etliches von ihm kannten, fauchte er uns zwischendurch an: »Verdammt, wäre das früher denkbar gewesen, daß ein Student zu seinem Professor kommt, ohne dessen Bücher von A bis Z zu kennen?« Danach schimpfte er über die Verkommenheit der Universität, die auf das Niveau einer Fachschule absacke und die Ausbildung kreativer, schöpferischer Fähigkeiten vernachlässige, um an deren Stelle lediglich Berufsausbildung zu leisten. So wie die Universitäten in der DDR strukturiert seien, liquidierten sie das selbständige Denken und Handeln, das doppelt so hohe Leistungen für Wissenschaft, Wirtschaft und Gesellschaft erbringen könne. Zwar räumte er ein, westdeutsche Professoren und Studenten hätten ihm gesagt, daß die klaren, bestimmten Orientierungen in unseren Fakultäten besser für die Studenten seien als die orientierungslose westliche Liberalität. »Aber«, fuhr er fort, »was machen wir aus euch? Leute, die Angst vor dem Risiko haben. Leute, denen man alles vorkaut, alles vorpredigt, alles vorschreibt. Ihr müßt ja unselbständig werden. Nirgends verlangt man von euch selbständige Entscheidungen. In der Theorie klammert ihr euch an Buchstaben, und die Wissenschaft in der DDR wartet, bis das ZK, die Abteilung Wissenschaft, entschieden hat, was Wissenschaft ist.«

Er stopfte seine Pfeife neu, stieß mächtige Rauchwolken aus und meinte dann: »Das ist, allerdings in anderer Form, nichts weiter als die Furcht des saturierten Spießers in der Dekadenz des Westens. Was wir brauchen«, beschwor er uns, »was wir brauchen ist Risiko, ist Mut. Wir sind eine aufsteigende Ordnung, wir sind nicht eine absteigende Ordnung, aber die Funktionäre verhalten sich so, als befänden wir uns in einer absteigenden Ordnung.«

Dann erzählte er uns schmunzelnd den neuesten Witz aus der Akademie der Wissenschaften der DDR. »Die Amerikaner hatten ein großes Preisausschreiben veranstaltet. Thema ist eine Beschreibung des Elefanten. Die Engländer liefern 40 Bände über die Bedeutung des Elefanten im Kolonialreich, die Franzosen liefern 30 Bände über das Liebesleben des Elefanten, die Russen liefern 20 Bände über die sozialpolitische Bedeutung des Elefanten, die Amerikaner liefern zehn Bände über die ökonomische Nützlichkeit des Elefanten, und die Jury tritt zusammen, um die Preise zu vergeben. Da kommt ein Telegramm aus der Akademie der Wissenschaften der Deutschen Demokratischen Republik, in dem um Aufschub gebeten wird, da man noch mehr Zeit benötige, um den Beitrag fertigzustellen. Dann, zehn Tage später, liegt der Beitrag der Akademie der Wissenschaften vor. Es handelt sich, sagte Bloch, »um eine inhaltsschwere, zehn Seiten umfassende Broschüre mit dem Arbeitstitel: ›Die Sowjetwissenschaft über den Elefanten‹.«

Wir bogen uns vor Lachen. Aber das war die Situation, genauso war es. Nachdem sich unser Amüsement gelegt hatte, wetterte er weiter: »Aktionsradius Null, das ist der Gesichtskreis unserer Spitze, das ist der Gesichtskreis unserer Führung, das ist der Gesichtskreis unserer Wissenschaft, die im ZK gemacht wird.« Und wieder kommt: »Die verfluchten Parteivorbeiphilosophen. Aktionsradius Null, das ist deren Standpunkt. Aber dafür leiden sie an Wachsamkeits-Verfolgungswahn.«

»Natürlich«, fuhr er fort, »wir sind eine belagerte Festung, wir halten die vorderste Frontstellung, wir brauchen Disziplin, wir brauchen Manneszucht, jawohl. Weil wir gegen den Krieg des Kapitals sind, sind wir für den Krieg gegen das Kapital. Weil wir gegen den Staat sind, sind wir für unseren Staat. Weil wir für die Befreiung des Menschen sind, sind wir für die Unterdrückung der Menschenfeinde. Und wenn man euch im VDS und AStA angeht mit dem Terror, dann sagt: ›Jawohl, wir haben die eingesperrt, der Mann frißt nicht jeden Tag Fleisch, er frißt Kohl, aber er lebt und arbeitet. Um für andere die Freiheit zu haben, müssen wir zu diesen Mitteln greifen. Wir brauchen die Diktatur als Durchgangsstadium zur Freiheit. Und jede Festung nimmt sich von innen leichter als von außen.‹ Und wenn das noch nicht reicht, dann stellt euch hin«, so Bloch, »und sagt: ›Warum herrscht dieser Terror in der DDR? Ihr zwingt uns dazu! Seht euch eure Leute an, die SPD-Agenten, die Geheimdienste, die Banditen.‹« Parteiideologe, Stalinist, Terror vom Lehrstuhl und Schreibtisch her: Ich finde es hervorragend, daß die Stadt Ludwigshafen Gelder für einen Bloch-Preis hat. Wer sagt, die Kommunen wüßten nicht, woher nehmen? Bloch lebte im Westen! Er wußte um die Moskauer Prozesse!

Wir debattierten dann über die Möglichkeit der Erfüllung aller Wünsche unter kommunistischen Verhältnissen. Bloch hörte zu, warf gelegentlich einiges ein und meinte dann sibyllinisch: »Na, dann werden wir wohl kaum noch zwischen Paradies und Hölle zu unterscheiden wissen. Wäre die Erfüllung aller Wünsche das Paradies oder die Hölle auf Erden? Ihr wißt doch, wie jener sagt, dem man alle Wünsche erfüllt hat und der sich nun vom Teufel die Gnade erbittet, um der unerträglichen Langeweile zu entgehen, zur Hölle zu fahren. Der Teufel sagt ihm: ›Sie sind schon drin, mein Herr.‹« Erheiternde Lösungen hatte er tatsächlich anzubieten, leider nur solche utopischer Art.

Bloch meditierte noch ausgiebig darüber, daß jeder wirkliche Gelehrte in der Methode zum Marxisten werden müsse, auch wenn er es selbst noch gar nicht wisse, und plädierte für die »allgemeine Wehrpflicht bei der geistigen Aufrüstung des sozialistischen Staates«. Die Stärkung der geistigen Widerstandskraft gegen die Verlockungen des Westens diene der Festigung der persönlichen Selbständigkeit in der Auseinandersetzung im Beruf und in der Politik; wir hätten kämpferisch, parteilich dahin den Weg zu bahnen, weil der Sozialismus gerade durch jenes Prinzip erhalten werde, nach dem er mit Marx angetreten sei, durch Mut und nicht durch subalterne Überzeugungen, und prophetisch: »Das leuchtend gehaltene Ziel vor schemalosen Augen.«

Damit klopfte er seine Pfeife wieder aus, sah mich kritisch an und sagte: »Junger Freund, warum sagen Sie nichts? Ich weiß doch, daß Sie klare Ansichten haben und sie wohl zu verteidigen wissen.« Ich antwortete etwa mit den Worten: »Herr Professor, es ist spannend, Ihnen zuzuhören, wenn Sie über die Vergangenheit reden, es ist noch spannender, Ihnen zuzuhören, wenn Sie über die zukünftigen Entwicklungsmöglichkeiten sprechen, aber warum reden Sie nur ganz allgemein und nichtssagend über das, was ist, in Allgemeinplätzen, die wir alle kennen? Warum nehmen Sie sich eigentlich die Freiheit, konkret an der Gegenwart vorbeizugehen?«

Unterm Tisch wurde ich gleich zweimal gegen das Schienbein getre-
ten – meine Freunde waren entsetzt. Bloch, der sich aus seinem Ses-
sel langsam vorgebeugt hatte, sah mich überrascht an, nahm die
Pfeife aus dem Mund, faßte sie wie einen Revolver, legte auf mich an,
stieß den Arm auf mich zu und fragte: »Sie, junger Freund, möchten
Sie vielleicht gern Landstreicher der Wissenschaft werden?«
Als wir nach Hause gingen, erklärte ich, daß ich künftig nicht mehr
zu Bloch mitgehen würde. Meine Freunde, die mein Benehmen als
ungebührlich empfanden, lobten mich mal wieder als »Bauer«, aber
ich blieb bei meiner Auffassung. Irgend etwas befriedigte mich an
dem Philosophen eben nicht. Seine Tiraden waren geschliffener, oftmals aber mehr brillierend als brillant, sprachlich eleganter als die
der anderen Professoren, alles zugegeben, aber es war eben nichtssa-
gende Rhetorik, allgemeine Utopie, und für allgemein-konkretes
Blabla, wie ich das nannte, war mir meine Zeit zu schade. Dieser
Bruch mit Bloch bewahrte mich davor, von der Universität entfernt
zu werden. Seine Anhänger wurden durch den heutigen Hochschulminister der DDR, der damals Zweiter Sekretär der Universitätsparteileitung in Leipzig war, nach dem Ungarnaufstand von 1956 entlassen, denn einem tumben Mann wie Böhme mußte Bloch unheimlich
sein: Warum sprach der nicht den ND-Stil? Stark verdächtig! West-
emigrant war er auch – also weg mit dem! Hätte die SED gewußt,
wie Bloch im kleinen Kreis mit uns sprach, hätten sie ihn, wie andere
auch, eingesperrt.
Neun Jahre nach diesem Gespräch mit Bloch hatte ich eine Unterhaltung mit dem Rektor der Universität Leipzig, der mit Bloch befreundet gewesen war. Ich fragte ihn, warum Bloch später in die
Bundesrepublik übergesiedelt sei. Der Rektor meinte, Bloch selbst
wäre am liebsten geblieben, aber seine Frau, eine Architektin, habe
seit Jahren darauf gedrängt, die DDR zu verlassen, weil sie wegen ar-
chitektonischer und ästhetischer Prinzipien mit Mitgliedern des ZK
und Ulbricht in Konflikt stand. »Die Universitätsparteileitung ist
übrigens der Ansicht, hier hat uns Bloch nur noch Ärger gemacht,
er ist Marxist, aber kein Leninist, der Parteidisziplin wollte er sich
nicht unterwerfen. Drüben ist er uns mit seinen utopischen Verwir-
rungskünsten doch noch recht nützlich, je wirrer dort die Künstler,
Journalisten, Pfarrer und Lehrer denken, desto besser, das beschleu-
nigt den Niedergang. Bei uns lernen die später dann schon wieder

klassenmäßig denken.« Damals hatte ich keine Ahnung, daß ich eines Tages Professor werden und dann auch, wie Bloch, der DDR den Rücken kehren würde.

Seltsamerweise hatte mich Bloch immer an Stalin erinnert, nicht nur wegen der niedrigen Stirn, dem struppigen Haaransatz und der stark ausgeprägten, kräftigen Nase, sondern wohl auch, weil er mit voller Absicht eine Stalin-Pfeife rauchte. Der blutige Josef Wissarionowitsch muß ihm sehr sympathisch gewesen sein. Was soll man aber andererseits auch gegen den »Vater aller Werktätigen« haben können?

Bloch war schließlich Emigrant im Westen, er konnte sich über den Stalinismus ein zutreffendes Bild machen, aber ganz auf Marx schwörend, mußte er auch auf Stalin schwören: Marx war der erste Stalinist, Stalin war der konsequenteste Marxist. Aber Bloch teilte uns kein Wort der Wahrheit mit über diese Tatsache. Er verschwieg auch, daß der theoretische Angelpunkt seiner Philosophie, die Wechselwirkung zwischen Basis und Überbau, die »Gesetzmäßigkeit« der historischen Abläufe, nicht Ideengut von Marx war. Dieser hatte es, unter Niveau, bei Wilhelm Schulz plagiiert. Na schön: Vielleicht wußte er es einfach nicht. Aber immerhin: auf die russenfeindliche Idee, daß es mit Basis und Überbau nicht stimmt in der Praxis, hat er uns gebracht – wieder ein Stückchen Anregung auf dem Weg der Erkenntnis. Blochs Antwort mit dem »Landstreicher« verstand ich erst später im Ministerium für Hochschulwesen, als ich seine Personalakte auf den Tisch bekam.

Nach meinem Bruch mit Bloch kam die Zeit der Enthüllung des XX. Parteitages, auf dem Chruschtschow Stalin vom Sockel riß und die Verbrechen anprangerte, die von den sowjetischen Kommunisten an den Völkern verübt worden waren. Dieser XX. Parteitag war geistig wie politisch für jeden von uns ein schmerzender Einschnitt. Seit dieser Zeit dachten nicht nur die Intellektuellen, sondern auch Arbeiter und Bauern kritisch-zweifelnd über die Führungsqualitäten und die angebliche moralische Überlegenheit der UdSSR. Heute ist es so weit, daß selbst die Funkionäre der FDJ im Verbandsorgan erklären: »Dieses Land, die SU, ist für uns kein generelles Vorbild, es ist nur ein historisches Vorbild, weil es als erstes versucht hat, den Teufelskreis aus Krieg und Krise und Elend zu durchbrechen, aber geschafft hat es das bekanntlich nicht.« Gorbatschows heutige Kritik am Stalinismus, also am konsequentesten Marxismus, ist von noch größerem Gewicht und wird ihre zerstörerischen Folgen nach entsprechender Zeit haben.

Wir wurden über die Geheimrede Chruschtschows intern informiert. Ein leitender Genosse machte uns aber nur mit Auszügen aus der Rede vertraut. In den anderen Instituten entfiel sogar dies. Die Entstalinisierung vollzog sich in der DDR sehr langsam, sehr gebremst. Ulbrichts Hauptargument dafür, das uns mitgeteilt wurde, war: Wir dürfen nicht die Schleusen öffnen. Wir sitzen im vordersten Frontgraben, werden überspült und ersaufen. Genauso verhält sich heute Honecker, indem er sich gegen Glasnost und Perestroika wendet.

Deshalb erfuhr die Masse der Partei damals offiziell überhaupt nichts und heute wenig, und man druckt Stellungnahmen gegen Gorbatschow im ND, zensiert und unterschlägt sowjetische Publikationen. Auserwählte erhielten nach 1956 selektiv Kenntnis, man sagte ihnen nur das Allernotwendigste, was sich nicht mehr verbergen ließ. Die Stalindenkmäler wurden auch erst Jahre später und nicht sofort beseitigt, die Stalin-Allee in Berlin erst 1960 wieder in »Frankfurter« umbenannt.

Uns richteten nach den Erschütterungen, die Chruschtschows Geheimrede auslöste, eigentlich nur zwei Argumente auf: Das alles habe sich vollzogen in einer extremen Ausnahmesituation. Die Sowjetmacht wäre ohne Stalin erwürgt, der Kapitalismus restauriert worden. Und, noch wichtiger: Da die Partei nicht gezwungen war, dies alles aufzudecken, bezeuge sie die Fähigkeit zu Kritik und Selbstkritik und garantiere, daß sich solche Verhältnisse nie wiederholen würden. Das war für uns das einleuchtendste Argument.

Ich bin erst viele Jahre später darauf gekommen, warum die Abrechnung mit Stalin ausgerechnet 1956 erfolgte: In diesem Jahr mußten die während der Säuberung von 1936 zu 20 Jahren KZ verurteilten Häftlinge entlassen werden. Wenn man sie nicht noch einmal gegen Recht und Gesetz verurteilen wollte, mußte man die Überlebenden entlassen. Solschenizyn durfte damals in der SU sogar sein erstes Buch über den Archipel Gulag veröffentlichen. Erstmals wurde die massenhafte Existenz der bereits von Lenin eingeführten KZ zugegeben. Warum? Die Opfer wurden für produktivere Arbeiten gebraucht.

Mir brachte meine Auswertung des Parteitages im privaten Kreis ein Verfahren der Kreisparteikontrollkommission ein. Ich konnte die Kritik in zwei langen Sitzungen widerlegen, weil ich nicht aus den von uns als nicht glaubwürdig empfundenen Berichten des Westens zitiert, sondern meine Genossen nachweisbar nur über das informiert hatte, was uns parteiintern mitgeteilt worden war.

Die Mitglieder der Kontrollkommission waren so erschüttert von meiner Darstellung, daß sie darauf verzichteten, mich wegen unzulässiger Weitergabe parteiinterner Informationen zur Rechenschaft zu ziehen. Ich bekam nicht einmal eine Rüge. Als wir die Treppe aus dem oberen Sitzungssaal hinuntergingen, faßte mich eine alte Genossin unten am Arm und sagte weinend: »Ich kann's immer noch nicht glauben – ich glaub' es einfach nicht!« Es braucht eben jeder seine Schutz- und Abwehrmechanismen, um zu überleben. Nur: Verdrängung durch gläubige Ideologie geht vielleicht einmal oder zweimal, aber nicht auf Dauer. Vegetieren kann man dann noch, aber leben nicht. Die Gewissensnot wird, je weiter man an die Erkenntnis des russischen Systems als roten Faschismus herankommt, immer größer, zuletzt unerträglich.

Wir hatten als Studenten etwa ein Jahr lang mit den Auswirkungen des XX. Parteitages der KPdSU zu tun. Es gab mörderische Auseinandersetzungen zwischen Gruppen des Lehrkörpers, die, da es damals keine getrennte Parteieinheit zwischen Studenten und Lehrern gab, vor den Augen und Ohren aller Studenten von 17 Uhr bis Mitternacht über Monate hinweg ausgetragen wurden. Es gab die häßlichsten Szenen persönlicher Infamie, als nach gemeinsamen Neujahrsfeiern denunziantenhaft gegen solche Genossen vorgegangen wurde, die, da sie meinten, sie seien in einer privaten Atmosphäre, ihre Meinung zur UdSSR und KPdSU unmißverständlich kritisch artikuliert hatten. Diese widerlichen Auseinandersetzungen konnten nicht beigelegt werden. Auf Weisung der übergeordneten Parteileitung wurde die Diskussion nach zwei Semestern ergebnislos abgebrochen. Durch Lehrerschaft und Studenten waren in dieser Zeit tiefe Gräben gezogen worden. Es gab wieder, wie nach dem 17. Juni 1953, zwei Parteien in der Partei.

Aber das politische Leben ging auch ohne Stalin weiter. Zunächst einmal hatte ich ständigen Kontakt mit Kommilitonen aus der Bundesrepublik. Obwohl mitten im kalten Krieg, konnte man damals noch völlig ungehindert in den Westen reisen, in der »Entspannung« sieht das bekanntlich ganz anders aus.

Meine Gesprächspartner auf der anderen Seite kamen aus allen politischen Richtungen. Ich ging mit zu den Bällen der Korporierten und hatte ein gutes Verhältnis zu Vertretern des Liberalen wie des Sozialistischen Deutschen Studentenbundes. Einige wurden mir im Laufe der Jahre zu Freunden, und ich lernte über sie und über die studentischen Aktivitäten eine Reihe von Männern kennen, die später beachtenswerte Positionen in der Bundesrepublik einnahmen. Die Diskussion drehte sich immer um das zentrale Problem: Welche Möglichkeiten gibt es zur Wiedervereinigung, und was können wir als deutsche Studenten auf beiden Seiten tun, um diesen Prozeß in Gang zu halten, wie können wir die Annäherung vorantreiben, die Verständigung fördern? Es gab Veranstaltungen wissenschaftlich-theoretischer Art. Debattiert wurde vor allem über historische Probleme des Jahrhunderts, etwa über die Konsequenzen für die deutsche Geschichte nach Krieg und Faschismus.

Wir besichtigten bei unseren Besuchen in der Bundesrepublik moderne Großbetriebe und erhielten anschließend Gelegenheit, mit den Vertretern des Managements zu sprechen. Mich hat schon damals beeindruckt, mit welcher technischen Präzision und mit wie wenig Arbeitskräften der Produktionsprozeß gesteuert wurde. Es war die Zeit des sogenannten Wirtschaftswunders, die Phase eines weltweiten Aufschwunges, und unsere westdeutschen Gesprächspartner waren zutiefst davon überzeugt, daß sich diese Prosperität ununterbrochen fortsetzen werde, während die hohen Wachstumsraten der kommunistischen Wirtschaft verschwinden würden. Seit fünf Jahren ist es soweit.

Von unserem Komitee wurde jede Begegnung sorgfältig vorbereitet. Zunächst wurde gefragt: Was haben wir für fachliche und politische Ziele, wie gliedern wir sie arbeitsteilig auf, mit welchen scheinbar taktischen Differenzen treten wir in Erscheinung, damit wir nicht von vornherein als »genormt« erscheinen, welche spezifische Literatur wird ausgewertet und welche Autoritäten der Wissenschaft werden zitiert, um gegenteilige Meinungen der Gesprächspartner widerlegen zu können. Mein Freund Baldur Wiebecke, heute Medizinprofessor in München, erinnerte mich nach meiner Übersiedlung lachend daran, wie hilflos Westdeutsche in der Regel unseren dialektisch-sophistischen Argumentationen ausgeliefert waren. »Weißt du noch, wie ihr uns damals einen nach dem anderen über den Tisch gezogen habt?« Das werden die Vertreter der Städtepartnerschaften später auch von sich sagen können, falls sie nicht gerade Daniels heißen.

Mitunter gab es Streitgespräche vor vollem Saal. Die eine Seite des Präsidiums besetzte der Osten, die andere Seite der Westen, und irgendein Neutraler fungierte als Schiedsrichter. Manchmal kam es bei den Debatten auch zu feindseligen Angriffen. Einmal stand ein älterer Herr wütend auf und schrie aus den vorderen Reihen des Saales zu uns hoch: »Berg, Sie, Sie, hätte ich Sie früher in meiner Korporation gehabt, ich hätte Sie zerhackt, zerhackt, zerhackt!« Am Tisch Schweigen, verlegenes Tuscheln: Provokation! Abbrechen! Ich erhob mich und ging nach vorn an den Rand der Bühne, fixierte den Betreffenden, es wurde völlig ruhig, man hätte eine Stecknadel fallen hören, und dann sagte ich leise: »Sie, Sie hätten mich zerhackt? Sie ...«, und dann wurde ich laut: »Sie wären als lausiger Prolet für mich Feudalen überhaupt nicht satisfaktionsfähig gewesen!« Das weitere Programm ging in Gelächter und einem fröhlichen Tumult unter.

In Hamburg erlebte ich unter der Moderation von Klaus Rainer Röhl, dem späteren Mann von Ulrike Meinhoff und »konkret«-Herausgeber, erbitterte Wortgefechte in der Studentenschaft, wobei die DDR-Vertreter, die vorn im Präsidium saßen, Leute des Zentralrats der FDJ übrigens, die sehr ungeschickt argumentierten und polterig auftraten, tätlich bedroht und bedrängt wurden. Ich zog einige der heftigsten Angriffe auf mich und hatte mit meinen Antworten die Lacher auf meiner Seite. Wütend kam der Zwischenruf: »Haben Sie eigentlich an Ihrer DDR überhaupt nichts auszusetzen?« »Doch, doch«, entgegnete ich, »ich muß schon kritisieren, in den letzten Wochen gab es nur ungenügend Zwiebeln und kein Toilettenpapier!« Damit war die Situation zugunsten der DDR gerettet: Immer die Wahrheit sagen!

Klaus Rainer Röhl hat in seinem Buch »Fünf Finger sind noch keine Faust« geschrieben: »Beiden Gruppen gemeinsam war eine anbiedernsche, scheinkritische Art der Berichterstattung über die DDR, oft humorig vorgetragen, die mich fatal an jene erste FDJ-Delegation erinnerte, die 1956 auf unsere Einladung Hamburg besuchte und deren Leiter, der heutige Stoph-Vertraute von Berg, auf die Frage ›Ja, haben Sie denn nicht irgend etwas an der DDR zu kritisieren?‹ geantwortet hatte: ›Doch, doch, in den letzten Monaten gab es bei uns einige Schwierigkeiten in der Zwiebelversorgung.‹

Feindseliges Verhalten in öffentlichen Veranstaltungen gab es nicht nur gegen DDR-Studenten. Volkskammerpräsident Dieckmann wurde in Marburg angepöbelt, als er Ende der fünfziger Jahre dort auf Einladung der Studentenschaften sprach. In Göttingen wurde der Intendant des dortigen Theaters Mitte der fünfziger Jahre beschimpft, weil er Stücke von Brecht auf die Bühne brachte. Die Atmosphäre im Umgang miteinander war vielfach kalt und feindselig. Wir verstanden das aus unserer Sicht oftmals überhaupt nicht, zumal auch unsere Freunde unter dieser Feindschaft zu leiden hatten: »Was glaubt ihr wohl, wie wir hier angesehen werden, weil wir mit Leuten wie euch überhaupt Umgang halten.«

Da die Partei meine Art der Argumentation mehr schätzte als das Verhalten manch anderer, beauftragte sie mich mit der Wahrnehmung internationaler Verbindungen. So nahm ich 1958 an einem Ski-camp in der Hohen Tatra teil und lernte eine Reihe führender Studentenvertreter aus mehreren westeuropäischen Ländern sowie die Vertreter des Internationalen Studentenbundes in Prag und des Weltjugendbundes in Budapest kennen – Verbindungen, die in meiner späteren staatlichen Arbeit als Leiter der Abteilung »Internationale Verbindungen« im Presseamt beim Vorsitzenden des Ministerrates recht nützlich waren. Als Student dachte man natürlich nicht an solche eigene Entwicklung, aber es war schon sehr lehrreich, im Camp zu hören, was einem in der geistigen Inzucht der DDR nicht zu Ohren kam.

Mein Zimmergefährte war ein leitender Mann aus dem Jugendverband Jugoslawiens, der in der engeren Umgebung von Präsident Tito tätig war. Damals lief die geistige Auseinandersetzung mit dem Bund der Kommunisten Jugoslawiens wegen dessen neuen Parteiprogramms in einer zweiten Phase, nachdem man sie früher seitens der Sowjets des Faschismus bezichtigt hatte, weil sie sich erlaubten, vom Recht der Völker auf Selbstbestimmung Gebrauch zu machen. Sie waren zum Kampf gegen die sowjetischen Aggressionsdrohungen entschlossen, und die Russen wagten es nicht, anzugreifen. Die Jugoslawen gaben, wie Finnland und Afghanistan, ein Beispiel mutigen Widerstandes, und sie setzen sich gegenüber Moskau durch. Die Sprache der bewaffneten Macht war und ist die einzige, die in Moskau verstanden wird. Bekanntlich haben die Pershings, hat die Nachrüstung der Nato die Russen an den Verhandlungstisch zurück- und zum INF-Abkommen gezwungen. Das darf für weitere Abrüstungserfolge des Westens nicht vergessen werden. Vor drei Jahren hatten die Sowjets ein INF-Abkommen strikt abgelehnt. Hier hat Gorbatschow wirklich Neues gebracht.

Ich wurde damals über interne Vorgänge in der jugoslawischen Partei informiert, die als erste kommunistische Partei jene Ideen weiter entwickelte, die später unter dem Begriff des Eurokommunismus bekannt wurden. Das war für meine geistige Weiterentwicklung entscheidend wichtig.

Unsere wechselseitigen Kontakte und Besuchsprogramme mit den Studenten aus der Bundesrepublik waren im Laufe der Jahre immer mehr durch den Zentralrat der FDJ koordiniert und kontrolliert worden. Mitte der fünfziger Jahre wurden inoffizielle Kontakte auf unterer Ebene untersagt, weil die Losung »Deutsche an einen Tisch« zu häufig zwar gesamtdeutsch, aber unter dem Tisch ende. Der Alkoholkonsum stand in keinem rechten Verhältnis zum politischen Ergebnis. Der Unterbindung persönlicher Kontakte diente auch eine massive Verleumdungskampagne gegen den Verband Deutscher Studentenschaften in der Bundesrepublik. Während einer Vorlesung im Jahre 1958 schob mir ein Kommilitone das »Forum«, die Zeitung der FDJ für Studenten und junge Intellektuelle, zu. Eine Stelle mit meinem Namen war rot angestrichen. Das »Forum« bezog sich auf eine eben veröffentlichte Dokumentation unserer Studentenkommission. Diese Broschüre in DIN-A5-Format zeigte blaugetönte Pflastersteine, auf denen sich das golden gefärbte Westgeld im Groschenformat abhob. Die Broschüre trug die Aufschrift: »Eine Dokumentation – Gesamtdeutsches Referat für Schüler und Studenten«. Diese Einrichtung befand sich in Berlin-Dahlem in der Wachtelstraße 20 und wurde als eine speziell gegen das Hochschulwesen der DDR gerichtete, raffiniert getarnte Agenten- und Spionagezentrale bezeichnet, deren Leiter Dietrich Spangenberg war. Als Geldgeber und eigentlicher Chef galt jedoch der »Spionageminister« Lemmer. Angeblich sollte dieses Referat Studenten der DDR für Agententätigkeit anwerben und über verschiedene Kanäle ideologi-

94

sche Zersetzungsarbeit an den Universitäten und Hochschulen der DDR organisieren. Als »Hauptagenten«, verantwortlich für diese verbrecherischen Umtriebe, als skrupellosen »Gangster« habe, so hieß es in dieser Broschüre, das Bonner Spionageministerium den aus der DDR stammenden Spangenberg angeworben.

Die 37. Ordentliche Delegiertenkonferenz des VDS hatte damals Spangenberg besondere Anerkennung für seine Tätigkeit ausgesprochen und eine Berufung in den Ehrenvorstand des VDS vorgeschlagen, da er für die Studenten in beiden deutschen Staaten viel geleistet habe. Der Angriff gegen ihn erfolgte in gehässiger und infamer Weise, angefangen mit persönlicher Verleumdung, fortgesetzt mit »fachlicher Unfähigkeit«, kurz: mit dem noch heute üblichen Stil der auch hierzulande sehr gut getarnten Panzerschrank-Kommunisten, die koordiniert das Gift der Desinformation verspritzen, vielfach anonym. Daran kann man sie erkennen.

Der Sud kam und kommt aus der Desinformationsabteilung des Staatssicherheitsdienstes der DDR. Spangenberg, der als Student auch für demokratische Positionen an der Ostberliner Universität aufgetreten war, wurde als »gekaufter Acht-Groschen-Junge« bezeichnet. Ihm wurde »verbrecherische Tätigkeit« angelastet – er habe zahlreiche Studenten der DDR für »imperialistische Spionageagenturen« angeworben und außerdem mit »abscheulichsten Methoden«, durch »Erpressung, Hetze und Verleumdung«, für die Abwerbung akademischer Kader aus der DDR gesorgt.

Spangenberg war damals Vorsitzender der SPD in Zehlendorf. Er war 1958 aus dem VDS ausgeschieden und wurde von Willy Brandt als Sonderbeauftragter eingesetzt. Außerdem leitete er auch die Landeszentrale für politische Bildung beim Senat in West-Berlin.

An der rot angestrichenen Stelle im »Forum« befand sich die Aussage eines in der DDR verurteilten Studenten, der behauptete, er habe einen schriftlichen Auftrag von einem Mann namens »Vogel« aus dem Gesamtdeutschen Referat für Schüler und Studenten erhalten. Auf einem Zettel seien eine Reihe von Personen aufgeführt worden, darunter auch ich, über die er Charakteristiken anfertigen sollte. Diese Aussage machte der besagte Student im Juli 1957; den Zettel wollte er 1954 bekommen haben. Ich hatte niemals Kontakt zu diesem Kommilitonen, bei dem es sich offensichtlich um einen Provokateur des SSD handelte. In seiner Aussage hieß es: »Weiterhin ist vor allem interessant, daß nicht die Frage der rein fachlichen Leistungen des genannten Personenkreises in erster Linie interessierte, sondern vor allem deren politische Einstellung und persönliche Eigenarten.« Das hat bis heute die Russen und die SSD-Ersatzrussen wahrlich immer besonders interessiert. Sie stülpen ihre Denkweise immer der anderen Seite über. Diese Charakteristiken seien vom VDS über dessen Gesamtdeutsches Referat an sämtliche »imperialistischen Geheimdienste« weitergeleitet worden. Sie sollten zur Diffamierung von unerwünschten Kontakten zwischen Studenten aus beiden deutschen Staaten benützt werden.

In Wirklichkeit diente diese ganze Kampagne dazu, die vom VDS und Spangenberg unternommenen Bemühungen um die Freilassung der aus politischen Gründen inhaftierten Studenten in der DDR zu konterkarieren, die bei den Studentenverbänden weltweit Beachtung gefunden hatten. In der DDR sollten Studenten äußerst mißtrauisch gegen persönliche Verbindungen zu ihren Kommilitonen in der Bundesrepublik gemacht werden. Die offiziellen Beziehungen hatten das Übergewicht zu erhalten. Beabsichtigt war, die FDJ als gleichberechtigten Partner ins Spiel zu bringen. Künftige Beziehungen sollten von den offiziellen Studentenverbänden auf beiden Seiten, also von den ASTAs und der FDJ, getragen und darüber hinaus vom VDS sanktioniert werden. Der Zentralrat strebte die Anerkennung der FDJ im studentischen Bereich an, wie man die Anerkennung der DDR im staatlichen Bereich forderte.

Da die Leipziger Studenten die meisten Erfahrungen bei Begegnungen mit westdeutschen Kommilitonen hatten und über die besten Verbindungen verfügten, erhielt ich den Auftrag, zwischen dem AStA Göttingen und der Hochschulgruppenleitung der FDJ in Leipzig eine offizielle Vereinbarung zustande zu bringen. Das dauerte etwa ein Jahr. Dann war es so weit, ich konnte nach Göttingen fahren und unterzeichnen. Unter anderem war vorgesehen, daß der Studentenaustausch auch finanzierungsmäßig über die Organisationen auf beiden Seiten zu laufen hatte. Meine Anmerkung, ein Demokrat und Ökonom solle es doch nicht nur aus der (Jacob) Kaiserlichen Schatulle nehmen, amüsierte meine westlichen Partner und ließ sie zustimmen.

Damit war die FDJ als Verhandlungspartner anerkannt. Bis dahin hatten sich die Allgemeinen Studentenausschüsse in der Bundesrepublik geweigert, mit der FDJ zu verhandeln, weil sie ihr vorwarfen, den AStA an den Hochschulen der DDR zerschlagen zu haben.

Als ich aus Göttingen an die Universität zurückkam, war der Teufel los. Ich wurde von allen Seiten geschnitten, alle wußten etwas, nur ich wußte von nichts. Dann wurde ich ins Sekretariat der Universitätsparteileitung vorgeladen. Dort musterte mich Böhme kurz und erklärte: »Also, du wirst exmatrikuliert und aus der Partei ausgeschlossen.« Ich traute meinen Ohren nicht und fragte: »Kann ich erfahren warum?« – »Du hast entgegen der Weisung der Partei und entgegen der Weisung der FDJ eine feindliche Aktion gegen die Universität und eine Provokation gegen die DDR organisiert.« – »Ach, und was denn noch?« – »Wo ist der Wisch, den du in Göttingen unterschrieben hast?« – »Das Papier habe ich mit der Post nach Berlin geschickt.« – »Dann fährst du sofort dorthin und regelst das mit dem dortigen Genossen.« Ich fuhr nach Berlin. Dies war meine zweite Erfahrung mit dem Wachsamkeits-Verfolgungswahn der SED.

Der Staatssekretär im Hochschulwesen schickte mir einen Beauftragten, der sich bei mir genau erkundigen sollte, was in Göttingen gelaufen wäre. Im Zentralrat der FDJ leugnete der zuständige Abteilungsleiter, der mir am Freitag das Fahrgeld gegeben hatte, am Montag, etwas von der Reise gewußt zu haben. Ich verließ die Universität und fuhr nach Hause. Dort setzte ich mich hin und rekonstruierte aus dem Gedächtnis, was im letzten Jahr auf gesamtdeutschem Gebiet gelaufen war. Ich prüfte jeden Termin, jede Besprechung in der zentralen Hochschulgruppenleitung, jede finanzielle Auslage. Ich verwies auf gemeinsame Sitzungen, die neben den Gesprächen unter vier Augen stattgefunden hatten, und beschwerte mich im Zentralkomitee bei der Kaderabteilung über die Genossen im Zentralrat der FDJ.

Drei Monate blieb ich völlig im ungewissen. Ich konnte mich an meinem Institut nirgendwo mehr sehen lassen. Ich war absolut isoliert, abgestempelt als Verräter, Provokateur, Agent. Noch schwebte das Parteiverfahren. Den Vorschlag einiger Kommilitonen, in den Westen zu gehen, wies ich zurück: Mit meinen sozialistischen Freunden in der Bundesrepublik war ich der Ansicht, die DDR sei eine Hoffnung für unser Land, sie brauche Zeit zur Entwicklung. »Was soll aus diesem Staat werden«, hatten Jungsozialisten zu mir gesagt, »wenn alle Vernünftigen weggehen?«

Nach drei Monaten kam die Entscheidung aus Berlin, aber sie erfolgte erst, nachdem Volkskammerpräsident Dieckmann mit Walter Ulbricht gesprochen hatte. Ich wurde nicht exmatrikuliert. Das Ganze war ein »Versehen«, und ich wurde auch nicht aus der Partei ausgeschlossen. Erst 20 Jahre später erfuhr ich die Hintergründe. Als ich Aspirant an der ZK-Akademie war, sagte mir der ehemalige Leipziger Parteisekretär Heinke: »Du, hör mal, ich habe dich im Fernsehen gesehen, deinen Auftritt da in Kassel mit dem Stoph. Ich wußte gar nicht, was du für wichtige Arbeiten machst. Ich dachte, du bist hier Aspirant. In Wirklichkeit treibst du dich mit dem Ministerpräsidenten dort rum. Du sollst das auch vorbereitet haben?« Ich schwieg.

Daraufhin fuhr er fort: »Ich muß dir Abbitte leisten. Ich habe dich immer für ein Schwein gehalten. Du erinnerst dich doch noch an die Zeit in Leipzig, als wir dich feuern wollten?« – »Ja, und?« – »Ich erzähle dir mal, wie das kam: An diesem Montag war Ulbricht in der Bezirksleitung; er hatte da übernachtet, und früh hat er die Westpresse bekommen, und in der Westpresse stand doch eine Masse Zeugs über diese Vereinbarung, die du da mit denen abgeschlossen hattest, also so ungefähr: Nun haben es endlich mutige Studenten wieder gewagt, nachdem nach den Ungarn-Ereignissen alles abgewürgt worden war, einen Studentenaustausch zu vereinbaren, und so ähnlich.« – »Das hat die Westpresse geschrieben, nicht ich.« – »Ja, aber Ulbricht ließ den Ersten Sekretär rufen und fragte: ›Was ist das für ein Studentenaustausch?‹ Der Ulbricht hat gedacht, es handele sich um eine gesetzwidrige Aktion, um einen Stipendiatenaustausch, der da vereinbart sei, und der Erste Sekretär der Bezirksleitung wußte überhaupt nichts.« – »Aber das konnte der noch nicht gewußt haben, weil ihm noch gar nicht Bericht erstattet worden war vom Zentralrat.« – »Ja, richtig, so war das. Also, Ulbricht hat den Bezirkssekretär gehörig angeschissen an Ort und Stelle und hat gesagt: ›Wer macht hier bei euch die Politik? Diese Studenten, oder die Partei?‹

Das Mißverständnis hatte genügt, um den ganzen Apparat gegen dich aufzubringen. Und als deine speziellen Freunde im Zentralrat gehört haben, daß Ulbricht sauer auf diese Sache sei, ohne daß sie wußten, daß es sich um ein Mißverständnis handelte, haben sie schriftlich erklärt, sie wüßten von nichts. Daraufhin hat dein Abteilungschef, der Findeisen dort, auch gesagt, er weiß von nichts. So ist das gekommen. Ich bitte dich noch heute um Entschuldigung.« Na, wie schön. Nach 20 Jahren. Der Gang auch moralischer Rehabilitierungen im Osten ist sagenhaft.

Ich erzähle das, weil es die Mentalität typischer Apparatschiks zeigt. Es geht diesen Typen nie um die Sache, es geht immer um das eigene Fell, das zu retten ist. In Wirklichkeit hatte ich für die FDJ einen großen Erfolg erzielt, und das Ergebnis war, daß ich wegen eines Mißverständnisses von der Universität gefeuert und aus dem Jugendverband wie der Partei ausgeschlossen werden sollte. Typisch war, daß man im Apparat zwar bis an die Spitze vordringen und sich beschweren konnte, nur wurde nichts entschieden, kein Apparatschik stellte Dinge vor den Spitzenfunktionären richtig. Erst durch die Intervention des Volkskammerpräsidenten bei Ulbricht wurde ich rehabilitiert. Ein Menschenschicksal zählt in diesem Apparat überhaupt nichts. Das Verhalten der Apparatschiks ist dem Statut und dem Programm der Partei genau entgegengesetzt. Statut und Programm sind gültig für alle, nur der gleichgesinnte Bund der Gleichen hat halt etliche, die gleicher sind als gleich. Sie haben die Macht und mißbrauchen sie auch.

In diesen drei Monaten, in denen ich von allen isoliert war, erhielt ich auch die Mitteilung, daß meine Teilnahme an einer Reise in das China Mao Tse-tungs gestrichen sei. Die DDR-Delegation habe auf mich verzichtet und ein anderes Mitglied des Nationalen Studentenkomitees an meiner Stelle zur Teilnahme am Kongreß eingesetzt.

Als die FDJ-Delegation aus Peking von diesem internationalen Kongreß zurückflog, explodierte die sowjetische Maschine über der Wüste Gobi. Es überlebten zwei: Berg, der nicht mitgeflogen war, und mein Freund Kurt Vogel vom Internationalen Studentenbund, der von Peking aus nach Indien weitergereist war und nun seit vielen Jahren als Sekretär des Journalistenverbandes der DDR arbeitet. Ums Leben kam leider auch eine der hübschesten und sympathischsten Frauen unseres Instituts, die Verlobte eines damaligen Studienfreundes, der heute beauftragt ist, besondere Kontakte zu den Enkeln Willy Brandts zu pflegen, die er launig als »Spezialdemokraten« und »potentielle Grotewohls« tituliert. Seine Verlobte war an meiner Stelle für die Delegation bestimmt worden. Sicher wäre über diesen Unglücksfall nichts zu erfahren gewesen, weil in jenen Jahren so etwas grundsätzlich verschwiegen wurde, denn die sowjetische Luftfahrt ist todsicher der kapitalistischen überlegen, wenn nicht die gesamte Delegation der Freien Deutschen Jugend davon betroffen gewesen wäre.

Wahrscheinlich wurde ich in Leipzig auch deshalb so unkorrekt behandelt, weil ich schon vor diesem Konflikt mit der zentralen Parteileitung öfter Zusammenstöße hatte. Der dortige Böhme war einer der engstirnigsten Apparatschiks, denen ich jemals begegnet bin. Obwohl ich mit Präsident Dieckmann und anderen führenden Persönlichkeiten in Berlin ein klares Konzept über bestimmte studentische Aktivitäten abgesprochen hatte und dieses Konzept gebilligt worden war, verhinderte Böhme dessen Realisierung. Er war der Meinung, es wäre an der Zeit, die studentischen Kontakte auf freundschaftlicher Basis, wie sie sich zwischen uns und Vertretern der bundesdeutschen Studenten entwickelt hatten, zu beenden. Wie wohl muß diesem Böhme heute sein, wenn er als Gast der SPD Nordrhein-Westfalen im Hubschrauber überfliegen darf und Vereinbarungen treffen kann, seinen rückständigen Hochschulbetrieb in der DDR auf Westniveau zu bringen.

Böhme bin ich später noch öfter begegnet. Er machte Karriere, wurde ZK-Mitglied und Minister, nachdem er als Staatssekretär seine stellvertretende Ministerin und den amtierenden Minister bei Ulbricht schmutzig denunziert hatte, wobei es sich um rein private Angelegenheiten handelte. Gegen diesen Böhme hatte ich in Leipzig noch eine unangenehme Sache auszustehen. Während meiner Zeit in der Armee hatte eines Tages beim Waffenreinigen ein Schwadroneur erzählt, welche Eindrücke er bei seiner Arbeit auf der Leipziger Messe gewonnen hatte. Dabei fiel auch der Name meines Freundes Fritz Dieckmann in ehrenrührigen Zusammenhängen. Nach dem Dienst nahm ich den Burschen, der später eine hohe Funktion im Zentralrat der FDJ übernahm, beiseite und sagte: »Hör mal, was du da erzählt hast, wirst du korrigieren. Bei nächster Gelegenheit wirst du sagen, daß du heute geschwätzt und geflunkert hast. Ich sage dir genau, Fritz war mit der Chefsekretärin seines Vaters auf der Messe, aber das war rein dienstlich. Stell dir vor, deine Story hängt einer am Namen des Volkskammerpräsidenten auf, was das für einen politischen Ärger gibt.«

Der Knabe war ziemlich erschrocken und versicherte mir hoch und heilig, die Sache in Ordnung zu bringen, hatte aber nicht den Mut dazu. Zu Beginn des Semesters forderte ich ihn noch einmal dazu auf, bevor das Geschwätz Kreise zog. Ich informierte meinen Freund, der völlig aufgebracht und fassungslos, vor Wut zitternd, sich alles anhörte. Für eine Bereinigung unter vier Augen war es aber bereits zu spät. Der Kommilitone kniff wieder.

Eines Tages wurde ich zu einem tobenden Institutsdirektor bestellt, der mir im Beisein des Parteisekretärs sagte: »Böhme hat angerufen, er ist vom ZK benachrichtigt worden, Dieckmann werde von unserem Institut verleumdet und du habest da deine Finger im Spiel! Ausgerechnet du, von dir hätten wir das nicht erwartet! Du hast die größte Menschenerfahrung von all unseren Studenten. Warum beurteilst du einen extrem politischen Vorgang so falsch?«

Sie waren völlig aufgebracht. Ich verstand überhaupt nichts mehr und sagte: »Ich wollte das ja gerade verhindern, daß der Präsident von der Sache erfährt.« – »Stell dir vor«, sagte Professor Mosler, »der alte Dieckmann beschwert sich bei Ulbricht über unsere Studenten! Was dann los ist! Wie die uns überprüfen werden!« Kann die Angst vor einer Brigade des ZK mit der des Torwarts vor einem Elfmeter verglichen werden?

Die ganze Affäre ging damit zu Ende, daß der Volkskammerpräsident die betroffenen Studenten und die Leitung des Instituts einlud, mit ihm eines Abends im Hotel Astoria über den Vorfall zu sprechen. Vorher speiste ich vorzüglich mit ihm und meinem Freund, hatte aber wegen der ganzen Situation ein mulmiges Gefühl im Magen. Dann waren Fritz und ich ausgeschlossen, während Vater Dieckmann mit den Leitern meines Institutes und dem Verleumder verhandelte. Sie befürchteten natürlich, wie dies bei Parteibonzen aus dem ZK üblich war, zur Rechenschaft gezogen zu werden, und waren dann total verblüfft, wie leger, locker und sachlich sich der liberale Dieckmann mit ihnen unterhielt und einige Bemerkungen wegen des nicht angebrachten, unehrenhaften Verhaltens des jungen Burschen machte.

Dann wurde ich mit Fritz dazugerufen und bekam einen Anpfiff vom Parteisekretär meines Instituts und vom Direktor, die nun vor dem Präsidenten noch einmal klarstellten, daß sie den Kommilitonen Berg überhaupt nicht verstünden, daß der nicht sofort an Ort und Stelle eingeschritten sei und das üble Geschwätz unterbunden habe. Meine ursprüngliche Absicht, die Sache ganz unter uns Studenten zu belassen, wurde damit endgültig ins Gegenteil verkehrt. Beruhigend sagte der Präsident: »Nun, nun, reißen Sie ihrem Berg nicht gleich den Kopf ab, falls er einen Fehler gemacht haben sollte!« Als wir nach der Besprechung noch eine Flasche Wein zusammen tranken, fragte Fritz seinen Vater, wie er das Verhältnis zwischen ihm und mir dargestellt habe. »Na, ganz einfach«, sagte dieser, »ich habe das auf eine ideologische Grundlage gehoben. Ich habe gesagt, Berg ist von seiner sozialen Herkunft, vom politischen Werdegang, charakterlich und von der fachlichen Leistung einwandfrei, und ein solcher kann natürlich auf einen Sprößling, wie ich ihn habe, nur eine positive Auswirkung haben.« Wir lachten Tränen, aber aus der Position des liberalen Blockpolitikers war es wohl notwendig, vor SED-Leuten den Umgang seines Sohnes so zu erklären.

Ich strapazierte in meinen Studentenjahren die Autorität des Volkskammerpräsidenten noch mehrfach. Er war mir behilflich – und ich ihm – bestimmte Diskrepanzen, die sich zwischen ihm und dem Verband Deutscher Studentenschaften wegen Häftlingsentlassungen ergeben hatten, beizulegen. Dabei erwies es sich als hilfreich, daß ich mit dem damaligen VDS-Vorsitzenden befreundet war.

Der Präsident versuchte auch auf eine Bitte, die ich im Auftrag des Volkschores meines Heimatdorfes vorgetragen hatte, den kleinen Grenzverkehr an der südthüringisch-oberfränkischen Grenze zu eröffnen. Damals war es immerhin noch möglich, daß sich die Menschen aus einem früher gemeinsamen Kirchspiel wechselseitig besuchen konnten. Allerdings mußten sie dabei große Umwege in Kauf nehmen. Eine Sperrzone mit totalem Besuchsverbot gab es damals noch nicht. Sieben Jahre vor dem ersten Passierscheinabkommen gab es bereits diese Forderung nach Einführung des kleinen Grenzverkehrs.

Es waren Männer aus dem Volk, die den Vorschlag machten, Freunde meines Vaters, die Handwerksmeister Ludwig Friedrich und Arno Hummel. Mein Lehrer Gerhard Brückner stellte den Vorschlag im Volkschor öffentlich zur Diskussion, und ich schrieb an Dieckmann. Damals gab es dafür noch nicht den modischen Begriff der »Bürgerinitiative«. Mein Freund Fritz besuchte mich deshalb daheim, und wir schlenderten gemächlich an die Grenze zum Nachbarort, wo der Grenzübergang eröffnet werden sollte. Am Schlagbaum blieben wir stehen. Keuchend hetzte ein Grenzsoldat heran, die Maschinenpistole im Anschlag. Der Mann war so aufgeregt, daß wir kein Wort mit ihm wechseln konnten. Er führte uns ab und sperrte uns in den Keller der Truppe. Wir amüsierten uns, bis ein Offizier kam, um uns zu vernehmen. Er kontrollierte die Ausweise, fragte Fritz: »Sind Sie der Sohn des Volkskammerpräsidenten?« Fritz nickte. Der Oberleutnant sprang auf, nahm Haltung an, entschuldigte sich – so eine »Haft« wünschte ich jedem.

Ich nahm die Hilfe des Präsidenten auch in Anspruch, um einige soziale Ungerechtigkeiten zu beseitigen, als man Bauern berechtigte Ansprüche an den Staat vorenthielt, die aus Erbverträgen resultierten. Ich war empört und hatte darüber mit meinen Freunden an der juristischen Fakultät ein langes Gespräch geführt. So, bestens gewappnet, hatte ich daheim mit den Behörden gesprochen, mit Vertretern des Kreises, auch mit der Partei, aber überall hörte ich, man werde diesen Bauern nichts auszahlen, da die Erbverträge noch aus der Zeit des Nationalsozialismus stammten, und »Hitler-Schulden übernehmen wir nicht«, hieß es demagogisch.

Das war zu einer Zeit, als die DDR international noch nicht anerkannt war. Später hat sich dieser Rechtsstandpunkt schnell gewandelt, denn schließlich hatte das Deutsche Reich nicht nur Schulden, sondern auch Guthaben hinterlassen, und auf Guthaben erhob man natürlich seitens der DDR von vornherein Anspruch. Die sowjetische Rechtsunsicherheit, heute von Gorbatschow angeprangert, hatten die deutschen Kommunisten kopiert.

Ich erlebte im Dienstzimmer des Präsidenten, wie er sich mit dem zuständigen Landrat verbinden ließ und freundlich sagte: »Herr Kollege, ich höre, daß einer Ihrer Mitarbeiter in der Sache X politisch im Sinne der Bündnisfrage falsch entschieden hat. Könnten Sie das bitte korrigieren lassen?« Na selbstverständlich, Recht muß doch Recht bleiben!

Bei ähnlichen Vorgängen stand mir auch Heinz Wolfram Mascher bei, ein Freund aus der Volkskammer, ein CDU-Abgeordneter und Rechtsanwalt, dessen späteres Schicksal mich sehr bedrückt hat. Er wurde, obwohl Abgeordneter der Volkskammer, ohne daß, wie ich von Dieckmann wußte, seine Immunität aufgehoben war, über Nacht vom SSD verhaftet, unter falschen Anschuldigungen inhaftiert, zu langjähriger Haftstrafe verurteilt und später, nach Jahren, unauffällig rehabilitiert und entlassen.

Heinz Wolfram war ein Mann, der in seiner eigenen christlichen Partei, der CDU, dauernd verdächtigt und verleumdet wurde, weil er nicht bereit war, die Beziehungen zu seinen engsten Angehörigen aufzugeben, die aus persönlichen Gründen in West-Berlin lebten, sondern sich, ganz im Gegenteil, fürsorglich um die dortigen kranken Familienangehörigen kümmerte. Das Ergebnis war die übliche Agentenstory, mit der man seine fachliche und politische Existenz ruinierte. Als Wiedergutmachung bekam er später irgendeinen politisch und gesellschaftlich bedeutungslosen Posten in der Konsumgenossenschaft der DDR als Rechtsberater – obwohl er zu den wenigen gehörte, die überhaupt Geist, Verstand und Wissen genug besaßen, um in diesen frühen Jahren, als es noch keine offizielle Anerkennung der DDR gab, diese im Ausland zu vertreten, so wie das Dieckmann, der »Bürgerliche«, auch konnte. Ohne ihn hätte z. B. die DDR nie Verbindung zu Nehru bekommen, lange vor der Anerkennung. Persönliche Sympathie ersetzte damals diplomatische Verbindungen.

Mein Studium näherte sich im Juni 1959 dem Ende. Es gab eine Reihe von Kadergesprächen über die Möglichkeiten meines späteren Berufes. Ich stellte mich auf Empfehlung des Präsidenten dem Vorsitzenden des Außenpolitischen Ausschusses der Volkskammer, Peter Florin, vor, der zugleich Leiter der Abteilung Außenpolitik im Zentralkomitee der SED war. Heute ist er stellvertretender Außenminister und hat die DDR lange in den Vereinten Nationen vertreten. Florin lernte ich als einen hochgebildeten, sehr ausgewogen urteilenden, ruhigen, sachlichen, angenehm selbstsicheren Mann kennen. Sein Vater gehörte zu den Mitbegründern der KPD und war während der Emigration in der Sowjetunion nicht den »Säuberungen« zum Opfer gefallen, sondern eines natürlichen Todes gestorben. Florin machte mir drei Angebote. Eines betraf die Übernahme eines Büros, das räumlich gegenüber der sowjetischen Botschaft angesiedelt war. Es hatte einen sehr langen Namen, in dem irgend etwas von Frieden und Völkerverständigung vorkam. Der Leiter war ein Dr. Eberlein. Dieses Büro unterhielt Kontakte zum Westen, um außenpolitische, außenwirtschaftliche und konsularische Funktionen auszuüben, die offiziell noch nicht möglich waren. Zum Glück zerschlug sich mein Einsatz dort, denn im September reiste Herr Dr. Eberlein mitsamt Mercedes und allen Unterlagen des Büros nach

West-Berlin aus. Ich wäre dort nach der Auseinandersetzung wegen der Abmachung mit dem VDS gleich wieder in Teufels Küche gekommen. Das Büro wurde aufgelöst.

Es gab noch einige Gespräche im Zentralrat der FDJ, da die mich zum Internationalen Studentenbund nach Prag schicken wollten. Die letzte Instanz war das Staatssekretariat für das Hoch- und Fachschulwesen. Dort amtierte als Staatssekretär Dr. Wilhelm Girnus, ein Mann, der sich im Gegensatz zu den späteren Nachfolgern in ministeriellen Würden noch große Mühe gab, durch eigene geistige Leistung nachzuweisen, daß er den Professorentitel zu Recht zu erwerben gedachte. Das Hin und Her wurde dann Mitte August beendet, als ich ein Schreiben des Staatssekretariats erhielt, in dem man mir mitteilte, daß nach bislang getroffenen Absprachen mein Einsatz dort erfolgen würde.

Zum Ende meines Studiums gab es noch einen kleinen Skandal in meiner Seminargruppe. Meine Kommilitonen hatten mir voreilig in der Presse zu einem »Sonderdiplom« mit der Note »ausgezeichnet« gratuliert, weil sie von der Prüfungsordnung her davon ausgegangen waren, mir müsse dieses Prädikat zugestanden werden, da ich in allen Disziplinen mit »sehr gut« abgeschlossen hatte. Ich aber erhielt den Gesamtabschluß »sehr gut«. Den Streit, den meine Seminargruppe deshalb anfangen wollte, bog ich ab.

Schließlich sind Zensuren Ermessensentscheidungen eines Lehrkörpers, und ich wußte, daß ich aufgrund meiner gespannten Beziehung zum zweiten Mann in der Universitätsparteileitung nicht auf korrekte Behandlung rechnen konnte. An der Universität hatte ich noch das zweifelhafte Vergnügen, die Abschlußrede für die Diplomanden an den zerstrittenen Lehrkörper und den Rest der anwesenden Studenten richten zu dürfen, was als hohe Ehre galt, dann war für mich das Kapitel Studium beendet.

Ich verabschiedete mich von meinen Freunden, fuhr ins Armeelager, von dort noch einmal kurz nach Hause und war dann ab September 1959 als Hauptreferent in Berlin Mitarbeiter des Staatssekretariats. Die vorgelagerten Stufen der Bürokratie übersprang ich aus »kaderpolitischen Gründen« – schließlich hatte ich einige Jahre Parteiarbeit hinter mir.

Kapitel II

Lehre, Forschung und Wissenschaftspolitik in Ost-Berlin und in der DDR

Meine ersten Erfahrungen im Unterrichten hatte ich während meines pädagogisch-naturwissenschaftlichen Lehrer-Fernstudiums in der Zeit vor dem Universitätsstudium im Bereich der Volksbildung gemacht. Damals wie heute gibt es keinen leitenden Funktionär, der nicht neben seiner Arbeit eine Qualifizierung, in der Regel im Fern- oder Zusatz-Studium, zu absolvieren gehabt hätte. Während des Studiums hatte ich aus familiären Gründen zwei Semester ausgesetzt und so den Fachschulbetrieb kennengelernt. Dabei konnte ich dank der Unterstützung hilfsbereiter Kollegen der verschiedensten Fachrichtungen beobachten, wie sowohl die ökonomischen Theorien als auch die moderne Technik Einzug in die kollektivierte Landwirtschaft der DDR hielten. Das waren Erfahrungen, die mir später auch in anderen Lehrzusammenhängen sehr zugute kamen. Für einen Lehrer ist es schon wesentlich, ob er nur aus Büchern schöpft und von seinen Praktika zehrt oder ob er dort, wo es wichtig für ihn ist, in Industrie wie Landwirtschaft, selbst detailliert mit den Arbeitsprozessen in Berührung kommt. Die auch in der Erwachsenenbildung wichtige Anschaulichkeit und Lebensnähe bei der Vermittlung des Stoffes ist so am ehesten zu erreichen.

Nach dem Studium sah ich im zuständigen Staatssekretariat nun alles aus der Sicht der Obrigkeit. Ich lernte an Ort und Stelle den Leerlauf einer Bürokratie kennen, in welcher in der Regel Kollegen saßen, die weder wissenschaftlich noch pädagogisch sonderlich gebildet waren, dafür aber auf der Parteileiter Karriere gemacht hatten und nun aus politischen Gründen in zentralen Regierungspositionen nisteten. Zum Glück hatte ich im Sektorenleiter Engelstädter einen klugen, feinnervigen Chef. Am meisten amüsierte mich dort ein sehr sympathischer Kollege, der, erheblich älter als ich, mich begrüßte: »Wir zwei arbeiten jetzt zusammen. Ich heiße Willy, und eines sage ich dir gleich, Genosse, falls dir hintenherum meine sogenannte sozialdemokratische Vergangenheit zugetragen wird: Ich bin seinerzeit nur auf Weisung des Genossen Mückenberger in die

SPD eingetreten; nicht daß du denkst, du hast hier einen windelweichen, lahmarschigen Sozi vor dir.«
Nun, damit berichtete er mir nichts Neues. Wer war nicht von der
SED in die Bauernpartei, in die Nationaldemokratische Partei, in die
Liberaldemokratische Partei und selbst in die CDU delegiert worden, um Mitglied oder sogar Vorsitzender zu werden? Die Unter-
wanderung nach dem Prinzip »Kader entscheiden alles« galt auch
für die »Parteipfarrer« an den theologischen Fakultäten. Das war
schließlich ein uraltes Prinzip der Komintern. Wie man in der Bundesrepublik und in der DDR heute sieht, zahlt sich das politisch aus.
In den ersten Tagen nervte Willy mich mit dem, was er seine »Weiber-
geschichten« nannte, und setzte sich als »Hauptstädter« vor dem
Provinzler in Pose. Ich reagierte zunächst nicht. Als er mich jedoch
im Beisein netter Kolleginnen herausforderte, entgegnete ich
freundlich: »Weißt du, Willy, alle Invaliden reden am liebsten vom
Krieg.« Von da an kam ich gut mit ihm aus.
Meine erste politische Erfahrung hatte ich mit diesem freundlichen
Nicht-Sozi bei einer Dienstreise nach Ungarn. Die DDR ließ damals auch dort Medizinstudenten ausbilden, um den Ärztemangel
zu beheben, der durch die Republikflucht in manchen Gegenden katastrophale Ausmaße anzunehmen drohte. Wir sollten Beschwerden
nachgehen, die von unseren Studenten immer wieder erhoben wurden. An Ort und Stelle stellten wir fest, daß eine ungeheure Schlampigkeit herrschte. Das Internat war kaum bewohnbar. Die Decken
für die Betten waren verdreckt, die hygienischen Zustände in der
Küche spotteten jeder Beschreibung, ebenso die Sanitäranlagen. Vor
allem aber waren die versprochenen Lehrbücher nicht geliefert worden, und der Unterricht wurde auch nicht, wie zugesagt, von Dozenten abgehalten, die der deutschen Sprache mächtig waren. Kurz,
es war unvorstellbar, daß ein junger Mensch unter diesen Umständen sein Studium bis zum Physikum erfolgreich bewältigen konnte.
Nun berieten Willy und ich, was wir tun sollten. Er zuckte hilflos
die Achseln und sagte: »Daheim wüßte ich, was ich machen würde,
da ginge ich zum Parteisekretär und fragte, ob man's so oder so
macht, damit ich Rückendeckung hätte, aber was machen wir hier?«
Ich berief mich auf meinen Dienstreiseauftrag und erklärte ihn zu
meinem Begleiter. Statt uns an die Botschaft der DDR oder an den
Weltbund der demokratischen Jugend zu wenden, in dem als Beauf-

tragter der FDJ der spätere ZK-Sekretär und für die Nachfolge Honeckers vorgesehene Lamberz saß, schickte ich unter Umgehung des Dienstweges ein Telegramm an Staatssekretär Girnus nach Berlin, in dem ich über die skandalösen Zustände berichtete. Dann fuhren wir ins ungarische Außenministerium, wurden dort freundlich empfangen, und ich erzählte – ungeübt in diplomatischen Umgangsformen – einem Abteilungsleiter rückhaltlos die Wahrheit. Der Ungar verfärbte sich mehrfach, schnappte nach Luft, blieb aber trotzdem höflich. Nachdem er uns versprochen hatte, sich mit dem zuständigen Fachministerium zu verständigen, verabschiedeten wir uns. Anschließend gingen wir noch zu den für die Hochschulausbildung zuständigen ungarischen Genossen.

Als wir nach Berlin zurückkamen, wurden wir sofort zur zentralen Parteileitung bestellt. Der damalige Parteisekretär Bernhardt, der sich bei der Umbildung des Staatssekretariats in ein Ministerium mit Hilfe seines Duzfreundes und Saufkumpans in der Kaderleitung zum stellvertretenden Minister hochkatapultierte, tobte, daß er die Verantwortlichen im Haus, die ihn bisher falsch informiert hätten, durch Parteiverfahren zur Rechenschaft ziehen würde und für Abänderung dieser unerträglichen Zustände sorgen werde, welche die Studenten in Ungarn mehr gegen uns aufbrächten, als wenn man sie an der Freien Universität in Westberlin unterrichten ließe. Wir beide wurden gelobt.

Danach gingen Willy und ich ins halbzerbombte Adlon – damals verziert durch eine jahrelang defekte, aber zutreffende Leuchtreklame »Hotel mit Rest« ...« – essen, und Willy meinte, er wäre sehr viel vorsichtiger gewesen und hätte sich nicht so angelegt, worauf ich ihm lachend entgegenhielt: »Das haben eben die alten, windelweichen Sozis so an sich, schon Marx hat sie ›schwammig‹ genannt ...« Er verschluckte sich vor Ärger: »Also bitte, hier verstehe ich keinen Spaß, ich bin im Auftrage des Genossen ..!« – »... Mükkenberger, und so weiter, nicht?« provozierte ich ihn. »Bruder, du bist doch kein ehrenwerter Bolschewik, mir mußt du doch nichts vormachen, gesteh's, man hat vergessen, dich zu entlarven.«

Fünf Tage später war uns das Lachen vergangen. In einer vom ZK, Abteilung Wissenschaften einberufenen Versammlung wurde unter Vorsitz des noch heute als Chef amtierenden Hörnig festgestellt, daß zwei Mitarbeiter des Staatssekretariats ihre Kompetenzen überschritten, eigenmächtig gehandelt, die deutsch-ungarische Freundschaft schwer gestört, einen miserablen Eindruck beim Weltbund der demokratischen Jugend und bei der DDR-Botschaft hinterlassen hätten etc. Der sachliche Hintergrund des Vorfalls stand überhaupt nicht zur Diskussion. Natürlich vertraten jetzt auch Bernhardt und die ganze Leitung des Hauses den Standpunkt des ZK. Mir wurde nicht einmal die Möglichkeit gegeben, mich gegen Hörnigs Darstellung zu wehren, die absolut falsch war. Ich meldete mich mehrfach zu Wort, durfte aber nicht sprechen. Skandale müssen so intern wie möglich bleiben. Das war ein glatter Bruch des Parteistatuts und der Arbeitsordnung, aber wer vom ZK kam, hatte von vornherein recht: so wie die Partei, und das Heer der maßgeblichen Apparatschiks ist die Partei. Ein Abteilungsleiter im ZK ist schließlich ein gewähltes Mitglied, rechte Hand seines Sekretärs, Hager heißt der.

Am nächsten Tag wurde mir unter vier Augen von meinem Sektorenleiter erklärt, wie die Dinge in Berlin laufen, und wie man sich anzupassen habe, wenn man überleben wolle. Besonders unbeliebt hatte ich mich bei der Genossin im Haus gemacht, die die Verantwortung für die Vorgänge in Ungarn trug. Sie war bei ihren Dienstreisen in Budapest offensichtlich vor allem ihren privaten Neigungen nachgegangen. Diese Frau verbündete sich nun mit Lamberz, mit dem ich dann ein halbes Jahr in Fehde lag, weil er penetrant forderte, ich solle mich auf dem Dienstwege über den Zentralrat wegen Mißachtung des Jugendverbandes, d. h. seiner Person, bei ihm entschuldigen. Ich schrieb zurück, er möge sich bei mir und bei den Medizinstudenten dafür entschuldigen, daß er die miserablen Zustände hingenommen habe, ohne etwas zu ändern. Seitdem hatte ich einen Feind mehr in der Spitzenriege der FDJ, was nach der Ablösung Ulbrichts für mich noch recht bedeutsam werden sollte. Auch die diplomatische Vertretung zeigte sich pikiert. Wie die Mißstände in der Auslandsausbildung eintreten und geduldet werden konnten, war dagegen zweitrangig. Für mich brach eine Welt weitgehend zusammen. War dies das Niveau der Parteiführung, denn Hörnig sprach ja im Auftrag des Sekretärs? Saßen nicht da die eigentlichen Saboteure, von denen unentwegt die Rede war?

Meine anderen Einblicke in den Bereich der Universitäten und Hochschulen waren nicht weniger deprimierend. Die Mitarbeiter im Haus, die Rektoren, die Fachschuldirektoren, alle waren sie Opfer eines Systems, das genau vorschrieb, was zu unterrichten war und was nicht, was geforscht werden durfte und was nicht; das genau reglementierte, welche Erziehungsziele und welche Methoden einzusetzen waren, das schärfste Kontrolle über die politische Zuverlässigkeit der Kader ausübte, der Lehrkräfte wie Studenten, aber viel zuwenig auf fachliche Leistung und vor allem Spitzenleistung sah, obwohl die Einheit der fachlichen und politischen Erziehung und Bildung dauernd gefordert wurde. Aber aufgrund der Tatsache, daß an den Schaltstellen der Macht wie in der zentralen Führung des Hochschulwesens im ZK nur engstirnige Funktionäre saßen, die von fachlichen Problemen keine Ahnung hatten, konnten diese natürlich auch nicht bewältigt werden. Der Parteischulabschluß entschied, nicht das Können und Wissen von Fachleuten. Der Partei- und Staatsapparat reproduziert sich an den Schaltstellen der Macht aus der Parteiinzucht, den Parteischulen von unten bis oben. Es ist in der DDR wie bei den Russen: Intelligenz wird massenhaft herangezogen, aber deren Qualität ist in der Regel mittelmäßig. Die fehlenden Spitzenleistungen werden dauernd beklagt, seit Jahren, aber es ändert sich nichts.

Ich bekam in dieser Zeit wegen einer zu treffenden Entscheidung auch die Kaderakte von Ernst Bloch auf meinen Schreibtisch. Beim Durchsehen verstand ich, warum er mich in Leipzig gefragt hatte, ob ich »Landstreicher der Wissenschaft« werden wolle. Er gehörte zu den wirklich Gebeutelten, Verfolgten und Geschundenen, die fast ihr Leben lang in der Welt herumirrten und deren höchste Weisheit am Ende die Vorsicht war. Die ausgiebige Selbstdarstellung Blochs in seiner Kaderakte machte auf mich einen deprimierenden Eindruck. Da war nichts von dem stolzen Philosophen zu bemerken, da schrieb einer, der wußte, wie die Westemigranten beurteilt wurden, nahezu unterwürfig, kriecherisch über sein Leben und seine theoretische wie praktische Konzeption. Es lohnte sich für seinen Sondervertrag, er war gekauft wie Tausende anderer Intellektueller in der DDR, die bürgerlicher Herkunft waren, materiell bestochen – und dieser Mann hatte uns von Schillers »Parasiten« vorgesungen!

Bei meiner Arbeit erhielt ich Einblick in die üblichen materiellen Querelen. Nirgendwo reichte die harte Währung, um die notwendigen wissenschaftlich-technischen Geräte, die Apparaturen, Chemikalien etc. zu kaufen. Von den Fachschulen erreichte uns ein Hilferuf nach dem anderen. Im Grenzgebiet war die Situation besonders prekär. Wenn zum Beispiel bestimmte Bildungseinrichtungen geschlossen wurden, Häuser, ja ganze Dörfer abgerissen wurden, um freies Schußfeld zu schaffen, wurden die Schüler einfach auf die nächstgelegene Schule verteilt, aber es waren weder genügend Internatsplätze noch Lehrerwohnungen vorhanden.

Aber der Mangel zeigte sich nicht nur im materiellen Bereich. Die Klagen über nicht erfüllte Beschlüsse, über zu spät oder nicht erarbeitete Lehrpläne, vor allem über die nicht gedruckten oder die nicht zur Verfügung stehenden Lehrmaterialien für die Fernstudenten und für die Aus- und Weiterbildung rissen nie ab. Kunststück: Es gab nie genug Papier für die Druckereien, nur für Propagandazwecke wurde nicht gespart: Die Anleitungen zum Studium der Klassiker des Marxismus-Leninismus wurden und werden tonnenweise an den Bildungseinrichtungen verteilt: Pflichtliteratur, erster Examensgegenstand, Jahr für Jahr.

Wir wurden überhäuft mit Zuschriften sich befehdender Gruppen in den Bildungseinrichtungen, die um oberste Schlichtung ersuchten, wobei es immer darum ging, an die größeren Futtertröge zu kommen. Es gab Beschwerden darüber, daß Leistungen mißachtet, die Prämien falsch verteilt würden, daß dieses russische Prämiensystem zur Korruption und Zersetzung der Kollegien führe. Es häuften sich die Denunziationen über »feindliche Tätigkeit« – es war einfach widerlich. Ich konnte meinen Schreibtisch nach kurzer Zeit nicht mehr sehen. Unter Gorbatschow packen die Russen eine Reform ihres Bildungssystems derzeit an. Es wäre allen Lehrern, Schülern und Studenten zu wünschen, daß diese gelingen und auch in die DDR durchschlagen würde.

Freunde und Bekannte schrieben mir damals: »Welche Hilfe haben wir von Euch? Wir haben um die Festlegung von Forschungskonzeptionen gekämpft; wir haben uns an Euch gewandt, um etwas über die Spezialisierung der Forschung in der Republik zu erfahren; wir blieben allein mit unserem guten Willen«, und: »Weißt Du, wenn man zwei Jahre lang 100 bis 120 Studenten zu betreuen hat und nebenbei auf sich allein gestellt noch intensive Forschungsarbeit leistet, geht man langsam, aber sicher vor die Hunde.«

112

Der Kaderverschleiß in den wissenschaftlichen Einrichtungen war, wie im FDJ- und Parteiapparat, sehr hoch. Laufend wurden Leute gesundheitlich verschlissen oder »hinausgereinigt«.

In einem anderen Brief aus der damaligen Zeit lese ich: »Euer Staatssekretariat in die Produktion, marsch, marsch! Begründung: Euer stellvertretender Boß schreibt einen gewaltigen Artikel in der Fachschule und fordert den internationalen Austausch auf devisenlosem Wege so schnell wie möglich zu betreiben. Gut, sagen wir, und bitten ihn schriftlich, die entsprechenden Kontakte zur ČSSR herzustellen, damit wir ein Praktikum im Austausch in die ČSSR legen können und mit so erarbeitetem Mammon die Goldene Stadt bereisen dürfen.

Schreibt der Kerl zurück: Können wir nicht, müssen die Fachschule selbst machen ... Was könnt Ihr eigentlich? Die kollektive Erarbeitung des Unterrichtsmaterials organisieren wir selbst, Lehrmittel macht jeder selbst, und jetzt das noch! Was habt Ihr denn eigentlich überhaupt zu tun? Wir brauchen hier noch Viehzüchter. Kommt her, qualifizieren würden wir Euch schon.« Mein Gott: Darf man denn so despektierlich mit seiner Regierung reden? Wissen die Kerle denn nicht, daß die Regierung die halbe Partei ist und immer voll recht hat?

Andere trugen es humorvoller und priesen in ihren Briefen überglücklich die lauten Funksignale des ersten starken russischen Sputnik, um anschließend zu schreiben: »Es lebe der kartoffelfreie Tag in den HO-Gaststätten!« Oder sie merkten an, daß nun trotz oder gar wegen der enormen Raketen der Russen ihre lieben Schüler nicht verstünden, wieso es mal wieder keine süßsauren Gurken in der DDR zu kaufen gäbe. So schrieben sie mir privat.

Die offiziellen Berichte, die von unten kamen, wurden ungelesen in den Papierkorb geworfen, da niemand diesen Darlegungen vertraute. ZK wie Regierung schickten deshalb eine Brigade nach der anderen, einen Beauftragten der Kaderkommission nach dem anderen zu den Leitungen und Bildungsstätten vor Ort, um herauszufinden, was sich wirklich tue. Die Regierungskunst erschien mir als ein großes, organisiertes Chaos.

Ich bekam jetzt auch Einblick in das System der Einzelverträge mit der Intelligenz der DDR. Ich wurde blaß, als ich las, welche Vergünstigungen diesen Leuten, die in der Presse und in der Öffentlichkeit als Repräsentanten des Systems auftraten und dabei vor Moral trieften, in der Praxis gewährt wurden. Ich erinnerte mich an Blochs Ausspruch über die Parasiten. Daß das System der abgestuften Korruption derartige Dimensionen hatte, war für mich vorher völlig unvorstellbar gewesen. Ich dachte an Mutters 15 Mark für uns Halbwaisen ... Damals wußte ich noch nicht, daß dies nur ein Teil des gesamten Netzes war, durch das auch alle wichtigen Parteifunktionäre in abgestufter Form genauso wie die höheren Funktionäre des Regierungsapparates korrumpiert werden.

Wenn es im kleinen Kreis ohne Protokoll im Hochschulwesen inhaltliche Debatten gab, dann drehten sie sich vor allem um die Frage, warum die Wissenschaft der DDR in den Naturwissenschaften und technischen Disziplinen und in den Geisteswissenschaften derart unproduktiv war, warum es nicht gelang – von wenigen Einzelausnahmen abgesehen –, trotz aller eingeräumten materiellen Vergünstigungen bahnbrechende Spitzenleistungen zu erreichen; warum die Anwendung neuer wissenschaftlicher Erkenntnisse endlos dauerte oder überhaupt nicht stattfand. Leise wurde manchmal Skepsis geäußert, ob es vielleicht die sklavische Übernahme des sowjetischen Systems insgesamt sei, was uns zur Unproduktivität, zum Zurückbleiben hinter dem Westen verurteilte. Aber hier stieß man sofort an die Grenze des politisch Vertretbaren. Von der Sowjetunion lernen hieß – vor Gorbatschow – immer siegen lernen, die UdSSR hatte überall, auch in Wissenschaft und Technik, als die führende Weltmacht zu gelten. Das ideologische Dogma war wichtiger als jegliche Erkenntnis, wichtiger selbst als die Realität und die Effektivität in der Wissenschaft.

Die Zustände waren systembedingt und zusätzlich besonders prekär, weil der Staatssekretär ein Wissenschaftler war, ein Intellektueller, aber leider nicht zugleich ein guter Organisator und Verwalter. Normalerweise lernt ein Hauptreferent den Staatssekretär nie kennen. Ich hatte das Vergnügen, Girnus zu sprechen, weil ich wieder einmal in ein Fettnäpfchen trat.

Mein indischer Aspirant, nunmehr in Dresden, hatte zwei Anliegen: Er wollte seine deutsche Freundin heiraten und mit nach Hause nehmen, was schon damals schwierig war, und zum anderen einen jungen Mann aus seiner zahlreichen Verwandtschaft, der politisch links stand, als Student in der DDR unterbringen. Ich sagte dem Inder die

Erledigung seiner Anliegen ohne bürokratische Absicherung auf eigene Faust zu. Unny, froh über die Erfüllung seiner Wünsche, erzählte dies voller Stolz der Heimleitung seines Internats. Von dort kam sofort eine an den Staatssekretär gerichtete Anzeige gegen mich, weil es sich hier offenbar um eine feindliche Auslandsverbindung handele, die nicht vorschriftsmäßig praktiziert werde. Ich hatte den Fehler gemacht, dem Inder zu sagen, daß ich bei dem nächsten Besuch des Staatssekretärs in Indien die Zulassung seines Vetters zum Studium in der DDR regeln könne. Allein die Tatsache, daß ich einem Ausländer mitgeteilt hatte, was man in Indien sowieso wußte, galt als Verrat von Staatsgeheimnissen, denn in der DDR war noch nicht publiziert worden, daß Girnus nach Indien fahren würde ...

Ich wurde also zu Girnus gerufen. Er sah mich an: »Ich habe mir die ganze dicke Akte mit dem Vorgang hier durchgesehen; du hast doch schon so eine Geschichte gedreht in Ungarn. Sag mal, bist du Anarchist?« – »Kein gelernter«, gab ich zur Antwort. Er lachte und meinte: »Also, paß mal auf, ich will mit dir über den ganzen Dreck überhaupt nicht mehr reden. Welche Konsequenzen hast du gezogen? Wie siehst du das heute?« Das ist der in Berlin übliche Stil guter Vorgesetzter. Sie halten sich nicht mit Formalitäten auf, sondern suchen konstruktive Lösungen.

Da ich Vertrauen hatte, schüttete ich ihm mein inzwischen übervolles Herz aus und klagte, welch ungeheure Kluft zwischen der Theorie, die uns an der Universität gelehrt wurde, und den Methoden des Apparates bestünde. Trotzdem sähe ich natürlich ein, daß ohne strenge zentralistische Ordnung von oben nach unten noch viel mehr Dinge chaotisch verliefen, obwohl sie anders schneller und leichter bewältigt werden könnten. »Und was ist deine persönliche Konsequenz hieraus?« fragte Girnus. »Ganz einfach, ich will endlich vernünftig arbeiten, ich will hier nicht Papiere hin und her drehen und mich mit Bürodienern anlegen, ich will, zum Teufel, Lehrer werden, ich wollte das schon immer, deswegen bin ich an die Uni gegangen. Da will ich wieder hin.« Girnus taxierte mich: »Das behältst du für dich, da haben wir die gleichen Ambitionen. Also, der Vorgang ist erledigt, diese Akte sollen sie in den Reißwolf schmeißen.« Girnus verließ seinen Posten dann auch bald und zog sich in eine redaktionelle Tätigkeit zurück. Im Staatssekretariat atmeten einige auf. Die gelernten Bürokraten waren froh, daß er weg war, denn vorher meinten sie, habe jeder Windstoß bei geöffnetem Fenster aus seinem Arbeitszimmer einen Stapel von Ukassen herausgewedelt, um die sich kein Mensch in der DDR gekümmert habe.

Girnus hat als Chefredakteur von »Sinn und Form« im geistig-kulturellen Bereich noch durchaus Progressives in der DDR bewirkt, jedenfalls mehr als im Staatssekretariat, das wir launig »Staatssekretariat gegen das Hoch- und Fachschulunwesen« nannten.

Beim Einstellungsgespräch hatte man mich dort gefragt, wie ich gedächte, meine Qualifizierung voranzutreiben. Ich hatte eben das Studium an der Universität abgeschlossen, Staatsexamen und Diplom in der Tasche. Eigentlich reichte mir das im Augenblick. Der Kaderleiter sah mich tadelnd an: »Es gibt keinen fähigen jungen Genossen, der sich nicht weiterqualifiziert. Also entscheide dich. Was willst du machen? Wir können dir eine Kombination anbieten, Naturwissenschaft und Philosophie, oder willst du in einer historischen oder wirtschaftswissenschaftlichen Disziplin forschen? Du hast hervorragende Zeugnisse, du könntest eigentlich promovieren.«

Ich hatte früher schon einmal daran gedacht und auch mit Professor Engelberg in Leipzig deswegen korrespondiert, der sehr dafür war, daß ich das Problem der ersten nationalen Arbeiterorganisation bearbeiten und darstellen sollte. Aber ich brauchte dafür einen qualifizierten Betreuer. Und Ernst Engelberg hatte, als ich ihn fragte, ob er bereit wäre, das Risiko einer Auseinandersetzung mit diesem offensichtlich brisanten politischen Thema mitzutragen, geschrieben: »Ich habe schon so viele Aspiranten, die ich alle sträflich vernachlässigen muß. Du kannst mir glauben, so wichtig das für mich wäre und so interessant ich das finde und so notwendig das ist, aber noch mehr kann ich einfach nicht betreuen, ich habe jetzt schon laufend ein schlechtes Gewissen.«

Als ich dies dem Kaderleiter erzählte, verwies er mich an Professor Obermann, der werde demnächst Nationalpreisträger und habe auf dem Gebiet der Revolutionsgeschichte von 1848/49 gearbeitet. Ich sollte ihn fragen, ob er bereit sei, sich mit diesem Forschungsbereich zu beschäftigen, das Thema sei im Staatssekretariat als Dissertationsthema bestätigt und könne daher bearbeitet werden. Ich sei ein besonders förderungswürdiger Kader und könne so eine außerplanmäßige Aspirantur erhalten. Dann bekäme ich auch einen entsprechenden jährlichen Arbeitsurlaub.

Das klang alles ganz gut. Ich meldete mich bei Obermann an, der bereits vorgewarnt war. Er gefiel mir vom ersten Tag an nicht, aber ich hatte mich inzwischen genauer informiert, er war der einzige außerhalb des Parteiapparates, der für dieses Thema ansprechbar war. An die Parteiinstitute wollte ich nach meinen sehr negativen Eindrükken vom IML – die heute von den Sowjets öffentlich bestätigt werden – nicht gehen. Als ich ihm vorgetragen hatte, was ich beabsichtigte, sagte er: »Schick mir mal deine Diplomarbeit, danach entscheide ich mich, ob ich dich nehme oder nicht.«

Nach kurzer Zeit erhielt ich von ihm die Mitteilung, daß ich die außerplanmäßige Aspirantur beantragen könne, er würde die Betreuung übernehmen. Damals erhielt jeder Professor für die Aspirantenbetreuung jährlich 500 Mark, steuerfrei. Viele Professoren betreuten an die 20 Aspiranten. Inzwischen sind diese Nebeneinnahmen gestrichen worden – der einzige wirkliche Erfolg der vorerst letzten DDR-Hochschulreform.

Die Zusammenarbeit mit Obermann war äußerst unerfreulich. Er merkte nach kurzer Zeit, daß es fachliche und politische Widerstände im IML beim ZK gab, und dort saßen schließlich die für die Interpretation der Geschichte zuständigen Leute. Sein anfängliches Interesse wich einer kritischen Distanz. Er las nie, was ich ausarbeitete, ließ alles liegen, entschuldigte sich immer wieder mit Zeitmangel. Er sei mit anderen Aspiranten überlastet, ich müsse mich gedulden. Ich geduldete mich ein ganzes Jahr.

In dieser Zeit erhielt ich eine Einladung, an einem Arbeitskreis in der deutschen Akademie der Wissenschaften teilzunehmen, an dem Professoren aus den Parteiinstituten und aus den Universitäten, aber auch Assistenten oder hauptberufliche Aspiranten beteiligt waren. Als außerplanmäßiger Aspirant, der beruflich außerhalb der Universität arbeitete, kannte ich vorher keinen der Teilnehmer. Aber das Thema interessierte mich sehr: die ersten beiden gewerkschaftlichen Arbeiterorganisationen Deutschlands, der Buchdruckerverband und die Zigarrenarbeiterassoziation.

Es referierte jemand, dessen Namen ich damals zum ersten Mal hörte, ein hochaufgeschossener, bläßlicher, einen kränklichen Eindruck machender Mann namens Förder, der aus dem Institut für

Marxismus-Leninismus beim ZK kam. Ich hörte mit wachsendem Erstaunen, was er vortrug, und meldete mich anschließend unbefangen zur Diskussion. Wenige Tage vorher hatte ich die Akten zu beiden Gewerkschaften in den Staatsarchiven Potsdam und Dresden eingesehen. Ich nannte konkrete Zahlen, Bezüge und Wertungen und verwies darauf, daß Förder sowohl die Organisationsstrukturen wie die Arbeit in diesen gesamtdeutschen Gewerkschaftsverbänden falsch dargestellt habe. Die Versammelten waren sprachlos. Besonders kompetent hielt ich mich in bezug auf die Deutsche Arbeiterverbrüderung, über die Förder auch gesprochen hatte, weil sie eng mit den genannten Gewerkschaftsverbänden kooperiert hatte. Ich hatte den Briefwechsel des Zentralkomitees der Deutschen Arbeiterverbrüderung eingesehen, der in Dresden lag, und die Berichte und Analysen der Geheimpolizei wie die Gerichtsakten über die Prozesse nach der Revolution von 1848 gelesen. Viele dieser Archivalien hatte vor mir noch niemand angefaßt. Ich verwies auch darauf, daß es ein Zentralorgan gegeben habe, in dem auch einiges über die gewerkschaftlichen Verbände der Arbeiterschaft nachzulesen sei. Ich legte ganz sachlich dar, daß alles, was Förder mit Textstellen der marxistisch-leninistischen Klassiker »bewiesen« hatte, ziemlicher Quark wäre, denn natürlich stimme im Prinzip, wie bei Radio Eriwan, alles, konkret hingegen nichts. »Quark« traf Förder besonders, denn Max Quarck, sozialdemokratischer Reichstagsabgeordneter und Publizist, hatte in den zwanziger Jahren den Führer der Allgemeinen Deutschen Arbeiterverbrüderung, Stephan Born, gegen die Verleumdung von Marx und Engels in Schutz genommen. Kurz, es gab einen Aufruhr.

Der bleich gewordene Förder faßte meinen Diskussionsbeitrag als persönlichen Angriff auf, vor allem aber als »hinterhältigen, revisionistischen Angriff« auf die Position der Partei in der Beurteilung der Sozialdemokratie und der Gewerkschaft. Nach Verlassen des Saales fuhr mich Obermann wütend an: »Willst du, daß die mich feuern?« Ich begriff überhaupt nicht, worum es ging, schließlich hatte ich nicht Obermanns Position vertreten, sondern meine. Aber Obermann ließ sich nicht beruhigen: »Begreifst du überhaupt nichts? Die sowjetischen Genossen sind total anderer Meinung. Förder ist das Sprachrohr der sowjetischen Genossen. Die Urteile von Engels, Marx und Lenin über die Vorgänge in der Arbeiterverbrüderung sind vernichtend, und du stellst hier alles auf den Kopf. Du bist ein Revisionist von A bis Z.« – »Das ist doch alles Quatsch, Lenin hat doch nur von Marx und Engels abgeschrieben, es gibt doch nicht nur negative Äußerungen der beiden über Born – aber egal, du legst Wert darauf, dich von einem Revisionisten fernzuhalten?« – »So ist es!« – »Gut, ich schmeiß dir die Aspirantur hin.« Nun hatte ich mir nach Lamberz einen weiteren Genossen zum Feind gemacht, wobei sicher war, daß sich Förder mit dem für die Wissenschaft im ZK zuständigen Hörnig kurzschließen würde, der mich auch, besonders wegen der ungarischen Geschichte, »mochte«.

Am Ausgang der Akademie wartete ein älterer Herr auf mich, der einen sehr freundlichen Eindruck machte. Er fragte: »Genosse, hast du fünf Minuten Zeit? Ich bin Cornu.« Ich war verblüfft.

Cornu! Wir kannten natürlich alle den Namen dieses französischen Forschers, der als Nestor der Marx-Engels-Forschung galt und für seine Arbeit mit dem höchsten Orden der Republik, dem Karl-Marx-Orden, ausgezeichnet worden war. Er hatte einen Lehrstuhl für Kulturgeschichte an der Humboldt-Universität, um eine Doppelbiographie von Marx und Engels zu schreiben. Cornu sagte: »Wir kennen uns nicht, wo kommst du denn her?« Ich erzählte ihm das kurz, und als wir dann langsam zusammen in Richtung Unter den Linden gingen, sagte er: »Was du heute hier zur Sprache gebracht hast, ist eine wichtige Sache. Das ist auch politisch wichtig, sehr wichtig. Bleib an diesem Thema dran.«

Als ich ihm erzählte, daß ich Obermann dieses Dissertationsthema eben zurückgegeben hätte, sagte Cornu verärgert: »Was ist das für eine Einstellung, bei der ersten Schwierigkeit die Flinte ins Korn zu werfen?« Ich erwiderte: »Ich habe schon drei Buchstaben zuviel im Namen, mir liegt an diesen beiden zusätzlichen überhaupt nichts mehr. Ich hab's satt hier, ich kann diese Berliner Dienerseelen, diese Verkrüppelten, nicht mehr ausstehen.« Cornu lachte: »Die Zeiten ändern sich. Junge, die Geschichte ist sehr, sehr lang, aber unsere eigene Geschichte, unser eigenes Leben ist sehr kurz. Laß dir Zeit. Man kann nichts übers Knie brechen. Es muß alles gesät werden, es muß alles wachsen, es muß alles reifen. Aber ich sage dir eines: Behalte dein Saatkorn im Auge. Wenn du später einmal Hilfe brauchst, dann komm zu mir. Es tut sich viel, es ist viel im Gange.« Der alte Herr kniff die Augen zusammen und taxierte mich fröhlich. »Ich hatte eine Audienz ganz oben im ZK.« Konkretes sagte er jetzt nicht. Er verabschiedete sich heiter von mir. Ich aber war finster und verstimmt und enttäuscht über alles, was man unter den Apparatschiks in Berlin in Politik wie Wissenschaft erlebte, und entschlossen, nun endlich das zu tun, was ich wollte, nämlich zu lehren.

Ich übernahm eine Dozentur an der Fachschule für Außenwirtschaft, die damals in der Nähe von Werder an der Havel lag, von wo man Potsdam relativ leicht erreichen konnte, dessen Staatsarchiv neben dem Dresdener die für mich wichtigsten Bestände beherbergte. Trotz aller Verärgerung war ich nach ruhiger Erwägung keinesfalls bereit, das einmal angefaßte Thema fallenzulassen – nach dem Gespräch mit Cornu schon gar nicht. Jede freie Stunde nutzte ich, fuhr mit dem Sportrad die 20 Kilometer nach Sanssouci und wühlte mich in Aktenbestände. Dabei registrierte ich, wie die Obstplantagen des traditionellen Obstbaugebietes Werder verkommen waren, weil sich viele Bauern nach dem Westen abgesetzt hatten. In Ost-Berlin gab es kein frisches Obst, aber wenige Kilometer von der Hauptstadt entfernt vergammelten Jahr für Jahr die Früchte zu einem erheblichen Teil an Büschen und Bäumen, weil es niemanden gab, der sie erntete und verwertete.

Die Schule lag an einem See, im Sommer ideal zum Baden und zum Rudern und im Winter zum Schlittschuhlaufen. Sie hatte eine große Küche, so daß man von aller hauswirtschaftlichen Arbeit auch am Sonntag befreit war, auch die Wäsche brauchte man nur eine Etage tiefer zu geben – es war für DDR-Zustände ein ideales Leben. Trotz aller gesellschaftlichen Belastungen, die es auch hier in hohem Maße gab, hatte ich Zeit für die Schüler und die eigene Weiterbildung.

Anstrengend waren die Tage, an denen ich in Berlin Fernstudenten unterrichten mußte. Dann mußte ich um vier Uhr morgens aufbrechen und im äußeren Ringverkehr, der nach dem Mauerbau unumgänglich geworden war, um West-Berlin herum zu meinem Arbeitsplatz in Ost-Berlin fahren und war erst abends um zehn oder zwölf Uhr wieder daheim.

Natürlich gab es auch an dieser Schule Auseinandersetzungen mit dogmatischen FDJ-Funktionären und Lehrkräften. Sie waren zwar in der Minderheit, strebten aber wie üblich nach Funktionen in der Parteileitung und damit zur Macht. Das, was sie fachlich nicht erreichen konnten, Autorität bei den Studierenden, versuchten sie auf diese Weise zu kompensieren.

Eines Tages luden sie mich vor, um mir zu eröffnen, man müsse sich von mir, einem bei den Studenten zwar sehr beliebten und im Kollegium geschätzten Kollegen, trennen, denn was ich mir letzthin mit einer Kulturveranstaltung geleistet hätte, sei der Gipfel der Unmoral und außerdem gegen die gesamte Kulturpolitik und ästhetische Erziehung der Partei gerichtet, kurzum, westliche Unmoral, Zersetzung, amerikanische Kulturbarbarei, Verbreitung feindlicher Lebensweise. Was war geschehen?

Damals war zum Ladenpreis von 50 Pfennig ohne Vorwort und Kommentar ein kleines Reclamheft mit Balladen von François Villon in der Übersetzung von Paul Zech veröffentlicht worden. Es war mir aufgefallen, daß sich meine Schüler an den Texten dieses Heftes in den Pausen ergötzten, wobei manche allerdings mehr an dem Gefallen fanden, was sie für Zoten hielten. Ich schlug deshalb einigen von ihnen vor, einen Abend für alle über François Villon zu veranstalten – mit einer Einführung und mit Kommentierungen, die verdeutlichen sollten, daß der Sprachgebrauch des Mittelalters aus der Zeit des Hundertjährigen Krieges zwischen England und Frankreich nicht unbedingt bei jeder Gelegenheit im Vokabular eines Außenhändlers der Gegenwart aufzutauchen brauchte, und wenn, dann sollte doch zumindest der historische Kontext bekannt sein.

Die Jungen waren sofort einverstanden. Wir bereiteten den Abend vor. Selbst die Romanisten, die in dem brechend vollen Saal – es war Faschingszeit – mit dabei saßen, waren hinterher sehr angetan. Aber einige Herren aus der Parteileitung sahen sich bemüßigt, mir einen Verstoß gegen die Parteimoral anzulasten. In den sechziger Jahren, als Walter Ulbricht die »zehn Gebote der sozialistischen Moral« formuliert hatte, dominierte allenthalben eine scheinheilige Prüderie. Ein Parteiverfahren nach dem anderen wurde deswegen veranstaltet. Erik Neutsch hat in seinem Roman »Spur der Steine« die verlogene, widerliche Mentalität jener Jahre ausführlich beschrieben. Erst vor dem Hintergrund dieses moralischen Miefes wird die Aufregung über einen Dichter des 15. Jahrhunderts begreiflich.

Ich nahm den Vorfall nicht sonderlich ernst und provozierte die Wortführer der »Moralisten« so aggressiv, daß die Sitzung abgebrochen werden mußte. Ein Freund schrieb mir damals: »Deinen heldenhaften Kampf um den alten Villon beobachte ich aus der Ferne mit Vergnügen und Hochachtung. Aber leider werden sie Dich niedermachen, Bruder, wie weiland die verfluchten Perser die Truppen des Leonidas. Es sind ihrer eben zu wenige, die unkastriert herumlaufen. Oh Herr, siehe dein Volk an. Wenn das der alte Marx gesehen hätte, wie einige Kollegen so einen blutarmen Aufguß herstellen und dann behaupten, danach müßte man gesunden, dann hätte er sicher mit einem Donnerwetter Ordnung geschaffen.«

Mit einem Marx-Zitat hätte ich meine Widersacher natürlich sofort verstummen lassen können. Mit den Zitaten der »Klassiker« konnte man sich gegen jeden Feind durchsetzen, aber die Zitate haben ihre Tücken. Sie widersprechen sich. Vielleicht liegt gerade darin die fast allmächtige Weisheit des Marxismus ... Jedenfalls mußte ich mir dann, als die Auseinandersetzung unter oberster Aufsicht der zentralen Schulleitung in Ost-Berlin fortgesetzt wurde, mit Zitaten von Ilja Ehrenburg über die hohe Bedeutung des François Villon behelfen. Aber auch damit hatte ich gesiegt, denn gegen einen sowjetischen Schriftsteller wagte niemand Einwände zu erheben. Zum Glück prüfte keiner die Zitate. Um das Suchen abzukürzen, hatte ich sie mir selbst schöpferisch formuliert. Die Parteileitung bedankte sich danach für die so erfolgte kulturelle Weiterbildung.

Mein übelster Gegenspieler aus jenen Tagen, der feiste Udo, wurde wegen moralischer Verkommenheit unerotischer Art später im Ministerium für Außenhandel zeitweilig degradiert. Er hatte sich an westlichen »Inflationslappen« bereichert, pfui, und das bei der steinharten Ostmark seines Gehalts!

Bleibt nachzutragen, daß das erste der zehn Gebote der sozialistischen Moral natürlich nicht die erotische oder sexuelle Beziehung regelt, sondern die Einstellung zur Arbeit und die Leistung im Beruf betrifft. Mit der Sexualmoral tat man sich auch weiterhin schwer. Auf der einen Seite die laufenden Parteiverfahren zur »Reinigung der Moral«, auf der anderen Seite Libertinage im Untergrund. Jedenfalls beschloß die weise Führung dann, in der Presse ein Ventil zu schaffen, um den westlichen Zersetzungserscheinungen mit landeseigenen Mitteln entgegenzuwirken. Fleischbeschau in ästhetischer Form wurde legalisiert und eigens dafür ein Presseorgan geschaffen. »Wer ist dagegen«, meinte Horst Sindermann, der heutige Präsident der Volkskammer, damals Agitprop-Chef, »können sich unsere Weiber nicht sehen lassen?« Die Begründung lautete: »Lesestoff mit sozialistischen Einsprengseln für zurückgebliebene kleinbürgerliche Schichten – anders, Genossen, kommen wir an die nicht heran!« Das »Magazin« in Schulheftformat durfte – erstmalig in der Geschichte der DDR – den gesetzlich zugelassenen Republiknackedei fotografisch abbilden. Von nun an stieg die Zahl der »Kleinbürger« sprunghaft an. Die Aktfotos sollten zum Kauf animieren, die Textbeiträge dienten der Bewußtseinserweiterung. Dort qualifizierte sich einer der zahlreichen stellvertretenden Chefredakteure des »Neuen Deutschland«, H. Wessel, zum sozialistischen Courths-Mahler. Aus der Nachfrage muß auch noch heute auf eine enorme Zahl von »Zurückgebliebenen« geschlossen werden. Das »Magazin« gab und gibt es fast nur unter dem Ladentisch.

Den nächsten Konflikt an der Fachschule lösten die Werbemethoden des SSD aus. Einer meiner besten Schüler, ein sehr kritischer, eigenwillig, selbständig, originell denkender Kopf, den ich sehr schätzte, kam eines Tages zu mir und sagte: »Herr von Berg, ich muß Sie um Hilfe bitten. Die wollen mich unbedingt für die Staatssicherheit anwerben, was soll ich tun?« Er wurde täglich über die FDJ-Leitung von den Stasi-Leuten »eingeladen«, in einen der alten, schwarzen BMWs gesetzt und stundenlang irgendwohin gefahren, um ihn davon zu »überzeugen«, daß es wichtig sei, konspirative Leute im Außenhandel zu haben, die dann auch im Ausland aktive Aufklärung betrieben. Im Ausland etwas für die Partei oder den Staat zu tun, selbst wenn er nicht zur Partei gehörte, hielt der Student für zumutbar. »Wir müssen sowieso Analysen machen und Berichte schreiben, die liest der Stasi sowieso. Aber hier, gegen die eigenen Kameraden eingesetzt zu werden, das ist niederträchtig; oder später gegen die eigenen Kolleginnen und Kollegen im Betrieb, nein, das mache ich nicht.« – »Sie wissen«, sagte ich, »wenn ich Ihre Beschwerde weitergebe, sind Sie die Leute los. Dann haben Sie das eiserne Gesetz der Konspiration gebrochen. Es wird auch niemals wieder einer auf Sie zukommen mit einer solchen Aufforderung; aber andererseits müssen Sie sich darüber klar sein, wenn ich jetzt mit der Direktion rede, dann haben Sie sich Ihre Zukunft weitgehend verbaut. Sie können sich vorstellen, wie die Leute reagieren.« – »Ich weiß das. Ich kenne das, ich will es trotzdem.«

Ich habe diesen jungen, extrem fähigen, sympathischen Mann nach vielen Jahren in Berlin zufällig wiedergetroffen. Er hatte, im Gegensatz zu gewissen Schwachköpfen, die sich anwerben ließen, zumindest bis dahin niemals eine Chance, im Beruf Karriere zu machen.

Später, an der Universität, erklärte mir der für meine Sektion zuständige Verbindungsoffizier das Prinzip des SSD: Erfolg, im Sinne des Staatssicherheitsdienstes, verspreche vor allem die Anwerbung im ersten Semester und die Planung des späteren Einsatzes. Bei Juristen gab es sogar abgeschlossene Seminargruppen von SSD-Mitarbeitern. Sie waren schon an der Oberschule geworben worden und bezogen zusätzlich zu ihrem Gehalt zur Tarnung auch noch ein Stipendium. Ich traf zwei von ihnen in der Untersuchungshaft wieder: als Offiziere im Dienst des Militärstaatsanwalts.

Bevor ich als Hochschullehrer an die hauptstädtische Universität kam, absolvierte ich die Akademie für Gesellschaftswissenschaften beim ZK der SED.

Das ergab sich so: Mitte der sechziger Jahre wurde ich auf einem Empfang von einem Bekannten angesprochen. Es war ein persönlicher Mitarbeiter beim ZK-Sekretär Norden, der mir wie nebenbei erzählte: »Hörst du, eigentlich solltest du dich klugerweise ans ZK-Institut aufmachen, denn man hat deine Konzeption bestätigt.« Ich war mit meinen Gedanken bei meiner Arbeit, mußte erst nachhaken: »Was für eine Konzeption?« Es stellte sich heraus, daß im Zusammenhang mit den Diskussionen über die Erarbeitung einer achtbändigen Geschichte der deutschen Arbeiterbewegung, die unter Ulbrichts Leitung stattfand, mein Name genannt worden war, als man über die Rolle der Arbeiterbewegung in der Revolution von 1848 gesprochen hatte. Die Version, die man dazu vortrug, wurde von Ulbricht verworfen, er verlangte eine Gegenkonzeption. Man erinnerte sich an meine Vorarbeiten und trug deren Konzeption Ulbricht vor. Sein Kommentar: »Ob das fachlich richtig ist, weiß ich nicht, aber politisch ist das absolut richtig.« Somit war klar, nach welchen Gesichtspunkten der Forschungsabschnitt »Deutsche Arbeiterverbrüderung« zu behandeln und zu besprechen war. Jetzt wußte ich auch, was mir Cornu angedeutet hatte. Damals wurde auch über die »neue Geschichtskonzeption« der DDR entschieden: Kern ist die Geschichte der Arbeiterbewegung, Kern dieser die Durchsetzung des Marxismus in der Arbeiterbewegung, folglich Herzstück die Marx-Engels-Forschung: Von daher werden dann Erbe und Tradition neu bestimmt.

Als ich das gehört hatte, war für mich klar, daß ich mich um eine Aspirantur bewerden würde. Entscheidend war dabei nicht nur die Lust und Liebe zur Wissenschaft, sondern zusätzlich das Bedürfnis, das Handikap loszuwerden, welches ich mir durch die Rückgabe der außerplanmäßigen Aspirantur eingehandelt hatte.

Sobald es politische Auseinandersetzungen gab, und die gab es zur Genüge, wurde von den Gegnern mehr oder weniger deutlich zum Ausdruck gebracht: »Aha, Berg denkt hier genau wieder so daneben wie bei seiner theoretischen, revisionistischen Konzeption.« Ich wollte mir diesen Stein unbedingt vom Halse schaffen. »Sozialdemokratismus« war eine tödliche Gefahr.

1966 nahm ich meine nunmehr planmäßige, d. h. vollberufliche Aspirantur an der Akademie beim ZK auf. Ich kam zunächst an einen Lehrstuhl, zu dem ich überhaupt nicht wollte, nämlich dem für Imperialismusforschung, weil mein spezieller Freund aus dem IML erreicht hatte, daß ich von meinem historischen Thema nach wie vor abgeblockt wurde. Mich störte das zunächst überhaupt nicht. Ich blieb da, weil im ersten Jahr an der Akademie das stattfindet, was im Jargon »Runderneuerung« heißt. Man muß eine Reihe von Vorlesungen und Lehrveranstaltungen in den unterschiedlichsten Disziplinen über sich ergehen lassen. Allerdings werden dort nur Probleme behandelt, die vom Standpunkt der Forschung aus neu sind und für zukünftige Entwicklungen als wichtig eingeschätzt werden. Es ist also keine verlorene Zeit.

An diesem Lehrstuhl bei Werner Paff, der die damals vertraulichen Verbindungen zur SPD über Waldemar von Knoeringen hielt, heute natürlich bei Eppler in Freudenstadt sachkundig mitdebattiert, wurden, abgesehen von den Ökonomen, die Diskussionen über die Problematik des staatsmonopolistischen Systems, die Modifizierung der Imperialismustheorie am intensivsten geführt. Die daraus entstehenden Thesen vom »Stamokap«, dem staatsmonopolistischen Kapitalismus, galten als schöpferische Weiterentwicklung der Imperialismustheorie Lenins, die dieser mit Bucharins Hilfe vor allem bei Kautsky und Hilferding, dem SPD-Theoretiker und späteren Finanzminister der Weimarer Republik, abgeschrieben hatte. Die »Stamokap«-Thesen sind, wie die Geschichte der deutschen Arbeiterbewegung, strategisch konzipiert und laufen taktisch-politisch auf eine erweiterte Begründung der Einheits- und Volksfront hinaus, wie Pieck formuliert hatte: Mit den Reaktionären gegen die Reaktionärsten – um die Macht zu ergreifen. Die »68er« waren davon auch geprägt – und Dutschke kam aus der DDR.

Paff war ein angenehmer Lehrstuhlleiter, wissenschaftlich kompetent, politisch beschlagen und ein ehrenhafter Charakter. So tat es mir leid, als ich zum Lehrstuhl Marx-Engels-Forschung überwechseln mußte, aber im Interesse der fachlichen Arbeit wurde das nach einem Jahr notwendig. An diesem Lehrstuhl konzentrierten sich eine ganze Reihe von negativen Erscheinungen, wie sie sich bei jahrelangem Inzuchtbetrieb nahezu automatisch ergeben. Der Lehrstuhlleiter Schmidt, Erfinder der Haarspaltereien um die DDR-Nation, der heute Direktor des historischen Akademie-Institus ist und hier inzwischen auch vor SPD-Genossen spricht, war ein ausgesprochener Zyniker, kein Wissenschaftler, sondern Apparatschik. Seine Habilitationsschrift bestand aus einer Reihe gebündelter, mit einem Einleitungsmantel umhüllter alter Aufsätze zur Parteikonzeption bei Marx und Engels. Er förderte einige Günstlinge, die ihm nach dem Munde redeten und zuarbeiteten, was vor allem hieß, die blauen Marx-Engels-Bände nach passenden Zitaten abzugrasen. Andere hatten beträchtliche Schwierigkeiten bei ihm. Ich konnte so mein ursprüngliches theoretisches Konzept nicht voll verwirklichen. Ich hatte nach dem Studium in der außerplanmäßigen Aspirantur vorgehabt, die Geschichte der Deutschen Arbeiterverbrüderung und ihres Führers Stephan Born für ganz Deutschland zu schreiben. Aber inzwischen waren einige Jahre ins Land gegangen, es gab Teilausarbeitungen über verschiedene regionale Gruppierungen dieser Organisation, auch Publikationen in der Bundesrepublik, und natürlich mußte ich zunächst darauf bedacht sein, neue Quellen zu erschließen, damit die Dissertation fachlichen Neuwert erbrachte. Deshalb begrenzte ich mein Promotionsthema auf die Untersuchung der nordwestdeutschen Gliederungen dieser Organisation. Dort gab es reichhaltiges Quellenmaterial.

So arbeitete ich über eine norddeutsche Zweigorganisation im Königreich Hannover und den Hansestädten. Das war 1968. Ich erlebte bei meinen Archivstudien in der Bundesrepublik das nach wie vor feindselige Klima aus den Zeiten des kalten Krieges. Als ich im Staatsarchiv Hannover meinen Benutzungsantrag aufgefüllt hatte, erschien auf der Treppe über dem Lesesaal ein wütender Mitarbeiter, der mich vor Augen und Ohren aller interessiert Lauschenden angeiferte: »Wo kommen Sie her? Vom SED-Institut? Vom ZK? vom KZ ist doch besser! Sie wollen hier arbeiten? Bei uns? Verschwinden Sie! Machen Sie, daß Sie nach Hause kommen! Kein Blatt können Sie hier benutzen!« Ich stand auf und sagte: »Wer sind Sie? Sind Sie der Chef des Hauses? Wenn Sie nicht der Chef sind, haben Sie mir gar nichts zu sagen. Wenn Sie der Chef sind, sage ich Ihnen: Wenn Sie mich hier herauswerfen, dann benutzt kein westdeutscher Historiker mehr ab morgen Archive der DDR, ist Ihnen das klar? Und da Sie wohl nicht der Chef sind, frage ich Sie, wozu Sie ermächtigt sind und mit welchem Recht Sie mir hier die Arbeitsmöglichkeiten verweigern wollen.« Er kam kleinlaut wieder und entschuldigte sich. Der Direktor lud mich freundlich zu ergiebigen Gesprächen ein. Berg hat mit großem Gewinn in Hannover gearbeitet.

Ähnlich unerfreulich war es auch im Staatsarchiv Hamburg. Durch jahrelange Studien in den Archiven geübt, vermutete ich, daß dort irgendwo im Nachlaß von Martens, eines Zimmermannsgesellen, Holzhändlers und späteren Bürgerschaftsabgeordneten der SPD, bestimmte Dokumente zur Geschichte der frühen Arbeiterbewegung liegen müßten, denn die Emissäre, die vom Bund der Kommunisten aus England kamen, reisten in der Regel über Hamburg. Ich stand in Hamburg vor der Truhe, in der sich der Nachlaß Martens' befand, aber die Archivare bestritten, daß sie die gesuchten Papiere enthielte. Geöffnet wurde die Truhe nicht. Ich fuhr nur mit bruchstückhaften Abschnitten aus südwestdeutschen Archiven nach Hause, aber auch das reichte, um großes Erstaunen auszulösen. Einige Tage später wurde uns mitgeteilt, daß ein Marx-Engels-Forscher aus der Schweiz die Erlaubnis erhalten hatte, den Nachlaß Martens' einzusehen. Die gesuchten Dokumente waren doch in der Truhe. Wir waren sprachlos, fuhren noch einmal nach Hamburg, konnten aber nichts mehr ausrichten.

In diesem Hamburger Archiv arbeitete ein alter Genosse der KPD, der, was ich nicht wußte, zum IML Kontakt hatte, und zu meiner großen Überraschung fand ich dann Jahre später im IML sämtliches Material aus dem Nachlaß Martens' und noch einiges mehr. Dieser inzwischen verstorbene alte Kommunist hatte schlicht und einfach aus dem Staatsarchiv Hamburg alles gestohlen und an das IML beim ZK der SED gegeben. Ich sage das heute, weil er nicht mehr lebt.

Aber ein Hinweis auf die Einhaltung der Beamtenpflichten kann das schon sein. Die DDR-Abwehr jedenfalls braucht keine Sorge zu haben, daß sie Leute der fünften Kolonne in den staatlichen Einrichtungen hat, die, ohne daß es auffällt, für den Klassenfeind klauen. Es lebe die DKP samt ihren Beamten und deren brüderliche Verbindung zur SED!

Als ich mit der Ausbeute aus den bundesdeutschen Archiven zurückkam und sich der Lehrstuhlleiter nach deren Verarbeitung damit vertraut gemacht hatte, meinte er· »Weißt du, eigentlich bist du ein Idiot.« Als ich ihn verblüfft ansah, sagte er: »Mit diesem Material hättest du einer der bedeutendsten Marx-Engels-Forscher werden können. Ein Bruchteil dessen, was du in deiner Dissertation komprimiert verwendet hast, hätte gereicht. Man nimmt zwei, drei bisher unbekannte Fakten und baut das bereits bekannte Material darum herum: So verkauft man das.« Völlig konsterniert war er auch darüber, daß ich meine gesamten unausgewerteten Mikrofilme beim IML hatte archivieren lassen. »Wieso, so etwas macht kein vernünftiger Mensch«, sagte er. Ich erwiderte ihm, schließlich habe die Partei die Archivstudien finanziert, und dann gehöre das Ergebnis auch dem Parteiinstitut. Obwohl er meine Haltung für schwachsinnig hielt, beeindruckte ihn offensichtlich doch mein sachliches Verhalten. Vor der Verteidigung meiner Dissertation sagte er mir: »Wir haben einen großen Fehler gemacht, weil wir alles, was du entdeckt hast, nicht gleich Anfang 1960 publiziert haben. Wir hätten das als Quellenmaterial veröffentlichen müssen und nur eine kurze Einleitung dazu schreiben sollen, dann wären wir aller Schwierigkeiten mit den sowjetischen und anderen Kollegen enthoben gewesen. So haben das inzwischen zum Teil die Westdeutschen gemacht. Das ist für uns sehr ärgerlich.«

Ich verteidigte meine Dissertation am 5. Mai 1970. Der Termin war mir vom Ministerrat her vorgegeben worden, weil ich bei den anstehenden Verhandlungen in Kassel zwischen Stoph und Brandt im Diplomatenpaß bereits den »Dr.« führen sollte.

Zwei Tage vorher hatte mir der Lehrstuhlleiter erzählt, daß wir sowjetische Gäste zu einem Kolloquium in Berlin hätten. Der sowjetische Delegationsleiter sei wie immer nicht vorbereitet, »der kommt nur hierher, um einzukaufen«. Immerhin wollte er wissen, was wir an neuen Erkenntnissen zu bieten hätten. Er wollte diese mit der sowjetischen Sicht vergleichen. Der Lehrstuhlleiter bat mich um Erlaubnis, den Russen meine Arbeit zur Einsicht zu geben. Der Sowjetmensch pries meine Arbeitsergebnisse überschwenglich. Damit blockte er ungewollt meinen speziellen Freund Förder von der stalinistischen Fraktion ab: Als dieser eine Stunde vor der öffentlichen Verteidigung meiner Dissertation verlangte, diese wegen »Sozialdemokratismus« abzulehnen, mußte er erfahren, daß sie bereits vom sowjetischen Genossen öffentlich sehr positiv bewertet worden sei. Obwohl Förder auch weiterhin opponierte, erschien die Studie als erste Schrift der ZK-Akademie im Parteiverlag der SPD. Dort hatte ich mich im Vorwort bei meinen »Freunden der SPD« bedankt, damals ein grober Verstoß gegen Parteiprinzipien, was mir eine strenge Rüge einbrachte. Heute wäre das »ein wertvoller Beitrag zum Dialog SPD – SED«.

Ich hatte zur Verteidigung meiner Arbeit damals noch einen Verbündeten im stellvertretenden Direktor der Akademie gewonnen. Heinz Hümmler hatte meine Thesen gelesen und mich gefragt, woher ich die präzisen Angaben hätte. Ich informierte ihn über die unglaublich anmutende Fülle an Belegmaterialien zur Arbeiterbewegung im 19. Jahrhundert, die in den Archiven der Bundesrepublik verborgen sei. Er sagte: »Mensch, und hier leben die Leute von Zitaten der Klassiker, die sollen sich auf den Arsch setzen und endlich arbeiten!«

Mir war im Staatsarchiv Potsdam ein Genosse des Instituts begegnet, der verzweifelt, aber völlig ehrlich, zu mir sagte: »Glaubst du, ich werde bald verrückt. Ich habe meine Dissertation fertig, alle Klassikerzitate, alle sowjetische Sekundärliteratur, alle Parteibeschlüsse richtig ausgewertet – aber glaubst du, ich finde hier in den Quellen die Beweise dafür? Ich werde verrückt, nichts finde ich ...«

Wie sagte Bloch? Ach ja, die sowjetische Elefantenwissenschaft ...

Außerdem wurde ich auch von Otto Reinhold, dem Chef der Akademie, und vom Parteisekretär des Hauses unterstützt, so daß Förder nichts mehr gegen mich unternehmen konnte.

Meine erste Begegnung mit Reinhold hatte ich übrigens einer Denunziation zu verdanken. Zwei Genossen des Instituts hatten gemeldet, daß ich, obwohl keiner von uns Westkontakt haben durfte, von ihnen gesehen worden sei, als ich am Abend in Begleitung den »Glaskasten«, die Grenzübergangsstelle am Bahnhof Friedrichstraße, besucht hätte. Sie wurden dann belehrt, daß sie zu schweigen hätten. Im Institut gab es einen Brief von Willy Stoph, in dem die Institutsleitung darüber informiert wurde, daß ich wie jeder andere die Verpflichtung unterschreiben würde, keinerlei Westkontakte zu halten, aber auf Weisung des Ministerratsvorsitzenden nach wie vor bestimmte politische Aufträge im Westen zu erledigen hätte.

Der Arbeitsstil an der Akademie war unter Reinhold hervorragend. Alles war genau geplant, keine Versammlung dauerte länger als zwei Stunden. Die Entscheidung, die getroffen werden mußte, wurde vorgestellt, alternative Lösungen kurz gestreift, und dann wurde über die zweckmäßigste Lösung diskutiert. Jede Beratung begann pünktlich auf die Minute und wurde ebenso pünktlich zum vereinbarten Zeitpunkt beendet. Reinhold war eben ein vorzüglicher Ökonom, er verstand den Wert der Zeit.

Im übrigen waren die Querelen um meine Promotion keine Ausnahme: Ein unüberlegtes Wort genügte mitunter, um eine Arbeit aus ideologischen Gründen abzulehnen. Außerdem konnte in der DDR »Wissenschaft« aus dem Bereich der Gesellschaftswissenschaften sehr schnell zur Makulatur erklärt werden. Als die Sowjets – in Vorbereitung von Ulbrichts Ablösung – forderten, die von diesem entwickelte »Theorie« von der »relativ selbständigen ökonomischen Formation des Sozialismus« aus dem Verkehr zu ziehen, verschwand das nationalpreisdekorierte Buch »Neues System der ökonomischen Planung und Leitung der Volkswirtschaft« über Nacht aus den Buchhandlungen.

Schmidt, unser Lehrstuhlleiter, empfahl uns bei Ulbrichts Sturz, noch schnell dessen Bücher und Broschüren zu kaufen, weil sie garantiert in den nächsten Jahren nicht mehr zu erhalten seien. Der frühere Chefideologe des ZK, Ölsner, hatte für seinen ersten Band über Wirtschaftskrisen den Nationalpreis erhalten, der angekündigte zweite Band ist jedoch niemals erschienen. Der erste Band wurde nach Ölsners Entfernung aus dem Machtapparat ebenfalls zurückgezogen.

Der brillante frühre Chefredakteur des »Neuen Deutschland«, Herrnstadt, von Ulbricht nach dem 17. Juni 1953 gefeuert, wollte Ende der fünfziger Jahre bei Professor Engelberg in Leipzig über den Kölner Kommunistenprozeß in der Mitte des vorigen Jahrhunderts promovieren. Er muße sich damit abfinden, daß die Verteidigung seiner Dissertation im letzten Moment abgesetzt wurde. Engelberg wurde aus dem Präsidium gerufen, kam mit zornrotem Kopf zurück und erklärte kurz: »Die Sitzung ist geschlossen.« Er hatte eine Anweisung aus dem Sekretariat des ZK entgegengenommen, daß ein Feind Ulbrichts und der Partei, aus der Führung ausgestoßen, auf keinen Fall den Ehrentitel eines Doktors erwerben dürfe, gleichgültig, ob seine Dissertation qualifiziert sei oder nicht. So parteilich ist nun mal die wahre Wissenschaft des Marxismus – nicht nur in der DDR, sondern im ganzen Ostblock. Aber vielleicht setzt sich doch die Erkenntnis durch, die in der sowjetischen Wochenzeitung »Ogonjok«, also im »Flämmchen«, im April des Jahres 1988 von Gosmann im Kreis seiner Akademikerkollegen unwidersprochen so formuliert wurde: »Unser Weltbild war absolut primitiv.« Richtig. Besser läßt sich Charlie Murx nicht charakterisieren.

Ich wollte nach der Promotion nicht wieder in den Staatsapparat zurück, sondern in meinem Beruf bleiben. Zu viele Zweifel hatten sich durch die Erfahrungen in der Praxis in mir angesammelt. Ich wollte nach Klarheit suchen. Dazu mußte ich forschen können. War die Theorie richtig und nur die Praxis miserabel – oder taugte auch die Theorie und damit das ganze System nichts? Ich ging als Dozent an die Humboldt-Universität. Das ist in der DDR so üblich; wer von der höchsten Bildungsstätte der Partei kommt, kann sofort Hochschullehrer werden, wenn er positive Arbeitsergebnisse vorweist. Außerdem hatte ich Lehrerfahrung und Praxis im Hochschulministerium aufzuweisen. Da ich meine politische Arbeit im Ministerrat weiterzuführen hatte, suchte ich mir an der Universität eine Sektion aus, von der ich hoffte, ich würde dort ein bestimmtes theoretisches Fundament dafür finden. Es gab in der Sektion Marxismus einen Arbeitskreis Gesamtdeutsche Beziehungen, und im Hochschulwesen hatte man mir erklärt, das sei die einzige Einrichtung, die sich an der Humboldt-Universität mit Ost-West-Beziehungen im engeren Sinne befasse. Deshalb hatte ich mich für diese Sektion entschieden. Leider stellte ich bald fest, daß in dieser Forschungsgruppe von fundiertem Wissen nicht die Rede sein konnte.
Herbert Häber vom Institut für Politik und Wirtschaft (IPW), vorher Abteilungsleiter im ZK und Stellvertreter des Staatssekretärs für Gesamtdeutsche Fragen, der später ZK-Sekretär wurde, machte mir in einer Sitzung mit der Leitung des Hauses den Vorschlag, in sein

Institut überzusiedeln. Im IPW gäbe es zwar eine Reihe von Spezia-
listen für die einzelnen Themenbereiche, aber es gäbe keine Mitarbeiter, die selbst interdisziplinär arbeiteten oder Querschnittsberei-
che leiten könnten. Gerade das aber sei bei der Analyse historischer,
ökonomischer und politischer Prozesse in der Bundesrepublik, die
das Institut vorrangig zu betreiben habe, äußerst wichtig.
In einem längeren Gespräch gelangten wir dabei zu der Erkenntnis, daß man in der DDR eine Art politische Wissenschaften in-
stallieren müsse. Das erinnerte mich an unsere Diskussionen während der Studentenzeit. Damals hatten wir ernsthaften Ärger bekommen, weil wir verlangt hatten, die Thesen des Historischen
Materialismus nicht nur theoretisch, sondern auch anhand von
empirischem Material, Tatsachen, Zusammenhängen, gesellschaftlichen Prozessen zu analysieren. Das galt als revisionistischer Angriff auf den »Hist-Mat« – die Geschichtsphilosophie des Marxismus. Inzwischen hat sich die vordem als »Westwissenschaft« ver-
pönte und verbotene Soziologie in der DDR durchgesetzt. Ich
bin sicher, daß es eines Tages anstelle von Lehrstühlen für Marxismus-Leninismus auch eine wirkliche politische Wissenschaft in
der DDR geben wird.
Ich entschied mich anders und sagte Häber ab. Da wirtschaftliche
Prozesse und Probleme der Europäischen Gemeinschaft im Zusammenhang mit dem Sonderstatus des innerdeutschen Handels immer
mehr in mein praktisches Arbeitsgebiet einbezogen waren, entschloß ich mich, an die Sektion Wirtschaftswissenschaften der
Humboldt-Universität zu gehen. Mit der Übersiedelung nach dort
war die Berufung als ordentlicher Professor verbunden. Das war
nach nur drei Semestern Universitätstätigkeit eine sehr rasche, unüb-
liche Beförderung außerhalb der Reihenfolge.
Bei den Wirtschaftswissenschaftlern siedelte ich mich bei Prof. Dieter Klein an, einem ebenso kreativen wie qualifizierten Kopf, der im
persönlichen Umgang genauso angenehm war wie im dienstlichen
Bereich. Die Sektion hatte einige fachlich herausragende Kollegen,
mit denen ich bald ein gutes Einvernehmen hatte. Vor allem war die
Sektion ein Gewinn für meine analytischen und politisch-operati-
ven Arbeiten. Da das Verhältnis zwischen Comecon und Europäischer Gemeinschaft zunehmend an Bedeutung gewann, beschloß
ich, meine historischen Studien ganz an den Nagel zu hängen und

mich gründlich in die Bereiche der internationalen und deutsch-deutschen Wirtschaftsbeziehungen einzuarbeiten.

Es ist nicht einfach, wenn man Jahre wissenschaftlichen Vorlaufes aufgibt, um in das Zweitfach zu wechseln. Natürlich wird überall in der DDR interdisziplinäre Arbeit verlangt, aber jeder, der das tut, hat zunächst einmal eine Reihe von Nachteilen, da jede Fachrichtung in der ihr eigenen Arroganz meint, sie sei gegenüber den anderen wichtiger.

Die Verbindungen zur wirtschaftlichen Praxis hatte ich, weil ich mit Gerhard Weiss, dem stellvertretenden Ministerpräsidenten und ständigen Vertreter der DDR im Comecon, befreundet war und unter seiner Regie einiges in Richtung Europäische Gemeinschaft betrieb, wo mich Egon Bahr beim Vizepräsidenten Wilhelm Haferkamp avisiert hatte. Daher hatte ich auch im Forschungsinstitut der Außenwirtschaft wie im dortigen Ministerium zu tun. Als es notwendig wurde, Verhandlungspositionen zwischen dem Comecon und der EG im Interesse der DDR konkreter zu formulieren und zu definieren, wurde ich für ein Jahr von meinen Verpflichtungen an der Universität befreit und im Außenwirtschaftsministerium eingesetzt, um die Positionen der DDR gegenüber den Sowjets und der EG zu koordinieren. Das mir vorgelegte Material reichte von nüchternen, sachlichen Analysen der Wirtschaftler bis zum ideologischen Blabla der Diplomaten. Gelegentlich hatte ich den Eindruck, mich in verschiedenen Ländern zu befinden. Jetzt, im Juni 1988, nach 15 Jahren, hat der RGW endlich nachgegeben und einem Abkommen mit der EG zugestimmt. Wirtschaftliche Not bricht ideologische Prinzipien: Der Osten hat der West-Definition über Berlin zugestimmt. Vorher sollte Berlin nicht zur EG gehören dürfen.

Im Ministerium waren die Fronten damals gleichfalls feindlich gruppiert. Gegen den innerdeutschen Bereich, vertreten durch den Stellvertreter des Ministers, Heinz Behrendt, einen erstklassigen Fachmann, wurde ständig durch den Staatssekretär Beil intrigiert. Dieser wollte die Sonderstellung Behrendts abschaffen, und es gelang ihm auch. Behrendt, inzwischen pensioniert, sagte mir einmal: »Das ist kein Ministerium, das ist eine Räuberhöhle.« Die Machtverhältnisse waren völlig subjektivistisch geordnet. Neben Sölle, dem damaligen Minister, war Beil, einmalig in der Struktur der DDR, Regierungsmitglied. Er war als Vertrauter des ZK-Sekretärs Mittag von diesem eingesetzt gegen den Willen des Ministerpräsidenten. Außerdem hat der SSD mit Staatssekretär Schalck seine eigene Filiale, auch räumlich vom Ministerium getrennt, aber in der Leitung des Hauses präsent. Alle halb und voll kriminellen Geschäfte werden von dort betrieben. Das West-Fernsehen hat Schalck auch als Alkoholschieber vorgestellt, geschadet hat ihm das nicht.

Als ich bei einer Verhandlung mit westdeutschen Konzernen von den abenteuerlichen Dumpingpreisen der DDR erfuhr, die eine ungeheuere volkswirtschaftliche Schädigung der DDR zugunsten westdeutscher Privatmonopole bedeuten, und mich empörte, wies Heinz Behrendt auf seine Sekretärin und sagte: »Frag' sie, wie oft Mittag heute schon angerufen hat, ob der Devisenplan erfüllt ist!« Der ZK-Sekretär, oberster Wirtschaftsboß des staatsmonopolistischen Konzerns DDR, rief in Abständen von zwei Stunden an, ob das Westgeld reiche, damit die Zinstilgung auf dem Eurodollarmarkt funktionierte!

Nun: Es gibt Praktiken, die in Sekunden mehr Kenntnisse vermitteln als Semester an der Universität. Viel profitiert für die eigene Weiterbildung habe ich in diesen Jahren durch meine Vorlesungstätigkeit vor leitenden Kadern. Das Bildungssystem der DDR sieht vor, daß alle verantwortlichen Leute aus Partei, Staat, Wirtschaft, Gesellschaft, Universitäten und Hochschulen in regelmäßigen Abständen zusätzlich zum laufenden Parteilehrjahr zu Weiterbildungsveranstaltungen zusammengezogen werden, wo sie sich in abgeschiedenen Internaten, befreit von der täglichen Arbeit, mit den neuesten Problemen aus Wissenschaft und Forschung vertraut machen können und mit Praktikern aus den einzelnen Fachministerien und Theoretikern der Universität über Probleme debattieren, die die Anwendung des technologischen Fortschritts mit sich bringt. Die Ost-Berliner Humboldt-Universität hatte, wie alle Hochschulen der DDR, dazu ein ausgedehntes Schulungssystem für alle Kader entwickelt, die als Hochschullehrer vorgesehen waren. Wer eine Dozentur oder Professur anstrebte, mußte sich vorher an dieser Weiterbildung beteiligen und durch aktive Arbeitsleistung zusätzlich seine Qualifikation belegen.

Das Weiterbildungszentrum befand sich außerhalb Berlins in Egsdorf. Die Lage wurde absichtlich so gewählt, weil man Wert auf einen Internatsbetrieb legte, damit sich die Kollegen der unterschiedlichen Fachrichtungen näher kennenlernen konnten. An den Abenden gibt es auch ganz zwanglos abgehaltene Debatten der Fachleute aus allen möglichen Bereichen, auch aus dem militärischen, und es wird im kleinen Kreis über Fakten diskutiert, die man in der DDR nirgendwo gedruckt finden kann. Auf diese Weise vermittelt man den Kadern das Gefühl, daß sie nach Abschluß ihrer Ausbildung zur obersten Elite gehören, die das Recht hat, nach zweierlei Maß zu messen und zu denken. Das Blabla der Medien ist für die Dummen. Die Macht schweigt – und handelt. Wirkliche Entscheidungen fallen bei den Kommunisten unter absolutem Ausschluß der Öffentlichkeit.

Die Agitation, das »Neue Deutschland« und die »Berliner Zeitung«, sind für die einfachen Leute, die echten Informationen bleiben für Spitzenfunktionäre reserviert. Dies ist in etwa die praktische Anwendung der Blochschen These: »Weil wir was zu sagen haben, können wir nicht alles sagen.«

Ich hatte derartige Fortbildungsveranstaltungen neben Egsdorf zu wirtschaftlichen und politischen Prozessen in den Integrationsblökken EG-RGW in der Staatlichen Plankommission, im Ministerium für Auswärtige Angelegenheiten, im Ministerium für Außenhandel und an der Medizinischen Akademie der DDR in Ziegenhals zu absolvieren. Dorthin wurde ich übrigens als einziger Dozent 15 Jahre lang immer wieder eingeladen, bis es einen Zusammenstoß mit einer Ärztin gab, deren Name und Privatleben inzwischen einem größeren Kreis bekannt ist, nachdem ein gewisser Herr Meißner aus der Akademie der Wissenschaften sich als akademisch gebildeter Duschenklau staatssicherheitsdienstlich betätigt hat.

Dieser Dame erschien ich politisch nicht einwandfrei genug und ökonomisch zu kritisch. Deshalb wurde mein Name aus dem Lehrplan gestrichen, was zu großem Erstaunen und Protesten führte, da die Kollegen von den Beziehungen dieser Ärztin zum ersten Mann an der Spitze von Partei und Staat damals nichts wußten.

Im Januar 1978 wurde ich verhaftet und befand mich bis März in Untersuchungshaft des SSD.

Die politische Atmosphäre in der DDR war aufgeheizt durch das sogenannte »Spiegel-Manifest«, welches eine Erklärung des oppositionellen »Bundes demokratischer Kommunisten« in der SED war. Die Texte kann nur verstehen, wer sich im Apparat und in der Ideologie der SED auskennt. Kein anderes Papier hat die SED-Spitze so getroffen wie diese Ausarbeitungen. Der SSD machte Jagd auf alles, was verdächtig war. Man war äußerst nervös, und die Stalinisten sahen ihre Existenz ernsthaft durch den in ihren Augen revisionistischen Eurokommunismus bedroht. Immerhin hatte dieser auf der internationalen Konferenz der kommunistischen Parteien in Ost-Berlin eben triumphale Erfolge gefeiert, und Tito genoß seinen großen Sieg über die Sowjets mit den Italienern und den Spaniern.

Neu und schockierend für die SED war, daß die Ketzereien der Eurokommunisten in der DDR gedruckt werden mußten, denn ohne dieses Zugeständnis wäre die Weltkonferenz nicht möglich gewesen. So las denn das erstaunte SED-Mitglied: Moskau ist nicht mehr unsere Kirche – wir sind erwachsen, oder es erfuhr, daß auch die KPF die Diktatur des Proletariats ablehne! Ideologischer Hochverrat! Das ND schlug damals gegen die Eurokommunisten wie heute gegen Gorbatschow. Die Verunsicherung in der SED war enorm. Vergleicht man heute den Text der Erklärung der SED-Opposition von 1977/78 mit Gorbatschows Erneuerungsprogramm, stellt man bis ins Wörtliche und in die Schlagworte gehende Übereinstimmungen fest. Schon damals schlugen DDR- und sowjetische Reformer gegen die SED-Spitze unter Honecker und Hager. Das war der politische Hintergrund meiner Verhaftung.

Einige leitende Genossen aus dem »Bund« kannte ich. Sie hatten mich gebeten, für ihre »Erklärung« den Weg zum »Spiegel« freizumachen. Ich warnte sie wie Redakteure des »Spiegel« mit Nachdruck und sagte diesen die Schließung des »Spiegel«-Büros voraus. So kam es dann auch.

Der Aufruhr war perfekt. Die Macht der SED in der DDR ist extrem labil. Eine »Spiegel«-Veröffentlichung oder ein Luxemburg-Zitat in einer Demonstration bringt diese Ersatzrussen an den Rand des Abgrunds. Sie fallen nicht hinein, keine Angst. Es gibt genügend Kräfte in der Bundesrepublik – »außerordentliche und bevollmächtigte Vertreter der DDR in der BRD« nach SED-Jargon –, welche ganz demokratisch die Diktatur der dortigen Politkriminellen stets rechtzeitig stützen. Sie dürfen sich darauf verlassen: Umgekehrt würden diese Kommunisten genauso verfahren ... Küßt die roten Faschisten, wo ihr sie trefft!

Als ich nach Veröffentlichungen im Westen, die auf einen »Spiegel«-

Titel zurückgingen, aus der U-Haft entlassen wurde, vereinbarte ich mit meinen Freunden, mich doch noch zu habilitieren, um durch wissenschaftliche Leistungen die eben erlittene politische Schlappe auszubügeln. Zwar war ich schon ordentlicher Professor, aber die Arbeit im Zweitfach ließ mir eine fachliche Zusatzfundierung ratsam erscheinen. Ich schloß meine Forschungen ab und verteidigte meine Habilarbeit an der Sektion Wirtschaftswissenschaften der Humboldt-Universität öffentlich.

Meine Gutachter waren Nationalpreisträger Dieter Klein, Prorektor der Universität, und Erwin Rohde, Leiter des Bereiches Internationale Finanzen, vorher viele Jahre Erster Prorektor, ferner Klaus Korn, Mitglied der Akademie der Pädagogischen Wissenschaften und Direktor des Instituts für Bildungsökonomie, sowie Kurt Heuer, ehemaliger Direktor der Sektion Marxismus, der sich geweigert hatte, den Parteiausschluß von Robert Havemann mit zu unterschreiben und deshalb vom anwesenden Hager persönlich sofort gefeuert worden war. Den Vorsitz der Prüfungskommission hatte Otto, der erste Mann aus der DDR, der innerhalb der Vereinten Nationen als Wirtschaftsstatistiker einige Jahre lang eine praktische Tätigkeit ausgeübt hatte. Als der SSD 1985 versuchte, mich durch »wissenschaftliche« Gutachten diskriminieren zu lassen, um mich von der Universität zu entfernen, fand sich kein SED-Genosse, trotz verlockender Angebote, das zu tun: Zu seriös, DDR-Spitze, waren die Gutachter. Dieses Drecksgeschäft besorgte ein »Genosse« im theoretischen Organ der SPD, der »Neuen Gesellschaft«, zum Zeitpunkt meiner Ausreise. Die »Wahrheit«, das SEW-Blatt in West-Berlin, druckte die Sudelei dann sofort nach. Man verteilte sie unter meinen Studenten: SED und »Neue Gesellschaft« Hand in Hand, wenn es gegen die Oppositionellen in der DDR geht, keine »neue«, eine »feine« Gesellschaft, verteilte Rollen: die SPD mit den Altstalinisten gegen Kritiker der SED. Natürlich hat sich die SPD geweigert, meine Antwort zu drucken: Dieselben Apparatschiks, dieselben Methoden wie in der SED, eben Marxisten unter sich.

Den Abschluß meiner Prozedur feierten wir im Kreis der Prüfungskommission mit Freunden im »Ganymed«, wobei Hermann Kant uns mit den Erfahrungen bei seiner ersten Auslandsreise in den USA unterhielt. Die Professoren belustigten die Runde mit Anekdoten über die Einführung und Durchsetzung des marxistischen Grundlagenstudiums an der Universität mit Hilfe des Ersatzrussen Naumann, der die deutsche Sprache und Phonetik nach langer Emigration nicht mehr völlig beherrschte und seine Hörer in der Vorlesung, wenn sie deshalb lachten, mehrfach mit »Ru-hä! Provokazija!« anbrüllte. Sie schockten uns außerdem mit Erzählungen über persönliche Korruption in der Akademie der Wissenschaften in Moskau, die so uralt sein muß, daß die ZK-Genossen die ihre von dort abgeguckt haben müssen. Jetzt ist auch klar, weshalb die Korruption in der KPdSU nicht auszurotten ist: Sie ist wissenschaftlich fundiert.

Meine berufliche Arbeit ging zunächst nach der Haft normal weiter. Bei den fachlichen Diskussionen im internen Kreis der Praktiker und der Professoren im wirtschaftswissenschaftlichen Bereich kristallisierte sich für mich in jenen Jahren immer mehr im Hinblick auf die praktische Wirtschaft des »realen Sozialismus« ein Problem heraus: Was sind die wirklichen Ursachen dafür, daß hier die Effektivität immer mehr zurückgeht? Warum ist der RGW, obwohl er Energie, Arbeitskräfte und Rohstoffe in Hülle und Fülle hat, nicht in der Lage, seine Wirtschaftsprobleme zu meistern? Warum können die Russen, deren landwirtschaftliche Nutzfläche zehnmal größer ist als die Deutschlands, ihre Menschen nicht ernähren? Woran liegt dies alles? Liegt es am System oder an der falschen Anwendung der Theorie, oder taugt die Wirtschaftstheorie und folglich das ganze Wirtschaftssystem nichts? Welche praktische Politik müssen wir in der Wirtschaft gegenüber Westdeutschland und dem westlichen Ausland betreiben? Wie können wir die Verschuldung verringern und abbauen, die permanent zum Verlust von Nationaleinkommen führt? Derartige Überlegungen sind natürlich immer mit Wirtschaftspolitik verbunden, weil sich rein theoretisch kein Problem lösen läßt.

Ich war nur formell rehabilitiert worden, deshalb glaubte eine ganze Reihe von Widersachern, mich besonders scharf politisch angreifen zu können. Zwar reagierte ich sachlich, aber die unfruchtbaren Auseinandersetzungen kosteten mich auf die Dauer zuviel Zeit. Als mein Bereichsleiter mir mitteilte, daß er angewiesen sei, »Berg nur noch überwachbar einzusetzen«, ich Fernstudenten der Armee, Polizei und der Staatssicherheit bekam und mir die große Vorlesung mit der Begründung entzogen wurde, man müsse mich schonen, ich hätte schon immer zuviel inner- und außerhalb der Universität gearbeitet, die Vorlesungen am Samstag von sieben bis zehn Uhr seien Belastungen für jüngere Professoren, ich könne mir 70 Wochenstunden nicht mehr zumuten, griff ich den Staatssicherheitsdienst in einer Vollversammlung der Sektion Wirtschaftswissenschaften offen an. Es kam zu einem Skandal. Die Kreis-Partei-Kontroll-Kommission drohte mit Haft, wenn ich nicht sofort öffentlich widerriefe. Ich beschwerte mich bei Honecker. Er schickte mir zwei Vertreter aus der Kader- und der Sicherheitsabteilung des ZK. Mit ihnen vereinbarte ich, daß ich in mein historisches Fach zurückgehen würde, um den dauernden politischen Querelen mit dem Ministerium für Staatssicherheit und dessen Abgesandten an der Sektion aus dem Wege zu gehen. Einen Widerruf verweigerte ich.

So ging ich zu Beginn der achtziger Jahre zur Sektion Geschichte und lehrte dort Geschichte vom 16. Jahrhundert bis 1917. Spezialseminare hielt ich zu den europäischen Integrationsprozessen ab.

Ich hätte nun meine historischen Aktenstudien über die Revolutionsprobleme des 19. Jahrhunderts gerne fortgesetzt, aber das war nicht möglich. Ich konnte weder an Kongressen teilnehmen noch zu Archiven reisen. Mir wurde auch sämtliche Auslandsliteratur gesperrt, Fachliteratur und Fachzeitschriften verschwanden, kamen nicht mehr an, und bei der Post in Erkner sagte man mir, ich sei auf der Liste der Empfänger zu beschlagnahmender Sendungen. Ich wandte mich also zur Vorbereitung bestimmter Spezialseminare nun der Quellenlage zu, die für mich greifbar war, und kam dabei zu Ergebnissen, die mit der offiziellen Lehrmeinung absolut nicht zu vereinbaren waren. Das war auch schon bei den Analysen der Ost-West-Wirtschaftsprozesse in einer Reihe von Punkten der Fall gewesen.

Der SSD hatte inzwischen Anweisung gegeben, mich selbst in »Forum« und »Horizont« nicht mehr zu drucken. Die Verlage lehnten meine Buchmanuskripte ab. Es war klar, daß – würde ich sie außerhalb des Büros für Urheberrechte, das die Zensur ausübte, im Westen drucken lassen – die Strafverfolgung mit der Begründung krimineller Devisenvergehen einsetzen würde. Für mich war aber auch klar, daß ich nunmehr nicht wider besseres Wissen und Gewissen meinen Studenten falsche Tatsachen und Zusammenhänge anhand von selektiertem Material vermitteln würde, wie das die Lehrpläne vorschreiben. Was der SSD wollte, war klar: Wenn ich meine vorgeschriebenen Verpflichtungen, z. B. Veröffentlichungen, nicht mehr erfüllen konnte, war ich als leistungsverweigernder Asozialer abzuberufen vom Lehrstuhl, ganz unpolitisch.

Ich zog mich von allen meinen Freunden zurück, damit sie nicht in den Konflikt mit hineingerissen würden, und begann, mich auf die Auseinandersetzung – und das hieß: den offenen Bruch – mit dem System vorzubereiten. Zunächst schrieb ich eine Studie über die europäischen Integrationsprozesse in der Sklavensprache, versah sie jedoch mit einem Nachwort, das bereits ein Vorgriff auf weitergehende historische Erkenntnisse und offen rebellisch war. Das Manuskript stellte ich, ohne Vor- und Schlußwort, einem West- und einem Ostmenschen zur Verfügung, deren Verbindungen zum SSD ich kannte. Meine Rechnung ging auf. Die Offiziere ließen sich täuschen. Ohne das Nachwort sieht alles wie eine rein akademische Studie aus. Die Überwachung lockerte sich. Ich konnte das ungekürzte Manuskript in den Westen bringen lassen. Dorthin gingen seit meiner U-Haft alle meine Aufzeichnungen, acht Jahre lang, auch die präzisen Umstände und Abläufe meiner Verhaftung.

Ich hatte wegen meiner Familie die Absicht, die DDR auf seriöse Weise zu verlassen. Zur Vorsicht probte ich allerdings erfolgreich den illegalen Grenzübertritt im Thüringer Wald. Danach schlug ich dem zuständigen Sekretär des ZK, Hager, im Mai 1985 schriftlich vor, mich ausreisen zu lassen, so daß das EG-Buch erscheinen würde, sobald ich Bundesbürger sei. Entgegen seiner Zusage verhielt sich Hager so, daß es zum aufsehenerregenden Bruch kommen mußte. Hier fasse ich nur in gröbsten Umrissen die theoretische Problematik meinerseits, die zum Bruch mit dem System in der DDR führte, zusammen, da ich das ausgiebig in meiner Studie: »Marxismus-Leninismus. Das Elend der halb deutschen, halb russischen Ideologie« und in »Die EG. Ein Modell für Ost und West?« beschrieben habe. Hier wurde ich immer gefragt, wieso erschienen beide Bücher im Bund-Verlag Köln, dem Zentralverlag des DGB? Warum? Nur dort fand sich ein mutiger Verleger, ein Exiltscheche, Thomas Kosta. Selbst Herr Niemann bei Ullstein war vor den Manuskripten zurückgeschreckt!

Meine Lage sah so aus: Zweimal zehn Jahre Haft für mich, bei eventuell unveröffentlichten Büchern, falls die Manuskripte dem SSD in die Hände gefallen wären ... Heute ist die Lage natürlich anders, beide sind inzwischen ministeriell als »besonders wertvoll« eingestuft und für den Unterricht empfohlen. Für mich war klar geworden anhand der Quellen, daß Marx in keiner Disziplin wissenschaftlich Neuwert geschaffen hatte. Er war nie ein Wissenschaftler, er war immer ein Ideologe. Nur: In der DDR fußt das gesamte System in Partei, Staat, Gesellschaft, die gesamte Leitung der Wirtschaft im Inneren wie nach außen auf den Lehren des Marxismus-Leninismus. Ich habe lebenslänglich viel gezweifelt, dauernd gesucht, aber letztlich immer geglaubt, die Theorie sei gut, nur ihre Umsetzung sei mangelhaft. In der Anwendung einer guten Theorie zur positiven Veränderung einer miserablen Praxis sah ich immerhin einen Lebenssinn. Ich war nun aufgrund meiner quellenkritischen Studien zu einer ganz anderen Position gekommen: Die politische und ökonomische Theorie taugt nichts, folglich muß es in der Praxis immer so schieflaufen, wie es läuft.

Diese kritischen Feststellungen bezogen sich auch auf jene zwei vorgeblichen wissenschaftlichen Leistungen, die Marx nach Engels' Auskunft gebracht haben soll, nämlich auf die Entdeckung des gesetzmäßigen Ablaufes der Geschichte – ich habe nachgewiesen, daß dies aus einer anderen Geistestradition stammt und von Marx unter Niveau bei Wilhelm Schulz u. a. abgeschrieben worden ist – und ferner auf die Erklärung des Wesens der Arbeitskraft im Arbeitsprozeß, mit der Marx die Mehrwerttheorie und damit die Erklärung für die Ausbeutung und folglich auch für die Möglichkeit zu deren Überwindung gegeben habe. Ich habe aufgelistet, daß das nicht stimmt, sondern gleichfalls unter dem Niveau der Nationalökonomie des 19. Jahrhunderts plagiiert ist, daß man Ausbeutung sowieso nie abschaffen kann, weil sonst alle Unproduktiven verhungern müßten; daß die Ausbeutung im Osten, weil die Arbeitszeit länger, der Urlaub kürzer, das Einkommen geringer, der Lebensstandard niedriger ist, stärker ist als im Westen, sich dieses Verhältnis gleichfalls zu Ungunsten der Werktätigen im Osten weiter ausprägt und verschlechtert und den allseitigen Niedergang des Ostens erklärt.

Ich hatte in meiner Studie über die Integrationsprozesse in Westeuropa analysiert, daß auch die außenwirtschaftlichen, die internationalen ökonomischen Beziehungen zum Nachteil des Ostens geraten und der RGW ein historisch zurückgebliebener Block ist, gemessen an den sich entwickelnden Ansätzen der Supranationalität der Europäischen Gemeinschaft; d. h. aber, daß die falsche Geschichtsphilosophie und Wirtschaftsideologie des Marx, auch von der Praxis her widerlegt, Ursache für den Verfall der sowjetischen Systeme ist, die, solange sie an der marxistischen Pseudotheorie festhalten, nicht reformfähig sind.

Das und einiges mehr, was in diesen beiden Büchern steht – etwa, daß Marx von den Arbeitern als »halbgebildetes Element« aus der Partei ausgestoßen und nie wieder aufgenommen wurde, daß er per Statut für sich den Personenkult erfand, also der erste Stalinist war, selbst das Kommunistische Manifest unter Niveau abgeschrieben hat –, reichte natürlich aus, um seitens des SSD zu sagen: »Wir müssen Berg einsperren. An der Universität kann man ihn nicht mehr lassen.« Wer nachweist: Marx ist Murx, ist in der DDR nicht mehr tragbar. Die Alternative aus der Sicht des SSD, der nur auf Weisung der SED-Führung, keinesfalls eigenmächtig handelte, war klar: Rein oder raus: wieder ins Betonloch oder in die Freiheit. Die Situation war kritisch: Es lief ein zweites Ermittlungsverfahren. Man sagte mir die aktive Unterstützung der polnischen »Solidarität« nach.

Das hat nun wieder mit meiner hauptberuflichen politischen Tätigkeit zu tun.

Kapitel III

Zwischen den Parteien, den Regierungen und der Presse in Deutschland

1962 hatte ich meine Tätigkeit als Leiter der Abteilung Internationale Verbindungen im Presseamt beim Vorsitzenden des Ministerrates aufgenommen. Die politische Hauptaufgabe des Amtes stand im Zusammenhang mit den Anstrengungen der DDR, ihre internationale Anerkennung zu erreichen. Deshalb sollte das Ansehen des Staates im westlichen Ausland verstärkt gefördert werden. Unsere Bemühungen konzentrierten sich aber besonders auf die Bundesrepublik, weil das Presseamt für die Auslandspropaganda nur Mitentscheidungsbefugnis hatte, die Hauptverantwortung jedoch in der Presseabteilung des Ministeriums für Auswärtige Angelegenheiten bei Ewaldt Moldt, dem bisherigen DDR-Vertreter in Bonn, lag. Die Arbeit mit den westdeutschen Journalisten spielte sich auf Empfängen, bei Reisen, Gesprächen und Interviews ab. Da wir die Einreisegenehmigungen für Journalisten in die DDR bedeutend erhöhten, war es bald erforderlich, zur Abwicklung der technischen Probleme, der Vorbereitung, auch der »finanziellen Abschöpfung in Hartwährung« eine besondere Abteilung bei der Generaldirektion des Reisebüros der DDR einzurichten, die auch noch heute existiert und ausschließlich unter Leitung des Staatssicherheitsdienstes gestellt ist. Chef war ein erfahrener, hochintelligenter Offizier mit dem Decknamen Oster. Als Manager in der Bundesrepublik wäre es ihm um Haaresbreite geglückt, in das Verteidigungsministerium einzudringen, Aufgabengebiet: Waffenbeschaffung. Er sei, meint er, damals an der Sorgfalt eines Mannes namens F. J. Strauß gescheitert. Der SSD war mit der Abwehr wie der Aufklärung vertreten. Die meisten »Betreuer« waren IM – inoffizielle Mitarbeiter – oder Offiziere. Die IM stammten aus allen Berufen, viele waren Mitglieder des Schriftstellerverbandes, hochdekoriert mit Auszeichnungen, darunter Autoren wertvollster Kinderbücher: Der SSD hat alle Gesichter. Besonders viele waren, wie auch hierzulande, als »freischaffend« ausgeschildert. Sie hatten immer alle Sonderausweise, um überall dabeizusein: Auch daran kann man sie erkennen. Kein westdeutscher Journalist durfte ohne Betreuer in der DDR reisen. Man stelle sich dagegen die bundesdeutsche Praxis mit Ostkorrespondenten vor! Dabei klagen alle Ostblockmedien über »mangelnde Arbeitsmöglichkeiten« ihrer Korrespondenten! Wie wäre es, wenn die Westkorrespondenten im Osten »gleiche« Rechte und Freiheiten genießen würden wie ihre »Kollegen« im Westen? Zählen nicht einmal solche Selbstverständlichkeiten zum Koexistenz-Konzept des Westens, wo der Osten doch immer die Gleichberechtigung auf allen Ebenen vertritt?

Der SSD versuchte, Anwerbungen vorzunehmen, zu korrumpieren, zu bestechen, zu erpressen und möglichst genauen Einblick in die Redaktionsarbeit, in die Haltung bedeutender publizistischer Köpfe und ihre Verbindungen zur Wirtschaft und Politik zu bekommen und war außerdem bestrebt, sowohl zutreffende Nachrichten als auch Desinformationen an den Mann zu bringen.

Die Arbeitsbelastung in meinem neuen Arbeitsgebiet ließ mir keine Zeit für meine wissenschaftlichen Interessen: täglich Dienst, abends Empfänge, Cocktails, ausländische Gäste; sonnabends Dienstschluß gegen 14 Uhr, sonntags früh ab sieben Uhr Durchsicht der Auslandspresse und der Informationsdienste. Ergab sich daraus Arbeit im Ministerratsbereich – je nach Wichtigkeit mußte der Regierungschef, seine Stellvertreter oder die Minister informiert werden –, war der Sonntag oft auch vorbei, und der bot außerdem auch sonstige dienstliche Verpflichtungen.

Zweimal im Monat hatte ich Nachtdienst im Amt als Chef vom Dienst. Die Fernschreiber tickerten bis gegen zwei Uhr und hämmerten uns dann wieder gegen vier Uhr aus einem kurzen Schlaf, angezogen auf dem Feldbett absolviert. Herrschte Hochbetrieb – internationale Konferenzen, Parteitage, Kultur- und Sportfeste, Messe o. ä. –, mußten drei bis vier Stunden Schlaf je Nacht über die Woche genügen. Ein Parteisoldat in der DDR schläft nie, der ruht höchstens. Alle Dienststellen in der Hauptstadt, im Bezirk und im Kreis sind jeden Tag und jede Nacht besetzt, das persönliche Alarmierungssystem legt für jeden Genossen fest, wer wen über was verständigt und zusammentrommelt.

Manchmal fühlte ich mich, als sei ich mit Blei ausgegossen. Das Gehirn funktionierte träge und langsam, so wie ich es nach gezieltem Schlafentzug in der U-Haft in Erinnerung habe. Viele von uns lebten so über Jahre oft am Rande der Erschöpfung. Literaten aus der DDR, die keine Ahnung von den wirklichen Arbeitsbedingungen im Apparat der Führung haben, schwafeln hierzulande von den »Privilegien« der Funktionäre. Sicher, die gibt es, aber erst als ZK-Mitglied aufwärts. Für die anderen heißt Dienst im Staat zuallererst: dienen, dienen und nochmals dienen – ohne Privilegien. In diesem Punkt herrschen in der SED preußische Prinzipien. Stoph hat Mitte der sechziger Jahre einen neu ernannten Minister einen Tag nach dessen Ernennung gefeuert, weil dieser, vorher Kombinatsdirektor, es wagte, beim Regierungschef ein höheres Gehalt zu fordern, als für Minister festgelegt ist. Laut Arbeitsrecht dürfe doch im Falle der Versetzung keiner weniger als vorher verdienen? Nun, er marschierte »ab in die Produktion«, als Abteilungschef, nicht als Direktor.

Die Orientierung für unsere Arbeit auf dem Pressesektor erhielten wir aus der Agitations- und Westabteilung des Zentralkomitees der SED. Die Anweisungen der Agitkommission, wie sie verkürzt genannt wird und die einmal wöchentlich tagt, wurden dann in einer Besprechung den Chefredakteuren im Presseamt mitgeteilt. Das Presseamt kontrolliert auch die sogenannte Blockpresse. Die Zensurbehörde des Amtes ist als »Lektorat« getarnt. Dort werden die Zeitungen der »kleinbürgerlichen« Parteien überprüft, auch die Presseerzeugnisse der Kirche, und bei Beanstandungen wird vom Amt aus eingegriffen. Das vollzieht sich meistens lautlos. Seit der Liebknecht-Luxemburg-Demonstration vom 17. Januar 1988 aber knirscht es stetig unüberhörbar: Die Kirchenzeitungen werden brutal unterdrückt und schikaniert, selbst wenn sie aus »Moscow News« zitieren!

Das gesamte Presse- und Informationswesen untersteht der strengen Kontrolle des ZK. Wenn zwischen den Tagungen der Agitkommission etwas Wesentliches passiert, wird die offizielle Sprachregelung und Informationsselektion über die staatliche Agentur ADN verbreitet. In den sechziger Jahren lag die Agitation vorwiegend in den Händen des Politbüromitglieds und Sekretärs des ZK Norden, der durch periodische Pressekonferenzen, die sich vorrangig gegen Bonner Politiker richteten, von sich reden machte – ich erinnere an die Aktionen, die jahrelang gegen Lübke, Globke, Oberländer, später gegen Hans Filbinger und andere geführt wurden. Diese Hetze fand in der elitären Großpresse, aber auch in den Massenmedien der Bundesrepublik großen Widerhall. Im Presseamt feierten dann die Chefs der Desinformation des SSD mit dem Amtsleiter riesige Sauf- und Freßorgien, um die gekonnten Fälschungen zu bejubeln: Im Kampf gegen den »Imperialismus« heiligt der Zweck alle Mittel. Dafür hält das Schlagwort »Konterpropaganda« her. Wöchentlich einmal wurde solche erörtert, Fakten und Fälschungen auch sehr oft an K. E. v. Schnitzler gegeben, dessen antisowjetische und antise- mitische, zynische Witze keiner zu überbieten vermochte.

Der CDU-CSU-geführten Bundesrepublik wurde so im In- und Ausland der Stempel »Nazideutschland« aufgedrückt, während sich die DDR ihres »Antifaschismus« rühmte. Nun: Auch der Chef des Presseamtes, Blecha, war ein Nazi – natürlich ein geläuterter, wie alle Nazis in Diensten der SED und des SSD. Weil Lübke als Vorge- setzter eines Architekten irgendwann einmal eine Paraphe auf ir- gendeine Barackenbezeichnung für einen Stadtpark gesetzt hatte, wurde dieser Bundespräsident als »KZ-Baumeister« verleumdet. Baracken gab es ja wohl nur im KZ! So ähnlich lagen auch die ande- ren »Fälle«.

In der Regel wertete Norden alle Unterlagen selbst öffentlich aus, aber es gab auch Unterschiede.

Eines Tages erhielt ich von ihm die Akte über Fritz Erler. »Setz' dich hin, lies! Wenn du Fragen hast, frage!« Ich las Erlers Aussagen vor der Gestapo. »Soll das der Inhalt der nächsten Pressekonferenz wer- den?« fragte ich.

Nun wies er an, was geschehen solle. Im Parteivorstand der SPD trat Erler damals am entschiedensten für eine konsequente Sicherheits- politik gegenüber dem Osten ein, weshalb die SED-Führung ver- suchte, Erlers Positionen zu unterminieren. Ich suchte Dieter Span- genberg im West-Berliner Senat auf, der dort Chef der Senatskanzlei war. Im Vorzimmer Brandts sagte er: »Ich werde erst einmal sehen, ob ich das überhaupt reinreichen kann.« Dann öffnete er die Akte, überflog alles und meinte: »Es ist vielleicht doch wichtig, wir sollten den Vorgang behalten.« Natürlich vergewisserte er sich bei seinem Chef, ob ich sie dalassen sollte, und Brandt nahm sie.

Norden höhnte, als er das hörte: »Sehr gut, wenn es in einigen Jah- ren paßt, geben wir Brandts potentiellem Nachfolger die Brandt- Akte im Auszug, wo der geile Sack, der sich von Schütz und Co. nur

146

Weiber zutreiben läßt, 1946 bei uns anfragt, was er werden kann, wenn er in der SED mitzieht.« Ich habe mir in meinem Leben nur sehr wenige wörtliche Aufzeichnungen gemacht. Dies ist wörtlich. Das ist der parteiamtliche Jargon, der intern auch heute noch gepflegt wird. Die CSU-CDU-Vertreter werden mit achtungsvollem Haß, die SPD-Vertreter mit herablassender Überlegenheit tituliert. Mit Erler gab es dann eine erbitterte Auseinandersetzung, was Erler trotzdem nicht dazu brachte, seine prinzipiellen Positionen aufzugeben, aber doch zur Verstimmung, zu Widersprüchen und einer Reihe von Komplikationen in der SPD führte.

Die SED-Führung war stets bestrebt, die sozialdemokratische Partei zu spalten und deren linksorientierte Flügel für sich zu gewinnen. Auch bei der Einschätzung und Behandlung der SPD-Journalisten wurde entsprechend verfahren: Geprüft wurde, wie einflußreich die von den einzelnen Journalisten vertretenen Zeitungen waren, welches Gewicht dem jeweiligen Journalisten innerhalb der Redaktion beigemessen wurde, welche berufliche Perspektive sie hatten, ob sie auf- oder abstiegen und was sie für grundsätzliche politische Ansichten in punkto Ostpolitik, Oder-Neiße-Grenze, Anerkennung der DDR vertraten, welche Möglichkeiten bestünden, ihre persönlichen Interessen dienstlicher oder privater Art auszunutzen.

Das ZK oder der SSD warnten auch vor bestimmten Kontakten, strichen Personen aus unseren Arbeitsunterlagen, wobei es entweder darum ging, konspirative Verbindungen des SSD, der KPD und der Gewerkschaften nicht aus Versehen anzurühren oder vermutete feindliche Einwirkungen in die DDR zu unterbinden. Auch die Reiseprozeduren der DDR-Journalisten ins westliche Ausland wurden streng überprüft. Das Presseamt konnte nur dann eine positive Entscheidung über Ein- oder Ausreise treffen, wenn die zuständige Stelle des SSD den Vorgang gebilligt hatte. Bevor der Abwehroffizier die Zustimmung des SSD mitgeteilt hatte, war der Vorgang in drei Apparaten nach allen vorgeschriebenen staatlichen und zusätzlichen staatssicherheitlichen Bestimmungen geprüft, um einen möglichen Mißgriff oder ein Versäumnis auszuschließen.

Trotzdem kamen Pannen vor, die zur Flucht führten. Ich erinnere mich, daß zur gleichen Zeit, als ein Journalist von uns die Ausreisegenehmigung erhielt, seine Frau, die als Ärztin bei der Reichsbahn

tätig war, auf einem ganz anderen Dienstweg nach West-Berlin reisen durfte, so daß sie beide im Westen bleiben konnten. Als ich unserem Verbindungsoffizier gegenüber am Abend, als wir im Regierungsgästehaus ein Pilsner tranken, bemerkte: »Nun, ihr schlaft wohl mit offenen Augen?«, meinte er süffisant: »Wenn wir Leute patriotisch abschieben, setzen wir schon mal ein Schlauchboot vom Schiff in der Ostsee aus, deklarieren wir einige schon als Verweigerer einer Mitarbeit bei uns, verpassen wir jemandem gerne besonders blaue Flecken, bevor wir uns im Zug von ihm verabschieden ...«
Diese Politkriminellen sind mit allen Wassern gewaschen. Sie haben die Tricks der zaristischen, stalinistischen und der nazistischen Geheimpolizei übernommen und verfeinert, sie operieren skrupellos, sind nicht angreifbar, selbst bei Verkehrsdelikten nicht der Polizei, sondern ihren eigenen Leuten unterstellt: Sie sind der Kern der Diktatur gegen die Arbeiterschaft und das Volk. Respekt haben sie nur vor den Sekretären des ZK und ihrem Minister, nur der hat ihnen etwas zu sagen – im Auftrag des Sekretariats.
Für zentrale Veranstaltungen, wie die Leipziger Messe oder die Rostocker Ostseewoche, an denen viel Presse beteiligt war, bot der SSD stets einen beträchtlichen Stab von Mitarbeitern auf, die sich um den einen oder anderen Journalisten speziell zu kümmern hatten. Vorher wurde genau festgelegt, wer vom MfAA, vom Journalistenverband und wer vom Presseamt mit welchen Journalisten und mit welcher Zielsetzung zu sprechen hatte. Zusätzliche Kontakte bedurften immer erst vorheriger Bestätigung. Darunter wurde natürlich nicht die routinemäßige Abwicklung dienstlicher Vorgänge verstanden, sondern längere Gespräche beim Essen, gemeinsame Unternehmungen, etwa am Abend auf halb privater Ebene in den Bars, oder Reportagereisen.
Wenn Fehler in der Durchführung einer Aufgabe auftraten, griff der SSD rabiat korrigierend ein. Besonders massiv geschah das bei einem Interview, das Margot Honecker, die einzige Frau unter 40 Ministern der DDR, dem Journalisten einer Illustrierten aus der Bundesrepublik gab. Es war dies das einzige West-Interview, das sie je gewährte, aber es wurde nie veröffentlicht.
Ich wurde zum Chef des Presseamtes gerufen. Dort wurde mir im Beisein meines Mitarbeiters Manfred Müller mitgeteilt, daß beschlossen sei, aus besonderen Gründen ein Interview mit der Ge-

nossin Honecker zu erlauben, daß dies aber außerhalb der Verantwortung des Amtes auf der SSD-Schiene laufe. Trotzdem mußte ich
M. M. noch einmal über die Vorschriften im Umgang mit Ministern
belehren: Der Amtsleiter wollte sich absichern. Mit der schönen
Margot war nicht gut Kirschen essen – und ihr Mann war der mäch-
tigste nach Ulbricht. Der Kern meiner Weisung an M. M. war, daß
nicht nur die Fragen schriftlich einzureichen waren, sondern auch
die Antworten schriftlich ausgehändigt wurden und es streng verboten war, bei einem Gespräch ein Tonband zu benutzen, falls eventuell noch zusätzliche Fragen auftauchten. Der junge Kollege aus dem
Westen war geschickt, er überspielte die Ministerin für Volksbildung: »Sie sind souverän, gnädige Frau, Sie gestatten mir doch sicher, ein Tonband zu benutzen.« Es wurde dann auch im Beisein von
M. M. mit dem Ergebnis benutzt, daß der westdeutsche Journalist
die Ministerin in eine Reihe von problematischen Themen im Gespräch verwickelte und sie, direkt und naiv, antwortete. Zum Beispiel wurde gefragt: »Was wird denn, wenn Ulbricht nicht mehr an
der Macht ist? Werden Sie dann First Lady?« Margot Honecker antwortete, als wäre sie unter Genossen auf einer Kreisparteischule:
»Wenn das soweit ist, wird es die Partei entscheiden.«
Man muß wissen, daß das in den Augen der Obrigkeit natürlich ein
ungeheueres Vergehen war, wenn über die Abwahl oder den Rück-
tritt Ulbrichts in einer solchen Form mit einem ZK-Mitglied und
Minister der DDR gesprochen wurde. Hätte Ulbricht je von der
Existenz dieses Tonbandes erfahren, wären beide Honeckers gefeuert worden. Der Skandal war perfekt, die Lösung auch. Honecker,
als Sicherheitschef der Partei sofort alarmiert, gab klare Anweisungen.
Am nächsten Tag suchte mich der Westdeutsche auf, empört tobend.
Es stellte sich heraus, daß in der Zeit seiner Abwesenheit, als er mit
mir eine Verabredung im Amt hatte, der SSD in sein Hotelzimmer
eingedrungen war und das Tonband gelöscht hatte. Der Illustrier-
tenvertreter drohte mit einem Riesenskandal, schrie von unmögli-
chem Verhalten, von Mißachtung der Pressefreiheit, vom Bruch ge-
gebener Zusagen selbst eines ZK- und Regierungsmitgliedes usw.
Ich rief M. M. Dieser kam, sah den Mann an und sagte: »Sie brauchen sich gar nicht aufzuregen, und Sie werden sich nicht aufregen,
Sie werden überhaupt nichts tun. Es bleibt alles, wie es war, das In-

terview hat nie stattgefunden.« Als der Journalist erneut in scharfen
Worten zu protestieren suchte, nahm M. M. eine Reihe von Fotos
aus seiner Brieftasche und sagte: »Wenn du das wünschst, hat das
heute abend deine Frau, und soviel wir wissen, ist doch die Frau
wohl die, die bei dir die Kasse führt?« Der Mann sackte zusammen
und sagte kein Wort mehr. Der SSD hatte ihn am Vorabend mit einigen Damen der staatlichen Sündenbrigade in nicht gerade ästheti-
schen Positionen fotografiert. Das Interview war ihm als Köder offe-
riert gewesen, der SSD gedachte ihn anzuwerben. Nun hatte er
durch zuviel Talent seine große Zukunft hinter sich gebracht: Brüder von der Presse, duzt euch nicht voreilig mit M. M.!
Dieses übervorsichtige Gebaren, daß bei Interviews Fragen schriftlich einzureichen waren und auch schriftlich beantwortet werden
mußten, kennzeichnet die Unsicherheit der DDR-Funktionäre, die
wegen ständiger Bespitzelung nicht in der Lage sind, ein offenes politisches Gespräch zu führen. Bekanntlich redet auch keiner dieser
Herren ohne Manuskript. Derartige Vorschriften galten in etwas
milderer Form auch für die Begegnungen auf Regierungsempfän-
gen. War beschlossen, daß ein Publizist mit jemandem aus der Spitze
sprechen konnte, mußten vorher die Fragen und die abgestimmten
Antworten bekannt sein. Ich war bei den Gesprächen dabei, weil ich
gehalten war, Aktennotizen zu fertigen. Gespräche unter vier Augen
gab es prinzipiell nicht.
Während einer Rostocker Ostseewoche war ich mit Karl-Hermann
Flach, dem Spitzenfunktionär der FDP, bei Willy Stoph. Wir standen abgeschottet von der Masse in üblicher Weise hinter dem Tisch,
so daß keiner hören konnte, was gesprochen wurde. Nach dem Gespräch machte sich eine attraktive Dame an mich heran, die allgemein als Leutnant Lattmann bekannt war, jedoch als Leutnant Lust-
frau tituliert wurde, und versuchte sehr geschickt, meinen Eindruck
von dem Gespräch auszuforschen: Was der Ministerpräsident gesagt
habe, ob die Berichterstattung dementsprechend gut ausfallen
könne, ob man noch etwas für zusätzliche Information und Dokumentation tun müsse, ob es keine Mißverständnisse gegeben habe,
so daß man das Gespräch fortsetzen sollte, eventuell in einem anderen, kleinen, netten Kreis. Da sie mir ziemlich zuwider war, sagte
ich: »Hier haben Sie meine Visitenkarte, ich werde mich über Ihre
Dummheit bei Ihrer Firma beschweren.« Vor Schreck geriet sie bei

ihrem Abgang ins Stolpern, stürzte, riß aber bei dieser Gelegenheit noch das damastene Tischtuch vom Regierungsbüfett herunter. Alles starrte zu uns hin, Stoph blickte mich an und schüttelte mißbilligend den Kopf. Ich brauchte mich um nichts zu kümmern. Ich hatte noch nie so viele hilfsbereite junge Herren auf einmal gesehen. Sie trugen diese Sorte von Weib nach nebenan auf die Couch. Nach kurzer Zeit wieder fit, ging sie an mir vorbei und zischte: »Du wirst sehen, jetzt greife ich mir den Richtigen.«

Es ist klar, daß der Bolschewismus mit derart kampfbereiten Heldinnen, sichtbar an der Front, wirklich siegen muß. Übrigens, welch ein notwendiger Zufall: Jahre später, zwei Tage nach meiner Entlassung aus der U-Haft, tauchte dieses Girl bei ihrer Freundin in meiner Nachbarschaft auf. Zufällig war deren Mann der Klavierlehrer meines Jüngsten. Es wird nicht viele Länder geben, in denen die menschliche Fürsorge so ausgeprägt ist wie in Ostgermanien.

Die Empfänge waren für uns die einzige Möglichkeit, ohne allzu großen bürokratischen Aufwand Publizisten mit führenden Vertretern der DDR zusammenzubringen. Ulbricht gab Mitte der sechziger Jahre aus Anlaß des internationalen Journalistenkongresses einen solchen Empfang im Staatsrat. Ich hatte einige ausländische und westdeutsche Kollegen dorthin zu bringen, darunter befand sich auch einer, der als Beobachter des Parteivorstandes der SPD geschickt war. Sobald fotografiert wurde, hielt er sich immer die Hand vors Gesicht. Da Ulbricht in jenen Jahren von dem bisher verkündeten kurzfristigen Übergang vom Sozialismus in den Kommunismus abgerückt war und den Sozialismus zu einer »relativ selbständigen Formation« deklariert hatte, wurde er nach dem Charakter dieser »selbständigen Formation« befragt. Das Erstaunen und Amüsement unter den Leuten aus der DDR war groß, als Ulbricht plötzlich beide Hände hob und in dem ihm eigenen sächsischen Idiom sagte: »Was soll ich denn sagen. Wir haben gedacht, es geht schneller. Wir dachten, es geht alles schneller, aber wir brauchen verdammt viel Zeit für den Aufbau des Sozialismus!«

Damit war das »Niveau« der ganzen pseudotheoretischen Diskussion charakterisiert, die das durch Ulbrichts Erfindung aufgescheuchte Heer der Ideologen und der »DDR-Forscher« in der Bundesrepublik überall beschäftigte. Dahinter stand ganz einfach die Notwendigkeit, die aus der These vom schnellen Aufbau des Sozialismus abgeleiteten Ansprüche, die verkündete Überholung der Bundesrepublik, »überholen ohne einzuholen«, zurückzunehmen. Das mußte in der üblichen verqueren, ideologischen Form, vernebelt, geschehen, um nicht widerrufen zu müssen, die Partei hat – fast, fast – immer recht, wie es im SED-Lied heißt.

Einer, der am sichersten, völlig zwanglos und souverän mit der Presse umzugehen verstand, war Horst Sindermann, der heutige Präsident der Volkskammer, der 1986 bei seinem ersten Besuch in Bonn in dieser Hinsicht ja gleichfalls angenehm auffiel. Er äußerte sich stets sehr freimütig über die anstehenden Probleme. Bevor er nach Bonn fuhr, hatte er einigen westdeutschen Pressevertretern in Ostberlin mit einem Satz die Misere der DDR-Wirtschaft in seiner sarkastisch-treffenden Weise umrissen, der zugleich die gesamte Analyse der Volkswirtschaft in allen Ostblockländern trifft: »Die Subventionen fressen die Investitionen auf – plus minus null.« Darüber könnte mancher Schreiberling hierzulande einmal nachdenken.

Als Rudolf Augstein verhaftet worden war, mokierten sich damals einige bundesdeutsche Kollegen darüber, daß Augstein in der Haft plötzlich die Bibel lese. Sie erwarteten, besonderen Anklang beim Atheisten Sindermann zu finden. Im Gegensatz zu seiner sehr angenehmen, selbstironischen Art sagte Sindermann plötzlich ganz ernst, mit steinern gewordener Miene: »Ich verstehe das sehr gut.« Sindermann hatte zwölf Jahre in den Zuchthäusern der Nazis verbracht.

Der Umgang mit den Vertretern der bundesdeutschen Presse war sowieso immer ein besonders heikles Kapitel. Während ausländische Zeitungen im Original in der Führung nicht gelesen wurden, studierte man sehr aufmerksam die westdeutsche Presse. Als Honecker im »Vorwärts« der SPD von Dr. Dettmar Cramer einen Artikel über das neue Lohngefüge in der DDR las, in dem genauestens beschrieben war, was es mit dem leistungsbezogenen Grundlohn auf sich hatte, gab er dem SSD sofort Weisung, zu recherchieren, von wem Cramer diese Informationen habe! Der SSD führt eine Liste aller Personen, die mit Ausländern oder Bundesdeutschen Umgang haben. Wer davon dann welche wirtschaftlichen Kenntnisse hat, ist bald herausgefunden. Honecker hatte sich erregt, daß da sehr zutreffend stand, noch nie sei die Ausbeutung der Arbeiter in Deutschland so hoch gewesen wie in der DDR. Das zeigt, daß er nicht einmal die Mehrwerttheorie des heiligen Marx verstanden hat: Marxistisch berechnet ist es voll und ganz so, und das Gefälle im Lebensstandard beweist es augenscheinlich.

Mir machte die Arbeit in diesem Bereich bald klar, wie ungemein ausspioniert die gesamte bundesdeutsche Gesellschaft ist. Während eines Messetages Mitte der sechziger Jahre rief mich der zuständige SSD-Offizier an und sagte: »Du bekommst in wenigen Minuten Besuch von einem Herrn Riesenberg aus Köln. Er kommt von der Bundesvereinigung Deutscher Arbeitgeberverbände. Er hat einiges vor. Hinter diesem Mann steht sein Abteilungschef, Dr. Mühlbradt. Hinter diesem steht der Präsident Dr. Paulssen, und hinter dem steht Kanzler Erhard. Es kann ganz wichtig sein. Stoph läßt ausrichten: Sehr sorgfältig behandeln; und wenn dieser Mann der Meinung ist, du frühstückst jeden Morgen mit Stoph, dann sollst du ihn ruhig bei dieser Meinung lassen. Außerdem«, fügte er sarkastisch hinzu, »werden wir schon, wenn das gut läuft, dafür sorgen, daß genau das verbreitet wird.«

Bevor sich mein heutiger Freund Werner Mühlbradt – er hat mir nach 20 Jahren das »Du« angeboten – später bei mir meldete und wir über die Probleme, die den Bundeskanzler interessierten, sprachen, hatte ich eine Fülle von Informationen auf dem Tisch, einschließlich der Lebensläufe meiner Gesprächspartner. Es gab Informationen über Äußerungen Paulssens, über Meinungen Erhards, über entsprechende Ansichten in der Bonner Ministerialbürokratie – ich konnte mir ein klares Bild machen. Der »Spiegel« hat später einiges über diesen Vorgang geschrieben:

»Paulssen erklärte, daß er für dieses Gespräch von Bundeskanzler Ludwig Erhard mündlich bevollmächtigt sei – so, wie es von Berg zuvor bei einem Gespräch mit Mühlbradt gefordert habe. Entsprechend dieser Vollmacht könne er der DDR-Regierung anbieten:

- die Erweiterung des innerdeutschen Handels,
- die Rückkehr großer westdeutscher Firmen zur Leipziger Messe, die seit dem Bau der Mauer boykottiert worden war,
- die Zustimmung der Bundesregierung zur Liquidierung des Allied Travel Board in West-Berlin, der Visa-Kontrollstelle der Alliierten für westreisende DDR-Bürger,

- die Aufwertung der DDR-Handelsbüros in Frankfurt und Düsseldorf zu offiziellen DDR-Handelsmissionen,
- die Einbeziehung des Ost-Berliner Flughafens Schönefeld in das internationale Streckennetz des Westens und
- die Einrichtung von Generalkonsulaten der DDR in der Bundesrepublik, die Durchreisevisa nach West-Berlin ausstellen sollten.

Als Gegenleistung verlangte Paulssen von seinen Gastgebern eine Generalamnestie für alle politischen Häftlinge in der DDR und eine langfristige Garantie für die Sicherheit der Zufahrtswege von und nach West-Berlin ... Berg teilte dem BDA-Pressechef Mühlbradt mit, er werde, zusammen mit Gerhard Weiss, am 27. August nach Konstanz kommen, um dort in der Privatwohnung von Paulssen ein entsprechendes Vorabkommen zu unterzeichnen.

Doch kurz darauf meldeten die DDR-Unterhändler ihren Besuch wieder ab: Paulssens Vollmacht sei für ein solches Abkommen nicht umfassend ›und nicht korrekt genug‹. Berg enthüllte seinem Verhandlungspartner Mühlbradt, was bis dahin in Bonn keiner wußte: Schließlich habe Konrad Adenauer im Jahre 1956 seinem Finanzminister Fritz Schäffer auch eine schriftliche Vollmacht mit nach Ost-Berlin gegeben: Die DDR-Regierung bestehe deshalb, so erläuterte Berg bei Unterredungen mit Mühlbradt in Köln und in West-Berlin, auch diesmal auf einer schriftlichen Vollmacht des Bundeskanzlers ...

Doch Paulssen ließ sich nicht entmutigen. Am 13. Mai 1966 schrieb Mühlbradt an Berg, die verlangte schriftliche Vollmacht liege nun vor, die Gespräche könnten weitergehen ›als Begleitmusik zum Dialog‹ zwischen SPD und SED. Gleichzeitig unterbreitete Mühlbradt ein neues, schriftliches Angebot: Einrichtung von offiziellen Handelsmissionen und staatlichen Reisebüros der DDR in der Bundesrepublik ...

Doch als vier Wochen später Kiesinger in seiner Regierungserklärung der DDR Behörden-Kontakte anbot, gab Ulbricht sich enttäuscht. Auf dem Dezember-Plenum des ZK der SED erklärte er, Kiesingers Offerte bringe nichts Neues. Ulbricht: ›Mit Erhard waren wir schon viel weiter.‹ Erst ein halbes Jahr danach wurden die Geheim-Emissäre wieder aktiv. Am 30. Juli 1967 schickte Mühlbradt, der auf der Leipziger Frühjahrsmesse 1964 durch eine Anfrage bei Berg den ersten Kontakt geknüpft hatte, seinem Ost-Berliner Partner wieder einen Brief: Paulssen habe sich mit der neuen Bonner Regierung verständigt und den Auftrag zur Fortsetzung der Verhandlungen erhalten.

Das Schreiben fand in Ost-Berlin kein Echo. Mühlbradt machte einen letzten Versuch: Unter dem Datum des 14. Januar 1968 meldete er nach Ost-Berlin, die Bundesregierung sei nun sogar bereit, der DDR Verhandlungen über gegenseitigen Gewaltverzicht und einen Staatsvertrag anzubieten. Umsonst.«[*]

Als mich Stoph anwies, diesen Vorgang abzubrechen – ich hatte gerade seine entgegengesetzte Weisung befolgt und war darauf eingestellt, mit meinem Freund Gerhard Weiss, damals noch stellvertretender Minister für Außenwirtschaft, später Stophs Stellvertreter und ständiger Beauftragter der DDR im Comecon, zu Paulssen nach Konstanz zu fahren, um eine Abmachung über die in dem »Spiegel«-Bericht genannten Probleme zu unterzeichnen –, war es später Abend, gegen 23 Uhr. Der Ministerpräsident war übermüdet, gereizt, und als ich mir gestattete, den Kopf zu schütteln und zu sagen: »Was soll denn das, warum haben wir denn dann monatelang daran gearbeitet?«, fuhr er mich an: »Nun denke du bloß nicht, ich hätte Differenzen mit dem Ulbricht!« »Nein, das denke ich nicht, wenn Sie Differenzen hätten, hätten Sie die mit Genossen Ulbricht.« Er stutzte, lachte: »Mensch, laß dir was einfallen wegen der Absage. Wofür wirst du denn von mir bezahlt?« Dann legte er mir die Hand auf die Schulter und schob mich aus seinem riesigen Arbeitszimmer hinaus. Das Zimmer des Bonner Bundeskanzlers im alten Amt war sehr klein dagegen, aber schließlich ist die DDR die Größte. Die meisten in der CDU haben offenbar bis heute noch keine Ahnung, daß Erhard, während Bahr von den »kleinen Schritten« redete, diese längst praktiziert hatte. Aber Ulbricht wollte mit der SPD weiterkommen, von dieser versprach er sich mehr Entgegenkommen, und versuchte einen »Dialog«, zuckte aber auch da zurück, verunsichert über die in der DDR befürchteten Folgen. Ulbricht spielte immer mit gezinkten Karten. Er wollte die Anforderungen an die Gegenseite steigern, geben wollte er möglichst wenig, und immerhin: Eine

---

[*] Vgl.: »Der Spiegel« Nr. 45 v. 3.11.1969, S. 114; »Geheimdiplomatie. DDR-Anerkennung. Schwarzer Kaviar«

zusätzliche Akte mit der Vollmacht eines Bundeskanzlers war auch wieder ein Stückchen Anerkennung im Kleinen. Bei einer Reihe heikler Dinge, die Kontakte zur CDU oder andere zur SPD betrafen oder auch solche, die über Flach, Genscher und Mörsch zur FDP liefen, wurde ich zu Stoph bestellt; wenn es besonders wichtig war, nach einer Sitzung des Politbüros, gelegentlich auch bei einer Unterbrechung der Sitzung. Eingeleitet wurde das Folgende mit dem Satz: »Ich spreche mit dir als Mitglied der Parteiführung, ist das klar?« »Klar.«

Danach konnte ich einige Ärgernisse mit dem Chef des Presseamtes vermeiden, der als Staatsfunktionär nicht in Weisungen der Partei hineinzureden hatte und deren Inhalt nicht erfahren durfte. Außerdem war die operative Abwicklung einfacher, effektiver und absolut verschwiegen, bis ins kleinste überwachbar. Gegen Weisungen des Politbüros kann keine Bürokratie irgendwelche Beschwerde einlegen, und niemand würde es wagen, das zu tun. Selbstverständlich heißt das nicht, daß der SSD nichts von den Vorgängen auf der Parteischiene wußte, ganz im Gegenteil: In der DDR läuft weder im Partei- noch im Regierungsapparat ein Vorgang von Bedeutung, der nicht vom SSD erfaßt und analog bearbeitet, d. h. überwacht und abgesichert wird. Der SSD ist ein technisches Hilfsmittel der Führung und des Generalsekretärs. Niemand kann ihn daher umgehen.

Begegnungen mit Westdeutschen und ausländischen Journalisten waren für mich relativ harmlos. Schwieriger war der Umgang mit Funktionären der SPD und anderer Parteien. Sie trugen aufgrund der Tatsache, daß einerseits niemand im Westen die DDR anerkennen wollte, daß andererseits aber praktische Wege gefunden werden mußten, die unmöglichen Zustände an der innerdeutschen Grenze und in Berlin zumindest zu erleichtern, zunächst einen nahezu konspirativen Anstrich.

Spangenberg, dem damaligen Chef der Senatskanzlei in West-Berlin oder mir wäre es sicherlich schlecht ergangen, wenn man irgendwo in der Presse über unsere Begegnungen in West-Berlin gelesen hätte. Anfangs trafen wir uns am Hintereingang des Senats bei den Mülltonnen oder privat bei unserem gemeinsamen Freund Ellroth, einem »Ehemaligen«: DDR-Leute unter sich. Es war die Zeit des Beginns der »neuen Ostpolitik«. Peter Bender schrieb Jahre danach einiges darüber:

»Das ist einen Politik, die man auf die Formel bringen könnte: Wandel durch Annäherung. Diese Formel, viel diskutiert und noch mehr mißverstanden, wurde zum Schlüsselbegriff für Anhänger und Gegner.

Ihre erste Bewährungsprobe kam bei den Passierschein-Verhandlungen, doch die Ursprünge gehen bis zum Dezember 1961 zurück. Ein Beauftragter der DDR rief damals Dietrich Spangenberg, den Leiter der Landeszentrale für politische Bildung, an und erinnerte an alte Bekanntschaft. Sie ging zurück auf die Studentenzeit, als sich beide als eiskalte Krieger rhetorisch an den Hals gingen. Der Ost-Berliner Sendbote war von Berg, der bis zum Beginn der siebziger Jahre für die Entwicklung der deutsch-deutschen Beziehungen eine wichtige Rolle spielen sollte; im Auftrag von Ministerpräsident Stoph hielt er vertrauliche Verbindungen zu SPD- und FDP-Politikern, bereitete Verhandlungen vor und begleitete sie durch Information und Vermittlung. Bei seinem ersten Parkspaziergang mit Spangenberg erläuterte von Berg, daß sich manche bösen Mauerfolgen humanitär und pekuniär regeln ließen; es gebe zwei Anwälte, Stange in West- und Vogel in Ost-Berlin, die sich der Sache annehmen könnten. Brandt, bedrängt von Anfragen und Bitten für getrennte Eheleute und nächste Verwandte jeder Art, ließ die Sache prüfen. Kaum mehr als zwanzig Familienzusammenführungen waren das erste Ergebnis, dann übernahm, vom Senat informiert, das Gesamtdeutsche Ministerium die ebenso heikle wie nötige Aufgabe, die noch zwei Jahrzehnte später ihre Bedeutung behielt.«*
Später konnte ich dann das Dienstzimmer Spangenbergs offiziell betreten, ebenso wie das von Horst Grabert, Günter Struve oder Egon Bahr. Die Situation in den Führungen entsprach sich in etwa auf beiden Seiten; man war mißtrauisch bis zum äußersten, und so wie es in der Bundesrepublik Widerstand gab, mit DDR-Funktionären Kontakt aufzunehmen, gab es natürlich auch in der DDR Widerstand, mit westdeutschen Funktionären umzugehen, und Journalisten galten als besonders gefährliche Funktionäre des Klassenfeindes.

---

* Vgl. Bender, P.: »Neue Ostpolitik«; dtv. Deutsche Geschichte der neuesten Zeit, München 1986, S. 126 f.

In dem Punkt hatte ich andauernd Ärger. Sämtliche Vorgänge, die einen westlichen Journalisten betrafen, mußten abgestimmt sein von der obersten bis zur untersten Leitung, das heißt: staatlich, außerdem auf der Ebene der Partei und der des SSD; zentral, im Bezirk und im Kreis: sechsmal. Nach gleichem Modus werden jetzt die neuen Städtepartnerschaften wie alle sonstigen personellen Kontakte behandelt. Fürchtet euch nicht, Westmenschen, ihr werdet nie dem Zufall überlassen!

Eine krankhafte Übervorsicht, Furcht vor Agenten, vor Spionen, vor Abwerbung, wurzelnd in der uralten, irrationalen Furcht der Russen vor allem Westlichen, war unser tägliches Brot. Wenn ich irgendwo erreicht hatte, daß man in einem volkseigenen Betrieb die Tür für einen Westbesuch öffnete, kam bestimmt die Kreisbehörde des SSD oder eine Parteileitung und machte sie wieder zu. Der Wachsamkeits- und Verfolgungswahn lag dauernd mit der Forderung ein und derselben Partei in Fehde, die Publizität der DDR zu verbessern. Ungewollt machte ich mir in diesen Zeiten beim SSD viele Feinde, denn was ich als normal ansah, grenzte für jene wahren Patrioten an Verrat. Die Fleischerhundnatur der Abwehr konnte nur zubeißen, sonst verstanden sie, sehr im Gegensatz zur Aufklärung, nichts, aber davon eine Masse, wahrlich, die Überwacher der Überwacher haben es am schwersten.

Es gab eine ganze Reihe von Männern in der Führung der DDR, die damals im Aufgabenbereich westliches Ausland arbeiteten und sich dabei sehr souverän verhielten. Deshalb wurde trotzdem die Technik der drei- bzw. vierfachen Absicherung weiter betrieben. Faktisch gab und gibt es keinen Vorgang, der nicht vom Partei- und Staatsapparat jeweils doppelt bearbeitet und doppelt kontrolliert wurde, denn auch in Partei und Staat arbeitet die Abwehr wie auch die Aufklärung, und die offiziellen Politiker können in der Regel nur vollziehen, was inoffiziell vorher abgeklärt wurde. Falls etwas schiefgeht, ist ein offiziell Inoffizieller für nichts haftbar zu machen – aber auch die Partei oder die Regierung der DDR haften nicht, sondern nur der Beamte X, der wohl alkoholisiert, eigenmächtig irgend etwas falsch gemacht hat. Diese Verfahrensweise ist aber nicht, wie ich immer dachte, eine spezifisch russische Arbeitsmethode. Seit ich Kissingers Memoiren über die Verflechtung inoffizieller und offizieller Kanäle gelesen habe, so weit gehend, daß man Resultate später gar nicht mehr klar trennen kann, denke ich darüber etwas anders als bisher. Ich schäme mich auch nicht mehr, daß ich mich mit Spangenberg der Passierscheine wegen an den Mülltonnen des Senats im Hinterhof getroffen habe, seitdem ich aus den angeführten Memoiren weiß, daß Egon Bahr das Weiße Haus vorne verließ und, durch den hinteren Kellereingang wieder zurückkommend, trickreich auf Kissinger traf.

Staatssekretär Erich Wendt, der, alt und grauhaarig, mich immer väterlich wohlwollend behandelte, zu dem ich ein gutes, kameradschaftliches Verhältnis hatte, nicht zuletzt, weil er, im Kulturbereich tätig, mein Interesse an historischen Themen teilte, worüber er früher selbst gearbeitet und publiziert hatte, war auf dem Weg zu Stoph wie ich. Wir begegneten uns im Fahrstuhl. Er hob die Hände und sagte: »Junge, kannst du denn nicht die Finger von diesen Passierscheingeschichten lassen?« Ich war erstaunt. »Das sagst du mir? Sag mal, wer von uns ist denn länger in der Partei? Hast du das mit erfunden, diese Doppelgleisigkeit, die Doppelbödigkeit, diese dauernde Kontrolle, das wechselseitige Mißtrauen, oder wer hat das erfunden?« Er winkte ab, müde: »Ist schon gut, aber es ist sehr unerfreulich, eigentlich ist es deprimierend. Aber das mußt du dem Stoph sagen. Ich habe zu schweigen gelernt. Du lernst das noch.«

Ich verstand nicht und fragte einen seiner Freunde. Dieser erzählte mir, daß Wendt, verdächtigt des »Sozialdemokratismus«, weil er über Stephan Born, über meinen Born, über den, so Gott will, ich doch noch eine Biographie schreiben werde, und die Allgemeine Deutsche Arbeiterverbrüderung in der Zeitschrift des KJVD zum 80. Jahrestag der Revolution von 1848 »zu positiv« geschrieben hatte, von Stalin nach Sibirien deportiert worden war. Jetzt wurde mir auch Obermanns Allergie gegenüber meinem Dissertationsthema und Friedericis Haltung klar! Wendts Frau Lotte wurde nach Einlieferung ihres Mannes ins Russen-KZ in diesen Jahren in Moskau Ulbrichts Lebensgefährtin. Wendt wurde unter Ulbricht Staatssekretär im Kulturministerium und offizieller Passierschein-Unterhändler: angewandte Menschlichkeit in doppelter Ausfertigung.

Bei den Vorgängen in Zusammenhang mit den ersten Passierscheinverhandlungen fällt auf, daß überhaupt kein zuständiger Politiker tätig war. Strenggenommen hätten diese Verhandlungen entweder von Anfang an in den Kompetenzbereich des Innenministeriums oder ins Ministerium für Auswärtige Angelegenheiten gehört.

Nun gab es auch noch Herbert Wehner, der Lotte Kühn-Wendt-Ulbricht kannte, und auf beiden Seiten wurde in den Amtszimmern gesamtdeutsch gelästert: Oh Lotte, welche Lotterie und Lotterei!
Wendts Vorgesetzter war Alexander Abusch, Stellvertreter Stophs. Auf die Begegnung und Zusammenarbeit mit Abusch hatte ich mich sehr gefreut. Ich hatte ihn als Autor des Buches »Irrweg einer Nation« in Erinnerung, das uns nach 1945 sehr beeindruckte, ihm aber damals mancherlei Schwierigkeiten einbrachte. Aber ich fand dann den üblichen Parteifunktionär, den üblichen Jargon, das übliche Niveau. Er war etwas gelassener und ruhiger als andere; vielleicht war das aber auch auf sein höheres Alter zurückzuführen. Ich entsinne mich, daß ich mit dem Redakteur Hoffmeister-Holl vom ZDF von früh bis zum späten Nachmittag an einem Sonntag mit Abusch zusammen war. Dabei ging es lediglich darum, daß der drei oder vier vernünftige, zusammenhängende Sätze frei zu sprechen hatte, nachdem die Klappe gefallen war. Die Klappe fiel immerzu, immer wieder, aber es klappte nicht ... Ich sagte Hoffmeister am Abend dieses Tages, nach den Nachtschichten der Woche restlos erschöpft: »Also, jetzt weiß ich wenigstens, wie feindselig der Klassenfeind mit unserer Regierung umgeht«, denn Hoffmeister hatte sich den ganzen Tag abgemüht, zu wenigstens einer tragfähigen Aufnahme mit einem Mann zu kommen, der unverkennbar von Senilität gezeichnet war. Es ist schwer, vor der Kamera zu vertuschen, aber wir schafften es in echt deutsch-deutscher Kooperation, das ist noch heute die Hauptaufgabe geschäftstüchtiger Moderatoren ...
Abusch besaß als früherer Pressemann der KPD viel Erfahrung, wie man die eigenen Nachrichten und Arbeitsergebnisse verkauft. Er nahm mich bei den Verhandlungen beiseite: »Ich bin total übermüdet; ich fahre heim und schlafe ein paar Stunden. Du richtest dich darauf ein, daß du heute nach Mitternacht – so lange ziehe ich die Verhandlungen hin –, etwa morgens um drei Uhr, in West-Berlin die Journalisten anrufst, die gut über uns berichten. Nur die, keine anderen! Wir müssen morgen früh außerdem als erste unsere Version der Ereignisse über den Ticker gejagt haben, damit die West-Presse gezwungenermaßen überhaupt nichts anderes übernehmen kann.«
Genauso lief es dann ab. Die Zeiten waren irrational. Für mich nicht allzu sehr; von daheim, der dortigen Grenze her, kannte ich das ja alles und haßte es entsprechend. Ich konnte damals nicht einmal

dienstlich von Ost- nach West-Berlin telefonieren. Ich steckte mir also die Hosentaschen voll Kleingeld und war nachts um drei in einer Telefonzelle des Postamtes am Bahnhof Zoo und rief einige Journalisten an, die zu Abusch kamen. Danach informierte ich irgend jemanden von einer Agentur, so daß dann weltweit in DDR-Interpretation publik gemacht wurde, was Abusch wollte.

Abusch und Wendt waren Männer, die sehr souverän agierten, eine eigene Position vertraten und kritische Meinungen äußerten. Ihr Nachfolger in diesem Bereich, Michael Kohl, war ein angepaßter Duckmäuser. Er hatte Angstschweiß auf der Stirn und zitterte, wenn er nur den Hörer hob, um mit Honecker zu sprechen. Ich beobachtete das öfter, u. a. an einem Vormittag, als ich von Struve, Pressechef beim Regierenden Bürgermeister von West-Berlin, Klaus Schütz, kam, der mir gesagt hatte: »Höre, wenn unser Mann jetzt kommt, der ist in einer Stunde drüben bei euch, dann wollen wir aber zu A, B, C klare Antworten haben, das ist ganz kompliziert aus diesen und jenen Gründen.« Ich versprach, den dafür zuständigen Kohl sofort in Kenntnis zu setzen.

Ich fahre zurück, treffe Kohl im Außenministerium – er hatte auch noch ein Büro im Hause des Ministerrates –, informierte ihn. »Um Gottes willen, das kann ich nicht entscheiden.« Sicherlich wurde er an ganz kurzer Leine geführt, aber er hatte stets nur ein Amt und nie eine Meinung. Er rief Honecker an, und dieser, am Telefon kurz, bündig, militärisch, wie er immer ist, sagte: »Das, das, das wird gesagt, nichts mehr, nichts weniger, klar?« – »Danke, Genosse Generalsekretär.« Dann wischte sich Kohl mehrmals den Schweiß von der Stirn und schluckte eine Beruhigungspille. Teilnahmsvoll fragte ich: »Hilft denn das wirklich gegen die Schwangerschaft, Mischa?« Spaß verstand er aber nicht.

Er fluchte. »Mensch«, entgegnete ich, »Bruder: Dein protokollwidriges Verhalten bringt dir noch deine Entlassung ein, du hast Erich nur mit einem Titel angeredet ...« Kohl war in diese Arbeit geschoben worden, weil er einen guten Ruf als IM des SSD hatte und weil er über verwandtschaftliche Bande mit der Spitze des SSD verbunden war. Von den inhaltlichen Konzeptionen her war Kohl immer ein Zauderer und Bremser. Er war der Meinung und blieb dabei, als die Verträge schon unterschriftsreif waren, daß es ein Schaden für die DDR gewesen wäre, so schnell zu verhandeln, weil alle Nachteile, die mit der internationalen Anerkennung so plötzlich auf den Staat einstürmten, angefangen von den zusätzlichen materiellen, personellen, finanziellen Aufwendungen bis hin zu den ideologischen Gefährdungen, dazu führten, daß das Minus des Erreichten schwerer wog als das Plus: Schwiegervater Mielkes Bedenken.

Mit Kohl hatte ich öfter ernsthaften Ärger, weil er mich beim SSD denunzierte, der mich dann zur Rede stellte, weil ich der anderen Seite, besonders Bahr, die DDR-Konzeption verraten haben solle, denn sonst, so war Kohls Argument, wäre es unmöglich, daß ihm Bahr immer sofort in die Parade fahre: Jedem Apparatschik ist ein kreativer Kopf, der selbst urteilt und ohne Abstimmung entscheidet, also vor–aus–denkt, unheimlich. Die Unsicherheit Kohls und anderer DDR-Funktionäre, die sich erstmals im Westen bewegen durften, gab Anlaß für ungezählte Witze auf beiden Seiten. Aber die mehrfache Denunzierung beim SSD habe ich Kohl doch sehr übelgenommen.

Dabei ist SSD nicht SSD. Auch dort gibt es die zwei Parteien in der Partei (neben den Mitarbeitern des BND). Die Offiziere von der Aufklärung waren großzügig, lax, informiert, souverän und zynisch und hatten immer ein Konzept für das, was sie wollten. Ihre Einstellung gegenüber allem, was auf ihren Tisch kam und was dann auf dem üblichen Dienstweg zu uns zurückkehrte, soweit es unsere Arbeit betraf, war außerordentlich präzise. Als ich einen höheren Offizier einmal danach fragte, antwortete er mir: »Wir glauben keinem Berichterstatter, weder von uns noch von drüben, das sind alles Wichtigtuer, Geltungsbedürftige, auf Karriere bedacht, wir glauben nur unseren Leuten, die im Senat, im Bundeskanzleramt, in den Spitzen der Parteien, den Redaktionen usw., in Brüssel in der EG sitzen und uns die Fotokopien schicken. Aus der EG kann man alles am komplettesten und am einfachsten haben. Wir glauben den Originaldokumenten mit Stempel und Unterschrift und sonst niemandem. Das ist unsere Art und Weise, uns eine Meinung über die Verhältnisse im Westen zu bilden.«

Der SSD arbeitete mit allen Möglichkeiten, um Journalisten, Diplomaten, Geschäftsleute der anderen Seite umzudrehen und für die DDR zu gewinnen, teils offen, teils verdeckt, teils partiell, teils total. Man verschaffte gewissen Leuten Zollbefreiungen, die Möglichkeit, Bücher ein- und auszuführen, Antiquitäten in der DDR einzukaufen und nach drüben zu verbringen – damit kann man besonders schön erpreßt werden –, ihre Verwandtschaft hier zu besuchen, die Verwandtschaft zu sich nach drüben reisen zu lassen. Es war ein breites Feld bis hin zur ideologischen Gewinnung nicht nur junger Wirrköpfe – man denke an Photo-Porst –, die man dann auf der Volksfrontebene mit einer analogen weltanschaulichen Überzeugung köderte, der DDR den einen oder anderen Gefallen zu tun, wobei sich der SSD keinesfalls immer gleich als SSD zu erkennen gab.

Als ich zum ersten Mal nach Bonn geschickt wurde – mit einem Brief Ulbrichts für den Bundeskanzler, später waren es Stophs Briefe –, wurde ich zum Ministerpräsidenten bestellt: »Das ist ein wichtiger Auftrag des Generalsekretärs«, wurde mir eröffnet. Natürlich, der Generalsekretär ist wichtig, ist heilig, er ist nicht der Mann, nein, er ist **DIE PARTEI**, deshalb macht man den Kult um ihn, da müssen die Allerobersten springen, selbst im technischen Detail, wenn es um seine weisen Entscheidungen geht. Stoph erklärte mir dann: »Wir müssen das in Form des ordentlichen Briefes mit ordentlicher Unterschrift abgeben. Natürlich tickern wir das auch über den Fernschreiber. Wenn wir das mit der Post schicken, sagen die dann, sie hätten es nicht geöffnet, nicht gelesen, und dann, das Wichtigste: Du hast Mittelsmänner, die dir interpretieren, wie bestimmte Leute im Kanzleramt und in den Parteien, die uns interessieren, auf die neue Sache reagieren, ob es Nuancen gibt, ob die alte Position bleibt oder nicht.« Einer dieser Männer war Jochen Steinmayr, damals stellvertretender Chefredakteur beim »Stern«, der besonders über gute Beziehungen zu FDP-Politikern, aber auch zu Kanzler Erhard verfügte, dessen Nachbar er am Tegernsee war. Steinmayr besitzt dort ein auf Gäste sehr kultiviert und angenehm wirkendes Haus.

Wir erörterten ausgiebig die inhaltlichen Probleme. Danach wurde mein Mitarbeiter M. M. dazugerufen, und Stoph sagte: »So, in fünf Minuten erscheint hier Erich Mielke und wird euch über die Sicherheitsfragen informieren.«

Ich dachte, ich höre nicht recht. Dann kam der Chef des SSD an, rabaukig, protzig, polternd, grob, raunzte Stoph launig an: »Keiner hat mich hier im Haus kontrolliert, schaff' endlich Ordnung in diesem Sauladen!«

Ich empfand die Sicherheitsvorkehrungen der Ämter und Behörden im Senat und in der Bundesregierung damals als unmöglich leichtfertig, in Brüssel hatte man im EG-Gebäude wenigstens im Vorraum der Chefetage eine mehrköpfige Sicherungsgruppe sitzen. In Ost-Berlin ist das so: Will man mit dem Dienstausweis der Regierung in ein anderes Gebäude der Regierung, zum Regierungschef, kann man sich dort nicht bewegen ohne einen besonderen Passierschein. Diesen erhält man nur, wenn man von innerhalb des Hauses bei der Wache angemeldet wurde. Die Wache stellt das Wachregiment des MfS. Das sind, wie in den Haftanstalten des MfS, Söhne von Offizieren der bewaffneten Kräfte und der Parteifunktionäre, die Inzucht der Inzucht, die so den »Wehrdienst« bequem und hochbezahlt ableisten, während sich ihre proletarischen Klassengenossen in den Winterlagern der Armee gesundheitlich ruinieren dürfen.

Die Posten stehen nicht nur an der Haustür, sondern auf jeder Etage und an den Fahrstühlen im Innern der Gebäude. Auf meinem Weg zum Ministerpräsidenten wurde ich im Haus immer mindestens dreimal kontrolliert. So ist es auch im ZK, im Prinzip auch in wissenschaftlichen u. a. Einrichtungen. Die Passierscheine werden Jahre aufbewahrt: Wann hast du wo, Genosse, mit wem was Revisionistisches besprochen? Also: RAF-Häuptlinge oder Hafenstraßenbanditen kämen dortzulande nicht weit.

Mielke musterte uns kurz und abschätzend und sagte: »So, hier ist der Plan.« Er breitete einen Lageplan des Bundeskanzleramtes aus und erklärte uns: »Hier laufen die Wachen. Die sind zu dem und dem Zeitpunkt an diesem Tor, an diesem Tor, an diesem Tor. Wenn das Zusammenspiel mit dem Fernschreiber und mit der Übergabe klappen soll, dann muß hier um zehn Uhr euer Tatra stehen, und dann fahrt ihr hier rein zum ersten Tor, es ist nicht geschützt. Man kann euch in dem Moment nicht abweisen.« Dann zog er einen Zettel heraus, gab ihn an M. M. und sagte: »Hier ist das Straßenverzeichnis, in dieser Abfolge wird gefahren, mit diesen Zeiten wird auf die Minute genau gefahren. Sie garantieren die Sicherheit für den Genossen Berg und mit dem Fahrer gemeinsam für den Wagen. Sie lösen den Fahrer notfalls beim Fahren ab. Der Tatra darf nie allein stehen.«

Ich sah mir nochmals den Plan an; Mielke tippte auf die vordere Stelle an der Einfahrt, und ich warf ein: »Und wenn bei diesem schönen Plan dann genau zu diesem Zeitpunkt die Ampel auf Rot geschaltet ist, was dann?« Stoph lachte kurz auf, Mielke packte seinen Plan zusammen. Ich sah ihn bei solchen Zusammenkünften nie wieder. Als wir draußen waren, sagte ich zu M. M.: »Hast du gesehen, was dein großer Chef für Augen hat? Bernsteingelb, wie eine Eule!« »Kunststück«, meinte M. M., »der muß doch auch nachts glotzen können!« Die Augenfarbe fällt mir ein, weil ich in der Hamburger »Zeit« aus sicherer Quelle, dem Dossier eines westlichen Dienstes, las, daß Mielke himmelblaue Augen habe. Oh, warum nicht kornblumenblau, wie manches am Rhein?

Jede dieser Fahrten nach Bonn war stets mit zwei schlaflosen Nächten verbunden, eine hin und eine zurück. Daheim ging natürlich der normale Dienstbetrieb dann sofort weiter. Der Fahrer leistete sein Teil. Selbst bei Schnee- und Eisglätte jagte er den Wagen mit der schnellstmöglichen Geschwindigkeit über die Autobahn. Ulbricht verlangte Pünktlichkeit. Der Tatra erregte im autobegeisterten Westdeutschland einiges Aufsehen. Die Bonner Polizei winkte uns immer gleich die Strecke frei.

Vor der ersten Tour fragte ich unseren Sicherheitsoffizier: »Was wird, wenn der Fahrer abhaut? Der total übernächtigte M. M. kann den Wagen doch nicht allein zurückfahren, und ich habe noch nie in so einer Kiste gesessen. Ich fahre Wartburg. Ist der Fahrer in Ordnung?« Die Antwort klang beruhigend: »Der haut nicht ab. Wenn der abhaut, weiß er, wir liefern seine Akte nach, und wenn wir diese Akte nachliefern, kassiert ihn jede Justizbehörde in der Bundesrepublik.« Der Mann, der so charakterisiert wurde, hatte den bemerkenswerten Namen Schwanz: Berliner Unterwelt Arm in Arm mit dem SSD. Als ich 1986/87 in West-Berlin wohnte, war der Name gerade wieder sehr aktuell.

Nachdem die SPD in Bonn an der Regierung beteiligt war, öffneten sich die Türen, wir waren nicht mehr gezwungen, auf halb konspirative Weise zu reisen und Kontakte aufzunehmen. Trotzdem mußte ich auch noch während der sozialliberalen Koalition am Flughafen in West-Berlin falsche Angaben über mein Reiseziel machen. Das war mit dem Kanzleramt abgestimmt. Es wäre ein gefundenes Fressen für die Presse gewesen, wenn sie erfahren hätte, wie oft Berg in den Zeiten der Aushandlung des Grundlagenvertrages hin- und herflog. Meine Reisen mußten den Beamten natürlich auffallen, sie feix-

165

ten verständnisvoll, wenn ich in jedem Ausreiseformular »Stadtarchiv Köln« als Ziel nannte. Gelegentlich, wenn ich an einem Tag mehrfach fliegen mußte, fragte einer freundlich: »Ach, Sie haben wohl Ihren Bleistift im Archiv vergessen?« Aber sie hielten dicht. So muß das auch sein bei Dienern des Staates.

Dr. Dettmar Cramer, heute Chefredakteur des Deutschlandfunks, damals im Bonner Büro der FAZ, hatte manchen Ärger mit den Beamten, weil sich die zuständigen Behörden verständlicherweise für uns beide interessierten. Durch eine Rücksprache im Kanzleramt erreichte ich dann, daß diese unnütze Belastung abgeschafft wurde, als ich mich wegen der Vorbereitung der Begegnungen Brandt – Stoph noch häufiger als sonst in Bonn bewegen mußte.

Einigermaßen dramatisch verlief die Begegnung zwischen den beiden Regierungschefs in Erfurt. Ich wurde in meinen alten Wirkungsbereich Eisenach an die Grenze geschickt, war vor Michael Kohl da und bei Brandts Delegation im Zug, weil ich mit dem Regierungssprecher Conrad Ahlers noch etliches zu erörtern hatte. Wir zogen uns nach einer allgemeinen Begrüßung und den üblichen leeren, nichtssagenden Worten, die man spricht, wenn eine größere Gruppe zusammensteht, ins Abteil zurück, wo wir konzentriert die Arbeitspapiere durchgingen. Ich hatte Stophs Konzept mitgebracht und erläuterte Conny etliches, was eventuell mißverständlich hätte sein können. Ahlers war ein sehr sympathischer Typ. Er hatte mir gleich das »Du« angeboten, als ich ihn zum ersten Mal in seinem Presseamt besuchte, und gesagt: »Ich habe schon viel von dir gehört, wir brauchen uns doch nicht erst zu verstellen, also komm, laß uns ranklotzen, Zeit sparen.« Nicht kleckern – klotzen; ich war schon immer für diese Devise der alten deutschen Generalität zu haben.

Die Fahrt mit der Deutschen Schleichsbahn durch die DDR war für Willy Brandt damals von Eisenach bis nach Erfurt ein einziger Triumph, und dort, wo ich Stoph über das zu informieren hatte, was er vor seiner Begegnung mit Brandt noch erfahren sollte, geriet ich in den Sog der Menschenwelle, die, vor Begeisterung nicht zu bremsen, mit ins Hotel schwappte. Die DDR-Sicherheitskräfte schmissen mit vereinten Anstrengungen alle wieder heraus, und in ihrer kopflosen Aufregung auch einige von uns, die nach drinnen gehörten.

Ich stand nun draußen mit meinem Talent; ich wußte zwar, was ich zu vermelden hatte, aber nicht, wie ich ins Hotel kam. Die total

166

überforderten Kerle vom SSD sahen sich nicht einmal meinen Sonderausweis an. Draußen skandierten die Menschen »Willy, Willy!«, die DDR schien in einer Woge gesamtdeutscher Begeisterung unterzugehen ...

Ich stieg dann an der Rückseite des Hotels über eine Mauer, ging in den Hof und machte mich an der Tür zu schaffen, geriet in einen Vorraum der Küche und wollte eben die Treppe nach oben gehen, als mich ein Mann vom SSD packte, mir die Pistole an die Rippen drückte und sagte: »Stehenbleiben, Hände hoch!« Man sollte eben in der DDR tunlichst nicht über Mauern steigen ... Der Bursche war genauso aufgeregt wie seine Kameraden vor dem Hotel. Mir blieb nichts anderes übrig als zu warten, bis ich überprüft war – und das dauerte Ewigkeiten. Jedenfalls war die Möglichkeit, Stoph vor Beginn zu informieren, hinfällig geworden.

Als die Begegnung zwischen Brandt und Stoph in Kassel bevorstand, wurde ich mit einem Vorauskommando abgeschickt, das vorwiegend aus Presse- und Sicherheitsleuten bestand. Da Stoph nachtsüber an der Grenze im Zug wartete und nicht wußte, was inzwischen an Ort und Stelle geschah, hatte ich den Auftrag, ihn am Morgen bei seinem Eintreffen davon zu unterrichten, ob sich noch Veränderungen oder neue Vorgänge ereignet hätten. Ich zog mich in ein Hotel am Rande von Kassel abseits der DDR-Delegation zurück, was technisch kein Problem war, denn die Bundesregierung hatte mir einen funkelnagelneuen Mercedes mit Fahrer tags wie nachts zur Verfügung gestellt. Mir fehlten jedoch noch die Ausweise für den nächsten Tag, die mir den Zugang zu den Aufenthalts- und Sitzungsräumen der Delegationen ermöglichten. Ich brauchte diese also unbedingt. Daher fuhr ich kurz nach Mitternacht in das Delegationshotel, wo jemand vom Ministerium für Auswärtige Angelegenheiten mit diesen Papieren zu finden sein sollte. Aber die Vorboten der DDR-Delegation und der technische Mitarbeiterstab waren gut getarnt. Niemand wußte, in welchem Zimmer wer schlief. Daraufhin ging ich zu den Männern der Sicherungsgruppe Bonn. Vorzustellen brauchte ich mich nicht. Ich bat um Amtshilfe. Großes Gaudium. Aber sie wußten genau, wo der gesuchte Herr Heilmann schlief. Als ich ihn herausgetrommelt hatte, fragte er mich entgeistert: »Wie hast du mich den gefunden, das weiß doch überhaupt niemand, wo wir sind!«

Damit ich mich vor Stophs Ankunft ungehindert im Tagungshotel bewegen konnte, erhielt ich nun auch noch die Westausweise von der Nachtschicht der Sicherungsgruppe. Meine Festnahme durch die Tagschicht wegen des Doppelbesitzes von Ost und West mußte dann Conny Ahlers am nächsten Tag verhindern. Er kam öfter während der Beratungen der Delegationen zu mir. Wir verständigten uns über drinnen öffentlich nicht zu erörternde Sachfragen. Ich diktierte das Ergebnis Stophs Sekretärin, brachte den Text Stoph in die Verhandlung, und er instruierte mich während seiner Pausen, was ich Conny erklären solle. Dieser gab dies, was nur für Brandt bestimmt war, dann diesem weiter: gesamtdeutscher Zirkus. Übrigens: In Stophs Zimmer dröhnten die Radios, daß man kaum sein eigenes Wort verstand: Sicherheit über alles. Lieber taub als unsicher. Unsere Männer vom Persönlichen Schutz des Ministerpräsidenten traten übrigens irritiert von einem Fuß auf den anderen, jetzt, wo sie in Kassel erstmals mit den Agenten des Klassenfeindes zum Wohl gesamtdeutscher Obrigkeiten kooperieren mußten.

In der Nacht vor dem Treffen hatte ich noch einige Gespräche mit Mitarbeitern des Kanzleramtes, und am nächsten Morgen stand ich in der runden Halle des Hotels, als Stoph und Brandt kamen. Stoph bat Brandt zu warten, ging über die leere Fläche zu mir, um mich zu begrüßen: »Na, was Wichtiges?« – »Nichts, es läuft alles wie besprochen.« Von dem Tag an hatte ich das Etikett des Stoph-Beraters restlos am Jackett, denn außer mir begrüßte er keinen, nur: in Partei und Regierung der DDR gibt es keine »Berater«. Die Vorlagen werden, mit Beschlußvorlage, auf dem Dienstweg erarbeitet, von allen Verantwortlichen gegengezeichnet und dann beschlossen. So werden Abenteuerlichkeiten und Blößen, wie sie der Westen laufend zur Freude des Ostens produziert, vermieden. Ganz anders verläuft die taktische Umsetzung der Konzepte, da wissen manchmal wirklich nur zwei oder drei Personen Bescheid, wie wann und was weshalb wo gespielt wird. Wer nichts weiß, kann nichts verraten. Geheim ist, da hat Hitler ausnahmsweise recht, nur, was der andere nicht weiß. Persönlicher Umgang mit dem Feind ist im Osten streng geheim. Die meisten Papiere, so meinten einige von uns, seien überhaupt so geheim, daß man sie bereits in den Reißwolf schmeißen müßte, bevor man sie gelesen habe.

Neben den bisher genannten Persönlichkeiten hatte ich den meisten

Umgang mit Egon Bahr. Sehr gut entsinne ich mich an meine erste und an die letzte dienstliche Begegnung mit ihm. Er war mein hauptsächlicher Gesprächspartner in der Zeit der Aushandlung des Grundlagenvertrages. Die Passierscheingeschichten und die Dialogprobleme SPD-SED hatte ich zuvor zumeist mit Dieter Spangenberg erörtert. Wir kannten uns, verstanden uns, duzten uns – da war Bahr natürlich viel schwieriger. Meine erste Begegnung mit ihm hatte ich an einem Abend, als ein wüstes Schneegewitter die Straßen in Berlin mit Glätte überzogen hatte und ich auf dem Bahnhof Zoo in eine skandierende Ansammlung von APO-Studenten geriet, die sich wie eine randalierende Horde benahm, wodurch es mir überhaupt nicht möglich war, den Bahnhof zu verlassen.

Ich fuhr in Berlin meistens mit der S-Bahn ab Friedrichstraße bis Bahnhof Zoo, nahm dann ein Taxi und erledigte meine Amtsgeschäfte. Jetzt kam ich erst nicht aus dem Bahnhof heraus, und dann fuhr, als ich endlich draußen war, kein Taxi, weil alles vereist war. Ich hatte viel Zeit verloren. Bei mir hatte ich einen Brief an Willy Brandt. Stoph hatte mich vorher noch gebeten, die Schreibweise des Vornamens zu überprüfen. »Das letzte Mal war er so pikiert und eingeschnappt, weil die Sekretärin Willy mit ›i‹ geschrieben hatte.« »Aha«, sagte ich, »da muß ich wohl künftig streng zwischen dem i-Willi und dem y-Willy unterscheiden?« – »Das möchte ich dir sowieso geraten haben«, knurrte Stoph.

Vor allem aber sollte ich mich beeilen, weil der sowjetische Botschafter Abrassimow an diesem Abend mit Brandt zusammentraf und Brandt unser Entgegenkommen signalisiert werden sollte, bevor er mit Abrassimow sprach. Kommentieren sollte ich nur, falls Bahr fragen würde. Man sagt dem Feind möglichst wenig.

Nun rief ich vom Bahnhof Zoo aus Bahr an und sagte: »Hier fährt kein Taxi, was machen wir?« Darauf meinte er: »Wenn Sie kommen wollen, dann kommen Sie mit der U-Bahn.« Ich fuhr dann, wenn ich mich richtig erinnere, bis Dahlem-Dorf und suchte nachts nach der mir unbekannten Wohnung von Bahr. Ich habe nie in meinem Leben wieder einen Menschen getroffen, der sich so kalt, so eisig, so schneidend-abwehrend verhielt wie Bahr während dieser ersten Begegnung. Der Mann war Väterchen Frost persönlich. Heute ist er aufgetaut. Nichts hat den Egon so gewandelt wie der Wandel durch Annäherung, er ist halt richtig »wandelbahr«, denn beständig ist nur der Wechsel.

Er kam zu spät zu dem ihn vergeblich erwartenden Willy Brandt, und es gab Verärgerung sowohl bei den Russen wie bei Brandt, weil man annahm, die DDR hätte wieder einmal mit Absicht etwas schieflaufen lassen, denn als Abrassimow von Brandt dessen Antwort auf Ulbrichts Brief hören wollte, mußte Brandt passen, und der Russe dachte, man wolle ihn großdeutsch übersehen. Auch daran läßt sich die – wie wir seit der »Spiegel«-Story wissen – »welthistorische« Bedeutung der APO im nachhinein ermessen, ausgerechnet ihre Sympathisanten haben sie mit ihrer Randale getroffen! Je öfter ich Bahr dann traf und je intensiver wir miteinander sprachen, desto besser wurde unser Verhältnis. Eine der längsten Unterredungen hatten wir wegen der Akkreditierung von Korrespondenten in der DDR. Ich erzählte Bahr sehr genau von meiner erfolglosen Reise Mitte der sechziger Jahre durch die Bundesrepublik, wo ich im Auftrag von Norden mit den größten Vollmachten des Politbüros ausgestattet war, goldene Berge zu versprechen, nur um den Preis, daß sich doch nun endlich einer von den damals umworbenen westdeutschen Journalisten in der DDR akkreditieren ließe. Das Politbüro machte völlig ungeahnte Zugeständnisse im Hinblick auf Bewegungsfreiheit, Gewährung von Interviews, unkontrollierten Übergang, materielle Vergünstigungen, um auf diese Weise ein Stück Anerkennung der DDR zu erlangen, und als eine Möglichkeit, durch publizistische Ausstrahlung den Widerstand bestimmter Kräfte in der Bundesrepublik gegen die Anerkennung zu brechen. Diese Tour, die ich damals unternahm und die mich vom Norden bis zum Süden, von Hamburg bis München und von Köln über Frankfurt führte, war ein völliger Fehlschlag. Ich hatte zwar eine Reihe von Gesprächen mit wichtigen Chefredakteuren und Verlegern, aber niemand war bereit, zu diesem Zeitpunkt einen westdeutschen Journalisten in der DDR akkreditieren zu lassen. Kritisch Denkende unter uns hatten sich erhofft, nach der Akkreditierung von westlichen Korrespondenten würde sich die ganze innere Atmosphäre in der DDR lockern, weil eine Reihe von Mißständen dann durch die Presse angeprangert würden und auch flexiblere Formen des Umgangs miteinander gefunden werden müßten. Trügerische Hoffnungen. Meine Gespräche beendete ich in der FAZ mit den Herren Fack und Eick, die mir auch nicht weiterhelfen konnten. Der Druck aus Bonn lastete auf allen Redaktionen. Ich hatte damals überrascht und enttäuscht begriffen, daß außerdem selbst kleinlichste Konkurrenzinteressen eine Rolle spielten und die patriotischen Gefühle gewisser West-Berliner Korrespondenten sofort erloschen, als sie hörten, unter Umständen würden sie im Osten der Stadt Konkurrenz erhalten. Niemand ließ, unter idealsten Bedingungen, akkreditieren. Verpaßte Gelegenheiten. Danach hing Ulbricht den Brotkorb wieder höher.

Auf diesem Gebiet war ein breites Feld mit Bahr zu beackern. Es ist bekannt, daß die dann vereinbarten Regelungen für die Journalisten relativ günstig waren und von der DDR erst einschneidend im Zusammenhang mit einer Destabilisierung im Inneren, bekannt durch das »Spiegel«-Manifest der SED-Opposition, und einer daraus resultierenden rabiaten Verschärfung der Straf- und Zensurbestimmungen durch Honecker 1979 gebrochen wurden. Selbst die »Weitergabe nicht geheimer Nachrichten« kann seitdem ins Betonloch des SSD führen, d. h., jede Begegnung zwischen einem West- und einem Mitteldeutschen kann kriminalisiert werden. Mir ist unbegreiflich, wieso nicht der Bundestag geschlossen eine Aufhebung dieser die Nazigesetzgebung überbietenden »Rechtsordnung« angesichts der Städtepartnerschaften etc. verlangt – als Gegenleistung für die nächste Barzahlung. Vertragsbruch wird trotz dieser Verschärfung laufend praktiziert, und Bonn nimmt die Ohrfeigen hin, zuletzt am 1. Mai 1988, und am 20. Juni erneut, als der SSD wieder filmende Kamerateams abdrängte mit dem menschenfreundlichen Hinweis, wir schlagen euch kaputt. Die roten Nazis versetzten den Westjournalisten Stromstöße, zerschnitten Kabel, zerschlugen Kameras. DDR-Jugendliche schützten die westlichen Teams! So ist es: Glasnost in der DDR. So war das auch vor wenigen Monaten, als DDR-Jugendliche vor der sowjetischen Botschaft in Ost-Berlin »Gorbatschow« skandierten und außerdem »Die Mauer muß weg! Die Mauer muß weg!« riefen.

Als wir uns zum letzten Mal im Kanzleramt sahen, sagte Bahr: »Heute habe ich eine kleine Überraschung und persönliche Freude für Sie. Wir haben eine Münze prägen lassen, hier, sehr hübsch, sogar vornehm lindgrün im Ledertäschchen verpackt, zur Erinnerung an die Durchsetzung der Ostpolitik. Es ist natürlich eine Rarität. Der Kohl hat mich direkt darum angeschnorrt, der kriegt sie aber nicht. Aber Sie bekommen die Münze, weil Sie um nichts gebeten haben.« – »Vergessen Sie nicht, daß wir schon große Geschäfte gemacht haben!« Er lachte: »Richtig.« Ich hatte ihm Klassiker der deutschen Literatur des 19. Jahrhunderts aus der DDR besorgt und er sich mit Schallplatten zum Erlernen der russischen Sprache revanchiert, das Geschäft hatte ich ihm vorgeschlagen. Söhnchen profitierte am innerdeutschen Spezialhandel, denn es handelte sich um Sprachkurse, die es damals in Ostgermanien nicht gab. Ich bedankte mich, machte in der Auswertung einen kleinen Nachtrag, legte das Geschenk bei und bat, es mir zurückzugeben, als Erinnerungsstück, nicht, weil ich Sammler sei. Ich bekam die Münze zurück.

Bei meiner späteren U-Haft, sieben Jahre nach diesem Vorgang, wollte mir der SSD die Goldmünze, die gleich bei der ersten Haussuchung gefunden worden war, als Beweis für korruptes Verhalten zur Last legen. Ich konnte die Herren mit dem Hinweis auf die Genehmigung durch die Obrigkeit dann allerdings unangenehm enttäuschen. Sie prüften es und fanden es rechtens. Im Wirbel meiner Ausbürgerung ging mir das Goldstück verloren, wie manch anderes.

Abgesehen von den langen, ernsten, nachdenklichen Gesprächen hatte ich mit Bahr gelegentlich eine amüsante Unterhaltung. Er erzählte mir von einer Erhebung über ökologische Schäden an der innerdeutschen Grenze, welche die Regierung hatte anstellen lassen, und kam dabei auf das Flüßchen Röden zu sprechen.

Prompt schilderte ich ihm die dortigen Zustände. Bahr sah mich überrascht an: »Woher wissen Sie das?« – »Oh«, erwiderte ich, »wissen Sie denn nicht, daß wir daheim Ihre Akten aus dem Kanzleramt immer vor Ihnen lesen?« Bahr war völlig konsterniert, hieb mit der flachen Hand wütend auf den Tisch: »Was, das auch?« Ich erklärte ihm lachend, woher ich das wisse, schließlich kannte ich meine Heimat. Aber immerhin gab es damals wohl schon Herrn Guillaume im Kanzleramt. Gottlob bin ich dem, der heute laut »Spiegel« vortragender Weise in der DDR verkündet, Helden wie ihn gäbe es nach wie vor in Bonn, dort nie per Zufall begegnet. Die liebe Frau Kirsch, Bahrs Sekretärin, holte mich immer am Eingang ab und brachte mich auch dorthin zurück. Selbst im Kanzleramt sollte man nie auf einen Schutzengel verzichten.

15 Jahre nach diesem Gespräch erhielt die DDR vom bayerischen Ministerpräsidenten Millionen, um die Schmutzflut ins Oberfränkische zu stoppen. Dort wurde inzwischen der »Franz-Josef-Strauß-

172

Kanal« gebaut. So gibt es, Dank sei Bayern, heute auch wieder Fische in meinen heimatlichen Gewässern.

Apropos Bayern: Der »Bayernkurier« hatte, unter Berufung auf eine Erklärung Ulbrichts, die Zusicherung der SPD aufgedeckt, auf dem Wege über eine Teilverständigung die Anerkennung der DDR in der Endkonsequenz durchzusetzen. Ich muß gestehen, daß wir damals nie anderes aus den Erläuterungen der führenden SPD-Politiker herausgehört haben, auch wohl schlecht heraushören konnten, und der Gang der Ereignisse hat diese Einschätzung des »Bayernkurier« u. a. Presseorgane bestätigt. Es gab in dieser Zeit intensive Gespräche mit Vertretern der SPD. Zu meiner Überraschung hatte ich schon im März 1967 im »Neuen Deutschland« unter der Überschrift »Teure Verständigungspolitik« eine öffentliche Stellungnahme Ulbrichts gelesen, die auf eines meiner Gespräche mit führenden SPD-Vertretern zurückging. Der »Spiegel« verteidigte damals die SPD, die öffentlich natürlich nicht eingestehen wollte, was sie politisch vorhatte.

Heute, 1988, vertritt Egon Bahr in der Endkonsequenz das, was aus dem »Wandel durch Annäherung« kommen sollte, den er auf Willy Brandts Weisung einleitete: die völlige Unterwerfung unter die Ansprüche Moskaus, die völkerrechtliche Spaltung unserer Nation: Bahr schlägt, gestützt von Lafontaine, zwei Friedensverträge vor – das ist die Position der KPdSU aus der zweiten Hälfte der fünfziger Jahre. Damals führte diese Position fast zum Krieg, wegen Chruschtschows Berlin-Ultimatum. Heute ist die Geschichte überschaubar: Wandel durch Annäherung heißt vorbeugende Unterwerfung, und der Mitte der sechziger Jahre gescheiterte Dialog SED-SPD funktioniert heute: Das Ideologie-Papier SED-SPD schreibt die Existenz der SED und ihrer Diktatur fest. Ideologische Russifizierung, würdelos angesichts der Opfer, die auch die SPD im Kampf gegen den Totalitarismus der Russen gebracht hat. Wer und was verbietet der SPD, die »friedliche Koexistenz« so zu praktizieren, wie sie von Russen und allen Ersatzrussen in Deutschland praktiziert wird? Wie wird »wer – wen« entschieden: Zugunsten des Totalitarismus oder zugunsten pluralistischer Demokratie? Wer sind die Alliierten der SPD im Osten? Das werktätige Volk, die oppositionellen Dissidenten oder die Sekretäre der Diktatur?

Egon Bahr wurde zu Beginn der siebziger Jahre mit Wucht öffentlich attackiert. Als die Medien die Enthüllungen über das »Bahr-Papier« brachten, begegnete ich ihm, er war sehr blaß und abgespannt, am späten Abend im Bundeskanzleramt. Er ging im Zimmer auf und ab, hatte die Hände auf dem Rücken verschränkt, blieb stehen, sah mich an und sagte leise: »Wären wir hier in Chicago, ich würde mir eine Gang bestellen und ließe sie alle umlegen.«

Ich zuckte zusammen. Natürlich befand er sich offenbar am Rande der Erschöpfung – aber rechtfertigt das eine solche Reaktion? Schließlich war ich der Feind – nicht die demokratische Opposition! Das hätte ich bei Bahr nicht vermutet. Es ist unglaublich, zu welchen Verirrungen sich Politiker versteigen, die um den Erhalt der Macht kämpfen. Daheim, als ich mit Stoph über die gedankliche Brutalität des Egon Bahr sprach, meinte der: »Bahr gehört doch wenigstens zu denen, die ein Gespür für die Macht haben, die linken Sozis und wir kommen aus einer Tradition, du solltest das doch wissen.«

Diese nun fast vergessenen Jahre der Nicht-Anerkennung durch den Westen waren für die Partei- und Staatsführung der DDR nicht einfach. Aber auch als sich die Situation entkrampfte, war das Verhältnis zur Bundesrepublik und zu West-Berlin noch sehr kompliziert. Die SED-Führung nützte geschickt, ungemein sorgfältig taktierend, die Diskrepanzen zwischen CDU im Bund und SPD in West-Berlin sowie die objektive Interessenlage Berlins aus, um mit der SPD gegen die CDU Politik zu machen. Gegenwärtig operiert die SED – SEW – SPD – AL im Lenné-Dreieck ja auch wieder einmal gemeinsam gegen die CDU. Schon damals gingen die sorgfältigen inhaltlichen Vorbereitungen und Abstimmungen bis ins kleinste taktische Kalkül.

Stoph sagte mir eines Tages: »Du wirst morgen von Markus Wolf« – er war der Stellvertreter Mielkes – »informiert werden, was wir da für eine Sache spielen; das muß alles auf die Minute klappen. Dein Part besteht darin, eine bestimmte Information zu einer bestimmten Zeit an einem bestimmten Mann in West-Berlin zu bringen. Das kannst nur du. Es dreht sich darum, daß wir die Zustimmung des Bundeskanzlers Erhard zum Stand der Verhandlungen und deren Abschluß bekommen. Man wird dafür sorgen, daß Erhard mitten in der Nacht, wenn er zu einer Beerdigung nach Südwestdeutschland im Schlafwagen unterwegs ist« – wenn ich mich richtig erinnere, ging es um das Begräbnis eines früheren Bundespräsidenten –, »vor die Entscheidung gestellt wird. Im Zug, aus dem Schlaf gerissen, wird nur Schröder in der Nähe sein, und das ist einer jener in der CDU, die dafür sind, daß das Passierscheinabkommen wieder unterzeichnet wird. Der wird den Dicken trösten und sagen, ›Machen Sie es nur, Herr Bundeskanzler!‹, und der wird's machen.«

Wolf kam zu mir nach Hause. Natürlich nutzte ich die Gelegenheit, mit einem solch profilierten Kopf noch einiges andere zu bereden, was mir als allgemeiner Mißstand auf der Seele lag. Ich erlebte bei diesem Mann, der auf mich den Eindruck eines sensiblen, feinnervigen Künstlers, Musikers oder Malers machte, zu meiner Überraschung dieselbe Reaktion, wie ich sie auf allen oberen Etagen in der DDR, in der Partei wie im Staatsapparat, immer wieder erlebt habe und wie man sie von Älteren über die Verhältnisse in den Apparaten der Nazis immer wieder hören kann: Jeder gibt die Mißstände zu, jeder sieht sie, jeder kann sie aus eigener Erfahrung zusätzlich ergänzen, und jeder von den Verantwortlichen hebt zugleich beide Hände, um zu sagen: »Ja, aber *ich* kann doch nichts daran ändern! Und außerdem: Überblicken *wir* kleinen Lichter denn das alles überhaupt so richtig aus unserer Froschperspektive?«

Dies war das Alibi, das sich fast alle aufbauten, vielfach mit einer Begründung, die weitgehend zutreffend ist, denn in der SED gilt das eiserne Prinzip: Jeder hat in der Partei und im Staat nur so viel Einblick in Arbeitsprozesse, Vorgänge und Entscheidungsvarianten, wie zur Lösung seiner spezifischen Aufgaben unbedingt notwendig ist. Selbst wenn einer nach Westart exhibitionistisch quasseln möchte: Er kann sich nur bemerkbar machen, aber nichts sagen. Die Spitze läßt sich ihr Informationsmonopol nicht aus der Hand nehmen, und dort beansprucht es der Generalsekretär weitgehend allein für sich.

Als der Chef der Hauptverwaltung Aufklärung des SSD gegangen war, meinte meine Frau: »Sag mal, wer war denn der? Ist das ein Schauspieler?« Ich nickte enttäuscht: »Ja, ja, einer vom Deutschen Theater.« Bevor Markus Wolf ging, erklärte er mir noch, warum Stefan Heym, den die Westmedien gerade wieder einmal lobten, ein Perspektivagent der CIA sei. Aber eingesperrt würde der nicht. Enttarnte Agenten seien nicht nur harmlos, sondern nützlich. Ferner: Ein guter Ostdienst ziehe 95 Prozent seiner Erkenntnisse aus der westlichen Publizistik, der Fachpresse und der Literatur, und ein schlechter Westdienst könne die seinen zu 100 Prozent aus dem »Neuen Deutschland« ablesen, dort brauche er nur alles umzudrehen, und er sei im Bilde. Das gefiel mir an dem bösen Wolf, von dem die Tagesschausprecherin mit Augenaufschlag im ZDF fragte: »Wer ist Mischa Wolf?« Nun, einer, der für die Verschleppung ihres Kollegen Fricke aus West-Berlin und dessen jahrelange Haft im Gulag und für andere Verbrechen verantwortlich ist und einen russischen Kosenamen verdient, Verehrteste – nichts geht über den Zeitgeist unserer Medien. Geht es nicht bitte noch etwas niveauloser?

1963 hatte Ulbricht die Losung ausgegeben: »Macht das Jahr 1964 zum Jahr der gesamtdeutschen Verständigung!« Er wollte einer westdeutschen Illustrierten ein groß aufgemachtes Interview geben, damit nicht nur Intelektuelle, sondern das Volk der BRD seinen Standpunkt kennenlerne. Es kam zu einem Interview mit dem »Stern«, das Steinmayr machte, und im Zusammenhang mit diesem Interview gab es die Weisung, der Journalist und sein Fotograf Gillhausen dürften sich danach auch sonst überall in der DDR umsehen. Ausnahmsweise sollte ich sie begleiten, um ihnen Türen zu öffnen. So hatte ich das Vergnügen, endlich einmal einige Wochen vom Schreibtisch wegzukommen und mich kreuz und quer in Industrie, Landwirtschaft, Handel und Kultur der DDR umzusehen.

Da es sich um eine Weisung Ulbrichts handelte, war es sogar möglich, von heute auf morgen das in Constanza in Rumänien ankernde Urlauberschiff »Völkerfreundschaft« zu besuchen. Am Nachmittag äußerte Steinmayr diesen verrückten Wunsch, und nachts um zwei flogen wir bereits, alles exzellent geregelt, was sonst Tage dauerte. Nur die Papiere für den Einlaß in das Hafengelände waren dort nicht, wie vorgesehen, deponiert. Wir bestachen den Fahrer eines Lieferwagens und ließen uns mit Gillhausens hochmoderner Fotoausrüstung einschmuggeln. Mich sperrten die rumänischen Wachsoldaten nach einer Kontrolle dann an der Mole ein. Der Westmensch Gillhausen aber fotografierte ohne Erlaubnis munter den realen Sozialismus und barst fast vor Lachen, als er mich wie einen Affen im Käfig sah.

Hinterher berichtete ich Willi Stoph von der sich damals in Rumänien schon abzeichnenden, an der westlichen Währung orientierte Klassenteilung zwischen Deutschen Ost und Deutschen West im Ausland. Der Regierungschef wollte es erst nicht glauben, dann wütete er gegen unseren Botschafter in Bukarest, der wohl mit offenen Augen schlafe. Nun, nichts geht über einen schlafenden Dienst. Geändert hat sich seitdem im Comecon nichts zugunsten der Ost-Mark, ganz im Gegenteil. Der ökonomische Rückstand des Ostens gegenüber dem Westen hat sich seitdem enorm erhöht, die Rumänen von heute hungern und frieren nach den Regeln der Kriegswirtschaft, schließlich haben sie auch einen wahrhaftigen Führer, dem nur noch Honecker das Trinkgeld zum Karl-Marx-Orden übermittelt, sonst stünde er ganz allein. Aber Honecker ist auch für Westkontakte, oh, schon immer gewesen! Abgrenzung? Nie gehört ...

Als Klaus Schütz anfragte, ob seine Frau in der Mark Brandenburg inkognito ältere Herrschaften besuchen könnte, war die Entscheidung Honeckers: »Das kann sofort gemacht werden, aber es darf nicht herauskommen.« Mit den Spitzen der SPD wurde und wird seitens der SED systematisch entgegenkommend umgegangen. Helmut Kohl stand damals an der Grenze und wurde nicht hereingelassen. Ich begleitete Frau Schütz auf einer vorgeschriebenen Fahrtroute, so daß unterwegs keine Kontrollen stattfanden, denn damals gab es rund um Ost-Berlin noch die Schlagbäume. Auf dem Bahnsteig Friedrichstraße hatte ich sie in Empfang genommen: »Gnädige Frau, glauben Sie nur bloß nicht, das sei eine günstige Gelegenheit, abzuhauen. Sie müssen wieder hinter die Mauer zurück«, worauf sie lächelnd antwortete: »Kein Problem, ich habe noch minderjährige Kinder.« Eine souveräne, sympathische Frau.

Ähnlich konspirativ verfuhren Ausländer im Umgang mit der DDR. Wenn G. L. aus der US-Mission mit einem Senator unterwegs war, so gab dieser im Westen nicht zu erkennen, daß er in der DDR hereinsah, aber ich hatte noch eine Woche lang mit meinen Nachbarn zu diskutieren, ob es notwendig gewesen wäre, daß die Amerikaner mit ihren supergroßen Limousinen nun hier alle stundenlang den schmalen Weg versperrt hätten am heiligen Sonntag, solange sie bei mir klönten. Amerikaner in der Bonner Botschaft nahmen, im Gegensatz zum Bundeskanzleramt, die von mir zu übergebende Post ganz normal in ihrem Gebäude in Empfang, und wir sprachen freundlich über das unfreundliche Wetter miteinander. Wie schlimm, zu existieren, ohne existent zu sein!

Es waren anstrengende, aber interessante Jahre im Dienst der Regierung. Über die Funktionen des Machtmechanismus belehrten sie mich ein für allemal gründlich. Dabei waren wir immer streng gehalten, nach außen das reibungslose Funktionieren, die totale Übereinstimmung der führenden Köpfe, nicht nur im Politbüro, sondern auch im Staatsapparat hervorzuheben. Das war ganz wichtig, denn Springers Blätter vermeldeten täglich, die seien sich doch gar nicht einig ...

Eines Tages kam Erich Kuby und schlug mir vor, mit unserer Hilfe ein Buch zu machen, etwa mit dem Titel: »Die Russen 1945 in Berlin«. Ich verständigte mich mit einem guten Kameraden in der sowjetischen Botschaft, versicherte mich seiner Unterstützung und brachte dann das Projekt bei Norden vor. Dieser meinte: »Na, Kuby, das ist doch ein Linker, den können wir machen lassen, der wird das sicher anständig behandeln. Natürlich wird er auch schreiben, sie haben Weiber vergewaltigt, aber, mein Gott, das weiß ja nun jeder. Wenn die Russen dafür sind, dann sind wir auch dafür.« Der letzte Satz ist in Ost-Berlin immer der wichtigste, denn die DDR ist mit der UdSSR »auf ewig verbunden« laut Staatsstreichverfassung Honeckers. Die Russen haben in ihrer Verfassung so etwas vergessen einzutragen ...

Als Kuby anreiste, hatte er – zuerst und als erster Westmensch überhaupt, was Aufregung verursachte, heute geht die SPD dort ein und aus – die ZK-Akademie aufzusuchen. Er war kaum eine Stunde dort, als im Haus der Regierungsapparat klingelte. So heißt die direkte, abhörsichere Verbindung. Am Apparat war der persönliche Referent Hagers, der mich anschrie, wie ich dazu käme, einen Renegaten wie Kuby in die Akademie des ZK zu schicken, sein Chef als zuständiger Sekretär verbitte sich das! Ich antwortete ihm, er solle das mit dem Büro Norden ausmachen, ich hätte mich nur an den Dienstweg gehalten. Eine Stunde später benachrichtigte mich der Pförtner, daß Kuby hier sei. Als ich ihm entgegenging, sah er mich vom unteren Flur des ehemaligen Goebbels-Ministeriums, in welchem das Presseamt und der Nationalrat untergebracht waren, lachend an und sagte: »Na, Berg, jetzt mußt du mich wohl sofort rausschmeißen.« Genauso war es. Ich hatte inzwischen die Anweisung erhalten, dafür zu sorgen, daß Kuby auf der Stelle die DDR verlasse. »Mensch«, sagte er, »die Einheit der Führung ist nicht zu fassen.« Wir lachten herzlich miteinander. Hager behielt es sich halt schon immer vor, seine Gemächer selbst zu tapezieren.

Kuby drückt mir 5.000 Ost-Mark in die Hand: »Eben habe ich nun noch eingewechselt, legen wir die mal im Safe irgendwohin. Und was machen wir nun mit dem Projekt?« Ich verständigte mich noch einmal mit der sowjetischen Seite und sagte meinem dortigen Genossen: »Du kannst dich bei der Auskunft darüber, wie einheitlich das Politbüro auftritt, das nächste Mal auf das Beispiel Kuby berufen.« Er schmunzelte und meinte: »Das wird für mich ein dickes Lob bringen. Dann weiß ich doch wenigstens, du hast es ausnahmsweise nicht verraten, daß die sich wechselseitig beschäftigen, statt zu arbeiten.«

Man soll daraus nicht schließen, der »Fall« Kuby sei einmaliger Art gewesen. Ein- und Ausladungen solcher Art gab es ständig. Das geht so bis heute, April 1988. Eben lese ich, daß die deutschlandpolitische Arbeitsgruppe der CDU/CSU-Fraktion von der DDR ausgeladen wurde. Ohne Gründe. Das macht nichts, da springen schon Minister und gar Ministerpräsidenten in die Bresche – eine seltsame Ehrauffassung haben manche westdeutschen Politiker! Je mehr sie von Ost-Berlin geohrfeigt und verhöhnt werden, desto wichtigtuerischer laufen sie hin, um Schlagzeilen zu produzieren, die von der inneren Misere Honeckers ablenken.

Die Verbindungen zur SPD und anderen Linken wurden im Laufe der Zeit immer intensiver, auch zu den linksorientierten Journalisten. Als Martin Kriele für die SPD den Grundlagenvertrag vor dem Bundesverfassungsgericht verteidigte, war ich mit Horst Grabert in dessen Dienstwagen im Südwesten der Bundesrepublik unterwegs und per Autotelefon immer auf dem laufenden, man stelle sich so etwas mit umgekehrtem Vorzeichen vor! Grabert war damals Chef des Bundeskanzleramtes. Das Entgegenkommen der SPD-geführten Bundesregierung der SED gegenüber wurde stetig größer. Das waren die Vorstufen der wachsenden Gemeinsamkeit, wie sie sich heute in einer prinzipienlosen, schon peinlich wirkenden Epplerie zwischen SPD und SED, zwischen den Honfontaines und Lafonekkers ausdrückt.

Dr. Cramer, ein perfekter Kenner der Entwicklung, schrieb über die Absichten und das frühere Verhalten der SPD, die den Abstand zu heute verdeutlichen: »1969 galt es deshalb, schon im Vorfeld der ersten Regierungserklärung das Interesse Ost-Berlins an einem Dialog mit der neuen Koalition in Bonn zu wecken und denjenigen

Kräften in der SED Argumente an die Hand zu geben, die bereit waren, bei der Suche nach einem beiderseits akzeptablen Kompromiß im deutsch-deutschen Verhältnis mitzuwirken. Daraus folgte, daß zunächst versucht werden mußte, der, wie man heute sagen würde, Betonfraktion im SED-Politbüro jeglichen Vorwand für eine vorzeitige negative Feststellung zu nehmen ...

Um eine neuerliche, negative Festlegung des SED-Politbüros von vornherein zu verhindern, hatte der damalige Staatssekretär im Bundeskanzleramt, Bahr, rund zehn Tage vor Abgabe der Regierungserklärung einen Emissär aus Ost-Berlin über die zu erwartenden, die DDR betreffenden Grundzüge der sozialliberalen Politik unterrichtet.

Zwei Tage vor Abgabe der Regierungserklärung im Deutschen Bundestag, rechtzeitig noch vor der Sitzung des SED-Politbüros, traf jener Ost-Berliner Emissär wiederum in Bonn ein. Er hatte schon Mitte der sechziger Jahre bei der Einfädelung und Ausarbeitung der Berliner Passierschein-Vereinbarungen wie auch bei der Vorbereitung des Redneraustausches eine nicht unwichtige Rolle gespielt, die er jetzt, im größeren deutsch-deutschen Rahmen, abermals übernehmen sollte. Ein Bote aus dem Kanzleramt überbrachte am späten Abend den gerade fertiggestellten Entwurf, den der Funktionär aus Ost-Berlin sogleich sorgsam zu studieren begann. Die die DDR betreffenden Stellen fanden naturgemäß sein stärkstes Interesse, bis hin zur Systematik dieser Regierungserklärung, wo, getreu der These von den zwei Staaten in Deutschland, die Problematik der deutsch-deutschen Beziehungen in einem eigenen Kapitel, getrennt von der übrigen Ost- und Außenpolitik, behandelt wurde. Als es anschließend jedoch darum ging, die wichtigsten Passagen zu übermitteln, war guter Rat teuer. Keine Postauskunft, auch keine sonstige Bonner Behörde war in der Lage, die Telexnummer des Ministerrates in Ost-Berlin zu nennen.

So konnte damals nur ein Blitzgespräch aus der Misere helfen, zur zehnfachen Gebühr, worauf das Fräulein vom Amt gleich zweimal nachdrücklich aufmerksam machte. Doch das waren damals wichtige Gespräche wert, die überdies zeitlich kalkulierbar blieben und nicht erst in acht oder zehn Stunden hergestellt werden sollten. Heute gehört das alles der Vergangenheit an. Gleichwohl ist es nicht ohne Reiz, sich diese Pionierzeit der deutsch-deutschen Beziehungen ins Gedächtnis zu rufen. Im nachhinein ist manches kühner, aber auch konzeptionell überlegter gewesen, als es damals dem mehr oder weniger direkten Zeugen erschienen ist. In gewisser Weise war es ein Glücksfall, daß frühere Berliner Erfahrungen im größeren deutsch-deutschen Rahmen ihre eigentliche Bewährungsprobe bestehen konnten. Das SED-Politbüro war jedenfalls rechtzeitig zu seinem turnusmäßigen wöchentlichen Sitzungstag über die Absichten der neuen Bundesregierung unterrichtet: ihre Bereitschaft, mit der DDR ohne Diskriminierung auf der Ebene der Regierungen Verhandlungen aufzunehmen, die zu einer vertraglich vereinbarten Zusammenarbeit führen sollten; ferner galt das Angebot für ein Gewaltverzichtsabkommen ausdrücklich auch gegenüber der DDR; schließlich war erstmals von ›zwei Staaten in Deutschland‹ die Rede, die freilich nicht Ausland füreinander sein konnten.«[*]

Später wurde dem »Ost-Berliner Emissär« von Berg der Vaterländische Verdienstorden wegen seiner Verdienste um die deutsch-deutsche Annäherung verliehen. Der alte Ulbricht klammerte sich bei seiner Ansprache im Staatsrat an das Pult und haspelte mühselig den Text herunter, den man ihm aufgeschrieben hatte. Selbst Michael Kohl, der neben mir saß, war voller Wut über die unwürdige Szene. Der Mann gehörte aufs Altenteil, hatte die Partei keine würdigeren Repräsentanten? Dann übergab Ulbricht mir den Orden mit der Bemerkung: »Na, dann weiterhin große Erfolge in der Wissenschaft, Genosse Professor!« – »Sie haben mich oft genug als Postboten nach Bonn gejagt«, erwiderte ich gegen jegliche sozialistische Etikette. »Ich mußte was Ordentliches werden, denn zum Oberpostrat haben Sie mich trotzdem nie ernannt.« Seine Züge ließen einen Anflug von Belustigung erkennen: »Sollen wir das noch nachholen?« krächzte er heiter.

Während dieses Vorganges wurde ich mißtrauisch vom Hochschulminister Böhme beäugt, der noch keinen derartigen Orden besaß. Meine Wette, daß er ihn sich jetzt sofort verschaffen würde, gewann ich. Als mir anschließend Willi Stoph gratulierte, meinte er: »Gold konnte ich dir nicht verpassen, Silber ist sowieso schon gegen die

---

[*] Cramer, D., »Deutsche Momentaufnahmen«, in: Mut zur Einheit. Festschrift für Joh. Baptist Gradl, Köln 1984, S. 62 ff.

Regel, das fällt auf, du übergingst ja den bronzenen, und einer wie du sollte möglichst wenig auffallen, wir brauchen dich noch. Also: Mehr sein als scheinen, merk' dir das!« – »Genosse Ministerpräsident, ein ›Klassiker‹-Zitat kann ich mir immer merken.« Er war sichtlich erheitert: »Wer weiß, vielleicht kommen die Preußen wieder?« Ich schüttelte den Kopf: »Nein, die kommen nicht wieder, die sind schon da!« – »Halt«, fuhr Stoph hoch, »das hast du gesagt!« Er war nicht nur auf der Linie, er war die Linie. Den Orden habe ich durch die Mühsal des Umzuges mit der Aktentasche auch irgendwie verloren. Ob die daran denken, ihn mir mal wieder zu verleihen? Oder ob das Material nicht mehr dazu reicht? Die Sowjets haben nämlich den Rohstoffexport in die DDR schon wieder reduziert. Na, hoffentlich löst sich das, wenn die SU unter Gorbatschow nun bis 1995 alle Leistungen verdoppelt! Ich gebe die Hoffnung nie auf, wenn es ums Vaterländische geht.

Nach derartigen Auszeichnungen war es üblich, daß der Staatsrat einen Empfang gab, und nun erlebte ich einen Ulbricht, der nicht wiederzuerkennen war. Er stellte sich an die Tafel und hielt, ohne Papier, eine brillante Rede aus dem Stegreif. Ich hatte ihn bis dahin nie frei sprechen gehört. Er rief am Ende sarkastisch quer durch den Saal zum anderen Ende, wo Ölsner, sein von ihm gefeuertes früheres Politbüromitglied, stand: »He, Ölsner, ich habe gehört, dir haben sie gestern noch den Doktor verliehen, weil sie wußten, daß du heute von mir ausgezeichnet wirst.« Ölsner drehte sich um, lief rot an und rief zurück: »Was, gestern? Mensch, ich bin seit 30 Jahren Doktor.« Ulbricht lachte kurz und trocken auf und wandte sich an die Fraktion der Honecker-Leute aus Armee, Sicherheit und Parteiapparat, die, konzentriert auf einer Seite des Saales stehend, eisig, ohne einen Finger zum Beifall zu rühren, auf Ulbrichts Rede reagiert hatten, und sagte höhnisch: »Da habt ihr's, wie viele Jahre der alte Ulbricht zurückgeblieben ist.« Das war wenige Tage vor seiner endgültigen Entmachtung. Mir fiel wieder der Satz von Geißler ein: »Zwei Parteien in der Partei.«

Wenn Ulbricht aus der Sitzung des Politbüros kam, den großen, halbrunden Saal davor betrat, schnellten die zehn bis 20 Wartenden empor, die im Halbrund saßen, und nahmen Haltung an. Das erste Mal hatte ich Mühe, das so schnell mitzumachen. Ich hatte schon Stoph im Auge, der, streng nach Protokoll, hinter Ulbricht heraus-

kam. Ulbricht blieb stehen, rief die Minister, Botschafter, General-direktoren, Generäle, mit dem Zeigefinger auf sie hintippend, mit Vornamen an: »Heinz, wir müssen nachher noch ... Karl, ist das mit der Chemieanlage ...?« usw. Ich war platt. Der Generalsekretär mußte alle Beschlußvorlagen im Sekretariat auswendig gelernt haben. Personengedächtnis und fachliche Beschlagenheit waren ex-zellent. Bei wichtigen Vorgängen ließ Ulbricht die Spitzenfunktio-näre selbst formale Arbeiten verrichten. »Was kann ein Staatssekre-tär«, höhnte er einmal den heutigen ZK-Sekretär Herrmann an, »na was? Na, der kann Termine machen!« Womit im nachhinein die Funktion des Staatssekretariats für gesamtdeutsche Fragen, welches es unter Ulbricht auch einmal gab, geklärt wäre. Herrmann revan-chierte sich. Er war einer der Eifrigsten, als es galt, die Ablösungsin-trigen gegen Ulbricht zu inszenieren und in Beschlüsse umzusetzen. Ich erinnere mich an die enorme Pingeligkeit innerhalb der DDR-Administration: Für alles gibt es klar ausformulierte Beschlüsse. Dabei wurden die simpelsten Dinge auf höchster Ebene erledigt. Als nach dem ersten Passierscheinabkommen die Zahlen derjenigen mit-geteilt werden mußten, die es in Anspruch genommen hatten, wur-den diese von einem stellvertretenden Minister der Staatssicherheit an das Presseamt gegeben. Alle Grenzkontrollpunkte unterstehen der Staatssicherheit. Jede Bewegung dort lief auch statistisch über deren Ministerium und kam erst dann zur Presse, wobei vorher noch gesiebt und retuschiert wurde. Das ging so vonstatten, daß mich – ich hatte Nachtdienst – früh gegen vier Beater anrief. Ich hatte den Namen nicht verstanden, sondern hörte immer nur »Beate«. Übermüdet, wie ich war, dachte ich, der Anrufer habe sich verwählt, und flachste zurück: »Na, schöne Beate, was hast du denn?« Daraufhin kam es brummig zurück: »Hör mit deinem Blöd-sinn auf, Beaterrr ist hier!« Ich hatte als Anfänger keine Ahnung, daß Beater der erste Stellvertreter von Sicherheitsminister Mielke war. Dann gab er mir die Zahlen mit einem entsprechenden Text durch, die ich der Nachrichtenagentur ADN zu übermitteln hatte. Man kann daraus ablesen, welches politische Gewicht Ulbricht die-sen ersten offiziellen Kontakten mit der DDR beimaß.
Querschüsse dagegen gab es aus beiden Richtungen mehr oder we-niger verdeckt und öffentlich. Einer davon war der Angriff auf Armin Korn, Mitarbeiter von Klaus Schütz. Der Vorfall schlug

dabei auch auf die bundesdeutsche Presse durch. Im West-Berliner Abgeordnetenhaus stellte ein Senator eine kleine Anfrage nach dem Vorgang, und selbst das »Neue Deutschland« schrieb am 12. März 1965 über den Fall Korn eine Glosse. Über Armin, den wir gut leiden mochten und »Doppelkorn« nannten, liefen dienstliche Fäden technischer Art.

An einem Abend brachte er mich auf einer Veranstaltung während der Messe in einer kleinen Bar in Leipzig in große Verlegenheit, weil er volltrunken, urplötzlich laut vor einem Publikum, das nur aus hochrangigen Funktionären bestand, zu brüllen begann: »Der Ulbricht muß nicht bloß ein Faß Tinte gesoffen haben, sechs hat er mindestens gesoffen, sonst könnte der nicht so blöd sein.« Ich zog ihn erschrocken auf seinen Stuhl zurück, er schoß wieder hoch, alle Blicke auf sich gerichtet, tobte er erneut: »Sechs Faß Tinte muß der blöde Ulbricht gesoffen haben, sonst könnte der nicht so eine blöde Politik machen.« Der Skandal war perfekt. Was ich nicht wußte: Er hatte sich schon vorher auf dem Regierungsempfang der Russen danebenbenommen.

Ich winkte zwei Leuten vom Ordnungsdienst, die »Doppelkorn« abschleppten. Draußen nahmen wir ihn unter die Arme und brachten ihn mühselig ins Hotel Bayrischer Hof, wo wir ihn mit einem Kasten Selterswasser in sein Zimmer einschlossen, um weitere Skandale zu verhindern. Aber es war längst zu spät. Er mußte danach seinen Dienst quittieren und wählte, restlos deprimiert, den Freitod.

Korn hing mit rührender Anhänglichkeit an seiner alten Heimat in der DDR. Zu mir kam er in Leipzig in erster Linie deshalb, um mir zu erzählen, daß er nach dem Besuch der Messe privat weiterreisen wolle. Ich wies deshalb die zuständige Volkspolizistin an, die erforderliche Genehmigung zu erteilen. Diese Sondervollmacht hatten wir als Amt nur für die Zeit der Messe. Eine gute Atmosphäre sollte die Berichterstattung positiv beeinflussen. Korn fuhr mit seinem Freund, dem Journalisten Robert Stengl, der nach 1945 mit Herbert Wehner längere Zeit in einer Redaktion zusammengearbeitet hatte, meist nach Thüringen und ins Vogtland. Nach der ersten Reise kam er ganz entsetzt zurück: »Wir dachten, über dem ganzen Land schwebt der Duft der berühmten Thüringer Rostbratwürste – nichts, keine gibt es, nirgends. Warum könnt ihr nicht soviel Kolorit in die Landschaft bringen, daß man wieder diese alte Tradition

pflegt?« Nun, inzwischen stehen in der Traditionspflege der DDR
auch die Würste auf Weisung der obersten Hanswürste wieder oben-
an. Zu meiner Verwunderung nutzten zur Messe übrigens sehr wenige westdeutsche Journalisten die Möglichkeit, sofort die Genehmigung für eine private Weiterreise in der DDR zu erhalten.
Ich bekam ein Disziplinarverfahren, weil ich einen Kartengruß an
Willy Brandt, den Korn entgegen der Absprache nicht mitgenom-
men, sondern mit der DDR-Post abgeschickt hatte, mitunterzeich-
net hatte. Den Klassenfeind grüßt man eben nicht.
Der Leiter des Presseamtes, Blecha, griff diese Sache genüßlich auf.
Ihn hatte ich mir vom ersten Tag an zum Feind gemacht, weil ich
Stophs Aufforderung, Vorschläge zur Straffung des Regierungsapparates zu machen, ernst genommen und eine Auflösung des Presseamtes vorgeschlagen hatte. Der Bereich Internationale Verbindungen gehörte nach meiner Auffassung in das Außenministerium – wo
er heute übrigens auch untergebracht ist –, die Abteilung, die sich
mit der Presse der Sowjetunion beschäftigte, sollte in der Gesellschaft für deutsch-sowjetische Freundschaft untergebracht werden,
falls sie überhaupt gebraucht würde, und die Zensurstelle gehörte
zum Nationalrat. Blecha hatte in diesem Vorschlag einen Anschlag
auf seine Dienststellung gesehen.
Seine Dienststelle rückt gegenwärtig, im Frühjahr 1988, erstmalig
wieder in die Aufmerksamkeit des Westens: Ständig verbietet, wie
epd meldet, der Zensur-Boß Kirchenzeitungen, die über die Aus-
wanderungs- und Ausbürgerungsursachen in der DDR berichten
wollen, die Wahrheit zu schreiben. Die Kirchenleitung wehrt sich:
Die Streichungen der Zensur erscheinen heute, 1988, als weiße Flek-
ken. Blecha setzt eines drauf: Im April '88 verbietet er die Kirchen-
blattausgaben gleich völlig. Nieder mit den schwarzen Flecken der
sowjetischen Geschichte! Nieder mit den weißen Flecken der DDR-
Zensur! Laßt Blecha, den »Floh«, nicht weiter stechen! Er ist ein
Mann ohne Format, ohne eigene Leistung. Als Journalist hat er
nichts Nennenswertes geschrieben. Angefangen hatte er als Lokalre-
dakteur an der Ostseeküste, machte dann Karriere auf dem Rücken
seiner Frau, die durch die geplante Frauenförderung stellvertretende
Oberbürgermeisterin in Berlin wurde – es lebe die Quote – und ihn
nachholte. In der Öffentlichkeit erschien er nur bei den Pressekonferenzen zur Leipziger Messe oder zu der aus Sparsamkeitsgründen

inzwischen abgesetzten Ostseewoche. Dann ließ er an Korrespondenten des westlichen Auslands und der Entwicklungsländer, die sich dazu bereit fanden, und es gab gegen Honorar – harte Märker, keine Alu-Chips – immer welche, vorbereitete Fragen ausgeben, die anschließend von den Ministern, die im Präsidium saßen, beantwortet wurden. Wirklich kritische Fragen kamen auf diese Weise so gut wie nie vor. Außerdem konnte dem Lagebericht des SSD vor den Auftritten der Minister stets entnommen werden, was an heiklen Fragen zur Sprache kommen konnte. Die SSD-Leute kontaktierten rechtzeitig vorher alle wichtigen Journalisten gezielt, hoben Fragen heraus und schoben welche unter, bei kritischen Köpfen mit dem Tenor: Na, sowas fragen Sie besser nicht, das könnte ... Jedenfalls hatte der Fachminister stets eine ausgefeilte Antwort schriftlich vor sich auf dem Tisch. Die DDR glänzte, Blecha auch.

Mich stieß der Klüngel in seiner Leitung ab, der nur seine eigenen Interessen verfolgte, etwa die Herren Halle und Kehl von der Staatssicherheit, die für Desinformation des Westens zuständig waren, wobei Halle, der selbst aus dem Presseamt kam, auch dafür sorgte, daß Blecha, der niemals eine Jagdprüfung gemacht hatte, im Thüringer Wald Hirsche schießen konnte. Sie lernten halt von den Russen alles, was Gorbatschow heute anprangert. Die Saufkumpane aus dem SSD wurden aus dem Spesenfonds des Presseamtes bewirtet, auch an den Wochenenden, wenn sie volltrunken mit Blecha im Angelkahn mehr lagen als saßen. Wenn Blecha, Halle und Kehl über westdeutsche Journalisten redeten, dann war nie anders die Rede als vom »Spiegelaffen Augstein«, vom »eitlen Gecken Kempski«, vom »leichtgewichtigen Windhund Sommer« und ähnlichen Titulierungen. Dieser Jargon galt als klassenbewußt. Den Klassenfeind mußte man verbal so übel wie möglich behandeln. Noch verächtlicher wurde von den eingekauften Leuten in den Redaktionen und den vielen »Freischaffenden« gesprochen, die gegen Geld für den SSD arbeiteten, oder von Erpreßten, die Informationen zu liefern hatten. Ich machte kein Hehl daraus, daß mir der ganze Arbeitsstil Blechas gegen den Strich ging. Blecha seinerseits revanchierte sich, indem er etwa gegenüber höheren Chargen meine noch unausgearbeiteten, handschriftlichen Notizen als ihm zugemutete Arbeitsunterlagen eines Abteilungschefs ausgab. Auf diesem Niveau bewegten sich die Auseinandersetzungen. Der eitle Boß war vor allem darüber verärgert, daß er in einer Reihe von Dingen, die Westdeutschland und das Ausland betrafen, nicht informiert wurde, weil ich sie im Parteiauftrag zu erledigen hatte. Als ich von ihm in den Umgang mit Diplomaten und Journalisten aus dem sozialistischen Lager eingewiesen wurde, erklärte mir Blecha zu meiner großen Überraschung, daß wesentliche Auskünfte über politische, ökonomische, kulturelle oder sonstige Probleme der DDR strikt zu unterbleiben hätten. »Die Russen sollen sich gefälligst wie die anderen ihre Analysen und Einschätzungen selbst erarbeiten.« Auf meinen Einwand, daß das mit sozialistischem Internationalismus doch wohl wenig zu tun habe, hieß es: »Hast du eine Ahnung, wie die uns das Fell laufend über die Ohren ziehen. Wir werden von allen Seiten betrogen. Paß auf, laß dich nicht ausnutzen.« Na – und heute zensiert er Gorbatschow, wenn das keine Karriere ist!

Blecha verstand es vorzüglich, sich mit geheimnisvollen, bruchstückhaften Andeutungen über alles mögliche, was er wisse und noch nicht ganz wisse, in Szene zu setzen. Dabei drehte er bedeutungsschwer die Augen, schüttelte vielsagend den Kopf. Die Halbwelt des Sozialismus lastete schließlich fast allein auf seinen Schultern. Vor allem aber verstand Blecha es, dienstliche Stellung und persönlichen Vorteil sinnvoll in Einklang zu bringen: ein Haus, das ihn fast nichts kostete, ein Auto – in der DDR teuerstes Luxusstück, das ihn überhaupt nichts kostete und immer repariert war ohne wochenlange Wartezeit –, das Recht zu angeln und zu jagen, sechs Wochen Kuraufenthalt im Jahr nach dem Urlaub, attraktive »Dienstreisen« zu seinen Kumpanen in Ungarn und in der Tschechoslowakei – so ließ es sich schon leben: korruptes Klein-Rußland.

Eines Tages wurde Blecha in einem »Spiegel«-Artikel von Karlheinz Vater, der heute die »Nürnberger Nachrichten« leitet, über die Hierarchie im Pressewesen der DDR korrekt als Hauptabteilungsleiter eingestuft. Blecha las diese völlig harmlose Geschichte und fing zu toben an: »Wer hat mit dem Klassenfeind über meine Gehaltsstufe gesprochen?« schrie er. Er ließ sich gern als Staatssekretär titulieren und korrigierte das auch nie. Oster nützte das weidlich aus und erreichte so immer Blechas Zustimmung für das »DER«. Zu verantworten hatte die Information an Vater M. M., der sich gerade in Rumänien in Urlaub befand. Blecha ließ ihn per Staatstelegramm und Flugzeug zurückbeordern, um ihn abzukanzeln. Solche teuren Eitelkeiten auf Kosten der Staatskasse sind nichts Besonderes bei solchen Typen, sie tauchen in Ost-Berlin massenhaft auf; Leute, die ein natürliches, normales Selbstbewußtsein nicht haben, weil sie wissen, daß sie nichts können, verhalten sich eben so. Ich habe oft erlebt, wie sich die persönlichen Referenten einzelner ZK-Sekretäre oder Regierungsmitglieder wochenlang wechselseitig im Auftrag ihrer Herren befehden mußten, wenn es irgendwo vorgekommen war, daß die Veröffentlichung der Namen ihrer Bosse nicht voll und ganz mit den protokollarischen Gepflogenheiten und der Reihenfolge übereinstimmte. Sie »stritten« sich dann auch noch am Mittagstisch im Regierungsgästehaus: »Ist dir nicht klar, daß ich den größeren Armleuchter habe?« – »Nein, ich!« – »Nein, meiner muß zuerst genannt werden ...«

Blecha war nirgends gut angesehen und ist es auch heute noch nicht. Er hat mit den SSD-Leuten und seiner Leitung einschließlich Parteileitung so viel Dreck am Stecken, daß er sicher lebenslänglich an seinem Job festgeklebt ist.

Als der stellvertretende Abteilungschef West aus dem ZK, Wildberger, mit ihm aus einer Kur zurückkam, fluchte dieser über den »Quartalssäufer«, wie er Blecha nannte, der zur Kur fährt, weil er säuft, und in der Kur weitersäuft, vor allem Pilsner Urquell und grusinischen Kognak. Warum nicht? Erstens gibt es das über das Regierungsgästehaus preiswert, und zweitens profitiert der Staatshandel in der DDR von der Alkoholsteuer, und außerdem ist das inzwischen echte Solidarität mit dem Mineralsekretär Gorbatschow ...

Der wichtigste Mann im Parteiapparat für Blecha und mich war Albert Norden. Der Sekretär des ZK für Agitation war ein brillanter Kopf, besaß ein fundiertes Wissen, konnte erstklassig schreiben und reden. Norden war an allen politischen und literarischen Neuerscheinungen im Westen interessiert. Ich besorgte ihm diese Bücher meist über Spangenberg, der mir vieles lieferte, und gab sie an kritische Köpfe weiter. So bekam aber auch Norden ohne eigene Mühe die gewünschten Titel sogleich aus dem Fonds des Gesamtdeutschen Ministers frisch auf den Tisch. Da auch ein Politbüromitglied an die Ordnung gebunden ist, hätte er sie sonst auf dem Dienstweg beantragen oder aus dem Riesenhaufen beschlagnahmter Bücher auf dem Ostbahnhof herausfischen müssen: unzumutbare Tätigkeiten für einen Vertreter der Halbgötter.

Norden kalkulierte alle Westkontakte überlegen, souverän, eiskalt. Bevor Ulbricht der Bundesregierung offiziell vorschlug, in der Bundesrepublik das »Neue Deutschland« und im Gegenzug in der DDR »Die Zeit« erscheinen zu lassen, höhnte Norden, der das ausgeheckt hatte: »Eines sage ich dir, da wird dieser Idiotenhaufen in Bonn wieder schön auf die Schnauze fliegen. Du weißt ja, juristisch dürfen die das gar nicht, da stecken sie wieder einmal am Haken ihrer eigenen Dummheit, und wir werden das weidlich ausnutzen. Wer ist für die Pressefreiheit? Wir! Haha!« Er sprach genüßlich von den »Vollblutidioten«, diesen Anhängern des »Dritten Weges« in Westdeutschland, die noch nicht gelernt hätten, daß die Barrikade nur zwei Seiten habe, von den »Friedensengeln«, die durch alle Gegenden säuselten, von all den »nützlichen Idioten«, die der bolschewistischen Weltbewegung, ob sie wollten oder nicht, objektiv nützlich seien. Er hatte aber auch keine Illusionen über die Qualität seines eigenen Propagandaapparates, sondern sagte gelegentlich verbittert: »Sieh sie dir an, die Ex-Nazis, die Propaganda machen, der Frankenberg, der Blecha, der Schnitzler, die sich alle als Widerstandskämpfer ausgeben. Wir haben schon eine feine Gesellschaft um uns geschart nach 1945.« Gelegentlich bestellte er mich zu sich, wenn ihn etwas besonders interessierte, und gab mir die Weisung: »Zu Blecha oder zu anderen kein Wort.« Als ich einmal mit Blecha bei ihm war, tat er so, als ob er mich überhaupt nicht kenne. Der Antifaschist traute dem Ex-Nazi nicht. Norden las auch lieber die »FAZ« als den »Vorwärts«: »Die Bürgerlichen haben wenigstens noch einen Klassenstandpunkt. Die schwammigen Sozis kannst du vergessen, die SPD-Rechten stinken noch heute so leise vor sich hin wie Noske ehemals«, schloß er in Anlehnung an Tucholsky. Auf den gesamtdeutschen Arbeiterkonferenzen war er allerdings nicht so grob. Da umwarb er die Sozialdemokraten. Es gibt nicht nur zwei Parteien in der Partei, sondern zwei Mentalitäten, zwei Sprachen, die offizieller Verlogenheiten und die individueller Wahrheiten. Die russische Verkrüppelung und Deformation des Menschen trifft, früher oder später, alle Ersatzrussen, deren letzter Ausweg der Zynismus, der Freitod oder die Flucht in den Westen ist.

Als es einen Skandal wegen einer Cocktailparty in West-Berlin gab, an der ich teilgenommen hatte, wollte Norden sofort von mir informiert werden. Hans Jacob-Stehle erinnerte sich 1986 an den Vorfall:

»Die Berliner Mauer war gerade zwei Jahre alt und für West- wie Ost-Berliner total undurchlässig. Konrad Adenauer, der stets jeden politischen Kontakt mit dem Ulbricht-Regime abgelehnt hatte, signalisierte im Herbst 1962 plötzlich und sibyllinisch, die Bundesregierung sei bereit, ›über vieles mit sich reden zu lassen‹, wenn Erleichterungen für die Menschen drüben zu erreichen seien ...

Hermann von Berg, der – was man nur ahnen konnte – von seinem Ministerpräsidenten Stoph mit Sondierungen beauftragt war, fragte mich, was dies zu bedeuten habe ... Ende Mai 1963, als die Berliner FAZ-Redaktion einen Cocktail für die in beiden Teilen Berlins akkreditierten ausländischen Presseattachés veranstaltete, lud ich auch Hermann von Berg ein – als Vertreter des DDR-Presseamtes. Und er kam. Der amerikanische Presseoffizier, mit dem ich ihn bekannt machte, verabschiedete sich eine Minute später in eisigem Ton: Mir gefiel Ihre Gästeliste nicht. Kurz darauf ging grußlos sein britischer, dann sein französischer Kollege. Und am 29. Mai 1963 betätigte Karl Silex, Chefredakteur des Berliner ›Tagesspiegel‹, die Alarmsirene: Der Cocktailauftritt Hermann von Bergs wurde wie der eines kommunistischen trojanischen Pferdes dargestellt, der FAZ-Korrespondent gleichsam als Esel, der sich gegenüber westlichen Presseoffizieren der ›Nötigung zu politisch zweideutigen Kontakten‹ schuldig gemacht hatte.

Die Aufregung erscheint aus heutiger Sicht grotesk, doch vor 23 Jahren war sie bitter ernst ...

Benno Reifenberg klagte damals in einem Privatbrief über das ›Künstliche‹ der Bonner Politik, das sich wie ›Mehltau‹ auf sie legte und ›bis ins Unaufrichtige kleidet‹. Berg machte bald ähnliche Erfahrungen auch mit der Staatsideologie der DDR. Nun ist er in den Westen umgezogen – noch immer kein trojanisches Pferd.«[*]

Als ich mich bei Norden darüber beschwerte, daß ich auf der Leipziger Messe den Zensor spielen mußte, antwortete er: »Was sollen wir machen? Erwartest du, daß wir überall ausgebildete Romanisten oder Germanisten hinsetzen? Unsere nehmen doch selbst die kommunistischen Zeitungen aus Frankreich oder Italien weg, die Stasi ist gründlich.«

Der u. a. davon betroffene R. Michaelis beschrieb sein Erlebnis in

---

[*] Stehle, H. J., »Kein trojanisches Pferd«, in: Die Zeit, 16.5.1986

der FAZ, und das ist für unsere jungen Leute schon erfahrenswert: »Der braune Koffer, bunt umgarnt, mit dem Staatswappen der Silberplombe wie mit einem Anhänger geschmückt, liegt wie ein Sprengstoffkoffer zwischen uns auf dem Tisch. Schon der dritte Beamte, jeder mit mehr Sternen und Litzen an der Uniform, sitzt uns in der Johannisgasse 7, der Leipziger Zollverwaltung im Schatten des neuerbauten Hotels ›Deutschland‹« – dessen Namen Honecker streichen ließ – »gegenüber ... ›Was wollen Sie mit diesen Büchern? Verschenken? Kollegen von Presse und Verlagswesen als Anschauungsgut vorführen?‹ ...

Ein ordengeschmückter Offizier bittet uns Platz zu nehmen, erklärt liebenswürdig, daß man sich mit dem Presseamt verständigt habe, unter dessen Aufsicht der Koffer geöffnet und ›Einblick‹ in die Bücher genommen werde. Er überreicht uns eine Visitenkarte; ›Hermann von Berg. Presseamt beim Vorsitzenden des Ministerrates der Deutschen Demokratischen Republik‹ ... Herr von Berg, jung und blond, sucht mit Kognak und Zigaretten dem Gespräch kollegiale, private Lockerheit zu geben. Er klagt überzeugend, daß man ihn in die Rolle eines Zensors zwänge. Gemeinsam entsiegeln wir den Koffer, blicken auf die bunten Umschläge. Fünf, sechs Bücher hält er für ›fragwürdig‹; mit den andern aber sei, da ich auf der Buchmesse nicht ausstelle, die für Privatgeschenke zulässige Anzahl überschritten. Er fühlt sich für eine ›zollrechtliche Entscheidung‹ nicht zuständig. Der nicht plombierte Koffer bleibt vorerst bei ihm. Ich könne ihn später beim Zollamt abholen. Wenn ich wegen eines ›Zollvergehens‹ nicht ›belangt‹, auch keines der Bücher konfisziert wurde, so sicher deshalb, weil der Journalist aus Ost-Berlin für den Kollegen aus Frankfurt ein gutes Wort eingelegt hat. Danke!«[*] Die Überwachung war und ist allmächtig. Bücher sind für den Sozialismus das Gefährlichste, was es gibt.

Jedenfals gelang es nicht einmal Albert Norden, Anna Seghers, der hochangesehenen Schriftstellerin und Stalin-Friedenspreisträgerin, die, wie Hermlin u. a. Kammersänger des roten Nazismus, nie ein bedauerndes Wort für Stalins Opfer fand, den Bezug der »Zeit« zu garantieren. Natürlich hatte Anna Seghers wie andere Intellektuelle

---

[*] Michaelis, R., Von Deutschland nach Deutschland, in FAZ, 13.9.1965

eine Sondergenehmigung, ich hatte diese auch, ausgestellt von der Hauptabteilung Literatur und Verlagswesen des Kulturministeriums. Aber trotz dieser wurde die »Zeit« für Seghers ständig vom SSD beschlagnahmt. Dabei hat Johann Lorenz Schmidt, der Mann von Anna Seghers, in den zwanziger Jahren als erster die Marxistische Abendschule in Berlin geleitet. Zuletzt lehrte er an der Humboldt-Universität – an der Sektion Wirtschaftswissenschaften über Entwicklungsländer. Er beriet seine Frau in ideologischen Fragen bei der Konzeption ihrer Romane: Nicht einmal diese ideologisch höchst reine Familie durfte sich am Westprodukt ergötzen, vielleicht, weil sie aus der Westemigration kam ... Das Mißtrauen des SSD war allgegenwärtig, die aktive Bespitzelung auch:

Aus Anlaß eines Parteitages der SED hatte ich Mitte der sechziger Jahre ein Gespräch mit dem damaligen Chefredakteur des sozialdemokratischen »Vorwärts«, von Puttkammer. Er war in Begleitung eines zweiten SPD-Mannes. Unter der selbstverständlichen Voraussetzung, daß das Gespräch diskret behandelt würde, hielt ich es für angebracht, die Führung der SPD auf einige Dinge aufmerksam zu machen, die man von außen nicht ohne weiteres durchschauen konnte. Puttkammer war so intelligent, meinem Mitarbeiter M. M. brühwarm und haarklein von diesem Gespräch zu berichten! Noch zwölf Jahre später spielte dieses Gespräch bei meinen Verhören durch die Staatssicherheit eine Rolle. M. M. hatte umgehend seinen Führungsoffizier schriftlich informiert.

Die Unvorsichtigkeit, Schlampigkeit und der Leichtsinn mancher westlicher Journalisten ist abenteuerlich: Ich habe einem englischen Kollegen, den man mir empfohlen hatte, gelegentlich einige bittere Wahrheiten gesagt, die wir über die westlichen Medien verbreiten wollten, um damit die dogmatische Fraktion in der SED zurückzudrängen. In einer extrem negativen, prekären Wirtschaftssituation in der DDR brachte es dieser Engländer tatsächlich fertig, ans DIW in West-Berlin zu gehen und Bekannte von mir zu fragen, ob sie die Situation auch so kritisch einschätzten wie Berg. Die Kollegen lachten, sahen es natürlich nicht anders. Aber ich erhielt einen Tag später eine Vorladung der Parteileitung und sollte erklären, wie diese Information nach West-Berlin gelangt sei! Der SSD hat in West-Berlin sein Heimspiel. Er braucht dort nicht immer sofort selbst in Erscheinung zu treten. Der Rücklauf war über SSD-Leute in der SEW, dem West-Berliner Ableger der SED, erfolgt. Ich rief den Engländer von daheim aus an, verbat mir den Mißbrauch meines Namens, damit die Überwachung das registrieren konnte, und blockte ab sofort jeden Umgang ab. Wenn ein westlicher Journalist im Osten wirklich Auskünfte haben will, dann muß er vertrauenswürdig, das heißt verschwiegen sein. Namen dürfen nie genannt werden. Jeder hat die Pflicht, Informanten zu schützen. Sie tragen ein hohes Risiko. Vertraulich ist nur, was unter vier Augen bleibt.

Wolfgang Nette, langjähriger Auslandskorrespondent des WDR in Washington und Moskau, wechselte die Farbe, als ich ihm nach meiner Untersuchungshaft berichtete, daß mein Vernehmer mir über ein inhaltlich wichtiges Telefonat berichtet hatte, welches Nette in dieser Zeit, mich betreffend, geführt hatte. »Aber ich habe doch in West-Berlin telefoniert«, meinte er fassungslos. Wie viele SEW-Mitglieder im Dienste des SSD hat die Post in West-Berlin? Selbst SSD-Offiziere sind da nicht sicher. Inzwischen sind diese Abhörpraktiken 1986 durch die Presse in West-Berlin etwas gelüftet worden.

In den Beziehungen zur SPD gab es 1965/66 einen kritischen Punkt, als man nach außen den Redneraustausch ansteuerte, in Wirklichkeit intern aber alles tat, um die Einwirkung der SPD auf die DDR abzublocken. Für den Fall, daß das Treffen doch zustande käme, wurden protokollarische Überlegungen angestellt: Sollte man Herbert Wehner und andere Herren der SPD mit Handschlag begrüßen? Von welcher Seite – von rechts oder von links – war die Bühne zu betreten? Und sollte man sich eventuell schon vor dem Auftritt sehen? Es war ein richtiger Krampf. Zur Ermunterung der Gegner des geplanten Redneraustausches verbreitete der SSD damals massiv das Märchen, er könne Wehners Sicherheit nicht garantieren, denn viele SED-Genossen, Opfer seines Verrats, von ihm der Gestapo ausgeliefert, hätten geschworen, ihn umzulegen, falls er käme ... Wahrheit ist: Nicht Herbert Wehner, sondern die KPD-Führung hat, mit Stalin, ihr unbequeme Genossen an die Gestapo ausgeliefert: Die Henker der sowjetischen Staatssicherheit kooperierten mit den Henkern der Nazis, wie Hitler und Stalin kooperierten. Schon die KPD unter Thälmann war nationaler und sozialer als die NSDAP unter Hitler. Man sehe sich den für Thälmann und Stalin von Hitler her übernommenen Führerkult und das Programm der

KPD zur nationalen und sozialen Befreiung an: ein komplettes NS-Programm!

Der Parteivorstand der SPD entzog seiner offiziellen Verhandlungsdelegation, die gegenüber der Presse das Wasser nicht hatte halten können, wie mir Spangenberg erzählte, das Mandat. Formal sprachen die Delegationen miteinander, umlauert von den Medien; de facto erfuhr ich von Spangenberg und er von mir, was die jeweilige Parteiführung entschieden hatte. Dann entschloß sich Ulbricht in Abstimmung mit den Russen, daß scheinheilig zu Ende gespielt würde, weil feststand, daß man abbrechen werde. Ich mußte mit Steinmayr vom »Stern« nach Karl-Marx-Stadt, damit sich wenigstens ein Westjournalist überzeugen konnte, daß die Vorbereitungen für den Redneraustausch auf Hochtouren liefen, und dieser informierte dann entsprechend. Ich hatte ihn nach getaner Arbeit unverzüglich in einem sehr unausgeschlafenen Zustand am frühen Morgen genauso schnell der DDR zu verweisen, wie das vorher mit einem anderen namens Kuby geschehen war.

Auch die Haltung der SPD und ihrer Vertreter zu uns war nicht einheitlich. Als mich Klaus Ellroth auf dem Dortmunder Parteitag, der über den »Dialog« mitberiet, Kurt Mattick vorstellen wollte, zog dieser die schon ausgestreckte Hand ruckartig zurück, nachdem er meinen Namen gehört hatte.

Als ich lachend daraufhin zu ihm sagte: »Dog-Mattick, wir können uns ruhig die Hand geben, ich bin schon im richtigen Auftrag hier, was soll denn Moby Dick sonst von ihnen halten?« – das war der weiße Wal, der sich im Rhein herumtrieb und den Parteitag der SPD publizistisch verwässerte –, sah er mich irritiert an, gab mir zögernd die Hand, machte dann aber auf dem Absatz kehrt und ging, ohne ein Wort zu sagen, davon, worauf Klaus fröhlich hinter ihm herrief: »Und nun mußt du dich anständig desinfizieren!«

Während des Parteitages wurden Ellroth und ich von zwei Männern der bundesdeutschen Abwehr observiert. Der eine hatte seinerzeit Otto John aus Ost-Berlin heraus nach dem Westen zurückgelotst, der andere übte formal eine journalistische Tätigkeit aus. Wir spielten 007. Klaus und ich verklebten unsere Zimmertüren mit Spucke und Haaren und lachten uns dabei halbtot. Ich skizzierte mit haarfeinem Bleistift die Lage meines Notizbuches, das ich in meinem Kleiderschrank zurückließ, um zu sehen, ob es verrückt worden war, und trug einen falschen Ort und Termin für ein Gespräch mit Egon Bahr ein. Die beiden Herren fielen prompt darauf herein. Das Zimmer war aufgeschlossen, das Notizbuch deutlich sichtbar einen Zentimeter verrückt, die Notiz also zur Kenntnis genommen worden. Zu dem Zeitpunkt, als ich mich mit Bahr im Hotel traf, war ich meine Bewacher los.

Jahre später reiste ich einmal aus ganz anderen Gründen nach Westdeutschland. Ich erhielt überraschend einen Anruf von Wildberger. Es war Sonnabend, spät, gegen 22 Uhr: »Du mußt am Montag früh um zehn Uhr in Nürnberg sein. Du hältst eine Woche lang Vorlesungen in Bayern. Ich habe Anweisungen gegeben, daß dein Unterricht hier an der Uni vertreten wird. Paß und Geld hast du doch daheim, ist alles klar?« Als ich etwas irritiert fragte, worüber ich reden solle, erfuhr ich, daß die damals auftretende Energiekrise genutzt werden müsse, um unseren Anhängern eine Argumentationshilfe in öffentlichen Vorträgen zu geben. Ich solle über Rohstoff- und Energieprobleme im RGW sprechen. Begleitet wurde ich von einem Mann der NPD aus Karl-Marx-Stadt. Der Kollege aus Leipzig, der diese Vorlesungen hatte halten sollen, war erkrankt.

In Nürnberg wurden wir vom Chef der DFU empfangen. Er begrüßte meinen Begleiter: »Guten Tag, Genosse.« Dieser lächelte: »Oh, ich bin nur der Blockgenosse.« Ich sagte kritisch: »Wieso werden wir hier von dir mit ›Genosse‹ angeredet, kannst du nicht etwas vorsichtiger sein?« – »Ach was, alles, was hier rumlümmelt an jungen Leuten, die unsere Broschüren verteilen und Propaganda machen, das sind doch alles Genossen.« Aha. Im Westen nichts Neues.

»Ich soll dich herzlich grüßen von Wildberger, und wenn du das nächste Mal zur Anleitung nach Berlin kommst, möchte es wohl sein, daß du mich einmal anrufst, damit man sich noch austauscht über das, was nach den Vorträgen auf euch zugekommen ist an Meinungen und wie es angekommen ist oder was wir das nächste Mal besser machen können.« – »Das werden wir tun, eure Rundreise ist vorbereitet.«

Es waren fünf oder sechs Städte, in denen ich sprach, das Publikum war immer gleich: Studenten, linksorientierte SPD- und Gewerkschaftsfunktionäre, KPD-Genossen, DFU und das, was als Friedensbewegung bezeichnet wurde. Wohlgemerkt: Es handelte sich um jene wahren Friedensfreunde hierzulande, die heute für den rus-

sischen Frieden, den Völkermord in Afghanistan, aber seltsamerweise gegen den Friedensvertrag mit Deutschland sind. Sie begegneten mir auch 1986 in Hannover wieder, wie im »Friedensforum Essen«. Dort stellte der DFU-Vertreter die Forderung, Berg nicht sprechen zu lassen, sondern DDR-Funktionäre sollten in der vom Auswärtigen Amt aus Bonn finanzierten Vortragsreihe auftreten! Die ganze dortige Veranstaltung der Deutschen Gesellschaft für die Vereinten Nationen war als kommunistische Propaganda-Show umfunktioniert. Zuerst stieß man im Flur der Volkshochschule auf einen riesigen Tisch, überladen mit Propagandabroschüren »des berühmten Publizisten Knipping« gegen SDI. Vergessen hatten die wahren Friedensfreunde bloß, hinzuzusetzen, daß Knipping stellvertretender Chefredakteur des ND der SED ist. Der dortige DFU-Genosse verkündete stolz, er könne im Gegensatz zum Veranstalter, der bedauerte, daß er das nicht könne, jederzeit SED-Propagandisten nach Essen holen – wie wahr! Ich kann ihm noch Telefonanschlüsse nennen, falls er seine Nummern verlegt haben sollte.
Auf der Tournee 1974 hatte wenige Wochen vor uns eine Agit-Gruppe vom Theater Weimar eine Rundreise gemacht mit Liedern und Gedichten von Brecht, Weinert, Becher und anderen. Ohne Kulturabkommen – wie erstaunlich – durften die das einfach so! Diese Form der kommunistischen Propaganda kommt in den wirrköpfigen, marxismusorientierten Kreisen der Intelligenz übrigens in der Regel besser an als wissenschaftliche Vorträge.
Ich hatte ein ganz interessiertes Publikum, und es gab sehr aufschlußreiche Gespräche, auch im Anschluß an diese Veranstaltungen, wenn einzelne Funktionäre kamen, um sich über spezifische Fragen zu informieren. Dabei stellte sich heraus, daß man eine ganze Reihe von Genossen in Ost und West oder sogenannte Progressive doch sehr gut kannte. Die Inzucht ist nirgends zu übersehen. Wie sie von DDR-Funktionären allgemein betitelt und beurteilt wird, siehe Norden, Blecha und Co. Das gilt, bis man sie eines Tages als überflüssig über Bord werfen wird, falls die Ersatzrussen, heute unter uns, morgen über uns sein würden. Wie der interne Sprachgebrauch und die Bewertung der wahren »Friedensfreunde« aussieht, will ich noch etwas näher demonstrieren, die Philosophie-Vorlesung war ja rein akademisch.
Lamberz, der nach Norden zuständige Sekretär für Presse und Agi-

tation, bereitete die Delegation der DDR-Journalisten vor, die mit
nach Kassel zur Begegnung Stoph – Brandt fuhr. Er begann seine
Ausführungen: »Und keiner vergißt: Ihr fahrt in Feindesland.« Daraufhin sagte hinter mir ein Älterer: »Das hätte er auch singen können.« Lamberz hörte das, weil wir ziemlich weit vorne saßen, und
lief rot an. Er sah haßerfüllt zu mir herüber. Dies war eine Anspie-
lung auf die Zeit, als er in der national-politischen Erziehungsanstalt
der HJ war, wo natürlich gesungen wurde: »... aber wir dürfen ja
stille nicht stehn, denn wir marschieren, in Feindes Land ...« Dann
geiferte er: »Nützt die Wichtigtuerei, die Prahlsucht, die Geldgier,
die oberflächliche Geschwätzigkeit dieser verkommenen Sauf- und
Hurenböcke aus, die dort in der Presse tätig sind. Die Dekadenz der
Bourgeoisie liefert uns den besten Aufhänger, um an deren beschleu-
nigtem Untergang zu arbeiten.« In diesem Stil sprach er eine Stunde.
Die Lamberz-Ausführungen wurden ergänzt durch die des Leiters
der Sicherheitsgruppe, der erklärte: »Ich hatte noch nie so weitgehende Vollmachten wie bei dieser Fahrt. Jeder Verräter stirbt. Es gibt
Autounfälle genug. Die Weisung ist klar, die Warnung auch.«
Das war übrigens formell ein Mann aus dem MfAA. Vornehme »Diplomaten« hat die DDR. Die Blitzkarriere dieses Atheisten wurde
etwas später wegen des illegitimen Genusses der Reize einer evange-
lischen Parteipfarrerstochter beendet. Parteipfarrer heißen im Funk-
tionärsjargon der SED u. a. jene Mitglieder der CDU, die für den
christlichen Sozialismus kämpfen, der, nach Marx, reaktionär ist
und ausgerottet werden sollte. Nicht einmal nach dem wahren Murx
richtet sich der Osten, da muß er ja untergehen!
Diese spezielle Art von Menschlichkeit der SSD-Funktionäre zeigte
sich auch in anderen Zusammenhängen. Ich beantragte für die Verlobte eines Freundes, der von mir aus dienstlichen Gründen einen
Passierschein erhalten und diesen als Poussierschein mißbraucht
hatte und nun heiraten wollte, eine Ausreise. Blecha fragte: »Wird
die für uns arbeiten, wird die uns informieren über das, was sich bei
dem Skriver und dessen Umfeld tut?« – »Nein.« – »Ist der über sie
zu beeinflussen und einzukaufen?« – »Nein.« – »Liefert sie mit ver-
wandtschaftlichen Beziehungen die Möglichkeit, damit man sie erpressen kann?« – »Nein.«
Er fuhr mich an: »Wozu setzt du dich dann für die Ausreise ein?« –
»Skriver ist dienstlich eingereist und hat bei dieser Gelegenheit seine

Barbara kennengelernt. Sie erwarten Nachwuchs. Das ist ein privates Problem, und Kinder sollten nicht ohne ihre Väter aufwachsen.« – »Private Probleme gibt es nicht. Du bist Staatsfunktionär, kein Onkel! Ich verweigere meine Zustimmung zu diesem Vorgang in der Bearbeitung durch das Amt. Sprich aber trotzdem mit Wildberger, was die Partei meint, der Skriver hat doch Ansehen bei den Freunden, oder?« Das traf zu: Ansgar war den Sowjets aus der Aktion Sühnezeichen in guter Erinnerung.

Ich besprach das mit Wildberger: »Ach so, schon wieder will eine raus unter dem Vorwand zu heiraten. Sag' doch ihrem Alten, unsere Hühner treten wir selber.« So sind die Apparatschiks.

Ich spielte dann mit Ansgar die Bälle über einige andere Strecken, und am Ende war ich beim zuständigen Chef der Abteilung des Innenministeriums, Bergmann: »Na gut, damit wir uns keinen Ärger machen und auch die gute Stimmung in diesen linksorientierten Kreisen nicht verderben – kannst ihm sagen, sein Mädchen kommt raus, aber: Wehe, er läßt den Vorgang publik werden!« So sagt das der Vogelhändler von heute auch immer: Wehe, es wird darüber geredet!

Es ist nicht nur erfreulich auf dem westöstlichen Diwan. Hierzulande sollen gewisse Schreiber nach Stoffen suchen. Vielleicht wenden sie sich einmal diesem menschlichen Elend zu?

Hilfestellung in humanitären Angelegenheiten gab auch Egon Franke als damals in Bonn zuständiger Minister. Ich traf ihn nicht oft, aber einmal in einer sehr komplizierten Angelegenheit: Eltern forderten für etwa 400 minderjährige Kinder die Ausreise aus der DDR. Stoph war bedrückt: »Geh zu Franke, erkläre, wie schwer das ist. Die Eltern haben diese Kinder verlassen. Sie sind adoptiert, leben außerdem bei Großeltern oder in Heimen. Was sollen wir tun? Viele haben einen Schock erlitten. Psychologen raten uns, sie nicht wieder aus ihrem jetzigen Milieu herauszureißen. Auch Großeltern protestieren. Wir brauchen Zeit, um herauszufinden, wie wir zum Wohl jedes einzelnen Kindes verfahren.«

Franke stand, als ich sein Dienstzimmer betrat, auf und ging mit mir in den Flur, wo hinter einem Vorhang zwei Kneipenstühle standen. Dort setzten wir uns hin und sprachen miteinander. Mir war nicht klar: War ich im innerdeutschen oder war ich im Politzirkus? Die Kinder kamen in fast allen Fällen wieder zu ihren Eltern. Gottlob war die Sache mit Franke in diesen bitteren Angelegenheiten nur einmalig als »Sonderauftrag«.

In der Bundesrepublik gab es damals dasselbe verquere Denken in den Kategorien der Sicherheitsapostel, den Wachsamkeitsverfolgungswahn, wie in der DDR: Franke war nun ein alter Konspirateur und Anti-Nazi. Aber man sehe sich einmal an, wie abenteuerlich da verfahren wurde, als Dieter Jaene einen Kontakt DDR-FDP herzustellen gedachte.* Ich komme darauf, weil Baring mich in diesem Zusammenhang als »Sonderbeauftragten« der DDR-Führung ausgeschildert hat.

Besonders angenehm, fundiert, sachlich, meist auch humorvoll, war Hans-Dietrich Genscher. Wir sahen uns häufig. Die FDP hatte, vom Volkskammerpräsidenten her, über mich eine gute Meinung. Als Genscher mich bei meinem ersten Besuch am Fahrstuhl abholte im oberen Stockwerk seines Ministeriums, gingen wir durch einen Flur, an dessen Seitenwänden die deutschen Innenminister in Bildern aufgereiht waren, und ich machte die doch etwas gewagte Bemerkung: »Wissen Sie, da fehlt einer.« – »Wer denn?« – »Der Schwager von Marx.« – »Ach, der war auch mal Innenminister?« – »Ja, der Marx hat zu seiner Frau gesagt: ›Dein Bruder, der ist so blöd, das reicht bei dem, der bringt's noch bis zum Chef des Innern!‹« Genscher amüsierte sich, ein anderer hätte vielleicht allergisch reagiert. Von da an wußte ich, daß wir uns gut verstehen würden. Ich mag Leute ohne Selbstironie und ohne Sarkasmus nicht, die alles überzogen wichtig behandeln und sich selbst für den Nabel der Welt halten, obwohl sie nur ein Tröpfchen im mächtigen Strom der Geschichte sind. Genscher bezog selten Position, praktische Dinge ließ er durch seine Mitarbeiter abwickeln.

Klaus Kinkel, damals Chef in Genschers Büro, war ein ruhiger, extrem zurückhaltender Mann. Gelegentlich hatte er zum Frühstück eine kleine Runde versammelt neben Genschers Arbeitszimmer, mit Karl-Hermann Flach, Josef Gerwald, dem heutigen Chefredakteur der Deutschen Welle, und anderen Spitzenleuten der FDP. Bei einer solchen Gelegenheit versuchte ich den Inhalt einer gerade stattfin

---

* Vgl. Bahring, A.: Machtwechsel. Die Ära Brandt – Scheel, dtv. Zeitgeschichte 214 f.

denden ZK-Tagung zu erläutern. Dabei grub sich bei mir eine Bemerkung von Flach tief ins Gedächtnis ein. Nachdem ich fertig war mit meinen Darlegungen, sagte er: »Seltsam, seltsam, das soll nun ein gesunder normaler Menschenverstand begreifen. So ist das also zu verstehen – eine fremde Welt, eine fremde Welt!«

Mir ging schlagartig auf, wie selbst Profis, die sich mit Politik und Ostproblemen andauernd befassen, der Abgrund ungeheuer erscheint, der Ost und West voneinander in der geistigen Bewertung und der politischen und sprachlichen Handhabung der Probleme trennt. Was soll man dann vom sogenannten »Mann auf der Straße« erwarten? Sollte wirklich gedolmetscht werden, müßte wohl Schluß gemacht werden mit der – nicht nur – semantischen Unterwerfung unter die kommunistische Fachterminologie, angefangen beim DDR-Handbuch ...

Sehr konstruktiv verliefen auch meine Gespräche mit Herrn Moersch von der FDP. Damit wir keinen Ärger, das heißt öffentliches Aufsehen bekamen, trafen wir uns meist in den Redaktionsräumen der FAZ. Dort konnten wir uns ungestört unterhalten. Alle Redakteure hielten dicht. Zeitung für Deutschland: gut so.

Mit den FDP-Funktionären unterhielt ich mich auf deren Wunsch auch öfter über ihre Kollegen von der LDPD in der DDR. Sie waren besonders am Klima zwischen »ihrer« Partei und der SED interessiert. Daher schilderte ich ihnen auch subjektive Eindrücke, z. B. wie Ulbricht mit seinem Volkskammerpräsidenten umging.

Dieckmann sagte mir Ende der fünfziger Jahre eines Tages an einem Wochenende: »Wissen Sie, Hermann, das wird Sie interessieren: Gestern war der erste Tag und die erste Möglichkeit für mich, Ulbricht allein zu treffen und mit ihm unter vier Augen Kaffee zu trinken.« – »Was? War sonst immer ein dritter Mann dabei?« – »Selbstverständlich, immer einer, der für Ulbricht die Aktennotiz anfertigte.« Das zeigt die wirkliche Einstellung der führenden SED-Leute zu den sogenannten Kleinbürgerlichen und die ungeheure Vorsicht Ulbrichts im Umgang mit den sogenannten Blockparteien.

In einem anderen Zusammenhang, als wir uns über kurzsichtige Entscheidungen in der Mittelstandspolitik unterhielten, stöhnte Dieckmann, stand auf, ging im Zimmer hin und her und sagte: »Herrgott, Herrgott, warum hat uns das Schicksal diesen alten

Pieck nicht länger erhalten? Was wäre uns nicht alles erspart geblieben, wenn wir ihn noch einige Jahre gehabt hätten!«

Anlaß für das Gespräch über die Mittelstandspolitik war ein Brief eines Freundes aus Leipzig, und es hieß nach Schilderung aller Schikanen, die man gegen Handwerker und Gewerbetreibende dort angewandt hatte: »Das ist wirklich eine Sauerei, was nützen denn da noch die Beteuerungen, daß nur bei uns der Mittelstand eine gesicherte Perspektive hätte. Man kann doch so nicht vorgehen! Die Perspektive, wie man sie hier praktiziert hat, lockt doch wirklich keinen Hund mehr hinter dem Ofen hervor.« Im konkreten Fall ging es darum, daß eine Frau, die vor Jahresfrist ein Geschäft ihres Mannes aufgegeben und alles sorgfältig nach Steuerrecht abgerechnet hatte, noch im nachhinein mit einer unzumutbar hohen Summe, die sie ruinieren mußte, vom Finanzamt zur Kasse gebeten worden war – in voller Absicht, sie fertigzumachen.

Im Brief hieß es weiter: »Weißt Du, ich hätte nicht übel Lust, diese Geschichte einmal an die große Glocke zu hängen, damit einige Leute wissen, wie es zu einer Republikflucht kommt. Anscheinend sind da Leute am Werk, die bei den politischen Ansichten von 1920 stehen geblieben sind. Sie verstehen offenbar immer noch nicht, daß wir in unserer Situation das Bürgertum gewinnen müssen.« Das war 1960. Bischof Forck scheint noch heute, 1988, nicht zu wissen, »wie es zu einer Republikflucht kommt«.

Heute ist es in der CDU (Ost) und den anderen sogenannten Blockparteien inzwischen so, daß an der Spitze jener Flügel herrscht, der, von der SED geschult und eingesetzt, nur noch den Eifer hat, die SED links zu überholen. Soweit ich dienstlich und privat mit Vertretern der Blockparteien zu tun hatte, überraschte mich bei ihnen immer wieder, welchen Respekt sie dabei vor dem Ministerpräsidenten zeigten.

Stoph gehört zu den wenigen Leuten in der Bürokratie, die von Wirtschaft etwas verstehen. Er hatte sich als Abteilungsleiter von den Anfängen her nach 1946 im Wirtschaftsapparat der Partei hochgearbeitet, das Innen- und das Armeeministerium dirigiert, war also von den Voraussetzungen her ein idealer Regierungschef. Außerdem kam ihm zustatten, daß er noch anständig dachte, im Gegensatz zu vielen anderen: nicht nur auf die Millionenbeträge, sondern auch auf die sogenannten Kleinigkeiten sah er. Er konnte sich erregen,

wenn ihm ein Betrieb in der Baubranche Schlösser vorführte, die
nach seinem Ermessen viermal zu umfangreich und zu groß und zu
schwer waren und Materialvergeudung darstellten. Wozu sich aber
selbst der Regierungschef nicht aufraffen konnte, war die Einsicht,
daß der Betrieb überhaupt nur »Gewinn« brachte, wenn er quantita-
tiv, mengenmäßig, verschwendend, also nach russischem Modell
produzierte, weil tonnenweise abzurechnen war, wovon dann die
Prämien und alle sonstigen Vorteile abhingen. Selbst Stoph sah den
hirnverbrannten ideologischen Schwachsinn nicht, der in einer solchen Konzeption der Wirtschaftsweise lag. Auf der einen Seite beschloß der Ministerpräsident im Kabinett und im ZK die verschwen-
derische Planung nach der halb deutschen, halb russischen Tonnen-
ideologie des Charlie Murks, auf der anderen Seite rügte er seine
Presseleute, daß sie nicht ordentlich genug in der Wirtschaftspro-
paganda den Kampf gegen die Vergeudung von Volksvermögen organisierten. Es ist zuweilen wahrhaft schizophren in der DDR. Inzwischen hat man das, nach jahrzehntelanger Vergeudung von Milliarden über Milliarden an Volksvermögen, aufgrund der permanen-
ten Wirtschaftskrise des realen Sozialismus verstanden. Ändern
kann man es nicht – aus objektiven Gründen. Der weitere wirtschaftliche und soziale Niedergang des staatsmonopolistischen
Ostens ist vorprogrammiert.
Stoph ging im Gegensatz zu anderen dafür aber rücksichtslos mit
den Verschwendern ins Gericht. Zu denen gehörte obligatorisch der
Verteidigungsminister Hoffmann, ein »Held der DDR«, ein Pferde-
narr, der überall abreißen und bauen ließ, wo er glaubte, daß er noch
vier Beine zusätzlich hinstellen könnte. Die Arbeiter machten sich
ihren Jux. Da in der Armee große Schlampigkeit herrschte, verkauf-
ten sie z. B. allen in Karlshorst am Rand der Pferdebahn ausgebag-
gerten Sand für die Bauten des Hoffmann an private Abnehmer und
verdienten sich mit diesem Kies einigen dazu, indem sie ihn in Ar-
meefahrzeugen anlieferten – schnell. Bei der »Konkurrenz« muß
man bis zu acht Wochen – und länger – Lieferzeit einkalkulieren.
Der nächste prämierungswerte Verbesserungsvorschlag für die
DDR wäre eigentlich, die Häuser ohne Kies zu bauen ...
Stoph rügte Hoffmann im Beisein höchster Offiziere und brüllte
ihn an, wenn er mitbekommen hatte, daß dieser irgendwo die wert-
volle Bausubstanz einer alten Kaserne abreißen lassen wollte, nur

um einen neuen Herrensitz für einen seiner Stäbe dort errichten zu lassen.

Ich bin ziemlich sicher, daß Stoph zu Hause im Politbüroghetto jeden rostigen Nagel aufhebt, entrostet und geradeklopft, falls er verbogen sein sollte. So ist er, auch im Staatsgetriebe. Ich habe ihn nie trinken oder rauchen sehen. Aber gearbeitet hat er wie ein Ackergaul von früh bis nachts, und öfter habe ich bemerkt, daß sein Fahrer oder die Sicherheitsbeamten ihm noch am Abend die Aktenkoffer kurz vor Mitternacht in seinen Wagen schleppten, wenn er nach Hause fuhr: Vorbild für uns. Dabei gab es am Morgen kein Pardon, wie generell im DDR-Apparat nicht; um halb acht hatte jeder an seinem Platz zu sein, egal, ob er Nachtdienst, Dienstreise, wochenlange zusätzliche Belastungen hinter sich hatte oder nicht. Mein Freund Gerhard Weiß meinte später in einer schwachen Minute: »Hast du es gut, daß du aus diesem verfluchten Apparat raus bist. Wir sind und bleiben Staatssklaven. Wir werden in den Sielen kaputt gehen. Experte und Professor müßte man sein. Pfeifen müßte man auf den Ministerpräsidententitel, den man mit sich rumschleppen muß.«

Gerhard war ein Mann, der neben seiner praktischen Tätigkeit, die ihn nun wirklich physisch auffraß, selbständig theoretisch weiterarbeitete und als einer der wenigen Leute eine Dissertation schrieb, die sich wirklich sehen lassen konnte. Im Gegensatz zu anderen Dissertationen in der DDR – wenn man sie liest, muß man sich schämen, daß man selbst promoviert hat; da waren die Themen des Mittelalters, ob sechs oder sieben Engelchen auf einer Nadelspitze tanzen konnten, noch Wissenschaft dagegen. Sieht man sich daneben die des derzeitigen Sekretärs für Wirtschaft im ZK an, der über die Überlegenheit des sozialistischen Eisenbahnwesens gegenüber dem kapitalistischen schrieb, kann man Lachkrämpfe kriegen. Seine Mitarbeiter lästerten: Mittag hat das in der Mittagspause geschrieben ... Das ist ungefähr so, als führe man in einer sogenannten Städteschnellverbindung, die von Berlin bis Meiningen für 300 Kilometer sechs Stunden braucht, dieselben 300 Kilometer mit einem Intercity in der Bundesrepublik Deutschland, Strecke Fulda-Würzburg ...

Stoph und Weiß, die für mich wichtigsten Männer der Regierungsspitze, kamen in der Regel mit Ulbricht gut aus, es gab keine prinzipiellen Gegensätze. Ulbricht dachte durchaus ökonomisch. Anders sahen diese Wirtschaftsleute Honecker. Der rächte sich, sobald er die Macht hatte, und schob Stoph auf den Posten des Volkskammerpräsidenten ab.

In einem »Zeit«-Artikel hat der 1987 nach einer Dienstreise nach Österreich in die Bundesrepublik gekommene Politökonom Harry Mayer, früherer Mitarbeiter im Apparat der Akademie der Wissenschaften der DDR, erklärt, daß Ulbricht als raffinierter Taktiker andauernd seine Kronprinzen gewechselt habe. Dies ist eine der üblichen unsinnigen Behauptungen, die gewisse Leute gerne in die Welt setzen. Es war in der SED immer klar, daß Honecker Nachfolger Ulbrichts wird, und im Politbüro hat dieser immer neben Ulbricht im Präsidium gesessen. Die Kaderpolitik der Partei in entscheidenden Positionen wird langfristig geplant. Honecker war durch Parteischulungen in der Sowjetunion auf das höchste Amt wie vorher auf seine FDJ-Rolle vorbereitet worden. Am 75. Geburtstag Ulbrichts wurde Honeckers Zweiter-Mann-Rolle sogar im »Neuen Deutschland« – bisher einmalig in der Geschichte der kommunistischen Partei der DDR, die sich verschämt »sozialistisch« nennt – bildhaft dokumentiert: die Sitzordnung der Führung. Der Stellvertreter Honecker sitzt neben Ulbricht im Präsidium. Honecker seinerseits hat über Jahrzehnte systematisch die ihm ergebenen Leute, da er als zweiter Mann verantwortlich für die Kaderpolitik, d. h. für die Auswahl und Besetzung aller Posten in Staat, Partei, Armee, Staatssicherheit war, auf sich eingeschworen. Trotzdem hatte er, entgegen den Lobhudeleien Ehmkes, die unter uns bei Honeckers Machtübernahme nur Kopfschütteln auslösten, sehr große Schwierigkeiten, die wirklichen Probleme einigermaßen in den Griff zu bekommen. Besonders aus dem »Neuen Deutschland« und aus dem ZK-Apparat, aus dessen Fachabteilungen, auch aus den Instituten des ZK, kam immer wieder zutreffend die Klage darüber, daß er, völlig einseitig auf bestimmte Personenstrukturen im Apparat festgelegt, die eigentlichen Probleme der Innen-, der Wirtschafts- und Außenpolitik nicht packen würde. Dabei redet er doch wahrhaftig immer, zumindest von seinem Hauptfach, vom Frieden. Bahr sagte mir, als ich ihn in seinem Abgeordnetenzimmer im Juli 1986 in Bonn besuchte: »Der Axen und der Honecker sind Holzköpfe. Ein Jahr haben wir gebraucht, um sie weichzuklopfen. Vom Frieden reden die immerzu. Aber wie man eine Rakete wegkriegt, davon haben die keine Ahnung.«Bahr weiß es: Durch die »kollektive Sicherheit«. Er ist sich heute mit Honecker darin einig. »Kollektive Sicherheit« ist Stalins außenpolitisches Hauptwort gewesen. Bahr hat es auf Honeckers Konferenz am 20. Juni 1988 in Berlin fleißig propagiert. »Kollektive Sicherheit« ermöglichte den Zweiten Weltkrieg.

Bei den parteiinternen erbitterten Auseinandersetzungen, die der rücksichtslosen Behandlung Ulbrichts und dessen Absetzung gefolgt waren, ließ Honecker auf dem Wege der mündlichen Parteiinformation in den Berliner Grundorganisationen offiziell verbreiten: »Kaderfragen sind Machtfragen. Jetzt haben wir die Macht, wir warnen alle Leute, die gegen uns sind.« Zu unserer Verblüffung erschien im Westen überhaupt nichts von Ulbrichts Absetzung und dem fiesen Spiel, das da getrieben worden war. Politisch ging es schließlich um eine taktisch wichtige Wende in der Deutschlandpolitik der Russen.

Ich informierte einen Freund, und dann erschien endlich ein entsprechender Beitrag der Chefredakteurin im Deutschlandarchiv, der klarmachte, was sich da abgespielt hatte. Honecker suchte sich seine engsten Mitarbeiter nach seinen Diktatorgelüsten, nicht nach Kompetenz aus. Es war die alte FDJ-Riege. Keiner verstand konkret ein Fach. Vor allem favorisierte er Herrmann und Lamberz.

Während des Besuches von Adschubej, Chruschtschows Schwiegersohn, in der Bundesrepublik, hatte ich die Aufgabe erhalten, eine Gruppe von DDR-Journalisten vorzubereiten, die Mitte der sechziger Jahre nach den Russen ebenfalls eine Rundreise in der Bundesrepublik machen sollten. Dazu gehörte als Chefredakteur der »Berliner Zeitung« der spätere Staatssekretär im Staatssekretariat für Gesamtdeutsche Fragen, Joachim Herrmann, heute Politbüromitglied und Sekretär des ZK. Wir hatten die Journalisten in meinem Arbeitszimmer versammelt, und sie konnten nun fragen. Noch nie – das stellten wir hinterher übereinstimmend fest – hatten wir eine größere Unkenntnis und regelrechte Verblödung über die realen Bezüge in Westdeutschland bemerkt als bei diesem Gespräch. Das waren nun die Spitzen, und wenn man sich fragt, wie solche Leute Karriere machen können, dann gibt es nur eine Antwort: Das sind die persönlichen Beziehungen zum damaligen Kaderchef der Partei, zu Honecker, gewesen, die Herrmann u. a. in solche Position gebracht haben. Sachkenntnisse sind nicht gefragt, es genügt blinder Gehorsam. Herrmann war mit einer der aktivsten Leute, die den Sturz Ulbrichts nach Honeckers Weisung in Szene setzten neben den beiden Krolikowskis, von denen der eine zum Stellvertreter des Regierungschefs und der andere zum ersten Stellvertreter des Ministers im Auswärtigen Amt aufstieg.

Als Herrmann anfänglich noch Chef des ND war, verbrachte er vor allem seine Zeit damit, im Vorzimmer Honeckers herumzulungern, um jede Meinungsäußerung und jeden Entscheid über irgendeine Sache, die publizistisch von Bedeutung sein könnte, aufzuschnappen, damit er niemals aus Versehen etwa gegen den Stachel des Allmächtigen löcke.

Man braucht schon viele Jahre, um dahinterzukommen, wie kompliziert die einzelnen Verflechtungen personeller Art und die wechselseitigen Abhängigkeiten im Apparat sind, bis man begreift, warum selbst hochintelligente, talentierte Genossen, die bestimmte Sachfragen ganz kritisch beurteilen und gerne anders entschieden sehen möchten, nichts sagen, sich nicht kritisch äußern, sondern warten, daß einer aus der unteren Ebene kommt, als Neuling, der dann irgendeinen Skandal zum Platzen bringt.

Neben Herrmann figurierte Lambertz als ZK-Sekretär: Ideologen unter sich, politische Inzucht zum Nachteil des Volkes. Über den echten Lambertz und den echten Herrmann zitiere ich noch einiges aus der Mitschrift ihrer Vorträge vor Propagandisten, die mir meine Studenten brachten. Lambertz hatte seine Rede Anfang 1979 gehalten, Herrmann die seine einige Jahre später. Für mich enthält die Lambertz-Rede, historisch bedeutsam, einen wichtigen Punkt: Nach den Wellen der Skandale, die Honeckers Stellung ab Mitte der siebziger Jahre schwer erschüttert hatten – Biermann – Ausbürgerung, Exodus der Intellektuellen, Jugendkrawalle in Berlin mit getöteten Volkspolizisten, das »Spiegel«-Manifest des Bundes demokratischer Kommunisten Deutschlands* –, änderte die SED-Spitze

---

* Vgl. »Spiegel«-Titel: »Bei uns gilt die Diktatur des Proletariats«, in Nr. 11 vom 13.3.1978.
Ferner: DDR. Das Manifest der Opposition. Goldmann-Sachbuch, München 1978

wiederum ihren Kurs in der nationalen Frage. Lambertz' Rede ist der erste Beweis dafür, daß man mit der parteiinternen SED-Opposition in diesem Punkt nicht fertig wurde.

Honecker hatte die in einer Volksabstimmung bestätigte DDR-Verfassung, die sich zur Einheit der Nation bekannte, geändert. Ein Vorgang, von dem der Jurist Prof. Dr. Wolfgang Seiffert schreibt, daß er den Tatbestand des Staatsstreiches erfülle. Die Verpflichtung, für die Einheit der Nation zu wirken, war getilgt worden. Der Ersatzrusse Honecker machte aus Moskaus taktischer Wende eine strategische – und stieß auf Widerstand in der SED, nicht nur bei den oppositionell Organisierten, sondern der Masse der Mitglieder. So mußte er zwei Jahre nach dem »Spiegel-Manifest« auf der Bezirksdelegiertenkonferenz der SED in Ost-Berlin verkünden, daß der Sozialismus auch um Westdeutschland keinen Bogen machen werde, und damit sei für die Zukunft die Einheit Deutschlands klar. Noch deutlicher formulierte er diese SED-Position bei seinem Staatsbesuch in Österreich. Bekanntlich galt die Herstellung der Einheit Deutschlands bis zur Ablösung Ulbrichts als »historische Mission« der DDR, »erhärtet« in -zig Parteibeschlüssen und Konferenzen. Honecker übertrieb in die entgegengesetzte Richtung aus taktischen Gründen, schließlich waren die Ostverträge unterschrieben worden, die Russen wollten in Deutschland nicht mehr aggressiv erscheinen wie in Korea und Vietnam. In der theoriegläubigen SED war aber gegen die marxistisch-leninistische Lehre von der Einheit der Nation, dem Primat des nationalen Elements vor dem Sozialen, jetzt erneuert in den Thesen des ZK der KPdSU zur Parteikonferenz Ende Juni 1988, nichts durchzusetzen: Das kommunistische Gesamtdeutschland kam deshalb als Ziel wieder offen auf den Tisch, aber mit einer Modifikation: Nicht als Tages-, sondern als perspektivische Aufgabe, jedenfalls unverzichtbar als politische Grundposition der Partei, die sich schließlich nicht umsonst SED und ihr Zentralorgan »ND« nennt.

Genau diese Klarstellung war der Sinn und die Absicht der »Erklärung des Bundes demokratischer Kommunisten Deutschlands«, die ich als Entwurf im November 1977 gelesen hatte. Der Chef dieser konspirativen Vereinigung, die es auch heute noch gibt, hatte mich um meine Meinung gebeten. Ich hatte sie ihm gesagt, ohne Mitglied zu werden.

Nach der Mitschrift meiner Studenten führte nun Honeckers Kronprinz Lambertz vor den FDJlern aus, man wird ihn besser begreifen, wenn man sich das Oppositionspapier noch einmal ansieht, wo er als »Lü-La«, Lügen-Lamberz, wahrlich nicht geschont wurde:
»Macht den FDJlern ihre nationale Mission klar! Die Weltgeschichte macht um die BRD keinen Bogen. Ganz Deutschland gehört in Zukunft uns, weil dem Sozialismus die Zukunft gehört. Wir sind die Einheitspartei Deutschlands, unser Zentralorgan heißt nicht umsonst ›Neues Deutschland‹, niemand wird uns den Rang ablaufen im Kampf um Deutschlands Einheit und Freiheit!
Schürt bei unseren FDJlern ihren Ekel auf die westdeutsche Unkultur, die amerikanische Kulturbarbarei« (man vergleiche heute Gorbatschows »Perestroika« mit gleichem Vokabular!), »das imperialistische Drecksgeschäft. Macht Front gegen die Entwürdigung unserer deutschen Mädchen und Frauen, gegen die Affenmusik, die Huren- und Zuhälterwirtschaft, den Bordellstaat, der seine Beamten von Hurensteuern finanziert. Sagt ihnen, daß CDU-Leute verschleppte DDR-Mädchen, die auf Abwerber hereingefallen sind, in den West-Berliner Puffs den Transportpreis abarbeiten lassen ... Dabei mimt der BND mit, der Schleuser schützt ...« (dieses Vokabular taucht in jüngeren Papieren des Bundes demokratischer Kommunisten jetzt auch wieder auf.) Kämpft gegen Überfremdung unserer Muttersprache, zeigt ihnen die Dekadenz der westdeutschen Spießer, die Habsucht und Raffgier der Kapitalisten, die allgemeine Protz- und Prahlsucht, die Kinder- und Jugendfeindlichkeit dieser untergehenden Gesellschaft, die nur noch von US-Raketen geschützt wird!«
Und der andere ZK-Ideologe Herrmann:
»Zeigt ihnen das Land, wo es mehr Hundedreck und Katzenscheiße gibt als menschliche Zuneigung zu Babys! Am Überleben werden die nur noch durch deutsche Zuwanderer gehalten, aber vielleicht springen da künftig die türkischen Hilfsarbeiter ein! (Lachen im Saal) Enthüllt die erbärmliche Unbildung, die Zerstörung aller menschlichen Werte, zeigt das, was Lenin den verfaulenden, sterbenden, parasitären Imperialismus genannt hat! Zeigt die allseitige Verkommenheit: Von außen beglissen, darunter beschissen! Zeigt den christlichen Mietpreiswucher, die Vernachlässigung der Armen und Obdachlosen, jeder hat in Westdeutschland die Freiheit, unter Brük-

ken zu schlafen, besonders Jugendliche ohne Arbeit und Brot! Weist hin auf die Bettler an den Luxusgeschäften! Nennt die widerlichen Schmarotzer der hirnrissigen Schickeria beim Namen! Wenn wir die Macht haben, wird es wieder ein sauberes Deutschland geben: Den kapitalistischen Schmarotzern, den Zuhältern, Huren, Schwulen und all dem journalistischen und pornographischen Gesindel verhelfen wir zu ordentlicher Lagerarbeit ohne Zuckerbrot, mit doppelter Peitsche! (Beifall)

Schlachtet die Skandale aus, der Feind liefert uns täglich die Argumente! Entwickelt die Konterpropaganda, das Feindbild, entblößt ihr Renommiergehabe! Sie protzen mit dem Mercedes, wenn sie in die DDR kommen, aber daheim fressen sie Hundefutter aus Dosen, um über die Runden zu kommen ... Prangert die Käuflichkeit der Politiker, deren Verlogenheit, prangert die Berufslügner der Presse und des Fernsehens an ...

Entwickelt zugleich den revolutionären Stolz, nicht nach der Devise des jüdischen Kapitals, wo es dir gutgeht, ist dein Vaterland, darf man leben wollen, sondern dort muß man leben wollen, wo über Deutschlands Zukunft entschieden wird, im moralisch überlegenen deutschen Staat, der mit der Zukunft verbündet ist.«

Hat nicht eben ein jüdischer Geistlicher die DDR wegen Antisemitismus der SED verlassen?

»Wir sind die ersten Revolutionäre der deutschen Geschichte, wir sind das Deutschland der Zukunft, mit der unbesiegbaren Sowjetunion verbündet ... Sollte das uralte sozialistische Ideal der totalen Abrüstung jemals verwirklicht werden, sollten wir durchsetzen, daß alle Waffen auf unserem Kontinent verschwinden, dann haben wir dank unserer Überzahl die kräftigen Fäuste unserer Arbeiter und Bauern, um das Kapitalistenpack eines Tages mit bloßen Händen zu erwürgen! (Tobender Beifall)

Wir schaffen das Deutschland der Zukunft, ohne Jugendarbeitslosigkeit, ohne Arbeitslose, ohne soziale Mißstände ... Wir sind im Vormarsch, es gibt wieder Krisen im Kapitalismus, wie Marx vorhergesagt hat – sie werden sich verschärfen, weltweit. Der Westen hat kein Ziel, keine Ethik, keine Wehrbereitschaft: West-Berlin wimmelt von Wehrdienstverweigerern, nun, die werden bei uns wieder marschieren lernen – oder sie lernen das Kriegsgericht kennen! (Stürmischer Beifall)

Die alte Frage: wer – wen, die uns der geniale Lenin beantwortete, wird zu unseren Gunsten entschieden! Das Wirtschaftswunder ist vorbei, jetzt werden die ihr blaues Wunder erleben! Mit uns werden die progressiven Kräfte in der SPD und alle Alternativen sein, um dieses imperialistische Schweinesystem zu zertrümmern! Die Selbstzerstörung dieses dekadenten Westens ist nicht zu stoppen ...« Je lauter nach außen auf »Entspannung« gemacht wird, desto wüster sind die Tiraden nach innen. Teile auch dieser Rede hat der »Bund demokratischer Kommunisten Deutschlands« übrigens in Ausarbeitungen jüngeren Datums verwendet, die seine Genossen westdeutschen Redaktionen zugestellt haben. Das ist auch nicht uninteressant.

Man vergleiche die barbarische Verschärfung der Strafgesetzgebung und der Zensur der DDR aus der Zeit von 1978/79, um zu sehen, wie sich ideologisch und juristisch alles ergänzte. Das ist bis heute der offizielle Stil: Die Ereignisse um die Luxemburg-Liebknecht-Demonstration und die Ausbürgerung wiederum eines Liedermachers rufen die Analogien der DDR-Haltung heute, im Frühjahr 1988, hervor, zehn Jahre nach dem »Spiegel-Manifest«.

Übrigens: Des ersten SPD-Vorsitzenden Wort nach 1945, die Kommunisten seien »rotlackierte Nazis«, wird auch hier aktuell verständlich. Ich ordne nochmals ein: Das waren vor zehn Jahren die Tage, als die Bevölkerung der DDR den Abendnachrichten des ZDF und der ARD entgegenfieberte, als Lothar Löwe dort erklärte, dies sei das Land, in dem auf Menschen mitten im Frieden wie auf Hasen geschossen wird. Die Lamberz-Rede zeigt, wie man intern gegenzusteuern suchte. Nach außen schlug man mit der Verschärfung des Strafrechts und der unverschämtesten Kriminalisierung westlicher Korrespondenten zu. Auch 1988 bei Krawczyk gab es die gleichen Verleumdungen: Agenten, BND-Hetzer usw. Der juristische Zustand in der DDR ist heute der reaktionärste der Welt. Honecker ist Spitze. Seine Strafgesetzgebung ist reaktionärer als die der Nazis. Die Weitergabe »nicht geheimer Nachrichten« kann in den Betonkeller der Stasi führen.

Damals hörte ich im ersten, nächtlichen Verhör in der Untersuchungshaft: »Sie mißbrauchen Ihre Dienststellung! Sie arbeiten mit den als Journalisten getarnten Agenten der CIA und des BND zusammen! Sie geben Partei- und Staatsgeheimnisse an Ihre Gesprächspartner von der anderen Seite weiter! Sie haben an Nette den Komplex geheimer Ministerratsbeschlüsse zum Fall Biermann verkauft! Sie haben Cramer die von Honecker bestätigte Verhandlungskonzeption der innerdeutschen Gespräche verkauft, bevor sie der zuständige Minister bei uns überhaupt nur gesehen hatte! Sie decken konspirative Opposition in Staat und Partei! Sie decken die Westjournaille! Sie haben die Erklärung des Bundes demokratischer Kommunisten an den ›Spiegel‹ gegeben – das reicht für lebenslänglich!«

So ging das Tag für Tag und Nacht für Nacht, mit kurzen Unterbrechungen, eine Woche lang. Am Schluß kam immer, laut gebrüllt: »Gestehen Sie! Gestehen Sie endlich! Schreiben Sie auf, was Sie über den Genossen Generalsekretär erzählt haben!«

Ich schlug mit der Faust auf den Tisch, brüllte meinerseits den Obristen an: »Sie stellen sich gegen die Führung! Arbeiten Sie für den BND? Hat die Führung öffentlich erklärt, das ›Manifest‹ ist eine BND-Fälschung oder hat sie das nicht? Hat mich das MfS je konkret vor Agenten gewarnt? Haben Ihre Leute nicht mit kriminellen Methoden im Falle Cramer Beweise gegen mich und ihn fälschen wollen?« Dazu:

Ich hatte Dr. Cramer an einem Wochenende in Ost-Berlin getroffen. Wir besprachen Dienstliches, und ich erfuhr, daß er am Wochenanfang mit dem Bundeskanzler in die USA fliegen würde. Zu meiner großen Überraschung rief er Montag abend bei mir privat an und sagte: »Hör mal, das kenne ich doch überhaupt nicht von dir, daß du ein Gedächtnis hast wie ein Sieb.« Ich fragte, was er denn meine, und er erwiderte: »Heute hast du hier angerufen, mein Techniker hat das aufgezeichnet und mir auf den Tisch gelegt: Ich soll dich sofort morgen besuchen. Ich habe doch gesagt, daß ich am Dienstag mit dem Kanzler in die USA fliege.« Ich war sprachlos. »Wiederhole das noch mal, damit der Mitschnitt deutlich läuft auf dem Band, los, was hast du jetzt gesagt, wiederhole das noch mal!« Er wiederholte das alles und fragte: »Wieso, hast du nicht angerufen?« – »Nein! Verdammt, das ist eine Schweinerei, was steht da noch mal genau?« Er las mir nochmals vor: Berg läßt ausrichten, Dr. Cramer möchte sich wie üblich zu dem vereinbarten Zeitpunkt an dem vereinbarten Ort morgen einfinden. Es war klar: Das war eine primitiv und plump gezinkte Sache des SSD. Man wollte mir Konspiration nachweisen.

Dann ging die Auseinandersetzung in den Verhören weiter: »Natürlich habe ich die Ministerratsbeschlüsse mit Nette ausgewertet, weisungsgemäß war, dann sofort am Abend Schluß mit den Angriffen im Westfernsehen, die den Staat erschütterten, oder nicht? Hat Nette meiner Bitte entsprochen und das sofort an Gaus weitergegeben oder nicht? Weiß in Ihrem Laden die Linke nicht, was die Rechte tut? Schlafe ich auf Politbüro- und Regierungsbeschlüssen? Wer gibt sie mir denn? Hat meine Vorab-Information an Cramer ihren Zweck erfüllt oder nicht? Hatte ich die Beschleunigung erreicht, kannten wir als Gegenleistung den inhaltlichen und terminlichen Fahrplan der anderen Seite oder nicht? Und was soll ich über den Generalsekretär erzählt haben?«

Mißmutig knurrte mein Vernehmer: »Sie haben Cramer viel mehr erzählt, im Lindencorso beim Abendessen, wir haben einen Mitschnitt, wir haben auch die Kopien der Gaus-Berichte aus dem Kanzleramt, gestehen Sie endlich!« Er stellte mir ein Tonband an – tatsächlich, trotz Kneipengewirrs waren unsere Stimmen erkennbar, nun, es war Westtechnik im Dienste des SSD, soviel wirft der innerdeutsche Handel allemal ab, das zu kaufen. Er hielt mir die Kopien vor die Nase – kein Zweifel, Kopfbogen und Unterschrift von Gaus, den Namenszug kannte ich aus der Post.

Da heute mein Gedächtnis besser ist als damals und der Mann, den es betrifft, seinen Betrieb inzwischen aufgegeben hat, will ich's erzählen, was den Honecker gegen mich so in Wut brachte, daß er Befehl gab, »Beweise« gegen mich zu schaffen, siehe Provokation Cramer: Meister Hebeling aus Lichtenberg – seine Werkstatt lag gegenüber der 7. Oberschule – bekommt Weisung, im Randgebiet von Berlin ein Haus neu zu verglasen. Die freundliche Dame lädt ihn bei der Abrechnung nach acht Tagen zu einer Tasse Kaffee ein, und unser Meister, der die Westausstattung des Hauses vom Dachboden bis zum Keller bewunderte, hatte eine Woche lang aus seinem Herzen keine Mördergrube gemacht, denn, so sagte er sich, hier bist du bei den Richtigen. Nun will er, angesichts der im Flur aushängenden Jagdtrophäen, noch etwas besonders Gutes tun, und er lobt deren Masse, um am Schluß zu sagen: »Ihr Mann ist ja ein ganz Toller. Wo ist denn der Oberförster?« – »Ach«, erwidert die Auftraggeberin, »mein Mann ist das nicht, das ist mein Schwiegersohn, der Erich!« – »Der Ho-?« fragt erschrocken mit gepreßter Stimme der Meister.

»Ja freilich!« Fluchtartig verläßt Hebeling den Bau. Am Gartentor steht: Feist.

Dettmar lachte Tränen. Die Assoziation Honecker – Dubcek, der in der Forstverwaltung arbeitete, forderte natürlich dazu besonders heraus.

Dieser Nicht-Witz verfolgt mich weiter: H. H. Götz überschreibt 1986, zwei Tage nach meiner Ausreise, in der FAZ die Besprechung eines Sachbuches von mir: »Lockere Sprüche über Honecker.« M. M. hat diesen Götz gut instruiert. Und Götz, einer der rot-grünen Wirrwusels, der auch über den Oktober-Putsch der Sowjets in der FAZ die alte Russenpropaganda macht – inzwischen verkündet er am 9.6.1988 das, was noch keiner weiß, nämlich, daß Gorbatschow den Sozialismus in der Wirtschaft abschafft –, fälscht, perfekt wie das ND, offenbar hat er das zu lange gelesen, durch Weglassen des wichtigsten Wortes meine fachliche Aussage in diesem Buch um in das Gegenteil: Nichts geht über die Pressefreiheit. Fachleute haben in diesem Fachbuch keine »lockeren« Sprüche entdeckt, sondern Analysen. Auch eine Überschrift kann Wahres verraten. Übrigens: Daß Honeckers korrupte Mentalität nicht besser geworden ist, beweist das Gespräch zwischen seinem Fahrer und dem von Johannes Rau im Frühjahr 1988: Der Ostdeutsche erzählt, daß ihn Honecker nach West-Berlin schickt, damit er Ersatzteile für Honeckers Auto einkauft, Westwagen versteht sich. Das war im März 1988. Ho. gibt das Beispiel: Warum können nicht einfach alle Fahrer aus der DDR die Ersatzteile für ihr Auto in West-Berlin holen? West-Berlin nicht die Kultur-, sondern die Ersatzteilstadt Osteuropas! Das ist die Lösung der Lösungen.

Das Spiel begann dann in meinen Verhören von vorne. Nach acht Tagen sagte mir ein Offizier regelrecht zermürbt: »Unser Minister sagt, wir sollen Sie heim lassen. Es gibt genug Ärger mit Bahro, Hübner, den Moskauer Dissidenten. Die dauernden Angriffe Löwenthals und anderer im Westfernsehen sind verheerend, wir brauchen Ruhe, Ruhe und nochmals Ruhe. Das Fernsehen von drüben ist eine Pest. Leider haben wir gegen Sie keine Beweise. Aber Honekker und Lamberz bestehen darauf, daß Sie drin bleiben, auch ohne Beweise, wir sollen Sie schaffen.«

Wochen danach sagt mir der Spitzel in der Zelle am frühen Morgen: »Lamberz ist tot.« Ich wollte es erst nicht glauben. Vorsicht, Provokation! Dann, als ich mich im ND vergewissert hatte, jubilierte ich innerlich: Jetzt steht Stoph mit Mielke gegen Honecker – ich würde freikommen! Äußerlich mimte ich Trauer und pries die Qualitäten des verblichenen Kronprinzen, den die Araber hatten im Hubschrauber abstürzen lassen. Heine hat schon recht: Lobe deine Feinde, aber erst, wenn sie hängen!

Kurz danach war ich frei, formell rehabilitiert, aber mein Kampf mit dem SSD sollte erst beginnen. 1985 gab ich ausgelaugt auf. Dazwischen lag, wegen Unterstützung der polnischen Solidarität, ein zweites Ermittlungsverfahren.

Meine Frau hatte ich stets aus allen politischen Angelegenheiten herausgelassen. Als der SSD sie während des ersten Verfahrens zum Verhör holte, konnte sie wirklich nichts wissen. Sie drohten ihr, sie auch einzusperren und den Kleinen in ein SSD-Kinderheim zu stecken. Sie durfte erst Ende Februar, nach acht Wochen, mit meinen Freunden über meine Haft und den Prozeß sprechen, den man mir bis dahin angekündigt hatte, nachdem mein Einspruch gegen den Haftbefehl, der erst sechs Wochen nach meiner Festnahme vorlag, abgelehnt worden war.

Anständig behandelt haben die SSD-Leute meine Mutter, die damals 79 Jahre alt war. Oberarzt Dr. Jakobza, ein Freund aus Studentenzeiten, Mitarbeiter Sönnichsens in der Charité, der jetzt durch die Aids-Problematik bekannt geworden ist, hatte eine ärztliche Nebenstelle im Ministerium des SSD betreut. Meine Mutter kannte ihn. Er kam vorsorglich mit zur ersten Haussuchung. Meine Mutter wurde nach Meiningen zu meiner jüngsten Schwester gebracht, um ihre Aufregung kleiner zu halten.

Daheim stellten sie, ohne Durchsuchungsbefehl, unser Haus mehrfach auf den Kopf und schleppten meine Arbeitsunterlagen, Manuskripte, Bücher, Fotos usw. ab. Der Rest im Arbeitszimmer wurde sorgfältig fotografiert. Meine Frau wurde angewiesen, nichts in den Regalen an den Büchern zu verändern. Von Januar bis März hauste in der Diele, neben dem Telefon, ein SSD-Posten. Sie durchsuchten das Haus dreimal. Zuletzt konnten sie sogar einen Durchsuchungsbefehl vorweisen.

Der SSD nutzte die Tatsache, daß meine Frau sich bei Wolfgang Nette in dessen Büro ein Fachbuch, das es in der DDR nicht gab, abgeholt hatte, als Vorwand, sie zu verhören. Mein Freund Manfred

Rexin hatte es meiner Gutesten zu Weihnachten geschenkt, und Wolfgang hatte es ihr mitgebracht. Nimm nichts Büchernes vom Feind!

Was Bücher anging, fuhren mich die Vernehmer an: »Sie haben allein 34 Exemplare von Bahros Buch im ZK und im Regierungsapparat verteilt!« »Sicher – aber auf Bestellung!« – Wenn Sie theoretisch überhaupt nichts von Bahro halten, warum verteidigen Sie ihn politisch? Der Drei-Sterne-Artikel im ›Spiegel‹, Pfeffer in offene Wunden, stammt von Ihnen! Wir wissen das, im ›Spiegel‹ kann man das an jedem Mittagstisch hören!« »Was zählt für Sie«, fuhr ich den Vernehmer an, »Journalistentratsch oder das Wort Ihres Genossen?« Zumindest war er verunsichert. »Sie bekommen doppelt soviel wie Bahro! Ihr Artikel ist noch schlimmer als das Buch!«

Als ich im März frei war – mein Freund Ulrich Schwarz, ein gläubiger Katholik, hatte eine Titelgeschichte im ›Spiegel‹ gemacht, schon die Kenntnis von der Vorbereitung ließ Honecker umfallen –, besuchte mich Wolfgang. Seitdem heißt er bei mir Arafat, denn er kam, mit Kopftuch, in der Dämmerung. Das obligatorische SSD-Foto, geschossen vom Standort Nachbarhaus, wies eine ältliche Dame aus: skurrile Zustände. Die DDR ist ein einziger Polit-Krimi: Was ist Schimanski gegen meinen Freund Wolfgang? Wir sprachen auf der Terrasse miteinander, denn das Haus war verwanzt: »Spange« (Spangenberg hatte damals eine zentrale Funktion in Bonn) »läßt dir ausrichten, du kommst mit Familie an die Spitze der Liste, nichts geht mehr, bis ihr raus seid.« Meine Frau sagte erschrocken: »Um Gottes willen, alles hier aufgeben – nein!«

Einerseits: Verstehen konnte ich sie schon. Wir hatten am Rande des Ost-Berliner Stadtforstes mit unseren Händen und der Hilfe aller Geschwister in Schöneiche, wo sich die Vorteile der Großstadt mit denen des Dorfes treffen und sich ihre Nachteile wechselseitig aufheben, aus einem Stück Ödland ein kultiviertes Grundstück gemacht und, gemessen an normalen DDR-Verhältnissen, ein komfortables Haus darauf gebaut. Andererseits: Wie soll man leben? Dauernd überwacht, auch am Telefon, durch Wanzen und Spitzel im Nachbarhaus, isoliert an der Uni, in wachsendem Maße abgeblockt von der Fachliteratur, keine Möglichkeit, zu Kongressen zu fahren, Kollegen zu treffen, bespitzelt in aufdringlichster Form selbst bei privaten Begegnungen – die Stasi weiß, wie sie jemandem das Leben zur Hölle macht und ihn so lange provoziert, bis sie ihn einsperren oder ausbürgern kann. Zeitweilig rebelliert die Physis gegen die Überlastung. Man lebt nicht mehr. Man vegetiert. Ich kann Pastor Brüsewitz verstehen, der sich öffentlich verbrannt hat.

Damals hatte ich Alpträume. Sie kreisten nicht nur um die stinkende Zelle, die Stahlfesseln beim Transport, selbst in der im Inneren unterteilten grünen Minna, den betonierten Tigerkäfig beim seltenen Auslauf, sondern vor allem um die Drohung, Söhnchen ins Heim gesteckt zu sehen. Wäre es also nicht doch besser, das Angebot Spangenbergs anzunehmen? Damals war ich noch Sozialist, glaubte an die Notwendigkeit des Kampfes gegen die Entstellungen des Stalinismus, hielt aber den Sozialismus noch immer für machbar und notwendig. So stürzte ich mich in eine systematische Aufarbeitung der Quellen in der Ökonomie und der Geschichte, um Zweifel auszuräumen. Sechs Jahre später hatte ich das Resultat: Der Sozialismus ist ökonomisch nicht machbar. Die offene Auseinandersetzung begann.

Im Auto eines Bekannten unterschrieb ich Anfang Mai, nachts, im Dämmerlicht einer Straßenlaterne, ohne gelesen zu haben, was überhaupt darin stand, einen Vertrag mit dem Bund-Verlag des DGB. Am 5. Mai 1985 schrieb ich an den ZK-Sekretär Hager, daß ich, wenn eine vernünftige Lösung bis zum 5. August d. J. nicht gefunden wäre, meine Probleme selbst lösen würde. Hager schrieb abwiegelnd zurück und brach sein Wort. Ich wollte meine Familie nicht in verschärfte Unannehmlichkeiten bringen. Deshalb war ich an einer geräuschlosen Erledigung meiner Ausreise interessiert. Die Chance war vertan. Ich griff offen an. Am 5. August 1985 stellte ich beim Rat des Kreises Fürstenwalde/Spree den Antrag auf Ausreise zum 1.9.1985 und erklärte am gleichen Tag schriftlich meinen Austritt aus der Partei. Den Brief wie das Parteibuch warf ich vor Zeugen im Hauptgebäude der Humboldt-Universität in den Kasten der Poststelle.

Das Kreissekretariat schloß mich zwei Tage später aus und verlangte von mir, den Ausschluß durch Unterschrift zu akzeptieren – eine völlig gegen das Statut gerichtete Maßnahme. Natürlich tat ich ihnen den Gefallen nicht. Aber die SED hält es immer so, sie streicht und schließt aus, nachträglich! Austrittserklärungen werden den Grundorganisationen immer vorenthalten. Unter Ulbricht gab es einige Jahre ein Statut, nach dem noch Austritt unmöglich war.

Im September 1985 erschien im Kölner Bund-Verlag mein Buch: »Die Analyse: Die Europäische Gemeinschaft – ein Modell für Ost und West?« Im Schlußteil enthielt es eine in akademische Form gefaßte, aber inhaltlich auch den Laien verständliche theoretische Abrechnung über die der Pseudotheorie des Ostens. Das war ein Vorgriff auf ein polemisch geschriebenes Buch: »Marxismus – Leninismus. Das Elend der halb deutschen, halb russischen Ideologie«, welches derselbe Verlag neun Monate später herausbrachte. Diesen inhaltlichen Vorgriff hielt ich für nötig, da ich davon ausging, daß mich der SSD sofort inhaftieren würde, und ich wenigstens für Fachleute den Beweis geliefert haben wollte, wie ich es im Hinblick auf die pressewirksame Auswertung formulierte: Marx ist »Murks«. Meine Quellenstudien hatten für mich eine Umkehr aller Werte ergeben: Nicht die Theorie war gut und die Praxis schlecht, sondern schon die Theorie war Murks, Plagiat, ohne Neuwert, ja, schlimmer noch: Marx, der ökonomische Autodidakt, hatte selbst sein sogenanntes Hauptwerk, das »Kapital«, genauer den einen Band, den er von den angekündigten sechsen je schrieb, unter dem Niveau der wissenschaftlichen Erkenntnis seiner Zeit abgeschrieben. Der unerträgliche »reale Sozialismus« ist Produkt dieser Ideologie: Diktatur kontra Menschenrechte und sozial-ökonomisches Versagen. »Marx ist Murks« – mit Schlagzeilen warb der »Stern«, der vom Verlag den Vorabdruck erworben hatte, Mitte September 1985 für mein Buch. Der SSD kam prompt: »Mußte das so enden mit Ihnen? Schämen Sie sich nicht? Sind Sie größenwahnsinnig geworden? Schlafen vielleicht die Ökonomen, Historiker, Philosophen alle, nur Sie nicht? Sie stellen sich gegen die Staatsideologie des sozialistischen Lagers? Sie stellen sich gegen die Macht von Partei und Staat? Das werden Sie lebenslänglich bitter bereuen!« – »Ich bin auf Haft eingestellt. Sparen Sie sich Ihre Weitschweifigkeiten. Wir können gehen.« – »Wir holen Sie in einigen Tagen. Formell müssen erst die Gutachten erstellt werden, aber: Es ist klar, daß Sie die Höchststrafe bekommen, schon die Einleitung genügt dafür – vom Schlußwort ganz zu schweigen.«

Abends treffe ich meinen treuen sozialdemokratischen Freund Manfred Rexin, der mich über schwere Jahre seit der U-Haft von 1978 nie im Stich gelassen hat, im Gegensatz zu manch anderen Geschäftsfreunden in Ost und West, deren »Verlust« ich nur begrüßen

kann. Er faßt mich am Ärmel: »Du bist noch da, Brüderchen – nicht zu fassen!« Wir stehen in Ost-Berlin vor der Staatsoper und müssen lachen: »Du hast recht. Denk an Stalins Zeiten ...«, antworte ich. Manfred weiß des Rätsels Lösung: Willy Brandt, Egon Bahr und Günter Gaus waren zu Besuch bei Honecker, als der »Stern« erschien. Sie verwandten sich für mich, und ein halbes Jahr später sagte mir Anwalt Vogel, und der anwesende Gaus bestätigte es: »Sie hatten Glück. Die Sowjets stellten gerade die Weichen im Umgang mit den Dissidenten anders. Gerade haben wir, nach zehn Jahren, Schtaranski herausgeholt, und nun ist auch bald Sacharow an der Reihe.« Das war lange vor Sacharows Rückkehr nach Moskau.
Ich hatte nur auf die eigene Kraft gesetzt: Der RGW wollte gerade mit der EG verhandeln, da paßte es schlecht, ausgerechnet mich länger wegen meines EG-RGW-Buches einzusperren, denn ich hatte Fäden zur EG-Kommission nach Brüssel gehalten, 1977, als der erste Annäherungsversuch RGW/EG lief. Hätte mich der SSD damals nicht eingesperrt, wäre ich nach Brüssel gegangen, um, da die deutsch-deutschen Querelen vertraglich geordnet waren, für die Normalisierung zwischen EG und RGW zu wirken.
Der SSD kam dann immer wieder: »Wir haben Weisung, für Sie eine menschliche Lösung zu suchen.« – »Hervorragend, wenn Sie wissen, wie Ihre sonstigen Lösungen sind – von wem stammt Ihr Auftrag?« – »Vom Generalsekretär. Brandt hat sich für Sie verwandt.« – »Was heißt menschliche Lösung?« – »Das wissen wir auch noch nicht. Lassen Sie uns alle Möglichkeiten ausloten.« – »Unter der Bedingung, daß ich kein Wort von dem, was ich geschrieben und beantragt habe, zurückziehe – einverstanden.« – »Ihre Bücher werden hier fachlich leider für gut befunden. Kein namhafter Wissenschaftler will gegen Sie schreiben. Wir wollten Sie nämlich fachlich disqualifizieren, Ihnen die Promotion und die Habilitation aberkennen lassen. Als Asozialen hätten wir Sie natürlich leicht erledigt. Da hätte auch die Westjournaille kein Geschrei machen können. Sie sehen, wir reden offen. Vertrauen Sie uns. Noch ist nichts zu spät. Ihre akademische Marx-Kritik in dem EG-Buch greift niemand auf. Die Linke mauert, wir sorgen dafür, daß es keine Reaktionen gibt. Die Rechte erfaßt das nicht. Sie sehen doch, der Abdruck in der ›Welt am Sonntag‹ ist ohne Echo geblieben. Aber auf keinen Fall darf Ihr provokantes Marx-Buch erscheinen. Wir bieten Ihnen: volle Rechte

nach der Hochschullehrerordnung im Krankheitsfall, also, wir be-
renten Sie.« – »Mir fehlt nichts, außerdem ist das Betrug an der
SVK.« – »Dann bieten wir normale Emeritierung.«
»Was«, sage ich überrascht, »lebenslänglich frei bei vollem Gehalt
und allen Sicherheiten für die Familie ab sofort?« – Trocken kommt:
»Was soll's, andere sind noch teurer.« – »Mir geht es nicht um Geld,
ich will arbeiten!« – »Das können Sie, wir geben Ihnen einen Paß mit
Dauervisum für zehn Jahre, und später wird das verlängert.« – »Aha,
Sie wollen mich zum Grenzgänger und Doppelverdiener, also kor-
rupt, nicht Fleisch noch Fisch, machen. Nein, nicht mit Berg! Das
hilft mir nicht, ich muß schreiben können. Veröffentliche ich meine
Forschungsergebnisse, dann werde ich wegen Devisenvergehen kriminalisiert, denn das Urheberbüro genehmigt mir nichts.« – »Das
regeln wir, unter der Bedingung: Sie müssen theoretisch so formulieren, daß Sie im Westen nicht einmal von den verdrehtesten Wirrwusels der Linken verstanden werden.« – »Aha«, sage ich, »Sie
möchten, daß ich denen erkläre, daß im Verhältnis zum Vergleich die
Basis das Fundament der Grundlage ist?« – »Sehr gut, sehr gut, Genosse!« – »Stop«, sage ich, »Ex-Genosse!«
Analog zu diesen Gesprächen mit dem SSD, die sich bis 1986 hinzo-
gen, sprach ich mit dem Beauftragten des Ministers für das Hochschulwesen an der Universität, denn in der DDR werden ordentliche
Professoren im Gegensatz zur Bundesrepublik nicht regional berufen.
Ich hatte keine Illusionen, wollte aber familiäre Rücksichten nehmen. Mein Weib litt schlimm, war mehrfach zusammengebrochen.
Sie hoffte bis zuletzt, daß ich bleiben könnte. Auch ihr war zuge-
setzt worden: »Machen Sie ihm klar: Er bekommt keine Arbeit,
wovon wollen Sie leben? Von Sozialhilfe? Sie bekommen keine Arbeit, Lehrer gibt's zuviel, und Sie haben keine Ersparnisse. Selbst
Bahr hat gesagt, für Berg gibt es nur beschränkt eine wirtschaftliche
Existenz. Das diskutieren auch seine Freunde in West-Berlin. Was
machen Sie, wenn er einen Herzinfarkt hat? Sie haben keinen Menschen drüben, aber wir lassen Sie nie mehr zu Ihren Angehörigen zurück, auch nicht besuchsweise. Die Söhne bleiben alle hier. Ihre
Mutter ist hier, auch er wird seine Mutter nie mehr sehen, so wenig
wie seine Geschwister. Unser Angebot bringt ihm mehr, als er je verdienen kann. Der Markt ist mit EG-Literatur übersättigt: Zwei Ver-

lage haben ihm abgesagt, das wissen Sie doch, nicht einmal der Springer will das drucken. Wieso geben Sie hier Ihr kultiviertes Haus, Ihr Waldgrundstück auf, Ihren Wagen, Ihre Sauna? Wissen Sie denn, was im Westen ein Morgen Wald wert wäre zum See oder ein solches Haus? Wollen Sie seine moralische Erniedrigung mit tragen, jetzt, an der Schwelle zum Alter? Natürlich hat er theoretisch recht, aber das ist uninteressant. Glaubt er, die westdeutschen Intellektuellen suchen wissenschaftliche Wahrheiten? Die suchen Utopien. Was Marx sich fachlich geleistet hat, ist Murks, schön, aber das ist uninteressant: Marx steht für Systemkritik, für Antikapitalismus, er ist Symbol für kritische Theorie. Ihr Alter ist völlig auf dem Holzweg. Er ruiniert Sie und die Zukunft seiner Söhne!«

Dann ging es mit mir weiter: »Wissen Sie nicht, daß Stellen an den Universitäten nur formell ausgeschrieben sind? Hat sich einer Ihrer Kollegen im Westen verwandt für Sie, als Sie Berufsverbot erhielten? Hat der Präsident der FU reagiert, an den Sie sich um Einstellung gewandt haben? Nein! Wir haben einen langen Arm! Umgang mit Ihnen bringt denen nur Nachteile durch uns! Glauben Sie, einer Ihrer ehemaligen Freunde aus der SPD verhält sich solidarisch? Wir sorgen dafür, daß Sie nicht einmal aus einer Industriestiftung Geld zur Forschung bekommen werden. Die Kameraden wollen Geschäfte mit uns machen, wo leben Sie denn?

Unsere Leute drüben werden die Dreckskübel über Sie auskippen, die wir bereitstellen, die linke Presse wird Sie angreifen, und unsere Parteizeitungen werden es nachdrucken – also, schließen Sie diese Möglichkeiten aus, finden Sie zur Partei zurück, denken Sie politisch, nicht theoretisch!

Was wollen Sie auf der falschen Seite? Die gehen sowieso kaputt: Schuldenkrise, EG-Krise, Arbeitslose, Wehrdienstverweigerer, Aussteiger, Fixer, was suchen Sie in dieser Schwulen- und Lesbendemokratie, der halbidiotischen Emanzenherrschaft? Wahrheit, Wissenschaft? Schmarrn. Was entscheidet? Die Macht – nun, wie viele Divisionen hat der Papst? Sehen Sie denn nicht, daß selbst die Bischöfe und Parteipfarrer des Ostens und des Westens sowie der Jesuitennachwuchs auf Marxens Seite sind? Und da schlagen Sie gegen sein Denkmal? Ziehen Sie Ihr M-L-Buch zurück!«

Für mich stand fest: Wider besseres Wissen und Gewissen meine Studenten belügen? Nein, nie!

Lebenslänglich Dreck fressen, zusehen, wie sie »begründend« mit den mittelalterlichen Thesen des Murks das Volk schinden, ausbeuten, verhöhnen, Verzweifelte von der Mauerkrone schießen wie anderswo Spatzen vom Dach, diese neuen, diese rotlackierten Nazis? Nein, nie!

Ende Januar teilte mir der SSD telefonisch mit, ich könne meine Emeritierungsurkunde abholen. Ich sagte meinem Freund Ulrich Schwarz, dem Leiter des »Spiegel«-Büros in Ost-Berlin: »Begleite mich. Sie werden mich entlassen, bisher war ich nur beurlaubt. Jetzt müssen sie Farbe bekennen.«

Beim Prorektor händigte man mir, wie von mir erwartet, meine Entlassungsurkunde aus. Da ich den Minister schriftlich gebeten hatte, mich zu entlassen, revanchierte er sich, da er nun nicht die peinliche Wahrheit in die Urkunde zu schreiben brauchte: Ich darf sogar Titel und Grade weiterführen, bin arbeitsloser Prof. Dr. Dr. ohne Arbeitslosengeld. Es sieht rechtlich so aus, als hätten wir einvernehmlich mein Arbeitsverhältnis gelöst, nun ja: Schein und Sein!

Uli sagt: »Verdammt, alles Wichtige geschieht in der DDR mitten in der Nacht.« Es ist acht Uhr und zehn Minuten. Ich verlasse die Humboldt-Universität zum letzten Mal und sage: »Nimm bitte die Urkunde mit nach drüben.« Er tut es. Seit Jahren habe ich sehr verschiedenen Helfern in der Not meine Notizen, Aufzeichnungen über die Haft usw. mit nach dem Westen geschickt. Meine Akte ist lückenlos.

Abends rufe ich ihn an: »Bringe die Urkunde morgen wieder mit, der SSD hat geflucht, der Minister habe falsch entschieden, uninformiert wie er war.« Uli bringt sie zurück und meint: »Psychoterror – aber ich habe natürlich eine Ablichtung gemacht.« Meiner Frau sage ich nichts. Sie ist an der Grenze der Belastbarkeit angekommen.

Die SSD-Leute erscheinen am nächsten Morgen; bleiben stehen, schneidend, eisig kommt: »Die Führung hat beschlossen, Sie werden inhaftiert, bekommen zwei getrennte Prozesse wegen der unterschiedlichen Bücher und werden nicht freigekauft.« »Aha, ist das Ihre menschliche Lösung?« – »Unser Auftrag war nie, eine menschliche Lösung zu suchen. Unser Auftrag von Honecker war, Sie zu täuschen, hinzuhalten, damit Ihre Sudelei nicht vor dem Jubiläumsparteitag erscheint.«

Meine Vermutung war das von Anfang an, da einer der SSD-Leute eine unvorsichtige Andeutung schon beim ersten Gespräch gemacht hatte. Nun entgegne ich: »Das wird Ihrer Karriere nicht dienlich sein, daß Sie die Katze aus dem Sack gelassen haben. Sie rechnen mit Ostfristen beim Druck, da könnte das M-L-Buch nicht mehr erscheinen. Aber ich rechne mit Westfristen: Es wird pünktlich zum Jubelparteitag dasein.«

»Wir haben Ihnen noch offiziell mitzuteilen: Sie haben acht Tage Bedenkzeit. Ziehen Sie Ihr M-L-Buch zurück, und die Emeritierung ist perfekt, wir tauschen dann die Urkunde um. Wenn nicht: Nächste Woche holen wir Sie ab, wir werden Sie im Knast besuchen.«

Sie verlassen das Haus. Ich gehe sofort zur Post und sage zur dortigen Kollegin am Schalter: »Schreiben Sie mir bitte ein Telegramm auf. Ich habe meine Brille vergessen.« Die Leute hören gespannt zu. »Bund-Verlag Köln Porz, Hansastraße 63, Herrn Kosta; Schnellschuß wie vereinbart. Rufen Sie zurück, ob Sie mein Telegramm erhalten haben.«

In West-Berlin sitzen meine Freunde dann, was ich sieben Monate später erfahren werde, mit Spangenberg konsterniert zusammen und sagen: Jetzt ist alles verloren. Er hat durchgedreht. Ich hatte, solange meine Gespräche mit SSD und Universität liefen, den Druck des Buches über das Elend der halb deutschen, halb russischen Ideologie gestoppt.

Gegen 22 Uhr meldet sich telefonisch mein Verleger Kosta. Wir kennen uns nicht und haben bislang noch kein Wort miteinander gewechselt, obwohl das EG-Buch schon Monate ausgeliefert ist: »Kollege von Berg«, sagt er mit seinem tschechischen Akzent, denn er ist auch ein Vertriebener seit 1968, »ist das Ihr Telegramm oder ist das eine Provokation der Staatssicherheit?« Ich mache ihm knapp klar, worum es geht. Er begreift sofort, und ich wundere mich, daß sie das Telefon nicht wieder abgeklemmt haben. »Jawohl, das machen wir sofort«, sagt Kosta, »zum SED-Jubiläum liegt das Buch auf dem Tisch!« Er, der Haft kennt, tröstet mich: »Laß mal, man kann sein Geld auch im Sitzen verdienen, das treibt die Auflage unheimlich nach oben. Ein Buch, und man sitzt, und dann ein zweites aus dem Knast heraus – exzellent berechnet, der Westen steht Kopf! Und das alles, wenn der Gorbatschow zum Jubiläumsparteitag kommt und alle Bruderparteien.« Ich merke noch an: »Und die SPD erstmalig dabeisitzt, um das Jubiläum ihrer Vernichtung durch Russen und Er-

satzrussen mitzufeiern – wie geschmackvoll gegenüber ihren geschundenen Genossen in den Russen-KZ.«
Am nächsten Morgen klingelt das Telefon wieder um zehn Uhr:
»Vogel. Herr Kollege, Sie waren wohl bisher in den falschen Händen. Wollen Sie mein Mandant werden?« Wollen ist gut. Aber immerhin: der Vogelhändler ist da!
Am Abend ist Vogel knapp: »Ich sehe täglich genug Leid, legen Sie sich nicht quer. Die machen Sie nach zwei Verurteilungen fertig: Sie haben doch Erfahrung! Sie sind nicht mehr der Jüngste! Recht gibt es nicht, es gibt nur Macht, das ist die Summe meiner Lebenserfahrung. Das läuft wie bei Bahro. Als Anwalt kann ich gar nichts machen, das IPW liefert fachliche Gutachten, danach wird entschieden – wir Anwälte sind keine Fachleute für theoretische Streitfragen, also: Ziehen Sie Ihr Buch zurück!« Ich erhebe mich ruckartig.
»Dann kann ich ja gehen.« – »Bleiben Sie sitzen, ich wollte nur wissen, was Sie für ein Mann sind. Ihre bisherigen Gesprächspartner haben Sie falsch beurteilt und dem großen Haus immer gemeldet, sie würden Sie einkaufen. Mein Vorschlag: Stornieren Sie die Auslieferung Ihres Buches bis Mitte Mai.« – »Bis Honecker aus der Bundesrepublik zurück ist?« Vogel nickt. »Herr Kollege«, fährt er fort, »Sie haben immer für die Annäherung beider Seiten in Deutschland gearbeitet. Ich darf Ihnen sagen, Egon Bahr, den Sie doch gut kennen, bittet Sie, zu bedenken, welche Schmutzlawine Ihr Buch vor dem Honecker-Besuch auslösen könnte. Wägen Sie kühl ab. Können Sie aus egoistischen Gründen verantworten, daß weitgehende menschliche Erleichterungen, die sich Bahr im Gefolge des Honecker-Besuches verspricht, ausbleiben, weil die Ultras – denken Sie an Dregger – Ihr Buch zum Anlaß nehmen könnten, Honecker erneut zu beleidigen, mit allen Folgen?«
Er schiebt mir einen Brief Bahrs über den Tisch, den ich überfliege. Vogel hat ihn von seinem Sohn, der in West-Berlin ein Anwaltsbüro unterhält. Bahr hat ihn nach dort gerichtet. »Mein Vorschlag an Hager war ja«, entgegne ich nun, »ich reise aus und lasse die Bücher als Bundesbürger erscheinen. Von mir aus kann das Buch im September herauskommen, zur Buchmesse, damit es nicht in's Sommerloch fällt. Hätte Hager Wort gehalten, säße ich heute nicht hier. Ich stimme also zu, unter einer Bedingung: Ich bekomme eine schriftliche Ausreisegarantie.«

Nun ist der Anwalt überrascht. »Das hat noch keiner bekommen.«
– »Es hat auch noch keiner zu solch passender Zeit ein so schönes
Buch gehabt.«
Er sieht mich nachdenklich an und meint: »Ich will's versuchen,
sagen wir so: Wenn Sie Ihr Marxismus-Leninismus-Buch bis Mai
zurückhalten, dann bekommen Sie die Zusage Ihrer Ausreise in anwaltlich verbindlicher Form.« Ich frage nun nach seinem Dienstweg,
ob er noch einmal mit der Stasi und dem ZK verhandeln müsse.
»Nein«, entgegnet Vogel. »Honecker entscheidet und keine Randfiguren.« Seine Bemerkung über die Randfiguren bezog sich darauf,
daß in der »Welt« kurz vorher gestanden hatte, Mischnick habe mit
Sindermann bei dessen Besuch in Bonn über meine Ausreise gesprochen. Vogel sagt mir zu, daß er nach der Tagung des Politbüros, das
er schlicht »Dienstagskränzchen« hieß, mich voraussichtlich informieren könne, was entschieden sei. Honecker müsse erst vom
KPdSU-Parteitag zurück sein. Honecker sei unberechenbar; er entscheide in der Regel nach der Vorgabe des MfS, aber, betonte Vogel,
»Honecker ist nicht das MfS«. Es sei auch möglich, daß er sich überhaupt nicht zu dem Vorgang äußere, wie er das bei heiklen Sachen
öfter mache. Dann bleibe alles völlig offen, eben liegen. Honecker
fege in einem solchen Fall die Akten vom Tisch. Vogel erzählt: »Ich
habe ihm gerade nach seinem ›Zeit‹-Interview, in dem er sagt, er sei
doch auch emotional ansprechbar, den Fall der Familie des Leipziger
Musikers vorgelegt, des Prominenten.
Honecker hat gebrüllt: ›Hat der nicht alles von mir bekommen, die
Dienststellung, die Westreisen und und und, was aber tut der Verräter?‹« Dann fegte er die Akte vom Tisch und brüllte Vogel, der
wagte, nochmals unter Hinweis auf die Kinder darauf zurückzu-
kommen, an: »Raus!« Absolutismus, Mittelalter im ZK – im Osten
nichts Neues.
Er, sagte Vogel, habe sich meiner Sache nur angenommen, weil sich
ehrenhafte Männer für mich verwandt hätten, aber man müsse auf
jeden Fall den Anschein äußeren Druckes vermeiden. Die Führung
habe festgelegt, daß auf demonstrative Akte künftig überhaupt nicht
mehr reagiert werde. Jetzt dürfe nichts geschehen, was beide Seiten
zusätzlich belaste. Das angekündigte Buch aber wäre eine Belastung
in dieser Hinsicht. Dann müßte die DDR einschreiten und einen
Prozeß eröffnen, und das würde, schlimmer als bei Bahro, einen

Skandal auslösen. Er wolle von mir nicht sofort eine Entscheidung, aber ich möge zwei Dinge abwägen: die allgemeinen deutsch-deutschen Interessen und meine konkret persönlichen. Vergessen sollte ich aber nicht, daß ich in der DDR als Staatsfeind angesehen würde. Zunächst faßte ich noch einmal nach, was den angeblichen Auftrag des SSD auf Weisung Honeckers, eine menschliche Lösung zu suchen, beträfe. Die Antwort Vogels war: »Es gibt deshalb noch keine klare Entscheidung, weil das MfS gegen Honeckers Position Einspruch erhoben hat. Das MfS fordert Ihre Verurteilung und Haft.« Das war eine Aussage, die er später gegenüber mehreren westlichen Journalisten bekräftigte. Er verwies mich auf Bahrs Brief, in welchem dieser geschrieben hatte, mehrfach seien »irreparable Entscheidungen« gegen mich abgebogen worden. Ich sagte dem Anwalt, daß ich es ablehnen würde, weiter mit den Vertretern des MfS zu sprechen; das begrüßte er. Ferner erklärte ich ihm, daß ich vor dem Parteitag ausreisen wolle, weil sich der Druck des Buches nicht mehr aussetzen ließe und ich nach den gemachten Erfahrungen auch nicht mehr bereit sei, einer zweiten Verschiebung zuzustimmen. Wir vereinbarten, daß ich im März ausreisen dürfe, gegen den Stop der Auslieferung und bei Stop des vorgesehenen Vorabdrucks im »Spiegel«.

Vogel betonte, er habe noch nie sein Wort brechen müssen, er habe schließlich eine Anwaltskonzession für die BRD zu verlieren, ich könne ihm voll vertrauen. Beim Abschied sagte mir der Anwalt, früher habe sich öfter Herbert Wehner nach mir erkundigt, immer mit der Frage: »Was ist das für ein Mann?« Zu seinem Bedauern hätte er nie Auskunft geben können. Honecker hatte Vogel nach dem gescheiterten Redner-Austausch 1966 als seinen Verbindungsmann zur SPD eingesetzt. Während äußerlich die Polemik gegen Wehner verstärkt wurde, baute man in Wirklichkeit die Beziehungen aus. Wehner beäugte mißtrauisch meine Kontakte zu dem Kreis um Brandt, und Honecker hatte den doppelten Nutzen. Letztlich hielt er alle Fäden im ZK in der Hand. Ich war Vogel gegenüber mißtrauisch, denn wir waren uns vor 20 Jahren einmal ins Gehege gekommen: Anwalt Stange gab Vogel einen Brief für mich mit dem Hinweis, dieser müsse persönlich übergeben werden. Er, Stange, wolle nicht jetzt um Mitternacht bei mir klingeln. Vogel sagte zu. Der Brief kam bei mir nicht an. Er war verschlüsselt, Absender war Brandt. Spangenberg hatte ihn an mich übermitteln wollen, damit ich ihn weitergebe. Eine wichtige Sache ging schief. Ich wurde angetobt, ohne daß ich wußte, worum es ging. Als ich das klarstellte, erlebte ich, wie ein Minister von seinem Chef angebrüllt wurde: »Soweit kommen wir noch, daß deine Hanseln meine Briefe klauen und vor mir lesen!« Welche Zeichen und Wunder! Vor Stange rehabilitierte man mich damals, damit er es meinen SPD-Kameraden sage: »Berg – nein, keine Überwachung, das ist einer unserer besten Männer, er hat voll das Vertrauen der Führung!«

Vogel bekräftigte westlichen Korrespondenten gegenüber nach einiger Zeit noch einmal die besondere Schwierigkeit meines Falles, um mich doppelt unter Druck zu setzen, damit ich mich diszipliniert an die Abmachungen hielte. Er sagte ihnen, der Haftbefehl sei bereits unterschrieben und der Vollzug nur bedingt ausgesetzt worden. Zugleich suchte Vogel auch auf die führenden Repräsentanten der SPD Druck auszuüben, indem er über die Korrespondenten lancieren ließ, daß, wenn man einen solchen schwerwiegenden Fall wie die SPD nur im Vorübergehen bei Honecker anspräche, natürlich keine positive Lösung zu erreichen sei.

Aufgrund dessen kam es dann zu mehreren Gesprächen zwischen Egon Bahr und Hermann Axen vom Politbüro der SED, da sie in diesen Monaten öfter über die Probleme der atom- und chemiewaffenfreien Zone in Europa miteinander sprachen.

Vogel ergriff von sich aus zusätzliche Initiativen, um alles abzusichern. So ließ er sich am 28.2.1986 mit U. Schwarz verbinden, der bei einer Tagung der SED mit der SPD-Grundwerte-Kommission in Freudenstadt weilte, und bat ihn, auf meinen Verleger einzuwirken, das Buch wirklich sofort zu stornieren. Ulrich rief mich an und meinte, wir sollten Kosta das ruhig anraten, für den Verlag wäre es auch ein wirtschaftliches Problem, um Verluste zu vermeiden. Uli versicherte mir noch einmal, daß Vogel korrekt handele, und falls ich doch ausgetrickst werden sollte, dann wäre immer noch ein offener Brief und der Vorabdruck aus dem Buch im »Spiegel« zum Parteitag möglich, so daß auch ich eine bestimmte Sicherheit hätte, wenn ich mich jetzt auf den Stop der Auslieferung einließe.

Am 12. März rief mich Vogel an, um mir mitzuteilen, daß im Prinzip alles klar sei. Es wäre entschieden worden nach Honeckers Rückkehr vom Parteitag aus Moskau, und es sei alles gelaufen wie vorgesehen. Der Anwalt sagte mir, er habe Egon Bahr telefonisch bereits von diesem Ergebnis informiert. Er mahnte mich noch einmal, die Faustregel einzuhalten, unbedingte Ruhe vor dem XI. SED-Parteitag zu bewahren – weder das Buch dürfe kommen noch der Vorabdruck, dann, unter dieser Voraussetzung, könne die Ausreise Ende April erfolgen.

Die Bedingung war also verschärft worden. Honecker verlangte absolute Sicherheit, daß das Buch nicht käme. Die sah er nur, solange mich der SSD überwachte. Da muß ich ihm ausnahmsweise recht geben. Ich erwiderte Vogel, es sei keine telefonische, sondern eine »anwaltlich verbindliche Form« vereinbart worden. Auf das Jetzige könne ich mich nicht einlassen. Ich verlange, daß er seine Zusage voll einhielte. Vogel reagierte unwillig und erklärte, er müsse dringend verreisen; wir könnten die schriftliche Fixierung aber für den 24.3. vorsehen. Am 24.3. rief mich Vogel an und bat um die Verschiebung auf den nächsten Tag.

Am 25.3.1986 bestätigte mir Vogel in Anwesenheit von Staatssekretär a. D. Günter Gaus, denn ich hatte auf einem Zeugen bestanden, in seiner Praxis pauschal die Absprache vom 27.2. und seine Mitteilung vom 12.3. und schlug mir vor, da ich ja in keinen Rahmen passe und wir inzwischen ein gutes Verhältnis zueinander hätten, ich möchte ihm einen Brief schreiben. Ich war überrascht, witterte Verrat: »Da kann ich doch gleich nebenan Ihrer Sekretärin diktieren.« – »Nein, nein.« – »Aha«, entgegnete ich, »alles handschriftlich: Wie im Knast.«

Ich möge nach oben in sein Arbeitszimmer gehen, sagte Vogel, wo Papier liege. Er kam nach, beugte sich über den Tisch: »Schreiben Sie unbedingt, daß Sie über geheime Vorgänge schweigen, sonst kommen Sie nie heraus!« Verhielte ich mich so, könnte ich mich bei Einreisewünschen an ihn wenden und würde eventuell nicht fünf Jahre ausgesperrt bleiben. Es war ein letzter Köder, den er anbot; aber außerdem müßte ich doch noch eine Verschiebung der Ausreise in den Mai hinein in Kauf nehmen.

Ich bestätigte unsere Vereinbarung in meinem handschriftlichen Brief und vermerkte am Ende, daß ich mich auch bei Gaus bedanke für seine heutige Teilnahme und ihn bäte, eine Kopie dieses Briefes für die SPD mitzunehmen. Unangenehm war Gaus wie Vogel, daß ich meinen Ausreisetermin eigenmächtig ohne Absprache auf den

10.5.1986 festgesetzt hatte, aber ich war nicht mehr bereit, noch länger zu warten und eine dritte Verschiebung hinzunehmen. Im Beisein von Gaus erörterten wir nicht die Einzelheiten unserer Vereinbarungen, die vorab gelaufen waren.

Gaus stützte sich einseitig auf die falschen Informationen Vogels, als er sofort nach meiner Ausreise dem »Stern« unwahre Informationen gab. Auch der »Stern«-Reporter Pragal fragte mich nicht, sondern griff mich nach SED-Version an, als ich ausgereist war. Pragal hatte sich schon vorher ungut verhalten. Gedrängt von Ulrich Schwarz, er möge mir den »Stern« mit dem Vorabdruck aus meinem Buch über die Integrationsprozesse bringen, kam er zurück: »Ich konnte nicht rein, da stand die Stasi vor dem Haus.« Pragal zerstörte auch die Abmachung zwischen meinem Verlag und dem »Stern«, über die er mich nicht einmal informierte: Es sollte zum Vorabdruck ein Interview mit mir erscheinen. Pragal weigerte sich, dieses in Berlin mit mir zu machen, weil Interviews ohne Erlaubnis der Zensur verboten seien ... Mein Gott, wie haben Löwe, wie Karl-Heinz Vater und Ulrich Schwarz und andere gekämpft! Nun, das »Stern«-Büro ist dafür bis heute nicht geschlossen ... Vorbeugende Unterwerfung hat auch ihren Nutzen.

Am 14. April 1986 hatte mich Vogel angerufen und gesagt, er sei sehr beunruhigt. Die Vereinbarung sei gefährdet, denn in der letzten »Welt am Sonntag« stünde ein aufsehenerregender Artikel über mich. Ich sagte ihm, daß ich die schriftliche Zusage meines Verlegers hätte, daß er das Ideologie-Buch storniere, es müsse sich bei dem Artikel um einen Auszug aus einem anderen Buch handeln. Bei der Überprüfung stellte sich dann heraus, daß es so war.

Ich saß nun in wachsendem Maße wie auf Kohlen, weil es möglich war, daß die Vereinbarung aufgrund irgendwelcher negativen Dinge täglich wieder umgestoßen werden konnte. So schickte ich deshalb am 21. April 1986 ein Telegramm – Schmuckblatt, Trauerfall, schwarze Rose – an den Rat des Kreises Fürstenwalde, Innere Angelegenheiten, und erbat einen Termin zur Regelung meiner Ausreiseformalitäten. Am 24. April meldete sich Vogel: Ich würde auf den 29. des Monats vom Rat des Kreises vorgeladen werden. Dabei eröffnete er mir, ich könne auch sofort ausreisen, heute oder morgen, wie ich wolle, unter der Bedingung, daß meine Frau gleich mitkäme. Wir hatten bei unserer ersten Begegnung vereinbart, daß sie noch zunächst in der DDR bliebe, aus schwerwiegenden familiären Gründen, und später übersiedele. Vogel bot an, daß auch unsere drei Söhne ausreisen sollten: »Weg mit allem, raus, was von Berg heißt.« Ich verbat mir das entschieden. Die Sippenhaft-Methoden der Nazis sollten endlich in der DDR aufhören. Volljährige haben das Recht, in ihrer Heimat zu bleiben, wenn sie es wollen. Es trifft sie beruflich schlimm genug, obwohl sie überhaupt nichts dafürkönnen. Am allerschlimmsten ergeht es dem Jüngsten: Den Beruf als Außenhändler hat er ganz verloren, das entsprechende Hochschulstudium auch, aber er will, wie die beiden anderen, daheim bleiben. Er hat drei Jahre in der Armee gedient, viel geleistet, ist zum Feldwebel befördert worden, und der Staat wird es ihm lohnen, das wahre, menschlichste System in Deutschland: Demnächst, wenn er aus der Armee entlassen werden wird, wollen sie ihn aus der Wohnung werfen. Muß man sich wundern, daß in der DDR die Ausreisewelle nicht abebbt? Welche Wirkung hat so etwas bei Freunden, Bekannten – und Fremden, Herr Bischof Forch?

Zu meiner Überraschung sagte Vogel mir noch telefonisch, wenn meine Frau sich nicht sofort entscheide, entgegen der Absprache gleich mitzugehen, dann müsse eine »Schnellscheidung vor dem Sondergericht« stattfinden, bei Zusicherung von seiner Seite uns gegenüber, daß meine Frau dann trotzdem nachkommen könne. Wir vereinbarten einen Termin bei ihm. Vogel eröffnete uns, daß nach einer Weisung des Innenministers, der auf Weisung des Generalsekretärs handele, Ehepartner entweder zusammen gehen oder geschieden werden. Man wolle klare Verhältnisse – das Ministerium des Innern gestatte auch bei mir keinen abweichenden Modellfall. Die Nachzieherei nehme sonst kein Ende. Es sei nicht möglich, dieser Weisung auszuweichen. »Sonst sind alle Abmachungen hinfällig, dann fahren Sie von hier draußen gleich in die Haftanstalt, das MfS wartet schon draußen.« Wie nennt man so etwas juristisch? Wie menschlich? Nein, Vogel ist kein Erpresser. Auch der Rechtsanwalt unter den Nazis war kein Erpresser, wenn er von Deutschen verlangte, sich von ihren jüdischen Frauen zu trennen. Meine Frau ist Schlesierin. Was haben Schlesierinnen mit Jüdinnen zu tun? Nicht die Anwälte, die Diktaturen sind kriminell, befehligt von Oberkriminellen, Altstalinisten. Die roten Nazis ließen Staudte einen Film drehen: »Ehe im Schatten«. Ich schlage ihnen vor, die Fortsetzung

229

über ihre Schweinereien zu drehen: »Zwangsscheidungen in der Sonne des Sozialismus.«

Die SED-Spitze besteht aus Politkriminellen, auch ordinären Mördern wie Mielke, den nicht Ulbricht, sondern Honecker hochgeholt hat, obwohl es ein klares, öffentlich verhandeltes Urteil gibt, das Mielke als heimtückischen Polizistenmörder ausweist. Der Bruch der DDR-Gesetze ist an der Tagesordnung. Honecker hat es ja dem stellvertretenden SPD-Vorsitzenden Rau zur Frühjahrsmesse 1988 bestätigt, daß künftig durch »Verordnungen« (!!) Rechtssicherheit z. B. in punkto Ausreise geschaffen würde. Verordnungen über Gesetze! Damit ist der Unrechtsstaat selbst von Honecker öffentlich bestätigt worden. Die Ehe steht auch in der DDR unter dem ganz besonderen »Schutz« des Staates – das ganz nebenbei.

Mit dieser zusätzlichen Schweinerei zerriß Vogel unsere erste Abmachung. Gut, ich würde auch diese Erniedrigung noch schlucken müssen – dafür war ich frei von meinen übernommenen Verpflichtungen. Vogel betrog nicht nur mich, sondern auch die SPD-Führung. Die war im Besitz einer ganz anderen Vereinbarung. Da stand nichts von Zwangsscheidung. Der »Stern« hatte gemeldet, ich habe die SPD betrogen – Pragals Sternstunde!

Vogel holte, als wir den vereinbarten Termin wahrnahmen, aus dem Schrank die Vereinbarung zu meiner Ausreise und diktierte einen Nachtrag, der garantieren sollte, daß meine Frau später ausreisen könne, trotz der Zwangsscheidung. Zugleich diktierte er mir drei Sätze, die ich auf dem Kreisgericht Fürstenwalde abzugeben hätte, damit dann dort die Prozedur nach diesem Code vollzogen würde. Am 26.4. erhielt ich für den 29.4. vom Rat des Kreises eine schriftliche Vorladung. Als ich dort war, bekam ich einen Laufzettel, was ich alles zu erledigen hätte. Ich mußte sämtliche Fragebogen, sämtliche Anträge handschriftlich schikanöserweise noch einmal ausfüllen, sämtliche Erklärungen noch einmal abgeben; dann bei allen Banken, wo ich nie Konten unterhalten hatte, Versicherungen, selbst bei der Gegenseitigen Bäuerlichen Hilfe und von sonstwo alle möglichen Zettel und Bestätigungen heranschaffen, daß ich schuldenfrei sei. Ich mußte auch von meinen Söhnen, meiner Mutter, meiner Frau, meinen Geschwistern schriftliche Bestätigungen erbringen, daß sie keinerlei Forderungen an mich hätten.

Am 5.5. wurde unsere Scheidung innerhalb von fünf Minuten abgewickelt. Den Schöffen war der Vorgang peinlich. Sie sahen aus dem Fenster. Die Chefin des Gerichts vollzog die Prozedur selbst. Sie sagte bei der Vorbesprechung: »Um Gottes willen, schon wieder so eine Vogel-Anweisung gegen das Gesetz. Sie bestätigen mir aber doch schriftlich, daß Sie einverstanden sind? Wer weiß, was kommt, wenn dieser Honecker und sein Vogel weg vom Fenster sind! Denken Sie an den XX. Parteitag der KPdSU, Straftat Rechtsunsicherheiten …«

Das Beschlußblatt des Gerichts weist schon von der Form her aus, daß es selbst gegen DDR-Recht verstößt: Links oben steht der Termin und rechts die Gültigkeit, alles auf einen Tag abgestempelt, obwohl nach dem Zivilrecht der DDR Scheidungseinspruch einige Wochen lang möglich sein muß. Ein Grund für die »Scheidung« wird nicht genannt. Es heißt nur, die Ehe ist geschieden, zweitens: Es ist bezahlt. Die Richterin nennt auch in der Verhandlung den Grund nicht. Sie fragt, mit dem Finger auf den Antrag tippend, in welchem steht: ARA = Ausreiseantrag: »Ist das – ARA – der einzige Grund? Ja? Die Ehe ist geschieden.«

Ich habe einem Staatssekretär vom Innerdeutschen Ministerium diesen Vorgang geschildert. Er hörte mich ungläubig an, schüttelte den Kopf und sagte: »Wir haben keinerlei derartige Erkenntnisse.«

Als mich dann Monate später vor laufender Kamera ein Fernsehjournalist der Luxemburger TV nach diesem Vorgang fragte, weil Vogel inzwischen, wie auch SSD-Leute, ausgestreut hatte, meine Frau habe mich verlassen und wolle auch nicht ausreisen, mußte ich natürlich öffentlich und ungewollt die Wahrheit sagen. Ich war damals in einer üblen Situation, denn ich besaß die Vereinbarung und den Nachtrag zu dieser Vereinbarung nicht. Weder Gaus noch Bahr hatten mir die Kopie ausgehändigt. Zu meiner großen Überraschung hat mir Vogel, nachdem Löwenthal vom ZDF die Luxemburger TV-Aufzeichnung erworben und ausgestrahlt hatte, brieflich auf einem Kopfbogen bestätigt, daß er auf der Grundlage der Verordnung der DDR so gehandelt habe. Er übersandte mir zugleich die Kopie der Vereinbarung und benannte Gaus – der bei der erpresserischen Scheidungssache überhaupt nicht zugegen war, das ergibt sich schon aus dem Datum des Nachtrags, auch ein Vogel macht Fehler – als Zeugen wider mich für einen angedrohten Prozeß, falls ich meine Aussage wiederholte, dies sei ein erpresserischer Akt gewesen. Selbst meine Frau sollte, so Vogel brieflich, gegen mich als Zeugin wahrheitswidrig aussagen! Natürlich setzte er darauf, sie der Söhne wegen erpressen zu können.

Mit diesem Schreiben Vogels kam die Bundesregierung in den Besitz eines Dokumentes, das beweist, daß die DDR gegen ihr eigenes Zivilrecht verstößt und Zwangsscheidungen durchführt. Die Bundesregierung hat inzwischen gegen solche Vorgänge protestiert, und es hat sich, nachdem mein Fall durch Senator Scholz in West-Berlin publik und in der Presse Springers dokumentiert war – für andere ist so etwas nicht mitteilenswert –, eine Reihe von anderen Übersiedlern aus der DDR gefunden, die bestätigten, daß mit ihnen genauso verfahren worden war. Ich hoffe, daß damit wenigstens eine der allerübelsten Machenschaften der DDR künftig unterbleibt.

Am 6.5.1986 rief mich der zuständige Mann aus dem Rat des Kreises noch einmal an und sagte zu meiner Überraschung, alle meine Eigentumsfragen seien unklar, ich hätte falsche Auskünfte gemacht. Ich dachte, dies sei wieder eine Finte, um die Ausreise zu verhindern. Ich erhielt jedoch einen Tag später eine generelle Vollmacht des Bezirksnotariats, ausgestellt zugunsten meiner Söhne, daß sie alle offenen Fragen im Hinblick auf Eigentumsrechte zu ihren Gunsten selbst entscheiden könnten – obwohl keine offen waren! Es ist unglaublich: Ich hatte, in Voraussicht dessen, was sich abspielen könnte, Bibliothek, Grundstück, Haus, Nebengebäude, Auto etc., alles den Söhnen überschrieben, da ich sicher sein wollte, daß die Stasi nicht von dieser Seite her erpresserisch wirksam werden konnte. Alle Vorgänge waren juristisch korrekt abgewickelt, und kurz vor der Ausreise machte man den Versuch, den Kindern das persönlich in der Familie erarbeitete Eigentum auf diese Weise wegzunehmen. Inzwischen habe ich erkannt, daß die Vollmacht ihren Sinn hat: So kann man unter Umständen im Todesfall auch Westmarkvermögen in die stets leere Staatskasse der DDR bringen. Damals war ich auf diese Erwägung gar nicht gekommen. Außerdem kann so etwas natürlich Zersetzung in nicht gefestigte Familienbeziehungen bringen und dem SSD helfen, im Trüben zu fischen: Die Politkriminellen der DDR haben eben Weltniveau.

Am 9. Mai 1986, 16.55 Uhr, fünf Minuten vor Dienstschluß, erhielt ich die telefonische Auskunft, daß ich am 10.5.1986 um acht Uhr beim Wehrkreiskommando meinen Wehrpaß abzugeben, um neun

Uhr beim Rat des Kreises die Entlassung aus der Staatsbürgerschaft entgegenzunehmen, um zehn Uhr bei der VP die Reisedokumente zu empfangen hätte. Auf meinen Einwand, sonnabends seien alle Dienststellen geschlossen, wurde gesagt: »Es ist überall geöffnet.« Es ist die letzte Nacht in meinem Haus. Ich verbringe sie schlaflos. Habe ich genügend vorgesorgt? Wird meine Frau nach der langen Zermürbung nun die noch schlimmere Zeit, die jetzt über sie hereinbricht, wenn ihr in ihrer Arbeitsstelle der organisierte Haß entgegenschlägt, gesundheitlich und auf ungewisse Dauer durchhalten können? Wie wird es daheim mit Mutter werden, die ja schon 85 Jahre alt ist?

Um meine Söhne mache ich mir die wenigsten Sorgen. Die sind hart und entschieden, wenn es nötig ist. Und außerdem: Von drüben kann ich ihnen beistehen, vom Betonloch des SSD aus hätte ich es nicht gekonnt.

Ich sehe mich überall zum letzten Mal um, gehe in die Sauna, den Kohlebunker außer Haus, in die Garage, die Werkstatt, den Garten, den Wald, den Holzschuppen. Dann setze ich mich auf die Bank unter der Hainbuche, meinen Lieblingsplatz an heißen Sommertagen, wo man trotz größter Hitze konzentriert am runden Steintisch arbeiten kann, und beobachte unser Eulenpärchen. Ich sehe mir noch einmal die Nistkästen an und höre, wie in der Diele das Telefon schrillt.

Es ist zwei Uhr nachts. Am Apparat ist der SSD: »Verräter werden früher oder später liquidiert. Fünf Jahre, hat Vogel gesagt, dürfen Sie nicht mehr nach Hause? Wenn Ihr Buch gegen Marx kommt: Hängen Sie eine Null an die Fünf! Noch haben Sie Frau und Söhne hier – vergessen Sie das nicht! Und außerdem – auch in der BRD gibt es Autounfälle!«

Ich gehe nach draußen auf die Terrasse, setze mich auf die Bank und lasse meinen Gedanken freien Lauf. Mein russischer Lieblingsdichter kommt mir in den Sinn: »Jede Trennung mahnt ans Sterben. Abschied ist ein Totenfest ...« Sollte ich Frau und Söhne, Mutter und Geschwister wirklich nicht mehr sehen?

Ich träume vor mich hin: Es ist ein schöner, milder Septemberabend, der Große hat Geburtstag. Eben ist er von der Arbeit heimgekommen, und der Kleine spielt Klavier für ihn. Wir sitzen uns auf den Bänken am Terrassentisch gegenüber und hören zu, solange die Flut der Klänge aus dem geöffneten Fenster strömt. Dann gehe ich in die Küche und mache ein festliches Essen zurecht – Thüringer Klöße gibt es, auf die der Kleine pocht, und Fleisch aus dem Römertopf mit den riesigen Parasolpilzen, die auf unserem Grundstück wachsen. Nun, und zum Nachtisch gibt es Krapfen, aus Hefeteig, in siedender, vorher abgeschöpfter Butter gebacken, dick puderbezukkert, die habe ich schon am Nachmittag gemacht. Dazu gibt es einen starken Kaffee, und dann kommen wir zu einem kühlen Bocksbeutel und heiteren, fröhlichen Gesprächen ...

Dabei weiß ich: Die Barbaren, die Ersatzrussen, werden mich nicht heim lassen, gleich, ob es einen guten Grund oder Unfall oder Krankheit gäbe: In der deutschen Entspannung herrscht Kriegsrecht, Willkür. Wie war das mit Becher, den der alte Pieck uns zitierte? »Deutschland, meine Trauer, Land im Dämmerschein ...« Morgendämmerung? Hoffnung, Tag, Licht, Wärme, Leben, Zukunft?

Abenddämmerung? Kühle, Kälte, Dunkelheit, Finsternis, Hoffnungslosigkeit – die Schwärze der russischen Nacht? Es fröstelt mich: Gewiß ist mir nur das Ungewisse. Ich habe genügend Erfahrung mit dem SSD: Die Partei hat einen langen Arm.

Ich schrecke hoch. War das nicht die Klingel vom Gartentor? Kurz-lang-kurz? Nikolaij? Jetzt? – Oder SSD? Ich schalte die Hofbeleuchtung ein und gehe ans Tor. »German!« Tatsächlich, mein Kamerad aus Moskau! »Nikolaij!« Drahtig, wie er ist, setzt er über den Zaun. »Ich hatte schon Angst, ich käme zu spät! Fährst du heute, ist alles geblieben? Ich bin traurig, daß es so ist, aber du bist den Dingen immer zehn Jahre voraus. Heute machen wir das, was du vor genau zehn Jahren in der EG nicht machen konntest, in zehn Jahren wirst du Multimillionär im Osten, dann sind deine Bücher gefragt!« – »Bruder«, sage ich ernst, »du weißt, der reale Sozialismus ist nicht reformfähig – es sei denn, die theoretisch-ideologische Orientierung wird total verändert, natürlich unter dem Schild der schöpferischen Weiterentwicklung des Marxismus-Leninismus.« – »Genau«, sagt er, »und das wollen wir.« – »Wer ist wir?« – »Wir – wir sind Gorbatschows Reformer. Du hast doch dem Bund damals vorgeschlagen, das Prinzip der Gewaltenteilung und ein oberstes Gericht in das Manifest aufzunehmen – wir kommen eben darauf zurück!« »Nikolaij«, entgegne ich, »warum hat Andropow, selbst Tschernenko und nun wieder Gorbatschow vom theoretischen Niveau der dreißiger Jahre gesprochen? Für die SED ist das verheerend! Was aber ist das neue Niveau, wo ist euer theoretisches Konzept?« Er schweigt.

Wir frühstücken inzwischen kräftig, er kaut genüßlich. »Ah – frisches Brot, frische Wurst – mein Lieber, die Versorgung ist fast wie beim Zaren so schlimm!« Im größten Elend muß ich nun doch noch lachen. Ich weiß um ihre Rationierungen, und nicht einmal das gibt es … Er greift sich die Delikateßgurken und futtert zum Schluß die gleichfalls selbstgemachte Konfitüre: »Dein Weib ist eine Perle!« – »Gelfix«, spotte ich. »Ah«, sagt er, »Westen! Westen ist auch nicht schlecht!« Zwei Jahre später fragt mich ein hoher Beamter der sowjetischen Botschaft, ob ich mich in der BRD gut eingelebt hätte.

Die Morgendämmerung bricht an, ich bringe ihn zur Straßenbahn, hinten durch den Wald, nachdem die SSD-Streife hinter dem Zaun passiert ist. Er bleibt stehen: »Du bist Ökonom, aber auch Historiker. Du kennst die Zeiten. Wir brauchen Zeit, Zeit, Zeit.« Ich fasse nach: »Wieviel? Wofür? Was heißt der Hinweis, verdammt noch mal, auf die dreißiger Jahre konkret?« – »Wir denken taktisch und strategisch nach der Revolutionstheorie, in Etappen, evolutionär die erste, revolutionär die zweite.« Jetzt bin ich überrascht. Mißtrauisch frage ich: »Glaubst du daran?« – »Ich glaube an mein Rußland, wie du an dein Deutschland glaubst. Wenn wir unser Volk frei machen, wird Rußland keine anderen Völker mehr unterdrücken. Die SED wird es eines Tages nicht mehr geben. Es ist gut, daß du dich nicht hast brechen lassen. Verlasse dich darauf: Wir sehen uns hier bei dir daheim am hellen Tage wieder!«

Die Bahn, grobschlächtiger Jahrgang 1912, ausgeleiert, schleudert heran, leer. Er umarmt mich: »Halte dich tapfer! Du gehörst doch zur richtigen Partei, du kommst zurück, wir brauchen dich, wenn es soweit ist!« Er grüßt mich vom Wagen aus mit geballter Faust. Traurig schüttle ich den Kopf, winke mit der flachen Hand zurück … Wird man ihn auf einem schmutzigen Hinterhof erschießen, wird er in Sibiriens Eiswusten entkräftet zusammenbrechen und erfrieren, werden sie ihn in Moskau aus einem fahrenden Bus stoßen und zermalmen? Ich weiß. Letztlich hat sein Engagement dazu geführt, daß ich 1978 nicht im Keller beim SSD verfault bin. Auf seine Weisung hin wurden die Informationen in den Westen gegeben, so daß ich

den SSD-Leuten höhnisch sagen konnte: »Sie hatten doch mitge-
hört in der Zelle – ich habe mittels Direkttelefon alles dem ›Spiegel‹
für dessen Titel-Story mitgeteilt, wie früher auch!«
Ich war am 10.5.1986 der einzige Besucher in den Dienststellen. Offenbar hatten sie Angst, ich würde einen Auflauf organisieren, wie
Havemann, der auch dort in Fürstenwalde an der Spree mit den Behörden seinen Ärger hatte. Aber ich war seit Jahren darauf eingestellt, alle Freunde und Kameraden aus der Schußlinie zu nehmen.
Es wickelte sich alles normal ab: Mir wurde erklärt, daß ich nun als
Staatenloser – meinen Einwurf: »Irrtum. Deutscher, Bundesbürger«, überhörte man – trotzdem noch bis Mitternacht der Jurisdik-
tion der DDR unterstände und dementsprechend gehalten sei, alle
Auflagen zu erfüllen. Die wesentliche laute, ich könne nicht, wie beantragt und wie ursprünglich zugesagt, von Berlin aus mit dem Zug
nach Köln reisen, sondern ich müsse in Magdeburg kurz vor Mitternacht zusteigen und über Wolfsburg die DDR verlassen. Das sei kein
Problem, meine Söhne hätten die Fahrerlaubnis, meine Frau auch,
man könne mich nach Magdeburg fahren, und damit sei alles geregelt.
Der weitere Gang der Ausreise verlief ohne Schikanen, obwohl ich
dachte, es sei doch noch eine Falle, denn der spät angesetzte Termin
in Magdeburg schloß ein, daß ich erst eine halbe Stunde nach Mitternacht aus der DDR herauskam. Aber bei der Kontrolle auf dem letzten Bahnhof wurde ich lediglich formell gefragt, ohne jede Visita-
tion, auf die ich eingestellt war, da man die Mitreisenden in dem Abteil aufgefordert hatte, dieses zu verlassen. »Was führen Sie mit?« »In
der Aktentasche habe ich meine Papiere und einige Bücher – im Mi-
niköfferchen Wasch- und Rasierzeug, fünf Garnituren Unterwä-
sche, fünf Hemden, ein Paar Schuhe.« – Er gab mir das Ausbürge-
rungspapier zurück: »Trotzdem – gute Reise.«
Daß ich wirklich frei und die Gefahr vorbei war, glaubte ich erst, als
der Zug Kraft gewann, die in gleißendes Scheinwerferlicht getauchte
Grenzbrücke überfuhr, in Fahrt kam und ohne das holprige Stoßen
der DDR-Strecke immer schneller wurde: Ich drückte das Fenster
herunter, streckte den Oberkörper so weit wie möglich in den Fahrt-
wind hinaus, atmete tief ein und aus: Zu Ende der Mief, SSD samt
Spitzeln und verlogener Partei, endlich wieder arbeiten, lesen,
schreiben, reden, leben können, statt zu vegetieren!

236

In Wolfsburg, eine Stunde nach Mitternacht, die ersten Kollegen von der Presse. In Köln, am frühen Morgen, Ansgar Skriver. Wir fahren zu ihm nach Hause, ins Bergische, ins frühere Land der Grafen von Berg: ein kurzer Weg nach einer weiten Reise.

Schlußwort

»Weißt du, weshalb ich deine Bücher sofort gemacht habe?« fragt mich mein Verleger. »Erstens, weil die uns so unsagbar betrogen haben, und zweitens, weil es hier jetzt wieder welche gibt, die glauben, die ändern sich!« Bruder Thomas, Antistalinist, verjagter Reformer aus der ČSSR, schade, daß du nicht mehr im Bund-Verlag wirken kannst – der DGB hätte es nötig! Du machst die Bücher, und der DGB sorgt dafür, mit der SPD, daß sie nicht in die Gewerkschaftsläden und nicht in die Bibliotheken zu Studenten kommen!
Nach dieser Unterhaltung, zwei Tage im Land, entnehme ich der »Süddeutschen« einen Nachdruck aus der *Braunschweiger Zeitung:* »Warum die SED einen, der im Vorzimmer der Mächtigen Einblick in Herrschaftswissen erhielt, ziehen läßt, kann man allenfalls vermuten … Vielleicht ist aber das Berg'sche Denkmodell einer Europäischen Gemeinschaft der Anlaß für die DDR-Führung, mittels des Ausreisestempels sozusagen zwei Fliegen mit einer Klappe zu schlagen. Denn Bergs optimistisch-utopische Vorstellung einer einigen, starken EG als dritter Kraft zwischen Sowjets und Amerikanern paßt gut in die außenpolitische Ostblock-Linie, wo alles erwünscht ist, was die Westeuropäer aus der Überlebensgemeinschaft mit Amerika herauslösen könnte. Wenn Berg dafür im Westen wirbt, könnte er dank seines prominenten Dissidentenstatus mehr Aufmerksamkeit finden, als die SED oder ein in ihrem Machtbereich lehrender Wissenschaftler es vermöchte.«
Nach Kenntnis meiner politischen Lebensgeschichte sollen meine Leser also damit jetzt wissen, daß mich die SED geschickt hat, im zarten Alter, Mitte 50, mit fünfjähriger Wartezeit für den Eintritt in den öffentlichen Dienst, dann, als Pensionsreifer, wirklich ein zukunftsträchtiger Perspektivagent, dieser Berg, ein hoffnungsvoller Kader … Dieser Journalist schwätzt unverantwortlich wie andere auch. Stellt man solche Typen zur Rede, kneifen sie, etwa wie Bethge aus dem SFB oder der besonders freischaffende Lay, von dem noch die Rede sein wird. Bethge übrigens hat, wie der *Spiegel* dokumentierte, durch gezielte Veröffentlichung einen Fluchtweg für DDR-Insassen versperrt. Es gibt auch nichtöffentliche Melder aus diesen Kreisen, etwa aus dem Saarländischen Rundfunk, wie Frau Anita

Röntgen in ihren »Unbefugten Reportagen« eben mitteilt: Ein Arzt aus der DDR schreibt kritisch an diesen Westfunk – seine Zuschrift erhält postwendend der SSD. Bei den Genossen herrscht Ordnung. Franz Josef Strauß haut den Mediziner dann heraus ...

Ärzte, schreibt Rezepte und nichts ins Saarland – von dort kommt doch wer?

Doch zurück nach Braunschweig: Wo fordere ich eine Aufhebung der Überlebensgemeinschaft mit den USA? Nirgends. Mein EG-Buch ist mehr als positiv rezensiert worden. Was der Braunschweiger behauptet, steht nicht drin. Solange die Sowjets ihre jetzt von ihnen offiziell eingestandene, von den hiesigen alleinigen und wahren Friedensfreunden mittels Sitzblockaden und Massendemonstrationen nicht verurteilte Überrüstung und Offensivkonzeption noch nicht geändert haben, so lange ihre Garderegimenter mit dreifacher Übermacht an landbesetzenden Panzern in der DDR stehen, einschließlich brückenschlagender Pioniereinheiten mit entsprechendem Spezialgerät, solange kann Westeuropa nicht auf den Schutz amerikanischer Atomwaffen und amerikanischer Soldaten verzichten.

Wäre ich Amerikaner und meine Söhne stünden in Deutschland, würde ich vom Präsidenten trotzdem verlangen, sie heimzuholen. Warum? Verbündete, die erwarten, daß amerikanische Väter die Gesundheit und das Leben ihrer Söhne opfern und selbst nicht einmal zu einer solidarischen Aktion technischer Art zu Lande oder in der Luft bereit sind, verdienen keine Privilegien. Die Weltmacht USA hat andere Aufgaben und Sorgen anderer Dimension. Die EG kann den Russen seit Jahr und Tag Milliarden Subventionen in den Rachen werfen. Wer hat, der hat. Warum kann sie da nicht eine ausreichende Selbstverteidigung finanzieren? EG und WEU gehören zusammen, aber: Alle europäischen Raketen müssen mindestens bis über Polen hinweg geschossen werden können! Sind wir so weit, darf das Bündnis mit den USA trotzdem nie aufgegeben werden. Selbst bei einem Truppenabzug muß gelten: Greift man euch an, helfen wir sofort mit allen Mitteln, und das gilt wechselseitig. Gorbatschow wird den Truppenabzug erneut fordern. Das Bündnis sollte darauf eingehen. Ziehen die Russen aus der DDR und Osteuropa ab, wird dieser Raum nach und nach demokratisch und Mitglied der EG. Das wäre heute schon so, wenn in der Vergangenheit die Russen nicht dagestanden wären.

Ungarn will schon heute in die EG, und über die österreichische Brücke wird das gehen. Die USA sind nicht in der EG. Die Russen stören im RGW. Sie haben dort ungeheure Disproportionen verursacht, die heute auf sie zurückschlagen und ihre ökonomischen Verluste potenzieren. Gorbatschow weiß wohl, weshalb er die Konvertibilität der Ostwährung will. Auch der Altstalinist Honecker weiß das. Deshalb ist der dagegen. Stalins außenpolitisches Erbe zu liquidieren, ist für die Sowjets unerläßlich. Gromyko, dem bis zu seinem Abtritt dienstältesten und total überlebten, rückständigen Außenminister, sollten wir ein EG-Denkmal setzen. Er hat es fertig gebracht, alle Mächte gegen die Moskowiter zu stellen. Das rote Welt- und letzte Kolonialreich zerbricht. Aus einer Sackgasse der Staats- und Wirtschaftsverfassung gibt es eben keinen anderen Ausweg, als kehrtzumachen, oder den todsicheren Untergang durch sozial-nationale, innere Eruptionen.

Wir brauchen das militärische Westbündnis auch deshalb, damit irgendwer bei den Russen, sobald der Kern ihrer Reformen, die Wirtschaftsreform, wieder wie seit Lenin, Stalin und Chruschtschow gescheitert sein wird, nicht auf die Idee kommt, sich Nahrungsgüter und Technologie kostenlos im Westen zu holen. Wenn der Ausweg nur der Untergang ist, ist alles möglich. Sagen wir den Sowjets öffentlich: Rüstet ab. Nehmt die Hälfte eurer militärischen Produktion und baut Landmaschinen. Produziert Ersatzteile für Traktoren, dann könnt ihr euch endlich selbst ernähren und braucht den Entwicklungsländern nicht mehr das Getreide zu verteuern. Ernährt euch in fünf Jahren selbst! Wir helfen ab da nur noch denen, die sich nicht selbst helfen können, also den ärmsten Entwicklungsländern. So etwas in den UN verkündet, wäre der wirksamste Weg zur Friedenssicherung. Wenn das Tempo unserer Diplomaten bei den Wiener Gesprächen so weiter geht, brauchen wir sonst wohl 1000 Jahre dazu. Soviel Zeit läßt uns aber schon die ökologische Aggression des roten, staatsmonopolistischen Imperialismus aus dem Osten nicht mehr, um zu überleben. Der marxistische Kommunismus ist schon durch das Übermaß an Dreck, Gift und Abfall eine tödliche Bedrohung des Westens, zu Lande, zu Wasser und in der Luft.

Hans Dietrich Genscher hat auf einer Ost-West-Konferenz im Juni 1988 in Potsdam, gegen die dortigen amerikanischen Positionen gerichtet, erklärt. Jeder irre, der dächte, daß die Sowjets ihre Probleme nicht meistern könnten, ihre Ressourcen seien ungeheuer. Ihre Ressourcen sind, nach heutiger sowjetischer Lesart, siehe Schmeljow u. a., in bewährter Manier prämienfördernd, planerfüllerisch überhöht dargestellt gewesen und in Sibirien zu 25 % erschöpft, d. h., sie sind in absehbarer Zeit alle. Außerdem hatten sie immer riesige Ressourcen, oder? Die Krise der Russen, Herr Bundesaußenminister, ist keine Ressourcen-Krise, sondern eine Systemkrise. Die objektiven Strukturen bedingen den sich beschleunigenden Niedergang, den die Amerikaner in Potsdam in Übereinstimmung mit den heutigen Statistiken der Sowjets richtig diagnostiziert haben. Weitere Entwicklungsländer werden die Sowjetunion überrunden. Die Sowjetunion hat nach den heutigen Eingeständnissen ihrer Funktionäre eine höhere Säuglingssterblichkeit als lateinamerikanische Entwicklungsländer, strukturellen Hunger, verbrecherische Kinderarbeit, zurückgehende Lebenserwartung usw. Dabei beuten sie die halbe Welt durch monopolistisch diktierte, überhöhte Preise bei Waffen und Rohstoffen aus!

Trotzdem: Wir Deutschen sollen, wie bei Lenin, Stalin und Chruschtschow, also wie immer, helfen. Wie? Hitler gab Stalin Kredite, Bedingung: Friedensfreund Stalin stellte dem Friedensfreund Hitler für 75 % des Kredits strategische Rohstoffe zur Verfügung, von sonstiger militärischer Zusammenarbeit abgesehen. Wie wäre es heute, wenn wir das Selbstbestimmungsrecht der Deutschen endlich ins Spiel brächten? Sind Sie einmal in der Lage, in der subjektiven Lage, Herr Minister, die objektive ist blendend, einen wirklichen Preis zu machen, oder können Sie das nicht, weil Sie nicht wollen? Lesen Sie wirklich keine Studie aus den zuständigen Fachinstituten der Bundesregierung zur ökonomischen Lage der Sowjets? Warum sind Sie selbst hinter sowjetischen Lagebeurteilungen zurück?

Ich leide nicht an methodischen Denkschwierigkeiten, ob man nun das Verhältnis Deutschland – Europa vom Allgemeinen oder vom Besonderen zu fassen habe, das Allgemeine dient doch Obrigkeiten bei uns nur als Vorwand, nichts Besonderes tun zu müssen. Halten wir uns an unsere klassische deutsche Philosophie: Sowohl als auch, heißt die dialektische Antwort, die wir bei Kant wie Hegel finden. Konkret: Gorbatschow will Gemischte Kapitalgemeinschaften und Konvertibilität – gut, machen wir das in Europa wie in Deutschland! In Deutschland wird es am raschesten gehen, weil es Vorstufen gibt.

Fällt das westöstliche Leistungsgefälle auf diese Weise, kann in Berlin die Mauer und in Deutschland die Grenze fallen, und den Altstalinisten in der DDR ist eine todsichere Perspektive vorgegeben: Sie verschwinden. Deutschland wird leben, friedlich mit der EG und den Sowjets.

Die Russen wissen ein klares Wort zu schätzen. Ich habe von ihnen in langen Dienstjahren immer und immer wieder gehört: Sag mal, den Bonnern kann man doch nicht trauen, die formulieren doch keine nationalen Interessen, damit man verhandeln kann, die fordern doch nicht einmal das Selbstverständliche. Die wollen uns bei passender Gelegenheit militärisch alles wieder wegnehmen, oder? Eben haben die Russen für ihre Juni-Sonderparteikonferenz den Vorrang der nationalen vor der sozialen Problematik erneut dokumentiert, erstmals als ZK-Beschluß, nicht wie bisher als theoretischen Leitsatz, sondern als praktisch-politischen! Sie haben ein gesundes Gespür und können daher die antinationale Haltung deutscher Politiker nicht begreifen. Sie wissen: Es gibt kein gemeinsames Haus Europa mit vernagelten Haustüren und Schießwütigen im Vorgarten: entweder – oder!

Die Russen werden, wenn sie wollen und es für ihre Zwecke gut finden, mit den Ersatzrussen wie im Falle der Anti-Raketenbewegung eine nationale Bewegung von links bis rechts, garniert mit Panik, Neutralitäts- und Friedensargumenten, in der Bundesrepublik entfachen, welche die jetzigen tragenden Parteien hinwegfegen kann. Es gab ja auch schon einmal eine Räterepublik in Bayern. Für ein demokratisches Deutschland wird es dann zu spät sein. In Bonn wird die Volksfront regieren, von KP über SP bis KP-grün-alternativ und den rechten Neutralisten: stabile Mehrheiten, ohne Zweifel. Wie stabil war der Westen 1968? Wie stabil wäre er bei einer Börsen-, Finanz- oder Wirtschaftskrise?

Die kommunistischen Sekten kann man nie ernst genug nehmen. Das kaiserliche Deutschland hat den Guru Lenin und seine zwölf Hanseln verkannt, und Hitler hat Stalin verkannt: Wahrlich, nicht aller guten Dinge sind drei. Wacht um Himmels willen auf in Bonn, bevor es zu spät ist! Lest Gorbatschows Beschlüsse in der wörtlichen Übersetzung! Die Amerikaner haben die Beschlüsse des 7. Weltkongresses der stalinistischen Komintern auch nicht gelesen, weil sie sich nicht einfühlen und eindenken konnten in die kommunistische Welt. Hätten sie gelesen und verstanden, sähe die Welt heute anders aus; so haben sie Osteuropa und halb Deutschland den Russen in den Rachen geworfen. Heute hat der Westen nicht mehr die Chance des dritten Irrtums. Er hat nur noch eine, und: Die Defensive ist der Tod des Westens!

Auch Ulbrichts Gruppe der 10 wurde nicht für voll genommen, auch die DDR wurde nicht für voll genommen: Heute diktiert sie die nationale Politik in Deutschland, und die Bundesregierung befindet sich im passiven Nachtrab, bekommt eine Ohrfeige nach der anderen aus Ost-Berlin verpaßt und zahlt pünktlich dafür: wahre Koexistenz. Die DDR diktiert im Sport, im Menschenhandel, im Kulturabkommen, in der Städtepartnerschaft und und und ...

Die reale ökonomische Größe verkörpert der Westen. Die Westpolitik bestimmt weitgehend der Osten. Gelingt Gorbatschow die ökonomisch-technologische Wende im Gegensatz zu seinen Vorgängern mit westlicher Hilfe, wird zuerst Deutschland als Ganzes russisches Protektorat.

Der Schlüssel zu Westeuropa ist Deutschland – Deutschland, nicht die DDR oder die BRD.

Die Amerikaner sollten sich nicht allein auf die negativen Trends der Wirtschaft in der UdSSR verlassen. Eine Diktatur folgt ihren eigenen Gesetzen, eine halbasiatische schon ganz und gar. Soweit ich mich entsinne, hatten doch unsere amerikanischen Verbündeten in Asien so wenig Glück wie Gorbatschow in Afghanistan?

Ich habe in der Einleitung von den verschiedenen Möglichkeiten unserer deutschen Zukunft gesprochen. Ich wollte sie am Ende doch noch etwas verdeutlicht haben. Wenn die deutsche Politik nicht endlich Bedingungen schafft durch aktives Handeln, die auf fordernde und fördernde Durchsetzung des nationalen Selbstbestimmungsrechts gerichtet sind, das hat überhaupt nichts mit Nationalismus zu tun, können wir nach einer möglichen Rückkehr der Russen zum stalinistischen Faschismus und dem Abzug der Amerikaner aus Europa, der kommen wird, uns gleich als 16. Sowjetrepublik einschreiben lassen. Schreiber sehe ich schon heute unter uns mehr als genug. Wehe, wenn sie über uns wären!

Ich gestatte mir, einige derselben, die ich Ersatzrussen nenne, vorzustellen. Ich wiederhole: Ich habe nichts gegen einen Marxisten, also einen Kommunisten, der offen seine Position verteidigt. Ich habe

aber sehr viel gegen jene heimtückischen und hinterhältig operierenden »Friedens-« und Volksfrontfreunde, die ich vorn beschrieben
habe. Es ist schade um jeden Jugendlichen, der sich von diesen Rat-
tenfängern, die sich fairem, sachlichem Streit nicht zu stellen wagen,
täuschen läßt. Trotz vernichtender Kritik an Marx und Stamokap
durch die Gorbatschowisten hindert das die Jusos im Sommer 1988
auch nicht, wieder Stamokapisten in die Führung zu wählen. Sekten
kann man nicht verhindern, aber man muß ihren Einfluß auf den der
Mies-Partei bringen: 001 %.
Ich habe im Text am Beispiel des SPD-Politikers Dieter Spangenberg
demonstriert, mit welchen Methoden die Ersatzrussen im kalten
Krieg gegen ihre politischen Gegner kämpften; das ist noch heute
so:
Zuerst praktizieren sie die persönliche Diffamierung und Verleumdung. Dann kommt die Lüge zum Verschleiern des Sachverhaltes.
Dabei wird Nebensächliches zur Hauptsache gemacht, und es gibt,
methodisch wie inhaltlich, nicht ein selbstverständliches Prinzip
wissenschaftlichen Arbeitens, welches eingehalten wird. Erstaunlich ist nur, daß es Redaktionen gibt, die den Pfusch solcher Autoren
drucken. Braucht ein Autor überhaupt keine Qualifikation? Wohlgemerkt: Ich rede nicht von Stilfragen, ich habe nichts gegen Polemik, Sarkasmus und Witz, ganz im Gegenteil – aber ich habe sehr
viel gegen ideellen Ausschuß. Auch für eine Rezension z. B. gelten
klare Kriterien. Bei Ersatzrussen, Volksfront- und wahren Friedensfreunden gilt nur die unbewiesene, politisch motivierte Behauptung, die als Verleumdung verbreitet wird, nicht der sachliche Zusammenhang. Daran erkennt man die Desinformation des SSD und
seiner objektiven wie subjektiven Handlanger – nicht nur, aber da im
höchsten Maße, in der »DDR-Forschung«. Man beachte außerdem
die Verbreitung der kommunistischen Ideologie durch die kritiklose
Übernahme der DDR-Ideologie, finanziert durch Steuergelder,
etwa im »Handbuch« und im Deutschland-Archiv. Seit Hegel wissen wir, daß jeder unterliegt, der sich der inhaltlichen Sprache seiner
Feinde bedient. Oppositionelle heißen Überläufer, Renegaten, Verräter; die Mauer heißt Grenze, Klassenkampf »friedlicher Wett-
streit«, der Todesstreifen »Schutzstreifen«, die Diktatur »andere
Seite«.
Vorreiter dieser Vernebelung, der schlimmsten, der geistigen Form

der Unterwerfung, sind die SPD-Genossen. Ausnahmsweise muß ich Marx recht geben: Deren geistige Führer hat er immer »schwammig« geheißen.

Diese Leute sind eine Minorität, gemessen an der Masse der ordentlich arbeitenden Publizisten und Wissenschaftler, aber von der ersten Sorte ist schon einer zu viel. Im Rückblick kann ich feststellen, daß das, was mir die SSD-Offiziere daheim prophezeit hatten, hier ziemlich genau eingetroffen ist.

Natürlich kommt auch aus der DDR Material von ganz bestimmten »Widerstandskämpfern« gegen mich. So schreibt ein in Berlin-Ost entlassener Assistent namens Templin, ausgeschlossen aus der SED, weil er dieser zu linksradikal war, und das will etwas heißen, ich verharrte auf meinem »akademischen Sockel«. Zugleich teilt er dem *Spiegel* mit, er habe 32 ergebnislose Anträge gestellt, wieder auf diesen akademischen Sockel zu gelangen, d. h. wieder lehren zu dürfen. Unbehelligt vom SSD propagiert er »aktiven Widerstand« in der DDR im *Spiegel* – nanu? Wo habe ich übrigens aktiven Widerstand propagiert? Soll diese Lüge dem SSD Material gegen meine Söhne liefern? Wer ist Templin, der in der DDR verharrende Widerständler? Heute weiß man es. Nach einem Verhör im Januar 1988 – einem! – reist der »Widerständler« aus – mit DDR-Paß. Als nützlicher Idiot kann er rein und raus, ungefährdet. Arbeitslosigkeit bleibt ihm erspart. Er arbeitet bei den hiesigen Genossen.

Wie laufen die sonstigen gesamtdeutschen Ringelspiele? Die Hinweise und das Material der DDR-Kommunisten gehen nach hier, z. B. in den *Rias;* von dort geht alles weiter und wird verarbeitet, hier gedruckt, und dann geht es in die DDR zurück als »westliche Stellungnahme« – und die wirkt natürlich eher als eine SED-Verlautbarung, weil man den Lügenblättern der Altstalinisten sowieso nichts glaubt. Ich kommentiere meine Erfahrung dazu im Anhang. Es handelt sich um theoretische Auseinandersetzungen mit kommunistischer Inzucht in der SPD, und ich drucke das, weil meine Studenten in Ost-Berlin mich um Antwort gebeten haben. Für sie ist es schon wichtig. Interessant kann es auch für jemanden hierzulande sein, soweit er sich für kommunistische Untergrundpropaganda interessiert, und: Ohne die pseudetheoretische Unterwühlung, ohne die Berufung auf den Berufsplagiator Marx hätten die Kommunisten in keinem westlichen Land politische Erfolge, sei es in der Friedensbewegung, bei Wahlen oder bei alternativen Bündnissen, kurz, in ihrer gesamten »Volksfrontpolitik«.

Diese aber hat nicht nur theoretische Facetten, sondern auch journalistische und terroristische. Die Kommunisten arbeiten in der Bundesrepublik auch mit Banditen zusammen und organisieren physischen Terror, gedeckt als »Antifaschismus«. Da sie weder theoretische noch politische Gegenargumente haben, greifen sie, neben den geschilderten Methoden des Totschweigens, des Ausklammerns und des Umfunktionierens auf Staatskosten, zu ihren Weimarer Sprüchen: Und willst du nicht mein Bruder sein, dann schlag ich dir den Schädel ein! Kürzlich las ich eine Notiz, daß die Republikaner wegen physischen Terrors in Schleswig-Holstein ihren Wahlkampf abbrechen mußten. In Hamburg und Düsseldorf stützt die SPD kriminelle Hausbesetzer, in West-Berlin solidarisiert sie sich mit Rechtsbrechern, die auch von der DDR gestützt werden auf dem Lenné-Eck, denen die Stasi brüderlich über die Mauer und zurück hilft: Wo leben wir eigentlich?

Ich will an zwei Fällen darstellen, wie die hiesigen Panzerschrank-Kommunisten koordiniert operieren:

Da ruft einer an und sagt, er möchte mich sprechen, er arbeite beim Hessischen Rundfunk. Lüge eins, denn er ist ein Freischaffender.

Er sagt, er habe eine Empfehlung eines von mir sehr geschätzten Kollegen, Lüge zwei.

Der Herr Freischaffer heißt Conrad Lay und produziert seine Lügenstory mit einem Redakteur namens Hans Sarkowicz im Hessischen Rundfunk. Er teilt mir den Sendetermin nicht mit, wie abgemacht. Er schickt mir nicht das Manuskript zur Kontrolle, wie vereinbart.

Nun brauche ich nicht mehr zu numerieren, es kommen nur noch Lügen: Er komprimiert alles, was SED-SEW, die SPD, außerdem Randfiguren wie anonyme Rezensenten, etwa an der Regensburger Universität oder der Herr Anwalt Jens Schmidthammer, bislang Journalist, im lächerlichsten und widerlichsten »Buch« zur Lobhudelung des Menschenhändlers Vogel von sich gelogen haben. Dann schreibt Lay, ich hätte im Osten den Kapitalismus untergehen sehen, nun: Für meine Studien über die Integrationsprozesse habe ich dort Berufsverbot erhalten. Nicht genug damit, denunziert mich Lay: Der SSD hat recht getan, Berg einzusperren, wenn auch ohne Beweise, denn Berg hätte hier ja alles »zugegeben«. Die Wortwahl ist enthüllend: Ein Schuldiger hat zu gestehen. Hilfslay startet seinen verleumderischen Angriff, mit dem *Stern* gemeinsam zu gleicher Zeit recherchierend, auch gegen den Ordinarius Prof. Dr. Lothar Bossle in Würzburg, den er wahrheitswidrig als Privatunternehmer vorstellt und des Rechtsextremismus bezichtigt, und bei einem solchen müsse Berg natürlich arbeiten, wo denn sonst? Wahr ist, daß Prof. Lothar Bossle sich um die Einhaltung der Menschenrechte in Lateinamerika verdient gemacht hat, aber es geht hier auch nicht um Bossle, sondern um die Außenpolitik der CSU, und da ist der linksstehenden Reaktion jedes Mittel rechts genug. Lothar Bossle würdigt in seinen Forschungen und in der Lehre patriotische Widerstandskämpfer gegen Hitler, deutsche und jüdische Gelehrte, wirkliche Anti-Nazis, keine stalinistischen Antifaschisten, bezahlt von der Militärspionage der Sowjets. Zu derartigen Veranstaltungen in dem von Lay diffamierten Institut kommen Wissenschaftler auch aus Prag und Berlin-Ost, Herr Genosse Antifaschist Lay. Nun, vorne habe ich eigentlich genügend zur Desinformation geschrieben, der Leser mag sich den Rest denken.

Dann wird Lay ökonomisch und historisch. Vermutlich ist er Experte, wieder so ein selbsternannter. Dabei ist interessant, daß Lay eine Veröffentlichung in »Gablers Magazin für Manager« zitiert, die ich dort geschrieben habe. Seit wann liest ein Literat betriebswirtschaftliche Fachliteratur? Natürlich dann, wenn ihn die zentrale Information und Dokumentation darauf hinstößt ...

Ich zitiere Lay, der offen das altstalinistische Wirtschaftsgefüge des Ostens gegen Gorbatschow-Reformen verteidigt, weil er als KP-Propagandist voll auf der Linie der SED ist:

»So schreibt H. v. Berg: Der reale Kommunismus des Ostens hat bedeutend mehr Unproduktive zu ernähren als der Westen, d. h. die Ausbeutung ist im Osten höher als im Westen. Das ist erstaunlich unbedarft ...« Denn, so weiter Lay, das Marx'sche Modell bedeute, »dem Kapitalverhältnis unterworfen« zu sein. Na, wie findet er eigentlich Lenins Definition des sowjetischen Systems als System »staatskapitalistischer Verhältnisse«?

Berg verwechsele, so Überökonom Lay, den umgangssprachlichen Begriff eines produktiv Arbeitenden mit »dem Marx'schen Begriff eines produktiven Arbeiters«. Warum will da Gorbatschow wohl

die Hälfte seiner 20 Millionen Bürokraten aus der Wirtschaftsver-
waltung entlassen? Ich zitiere nun Lays Herrn und Meister Marx
aus dem »Kapital«, SED-Dietz-Verlag 1951, Band 1, S. 189; in Klam-
mern setze ich meine Worterklärung:
»Betrachtet man den ganzen Prozeß (Arbeitsprozeß) vom Standpunkt seines Resultats, des Produkts (Gebrauchswert), so erscheinen beide, Arbeitsmittel (Werkzeuge) und Arbeitsgegenstand (Roh-
stoff), als Produktionsmittel und die Arbeit selbst als produktive Arbeit.« Genial, was da »erscheint« als produktive Arbeit, umgangs-
sprachlich! Marx trägt in einer Fußnote deshalb nach, daß der kapitalistische Produktionsprozeß natürlich komplizierter ist und seine
Bestimmung der »produktiven Arbeit nicht ausreicht«. Richtig. So
weit ist es nicht einmal in der kommunistischen Mißwirtschaft des
Ostens, daß bloß noch einer arbeitet ... Für Lay allerdings genügt
Marx, ebenda: »Er hat gesponnen, und das Produkt ist ein Ge-
spinst.«
Lay ist auch ein Geschichtsexperte. Ich hätte »nationalistische Un-
tertöne« an mir, weil ich von »dem seit 500 Jahren ungebrochen anhaltenden Expansionsdrang Moskaus« geschrieben habe. Sicher
haben sich den Russen alle Anrainer freiwillig unterworfen – reden
wir der Zeitnähe wegen also von den noch freiwilligeren Unterwer-
fungen unter die Sowjets. Sie annektierten zwischen ihrem konterre-
volutionären Putsch vom Oktober 1917 und dem Kriegsende von
1945: Armenien, Aserbaidschan, Bessarabien, Bukowina-Nord,
Estland, Georgien, Karelien, Lettland, Litauen, Ostpolen, Nordost-
preußen mit Königsberg, Ukraine, Karpato-Ukraine, Südsachalin,
Kurilen – sie stehen auch noch anderswo, aus Afghanistan müssen
sie gegenwärtig heraus, seitdem die Freiheitskämpfer mit den US-
Rakten die SU-Barbaren, die Völkermord an Kindern, Frauen und
Greisen begehen und die Taktik der verbrannten Erde strapazieren,
vom Himmel holen können.
Friedenskämpfer Lay an die Front, an jene, wo die roten Sozialnationalisten – Lenins Wort – mit Explosivspielzeugen Kinderhände
zerfetzen, weil diese Hände in zehn oder 15 Jahren eine Waffe gegen
die sowjetischen Aggressoren führen könnten!
Lay erbost meine »Generalabrechnung an der Marx'schen Theorie«.
Ich schlage ihm vor, ein Gegenbuch zu schreiben, in dem er sich
nicht entstellende Wortfetzen herausklauben kann, sondern Farbe

bekennen muß. Sein Sachverstand ist nicht zu überbieten: Ich spreche von ökonomischen Verlusten, die ein Privatunternehmer, im Gegensatz zum nicht haftenden Staatsmanager des Ostens, selbst tragen muß. Daraus fälscht Lay, ich würde mich gegen die arbeitslosen Stahlarbeiter von Rheinhausen wenden ... Einen stalinistischen Marxisten zeichnet immer sein Geschwafel aus: Bei Strukturveränderungen, erzwungen durch wissenschaftlich-technischen Fortschritt, ergeben sich soziale Folgen, natürlich, was hat das mit dem Problem der persönlichen ökonomischen Haftung der Eigentümer zu tun? Ist für Lay Ökonomisches und Soziales identisch? Wo hat der Ersatzrusse sein Deutsch gelernt?

Der Laie Lay belehrt mich weiter: »Es gibt so wenig Russentechnik, wie es Judenkapital gibt.«

Hier hört jede Gemütlichkeit auf. Nirgendwo habe ich irgend etwas vom »Judenkapital« gesagt oder geschrieben. Aber bitte: Im Gegensatz zu den Marxisten in Deutschland, und Lay ist einer davon, die gerne den Staat Israel, »den Zionismus«, wie Stalins Nachfolger vernichtet sähen, bewundere ich das Heldentum der Israelis, die wissen, wofür sie kämpfen. Das hindert mich nicht, auch zu wissen, daß es natürlich jüdisches wie deutsches oder sowjetisches Kapital gibt, eingebracht in die gemischten Gesellschaften, Bankbeteiligungen usw. in Ost und West: Ausbeuterisches Russenkapital! Welcher sozialistische Fortschritt! Ich idealisiere nichts: Auch die Verfolgten haben ihre Kriminellen, wie die Sowjets und die deutschen Ersatzrussen, folglich muß ich feststellen, daß die Unterschlagungen des Herrn Nachmann nicht »den Juden«, sondern den kriminellen Kapitalisten unter ihnen anzulasten sind, besonders gravierend deshalb, weil sie aus Wiedergutmachungsgeldern erwuchsen.

Und nun zur »Russentechnik«: Den Begriff verwende ich in meinem M-L-Buch zur Darstellung eines Sachverhaltes, der darin besteht, daß die DDR bodengerechte Landtechnik aus eigener Produktion an die Sowjets liefern muß, während die Sowjets »überschwere Russentechnik« an die DDR liefern. Diese verdichtet den Boden, und daraus resultiert hoher Ernteausfall, welcher die DDR hart trifft. Deren Außenhändler müssen dann das nötige Futtergetreide gegen Westdevisen einkaufen. Das ist eine Form der internationalen Ausbeutung durch den roten Imperialismus, die auch die tiefste Ursache für den Ruin z. B. der polnischen Wirtschaft ist.

Sprachlich korrekt hätte ich natürlich »russische Technik« zu formulieren gehabt, aber darum geht es nicht: Ich schreibe über DDR-Probleme und benutze das dortige Vokabular: »Russentechnik« bedeutet dort minderwertige Qualität, fehlende Ersatzteile usw.

Lay bezeichnet mich als »Exilierten«, obwohl ich mir scharf eine solche Terminologie verbeten habe. Ich habe hier Heimat und vor allem Vaterland wiedergefunden und bin in unserem Deutschland, nicht im Exil. Außerdem habe ich Glück: Die Würzburger, unter denen ich mich niedergelassen habe, haben sich sofort alle meinem heimatlichen, oberfränkischen Dialekt angepaßt ...

Lay wirft mir auch noch die Existenz des Bundes der DDR-Akademiker vor. Richtig, ich habe ihn mit Seiffert und Loeser gegründet. Solidarität, ideelle und materielle Hilfestellung schien mir angebracht. Den Pressereferenten Geißlers, der die Gründung fast torpediert hätte, habe ich verbal hinausgeprügelt, nur: Es gibt auch keinen Grund, Übersiedler aus der DDR zu idealisieren.

Es gibt ehemalige DDR-Bürger, die selbst in einem solchen Forum nicht gewillt sind, Flagge zu zeigen, weder wissenschaftlich noch politisch. Aus diesem Grund bin ich schon lange wieder ausgetreten; mit in den Vorstand zu gehen, hatte ich von Anfang an abgelehnt. Marxisten sind mir politisch über, auch Leute, die hier, in Freiheit, sich weigern, nur verbal etwas für die verfolgten Kollegen in der DDR zu tun.

In einer Studie mit Seiffert und Loeser habe ich auf Bitte meines Verlages ein Kapitel zu Wirtschaftsproblemen beigesteuert, aber nur unter der Bedingung, die im Vorwort mitgeteilt wurde, daß unterschiedliche Positionen der Autoren bestehen. Ich habe nur mein eigenes Wirtschaftskapitel zu verantworten.

Es gibt neben der layenhaften noch eine Art, gegen Kritiker des Totalitarismus vorzugehen. Dabei handelt es sich um die Kooperation Übergesiedelter mit der SPD und den hiesigen marxistischen U-Booten. Wolfgang Seiffert ruft mich an und sagt: »Hast du gesehen, was Lezciewski in der ›Süddeutschen‹ und Lentz im ›Tagesspiegel‹ z. T. wörtlich übereinstimmend geschrieben haben?« Und koordiniert auch das: In Westberlin wird mit Geldern des Steuerzahlers eben dieser Artikel, der methodisch wie fachlich abgefaßt ist, wie ich es beschrieben habe, also auf dem Niveau des Niveaulosesten, weder methodisch noch inhaltlich auch nur ein Kriterium wissenschaftlicher Analyse beachtet, jauchzend kopiert und versandt von Leuten, die, vom Staat bezahlt, in der DDR-Forschung arbeiten. Schreibt nun der Geschäftsführer des DDR-Akademikerbundes an Lentz, dieser solle seine Desinformation in einer öffentlichen Diskussion vertreten, in Anwesenheit der Autoren, dann kneift dieser natürlich.

Nun ist das Schöne hierzulande die Tatsache, daß es sich bei solchen Leuten nur um ein Dutzend handelt, während Hunderte sachlich, kritisch, anerkennend über unsere Bücher schreiben. Die verkaufen sich gut, und in genügend Zeitschriften werden Nachdrucke veröffentlicht von Fachleuten, die, im Gegensatz zu Ungebildeten, schon erkennen, wo der Neuwert liegt.

Andererseits soll man die Gefährlichkeit jener nicht unterschätzen, die getarnt an den Schaltstellen der geistigen Beeinflussung sitzen, seien es Redaktionen oder Universitäten. Da gefallen mir die Sozis in den Gewerkschaften. Die wählen Kommunisten ganz offen, wie die 140 000 Angehörigen von Holz und Papier Herrn Rahne, DKP-Mitglied, zum geschäftsführenden Vorstandsmitglied. 70 % der Stimmen entfielen auf ihn, und er ist wohl inzwischen verantwortlich für Kasse und Kader: Gut so, wie Josef Wissarionowitsch schon lehrte, der auch als Bankräuber anfing wie die RAF-Häuptlinge: Kasse und Kader entscheiden alles.

Nun ist es keine Schande, von den Richtigen angegriffen zu werden. Ich verstand die feindseligen Verleumdungen erst gar nicht, da ich mich schließlich lediglich gegen den Marxismus-Leninismus, die Staatsideologie des Ostens, gewandt hatte, bis mir Manfred Rexin trocken sagte: »Wieso wunderst du dich? Du hast den Leuten ihr liebstes Spielzeug weggenommen.« Aha, das nehmen die krumm.

Und so gibt es auch Operationen gemeinsam von der KP, SPD, dem DGB und den Grün-Alternativen, wo die Toleranz aufhört, weil sich die rotlackierten Nazis, die sich hier »Bund der Antifaschisten« nennen, mit dem politkriminellen Pöbel aus der Hamburger Hafenstraße und dem RAF-Umfeld gegen uns verbinden: Welche Ehre!

Wo gibt es hier Faschisten, daß man einen »Bund der Antifaschisten«, eine KP-Tarnorganisation, braucht? Deren Antifaschisten waren immer Stalinisten! Diese Art von Antifaschisten argumentiert unter Führung ihres Häuptlings Hartmut Meyer auch heute mit dem Pflasterstein, und es trifft sich gut, daß die DDR, solchen gegen

West-Mark exportiert, Nostalgie devisenträchtig nutzend, Straßen in der Uckermark ausbuddelnder Weise an den Klassenfeind verscherbelnd, zum Volksliedchen: »Oh wär ich doch ein Pflasterstein, da könnt ich bald im Westen sein ...«

Dieser Meyer hat schon als Student von sich reden gemacht, als er seine »klammheimliche Freude« verkündete über die Ermordung des Generalbundesanwalts.

Ich schildere den Hergang: In Uelzen sollten General a. D. Dr. Kießling, Befürworter einer deutschen Neutralität, Dr. Gruhl von der ökologischen Partei, Prof. Wolfgang Seiffert und ich vor Jugendlichen sprechen. Meyer organisiert den von der SPD gehätschelten Hafenstraßenmob gegen uns. Wir seien Nazis, die Veranstalter seien Nazis. Was geschieht? Der Hamburger Mob randaliert, schmeißt Tage vor dem Termin in Uelzen Fenster ein. Der Vermieter sagt ab. Das Gericht gibt den Veranstaltern recht. Diese verzichten trotzdem. Richtig: Wer über Deutschland spricht, ist ein Nazi und gehört verboten. Am besten, wir lösten das deutsche Problem in Befolgung einer von Türken angeschriebenen Losung, die ich sah, als ich in West-Berlin eine Wohnung suchte: »Deutschen raus!«

Da fehlt etwas. Es muß korrekt heißen: Alle Deutschen raus! Unsere Perspektive muß klar sein: Löst Deutschland auf, so wie die SPD das in ihrem Programmentwurf tut.

Ich erlebe die neue schwarze SS der Hafenstraße, denn ich bin angereist, weil mich die Absage nicht erreichte. Der Mob hält unsere Schutzpolizei in Atem, als ob diese nichts Vernünftigeres zu tun hätte. Die Horden beherrschen das Feld. Militärmäßig agieren sie, marschieren auf, rücken ab mit ca. 30 Autos, sind schlagartig am Abend wieder da, patrouillieren erneut mit Knüppeln: Es lebe die Versammlungsfreiheit, die der Banditen! Ich unterhalte mich mit zwei Damen dieser Truppe, woher sie denn das Geld hätten für den Ausflug? Oh, sagen diese, der KPD-Meyer zahlt. Richtig: Und die Westabteilung im ZK der SED zahlt Meyer. Und Bonn zahlt an das ZK der SED. Und der Steuerzahler zahlt an Bonn. Es ringelt sich in Deutschland: Bürger, zahlt!

Und nun das Ungeheuerlichste: SPD und DGB protestieren mit diesem asozialen Abschaum gemeinsam gegen den Neutralisten Kießling, mit dem ich politisch nicht übereinstimme, und gegen Seiffert und Berg, Autoren eben des SPD- und DGB-Verlages! Es lebe die

Volksfront! Nieder auch mit dem Ökologen Gruhl, dem Verschmutzer!

Meinen Brief zu diesen gemeinsamen Spielen hat der Chefredakteur der lokalen Presse entgegen seiner Zusage nicht gedruckt, dort in der Lüneburger Heide, in dem wunderschönen Land ... Zeigt Demokratenmut! Unterwerft euch den Pflastersteinwerfern!

Apropos Presse, da fällt mir ein: Im Südwesten sagt mir ein Chefredakteur: Was soll ich nur machen. Die im MfAA in Ost-Berlin lehnen es ab, meinen neuen Mann zu akkreditieren, sie kommen mit dem alten so gut aus ... Wer bestimmt die Kaderpolitik? Der SSD, wer sonst? Was haben wir für eine freie Presse? Es ist gar nicht so wichtig, was gesagt und geschrieben wird, es ist viel wichtiger, wo was gesagt und vor allem verschwiegen wird ...

Aber unbesehen haben die in Uelzen vorher die Aufrufe der »Antifaschisten« gedruckt. Wo gab es in Deutschland je Faschisten? Es gab nationale Sozialisten Hitlers, die mit den internationalen Sozialisten Stalins in der KPD einen Freundschafts- und Beistandspakt hatten und sich vom roten Hitler der Sowjets aufrüsten ließen! Nicht nur mit Molotowcocktails! Es waren jene, die sich auf die demokratischen Sozialisten der SPD niederknüppelnder Weise stürzten, mit den nationalen Sozialisten gemeinsame Streiks organisierten und Stalins Judenpogrome, die Ausrottung der Mittelbauern und der Kader der Roten Armee bejubelten: wahre Genossen!

Hafenstraße Hamburg: Sie haben im Hamburg der zwanziger Jahre unter dem Stalinverschnitt Thälmann heimtückisch und hinterhältig deutsche Polizeibeamte abgeschlachtet – wann kommt das wieder? Wie harmlos sind da heute Zwillenschüsse, Leuchtspurmunition gegen Polizeihubschrauber, Molotowcocktails und Pflastersteine gegen junge Familienväter in der Schutzpolizei? Sollten vielleicht einmal die FDP-Herren Baum und Hirsch in vorderster Front gegen diese neonazistischen Banditen, die im Frieden schon Menschen töten und verkrüppeln, eingesetzt werden, damit sich etwas ändert? Und: Selbst wenn die Veranstalter »Nazis« gewesen wären: Sollten wir nicht aus Weimar gelernt haben, die nationale Frage weder den roten noch den braunen Nazis zu überlassen? Sind wir eigentlich geistig noch im Westen, oder wo sind wir?

Wir brauchen aber kein Feindbild, höre ich. Richtig: Der Hafenstraßen- und Lenné-Mob – liebenswerte Friedensengel. Die von den Sowjets bewaffneten und finanzierten Söldner des roten Militaristen Castro, mit dem sich Frau Dittfuhrt eben voll solidarisch erklärt, die in Dutzend Ländern tötend russisches Erdöl mit ihrem Blut bezahlen: Friedensengel! Die Vietnamesen in Indochina – ebenso finanziert, auf gleiche Weise zahlend: Friedensengel! Die Russen mordend und sengend acht Jahre in Afghanistan: Oberfriedensengel! Wieviel wäre noch aufzulisten? Honeckers Bluthunde und Scharfschützen: Verbrüderungsengel! Der SSD- und KGB-Agent in Bonner Ministerien und Einrichtungen der Verteidigungsindustrie: Wachsamkeitsengel! Bitte, um Himmels willen, kein Feindbild! Vorschlag: Wir übernehmen, mit umgekehrten Vorzeichen, die Kindergarten- und Schulbücher der DDR zur Bildung unserer Wischi-Waschi-Politiker! Denn: Es wird schlimm, wenn der Schuster anfängt, Kuchen zu backen. Es wird schlimmer, wenn Parteipfarrer an die Schalthebel der Macht kommen. Der Archipel Gulag: dein Feierabendheim. Das Frauenzuchthaus Hoheneck: die Kurstätte für Schwangere. Bitte, im Namen der Menschlichkeit: kein Feindbild. Nichts geht über die vorbeugende Unterwerfung, nichts über »ambivalente« Betrachtungen. Macht alle Ecken rund, eliminiert alle logischen Gesetze des Denkens, bereitet semantisch den Untergang der Demokratie vor!

Wie schade, daß unsere Vorfahren Europa vor den Hunnen und Tataren und den Türken bewahrt haben! Das Irrenhaus: deine Datscha – wenigstens am Wochenende!

Diese Todsünden wider Anstand und Vernunft gäbe es natürlich nicht, wenn die SPD nicht tragende Säule und Rückgrat einer solchen Politik wäre. »Anwalt der SED in der Deutschland-Politik« – hat sie der frühere Bundesminister Windelen zutreffend genannt.

Die Fälschungen und Desinformationen in vielen Materialien der SPD und in den Veröffentlichungen ihrer Volksfrontler sind ein Kapitel für sich, das politische Verhalten ihrer Vertreter ist es auch. Verläßt Egon Bahr Honeckers Scheinkonferenz zur atomaren Abrüstung, wenn sein sozialdemokratischer Genosse aus Schweden aus Protest abreist, weil er Redeverbot hat und nicht sagen darf, daß die Mauer abgerissen gehört, da sie friedensgefährdend ist? Nein. Ein Mann, der keine Solidarität zum eigenen Volk kennt, kennt auch keine gegenüber seinen ausländischen Genossen. Zu einem Zeitpunkt, wo nicht nur die Regierungschefs der Westmächte, sondern vorgeschickte akademische und diplomatische Sendboten der Russen den Abriß der Mauer ankünden, bleibt Bahr zugunsten des Altstalinisten und Gorbatschow-Feindes Honecker sitzen. Mehr noch: Er empfiehlt eine weitere »Gimpelfangkonferenz« (FAZ). Warum auch nicht?

Die Mattscheiben in punkto Deutschlandpolitik werden sowieso schon von den außerordentlichen und bevollmächtigten »Vertretern« der DDR in der Bundesrepublik, den Herren Gaus und Bölling, beherrscht. Hat eigentlich die CDU/CSU da niemanden, der dagegenhalten kann, wenn dem Altstalinisten Honecker bei jedem kriminellen und vertragsbrüchigen Vorgang politisch beigestanden wird? Zur Vorbereitung eines Gespräches mit Günter Gaus las ich vor vielen Jahren daheim über ihn aus seiner Akte: »Eitel, arrogant, unfähig zu grundsätzlicher Analyse« usw., und dann: »Objektiv beeinflußbar, kann auf Sicht höchstwahrscheinlich für uns gewonnen werden.« Man sage nicht, es gäbe in der DDR unfähige Analytiker: Gaus vertritt den Status quo im Interesse der SED, selbst noch heute, ahistorisch, unpolitisch und zum Schaden unseres Volkes. Er gehört zu jenen, die mit dem östlichen System paktieren. Dabei steht er nicht allein. Es gibt heutige SPD-Minister aus Schleswig-Holstein, die in der DDR öffentlich erklärt hatten, wenn sie mit der SED gegen die CDU Politik machten, dann wöge das in Bonn etwas: SED-Vorschläge auf den Tisch, amtlich, denn als Opposition wiegt man allein zuwenig!

Was sich hier umsetzt, ist nichts anderes als das lebenslängliche Volksfrontrezept Willy Brandts. In jüngeren Veröffentlichungen hat ihm die SED inzwischen bestätigt, daß es ohne ihn, ohne seine bahnbrechende Leistung in Schweden, nicht möglich gewesen wäre, dort eine Vor-SED zu gründen. Die SED dokumentiert heute auch – die Zeit ist reif –, daß sich Willy Brandt in der Emigration für eine »verbesserte« kommunistische Partei eingesetzt hat.

Der Russenspion Mewis, später ZK-Mitglied bei Ulbricht, Todfeind Herbert Wehners, berichtet von vertrauensvollem Umgang mit Willy Brandt nicht nur in Schweden, sondern in der SBZ. Und Gorbatschow kann sich auf einen Mann verlassen, der dem Helden der Stagnation Breschnew, dem nach heutigem sowjetischem Sprachgebrauch Hegemonisten, Friedensgefährder usw., herzlich verbunden war. Unter Stalin war Willy Brandt auch auf der Seite der Volksfront. Bis heute ist er es geblieben.

Wie er zur Tradition der SPD steht, zeigt seine Rede zum 125. Parteijubiläum. Etwas Banausenhafteres hat die deutsche Nachkriegsgeschichte an politischem Schrifttum nicht aufzuweisen: kein Wort über jene deutschen Gebiete, in denen die SPD groß wurde, kein Wort über die Zertrümmerung der Reichseinheit der SPD, welche der politisch entscheidende Schritt für die Russen und Ersatzrussen war, Deutschland zu spalten; die Verwendung des Begriffes »deutsches Volk« expressis verbis auf die Westzonen und West-Berlin begrenzt, kein Wort der Solidarität gegenüber den eigenen geschundenen Genossen in den Russen-KZ der SBZ. Kein Wort für ihre Rehabilitierung im Zeichen von Glasnost, jetzt, wo selbst Gorbatschow den Opfern Stalins Denkmäler setzt, kein Wort für die grauenhafte Entstellung des Wortes »Sozialismus« durch Russen und Ersatzrussen – aber dafür: »Visionen«. Welche? Unklar? Nein. Bei bestimmten Politikern fallen Worte und Taten so weit auseinander, daß alles klar ist:

Zehn Jahre nach der »historischen« Erklärung im »Brief zur deutschen Einheit« schickt der Alt-Bundeskanzler Herrn Schmude von der klerikalen Reaktion, taktisch zu einem günstigen Zeitpunkt, an die Front, um vorzuschlagen, man möge die grundgesetzliche Fixierung der deutschen Einheit zerstören. Wem nutzt es? Handelt so ein Deutscher? Wer zwingt die SPD zu solchem Verhalten? Warum läßt die Führung das zu? 15 Jahre später schickt Willy Brandt den Genossen Bahr vor: Zwei Friedensverträge – also die Erfüllung der durch einen Stellvertreter des sowjetischen Außenministers eben vorgenommenen Verurteilung der »hegemonialen« Machtpolitik Stalins! Allerdings hat die Geschichte noch alle eingeholt, die glaubten, aus welchen wirrköpfigen ideologischen oder sonstigen Motiven auch immer, ihr Volk übertölpeln zu können. Deutschland hatte zwei »Visionen«: die des Hitler und die des Marx. Beide Visionen haben die Welt an den Rand des Abgrunds gebracht. Der Zusammenstoß zwischen der nationalen und der internationalen Form des Sozialismus sollte Warnung genug sein, die Finger von den »Visionen« zu lassen und zur Gemeinsamkeit der sozialen und christlichen Demokraten in Deutschland im gemeinsamen Kampf gegen die Diktatur zurückzufinden: Der braune Sozialismus ist tot, der rote folgt ihm. Die Zu-

kunft unseres Landes liegt nicht in »Visionen«, die politisch-ökono-
mische Null-Kompetenz verschleiern sollen, sondern in einer pluralistischen, freiheitlichen, ökonomisch wie ökologisch leistungsfähigen und daher sozial gestaltbaren Ordnung: soziale Demokratie –
nicht »visionärer« Sozialismus.

Die SPD mißachtet heute sämtliche Prinzipien ihrer Tradition im
Hinblick auf Deutschland als Ganzes. Sie unterschlägt die marxistischen wie nichtmarxistischen Standpunkte des Kampfes um die Einheit der Nation. Solidarität und Selbstbestimmungsrecht gelten ihr
nichts, weder gegenüber den Arbeitenden in der DDR noch gegenüber unserem Volk insgesamt. Wurzellose Intellektuelle der sozialistischen Boheme beherrschen das programmatische und politische
Feld, Leute mit dem Gedächtnis historischer Eintagsfliegen, und das
zu einem Zeitpunkt, wo die Siegermächte einschließlich der Sowjets
Signale für den Abriß der Mauer unübersehbar setzen. Amerikaner,
Engländer, Franzosen und Russen sind deutscher als die Parteien
der Ersatzrussen in Deutschland namens SED – SPD.

Die kolonial unterdrückten Völker der Welt wehrten sich Jahrhunderte, wie die Polen, wie die Russen, gegen die nationale Zerstörung
ihrer Substanz, und sie siegten. Die Vietnamesen wehrten sich 1000
Jahre gegen die chinesische Vorherrschaft, und sie siegten. Die Juden
wehrten sich 2000 Jahre lang, und sie siegten – unter erheblich
schlimmeren Bedingungen kämpfend als die Deutschen, soweit die
es überhaupt tun, allerdings: die Juden grüßten sich zum Jahres-
wechsel stets mit den Worten: und nächstes Jahr in Jerusalem.

Die Zeichen der Zeit stehen auf: Und nächstes Jahr in Berlin! Der
Truppenabzug der Sowjets ist Parteitagsbeschluß, und er wird kommen, mit oder ohne Gorbatschow. Die theoretische und praktische
Orientierung der Sowjets ist seit der 19. Parteikonferenz vom Juni
1988 bekräftigt: Sie lautet, daß bei wachsender Internationalisierung
aller politischen und ökonomischen Prozesse die nationalen Kom-
ponenten wichtiger und langlebiger sind als die sozialen. Die Führer
des Vielvölkerstaates wissen, im Gegensatz zur SPD, wovon sie
reden. Es ist übrigens dies eine These der alten deutschen Sozialdemokratie von jener Art, die sich, im Gegensatz zu anderen, in der
Praxis der KPdSU als richtig erwiesen hat, weil sie aus der historischen Praxis Österreichs gewonnen war, und weiter als richtig er-
weisen wird, auch für unser Land und unser Volk.

258

Der Gesichtsverlust der SPD war in den letzten Jahren in der DDR verheerend. Diese Partei wird in dem Maße, wie ihre wahren Positionen dort bekannt werden, abgesehen vom stalinistischen Politbüro, keinen Anhänger mehr haben. Wahrscheinlich ist das ein triftiger Grund für die SPD, die deutsche Frage als erledigt zu behandeln. Die DDR-Bevölkerung von heute würde – im Gegensatz zu früheren Jahren – die SPD nicht wählen.

Meine ehemaligen Genossen von dort haben mir einen Nachruf hinterhergeschickt, auf den ich noch antworten muß.

»Als im Jahr 1986 ein DDR-Ökonom, der in einer für Deutschland politisch entscheidenden Zeit dem DDR-Ministerrat zugearbeitet hatte, aus der DDR ausreiste, ließ er Freunde in einflußreichen Positionen des Apparats zurück, die seinen Weggang bedauerten. Einer von ihnen arbeitete als Professor in einem der Thinktanks der SED, die der politischen Führung durch Erstellen von Analysen und Expertisen Entscheidungshilfe leisten. Er bezeichnete den langjährigen Mitstreiter und Genossen als einen jener ›Moralisten, Gläubigen und Bedingungslosen, die von Politik besessen sind.‹ Auf eine Art, meinte der Professor, seien er und seine Freunde im Institut natürlich auch von Politik besessen. ›Es kommt doch darauf an zu verändern, und sei es auch nur millimeterweise. Doch wer hier weggeht, verändert gar nichts, nicht einmal einen halben Millimeter. Unser Freund‹, fuhr er fort, ›hat sich doch der Politik verschrieben, also will er etwas ändern. Aber bei Ihnen drüben wird er gar nichts bewirken. Und wenn doch, dann wahrscheinlich das Gegenteil dessen, was er für richtig hält, weil das erfahrungsgemäß die Mechanismen sind, denen sich Dissidenten nicht entziehen können.‹ Das Gespräch bei trockenem Meißener Wein war für mich nicht nur aufschlußreich, weil es völlig frei blieb von der Verklemmtheit und der üblen Nachrede, mit der SED-Offizielle üblicherweise reagieren, sobald die Unterhaltung auf einen der ihren kommt, der das Land verlassen hat. Dabei war weniger wichtig, ob seine Einschätzung der Wirkungsmöglichkeiten des ausgereisten Freundes stimmte, auch wenn die Mechanismen für viele Fälle zutreffend beschrieben schienen. So mancher politische Kopf unter den Ausgereisten denkt demokratisch links, wird jedoch wegen seiner ätzenden Kritik am SED-Regime von der ganz auf Entspannung eingeschworenen SPD nur als Störenfried empfunden. Verständnis und weit geöffnete

Arme findet er dann da, wo er sie ursprünglich weder gesucht noch erwartet hatte: Bei den Rechtskonservativen. Wichtiger schien mir die Art, in der mein Gegenüber den Sündenfall seines alten Kampfgefährten einordnete – als Verzicht auf Politik, die, anklingend an Max Webers Wort vom gründlichen, langsamen Bohren dicker Bretter nur in winzigen Schritten meßbare Erfolge bringen kann. Diese Äußerung war typisch für die Haltung jener im SED-Apparat, die allen Widersprüchen und Rückschlägen zum Trotz der Sache des Sozialismus die Treue halten.«[*]

Meine Antwort lautet:

Wie lange wollt ihr euch weiter selbst betrügen? Wo hat wer in einer Diktatur etwa bei Hitler oder Stalin oder Honecker jemals »millimeterweise« geändert? Wie sieht er aus, der gepriesene Sozialismus? Heute wissen wir es dank Glasnost und historischer Praxis: Er kennt Krieg, Bürgerkrieg, Massenmord wie nie zuvor in der Geschichte; Folter und Terror, strukturellen Hunger und Millionen Verhungernde; Slums, Alkoholismus, Arbeitslosigkeit, Rauschgift; Ausbeutung schlimmster Art bei unverantwortlicher Mißachtung des Arbeitsschutzes, Mord, Pogrome der ekelhaftesten Form nach 70 Jahren »humaner« Erziehung; er kam »blut- und schmutztriefend« zur Welt, er ist seitdem noch verkommener geworden; er ist überhaupt nicht existent und wird es nie sein, weil er aus objektiven Gründen nicht machbar ist. Er ist und bleibt menschenschinderische Realität: nach den Beiträgen, zitiert aus der »Prawda«, gehalten auf der 19. Parteikonferenz der KPdSU vom Juni 1988 »Totalitarismus, feudaler Machtmißbrauch, eine rückständige Weltanschauung, primitive ökonomische Naturalwirtschaft«, oder, nach dem Radio-Eriwan-Witz: Sozialismus ist etwas Kapitalismus unter Führung der Kommunistischen Partei. Und: Er gestattet, im Gegensatz zur pluralistischen Demokratie, seinen Kritikern nicht, ihn existentiell zu bekämpfen. Er bleibt Überimperialismus, totaler Monopolismus in Ökonomie, Politik und Ideologie, und somit erzreaktionär: Die monopolistische Reaktion steht links. Ich wünsche euch trotzdem sehr, ihr dürftet bald glasnostizieren, ihr dürftet perestroikaschieren, aus »Möbeljug« dann »Jugmöbel« machen, welche Änderung

---

[*] Merseburger, P.: Grenzgänger, München 1988, S. 156 f.

des Wesens! Lest nach im Protokoll der 19. Parteikonferenz eurer ruhmreichen großen Bruderpartei!

Was könnt ihr erreichen? Eine Verlängerung der primitivsten Ausbeutung des Volkes und der Natur; eine Verlängerung des übelsten Militarismus und der ökologischen Aggression gegen die Völker; die Verlängerung der sinnlosen Qualen psychischer wie physischer Art – wozu? Damit ein paar tausend Blutsauger und Leuteschinder vom Schlage der Honecker und Hager länger ohne Leistung leben können? Nein, nein, hört auf die sowjetischen Arbeiter: Eine Erneuerung kann nur aus dem Volk kommen! Das sagen sie heute offen vor ausländischen Fernsehkameras.

Wir waren uns ja schon in grundsätzlichen Problemstellungen einig. Ihr habt mir vor zehn Jahren eure Oppositionspapiere gegeben, die heute von den Kommunisten hierzulande verschwiegen werden, versteht sich, oder dastehen, wie originell bei Staritz, ohne Jahres-, Orts- und Verlagsangabe, damit man sie nicht findet! Dort steht, ich wiederhole mich, das gereicht euch zur Ehre, wörtlich das, was Gorbatschow heute fordert: neues Denken, neue Theorie, neues Handeln – zehn Jahre vor Gorbatschow!

Ich habe mich euch damals organisatorisch nicht angeschlossen, weil mir das zuwenig ist. Euer sogenanntes »neues Denken« ist marxistisches, also mittelalterliches, absolutistisches, die Gewaltenteilung, vom Volk erkämpft, ignorierendes Denken, gescheitert in den Stürmen der Geschichte. Lenin praktizierte Marx ökonomisch und scheiterte. Er revidierte Marx durch die NÖP, die alte Politik heißen müßte. Dorthin wollt ihr und Gorbatschow zurück. Aber die NÖP scheiterte auch. Die KPdSU schaffte sie nicht aus Übermut ab. Die KPdSU revidierte den Revisionisten Lenin, weil sie mußte. Seht euch die Ergebnisse der NÖP an! Dann führte die KPdSU Marx wiederum konsequent ein und scheiterte wie Lenin. Dann kam später Stalin mit seiner wirtschaftlichen Rechnungsführung zweimal auf die NÖP zurück – und scheiterte auch. Und so ging es weiter bei Chruschtschow, Breschnew, und so wird es Gorbatschow ergehen: Es liegt nicht am subjektiven Faktor. Es liegt an der Struktur des politischen und ökonomischen Systems. Das System ist der Fehler. Das System ist die KP. Die KP besteht aus der Ideologie des Marx und Lenin, aus dem halb deutschen und halb russischen Elend, aus dem falschen Denken. Schafft die absolute Monopolstellung der KP ab, schafft das absolutistische System ab und löst so Probleme der Friedenssicherung und des Volkswohlstandes: Ohne pluralistischen Überbau gibt es keine pluralistische Basis, ohne diese keinen »sozialistischen Markt«, der eure Probleme wenn schon nicht lösen, so doch mildern könnte. Der sozialistische Markt ist ein hölzernes Eisen: Die Preise macht, volkswirtschaftlich, die Bürokratie!

Ihr seht das Ergebnis der Moskauer Parteikonferenz: Die Akademie der Wissenschaften steht gegen Gorbatschow. Der Mann ist mir sympathisch, aber Durchblick hat er nicht. Die Dialektik gebraucht er sophistisch. Die Akademiker beurteilen den Kern der Probleme, die Volkswirtschaft, richtig. Ihr Urteil ist vernichtend. Das sind keine Deterministen, wie Gorbatschow ihnen antwortet, sondern Analytiker, Wissenschaftler, keine »Utopisten« oder »Visionäre«. Auch Hitler hatte Visionen, die nationalsozialistische Ideologie hat gemeinsame Quellen mit der sozialistisch-kommunistischen schon vom 18. Jahrhundert her, seht euch die Blut-und-Boden-Visionen der Nationalsozialisten und die der Kommunisten schon vor Marx zur Liquidierung der Städte an, und ihr habt einen Teil des Salats: Rassenwahn und Klassenwahn, nazistisch-kommunistisch, oder, um Lenin zu wiederholen, der den lupenreinen Marxisten Stalin treffend einen »Sozialnationalisten« nannte – nach dessen Massakern in Georgien, wo er herkam. Es ist schon schlimm, nicht zu wissen, wo man herkommt. Man sieht, wo man da hinkommen kann.

Was sagt und was tut ihr in einigen Jahren, wenn, falls Glasnost noch existiert, ihr parteiamtlich aus Moskau das Scheitern der Reform vernehmen werdet? Was tut ihr, wenn Gorbatschow sich zu einem zweiten Stalin qualifizieren sollte oder ein anderer nazistischen Stalinismus wieder praktiziert? Habt ihr dann auch wieder Parteidisziplin, knechtische Unterwerfung zu strapazieren? Wann ist das Maß voll? Nach der absoluten Macht greift Gorbatschow, und er wird sie erhalten. Er wird, pseudodemokratisch, ohne politische Alternative vom Volk gewählt, mächtiger sein als Stalin, den Terror in juristischen Grenzen halten, die Diktatur dem Kommunikations- und Fernsehjahrtausend angepaßt haben – oder von einer Volksrevolution hinweggefegt werden samt Partei und Geheimpolizei.

Wann wendet ihr eure eigene, SPD-KPdSU-»Theorie« des Monopols – sterbende, verrottende, faulende, parasitäre Systeme sind das doch – auf eurer eigenes System des totalen Monopolismus an? Die

Sowjets sprachen doch auf der 19. Parteikonferenz vom reaktionären Monopol, bezogen auf Branchenministerien und ZK-Abteilungen – wann sagt ihr denen, daß das volkswirtschaftlich beurteilt, also das staatsmonopolistische System abgeschafft werden muß? Zitiert die Größen der alten SPD, von denen die Führer der SDAPR, Minderheitler, die sich Mehrheitler, Bolschewiki, nannten, Lenin und Stalin abgeschrieben haben, also alles von Kantusky bis Hilferding! Vielleicht schreiben die Gorbatschowisten dann endlich einmal richtig und nicht wie Genosse Marx-Murx nur dauernd unter Niveau ab!

Macht also, Brüder, im Zeichen der neuen Streitkultur mit euren SPD-Genossen einen Kongreß und ladet mich und den Wolfgang Seiffert und Franz Loeser ein, oder, wenn ihrs klein haben wollt, zu einer Fernsehdiskussion, und dann rechnet uns und besonders mir vor, was ich nicht richtig analysiert habe! Ich krieche öffentlich zu Kreuze, wenn ihr das könnt. Da hat Adlershof doch endlich mal den Kanal voll!

Verschafft mir eine Druckerlaubnis für meine Bücher in der DDR! Her mit Glasnost! Liebet wenigstens eure wahren Freunde! Ihr könnt doch alle etwas leisten, könnt denken und arbeiten – was kümmert euch die Machterhaltung asozialer Parasiten, der wahren »Volks-, Partei- und Friedensfeinde«, die mich daheim so benannten, diese Altstalinisten? Wieviel Amtsperioden sind die schon überfällig laut 19. Parteikonferenz? Diese feudalen Absolutisten können nicht einmal den Schritt zum aufgeklärten Absolutismus gehen, da gab es doch schon ein Toleranzedikt in Preußen!

Hört noch zwei Dinge: Erstens bietet der SSD an, wer fachlich und persönlich gegen Berg sudelt, die Materialien liefert der SSD, darf ausreisen. Bitte: Unterstützt die Sudler, nur so erreichen meine Bücher mehrere Auflagen!

Zweitens wollten sie mich, muß ich euch noch sagen, zurückkaufen. Der Zeitpunkt war gut gewählt: Von Vogel hörte ich, meine Frau dürfe entgegen der Vereinbarung nicht ausreisen, vom SPD-Kader aus dem BIB hörte ich, mein Forschungsauftrag sei abgelehnt, vom SSD hörte ich: Wir bieten Rückkehr, da die Amnestie das jetzt ermöglicht, rechtliche Garantie für Forschung, Altersversorgung nach altem Status, Bedingung: Maul halten – alles wie gehabt. Nun: Sie haben alle eine Antwort bekommen und werden weiter eine erhalten: Auge um Auge, Zahn um Zahn. Das verstehen sie, sonst nichts. Ich habe meine Arbeit, meine Frau ist hier, und die hiesigen Behörden übermitteln für meine SSD-Akte daheim noch die Urkunde unserer hier erneuerten Eheschließung: Nichts geht über die deutschdeutsche Kooperation. Ordnung muß sein. Die Dummen sterben, die Dummheit nie.

Meine Ansicht kennt ihr, und ich verhalte mich auch künftig danach: Mit den Feinden unseres Volkes gibt es keine Nachsicht. Noch habe ich öffentlich lange nicht gesagt und geschrieben, was zu sagen ist. Aber ich habe Vogel und Co. schriftlich mitgeteilt, daß die Bänder besprochen und aus Gründen der Sicherheit deponiert sind – was er ja besonders gut versteht.

Ich bin, wie ihr, getäuscht und betrogen worden von Kindesbeinen an, ich habe bedingungslos geglaubt wie ihr, Zweifel unterdrückt wie ihr, bis sie durch Erfahrung in der Praxis und durch Kenntnis der theoretischen Quellen übermächtig wurden. Dann habe ich bedingungslos gebrochen und euch unterstützt. Nach zehn Jahren hatte ich diese Möglichkeit nicht mehr in der DDR, aber ich habe sie hier. Bücher haben Langzeitwirkungen. Sie erreichen unsere jungen Studenten. Diese werden morgen das Sagen haben. Daran muß der Oppositionelle denken, prinzipiell, strategisch, langfristig. Die Geschichte ist keine Eintagsfliege.

Wenn sich etwas positiv in Richtung Menschen- und Bürgerrechte für die DDR und etwas positiv in Richtung Selbstbestimmungsrecht für unsere Nation ändern soll, brauchen wir die junge Generation auf unserer Seite – gegen Russen und Ersatzrussen in ganz Deutschland.

Mein Leben hat wieder einen Sinn. Ich habe alles gewagt und meine Freiheit gewonnen. Hoffentlich gewinnt ihr die eure. Laßt euch grüßen mit den Zeilen Stefan Georges:

Sieger bleibt,
wer das Schutzschild
trägt in seinen Marken,
und Herr der Zukunft,
wer sich wandeln kann.

Anhang

Antwort an die Genossen Berufsfälscher von SED-SPD-SEW
über meine Studenten und Freunde in Berlin-Ost:

Ihr habt öfter angefragt, warum ich nicht auf die durch den SSD
euch zugestellte »Wahrheit« der SEW geantwortet habe.
Das hat zwei Gründe:
1. Die »Neue Gesellschaft« der SPD hat meine sofortige Antwort im
Zeichen der »neuen Streitkultur«, vereinbart mit den reformfeindli-
chen Altstalinisten um Honecker zu deren Stützung, nicht gedruckt. Ich konnte damals nur hektographiertes Material versenden,
um der schlimmsten Auswirkung entgegenzutreten, die es bei phänomenal Ungebildeten in der DDR-Forschung, der Ebert-Stiftung,
am DIW und anderenorts gab, meist brave Sozis, die aber von der
Geschichte, der Philosophie und der Nationalökonomie des 18. und
19. Jahrhunderts keine Ahnung haben, sondern nur die Phraseologie
von und über Marx aus SED-blauen Bänden kennen – wie manche
andere sogenannten Wissenschaftler hierzulande auch. Meine damalige Antwort könnt ihr jetzt unverändert nachlesen, aber vorher, zur
Wahrung der Streitkultur, lasse ich den SED-SPD-SEW-Beitrag un-
gekürzt abdrucken. Die SEW hat die NG komprimiert.
2. Mein damaliger Verlag, der des *DGB*, wollte meine Antwort nicht
in der zweiten Auflage meines Buches haben, da die *SPD* starken
Druck ausgeübt hat. Das Erscheinen der »Vorbeugenden Unterwerfung« haben SPD-Funktionäre über ein Jahr lang ebenfalls vertrags-
widrig verhindert, obwohl das Buch ursprünglich ganz anders konzipiert war. Diese Zensur hat mir die Augen über die SPD restlos geöffnet. Deswegen habe ich dieses Buch ganz umgeschrieben. Vorher
wollte ich es auf DDR-Probleme beschränkt halten. Daher erscheint es jetzt auch in einem nicht linkslastigen Verlag. Für die SPD
gilt das, was für die SED gilt: gleiche Brüder, gleiche Kappen. Dieselben Strukturen, die gleichen Apparatschiks. Marxisten bleiben
Marxisten – auch und besonders, wenn sie sich heuchlerisch und
feige, verschlagen und hinterhältig, volksfrontmäßig tarnen.
Das Ganze war gut so, denn: Damit kann ich heute, zwei Jahre später, mit der Autorität des ZK der KPdSU die Hauptthese der SED-

SPD-Fälscher wegwischen, die lautete: »Schäbig«, wie »der fiese Typ« – oh, neue Streitkultur, ganz neue! – Berg nun einmal sei, habe er seine Genossen »Berufsfälscher« vom Institut für Marxismus-Leninismus beim ZK »ehrlos und verleumderisch« angegriffen, und nur deshalb müsse man sein M-L-Buch überhaupt erwähnen, nicht aus fachlichen Gründen.

Soweit die vereinigten sozialistischen »Wahrheitler« es gewagt haben, fachliche Analysen von mir aufzugreifen, könnt Ihr meine Erwiderung nachlesen, vgl: »großer Historiker und Plagiat« im Text. Damit wißt Ihr, warum die meine Antwort nicht zu drucken wagten. Ich frage mich nun sorgenvoll, ob sie etwa ab morgen den lieben »Gorbi Gorbatschi« offen als »fiesen Typ« bezeichnen, »ehrlos und verleumderisch«, weil der sich, »schäbig«, wie er ist, mit dem Berg solidarisiert hat? Wieso? Nun: Gorbatschow hat, Marx im Himmel sei Dank, seinen »Wahrheitlern« vom IML Moskau – im Text habe ich dargestellt, wie die mit dem IML in Berlin-Ost gegen die SPD gefälscht und verleumdet haben! – aufgetragen per ZK-Beschluß, alle Geschichts- u. ä. Bücher neu zu schreiben. Warum? Weil die Genossen Berufsfälscher die »Wahrheit« geschrieben haben, die volle, parteiliche Wahrheit, die SED-SPD-Wahrheit – welche denn sonst?

Und, da Ihr aus dem ND, in Wahrheit: AD, Altes Deutschland, nichts Derartiges erfahrt im Zeichen von Glasnost: 1988 finden in den Schulen und Hochschulen der UdSSR keine Prüfungen in Geschichte, Parteigeschichte usw. statt. Warum? Na, ratet mal ...

Also, meine Lieben, ich wünsche den Kommilitonen und den Lehrern unter Euch von Herzen für 1989 oder etwas später, weil in Vorpommern doch alles langsamer geht und die deutsche, fast demokratische DDR sich doch immer mehr nach der alten deutschen Tradition richten muß, ein ganz neues, glückliches, prüfungsfreies 1989 – bis in alle Ewigkeit! Seht Euch im Text und in den Schlußbemerkungen meine methodischen Hinweise zur Desinformation der Marxisten nochmals an, bevor Ihr Euch an das Lesen der nachstehenden Texte macht!

Aspekte

»Die Neue Gesellschaft/Frankfurter Hefte«:
Mit gepfeffertem Witz und Sachkunde gegen Marx-Töter
Rainer Diehl: Marx zur Ehrenrettung
Von Eberhard Schmidt

»Quellenkritische und ökonomische und historische Studien, die ich eben abgeschlossen habe, vermitteln mir die Erkenntnis, daß die ›Wissenschaft‹ des Marxismus/Leninismus lediglich verflachend abgeschriebene, pseudotheoretische, eklektizistisch kompilierte Ideologie, schon zur Zeit ihrer Entstehung unter dem Niveau der jeweiligen Fachdisziplin stehend, ist.« Im »Spiegel« war im Mai dieser Satz des just aus der DDR in die BRD abgewanderten Professors Hermann von Berg zu lesen. Diese wenigen Worte können einem einigermaßen Gebildeten genügen für die Feststellung: wieder mal ein Marx-Töter. Sein Buch braucht man nicht einmal mit der Feuerzange anfassen.

Kritik im Handgemenge

Freilich kann man auch anders vorgehen. Rainer Diehl hat in der von der Friedrich-Ebert-Stiftung herausgegebenen Zeitschrift »Die Neue Gesellschaft/Frankfurter Hefte« den, wie er ihn nennt, thüringischen Adligen beim Wort genommen und in Hermann von Bergs als Sensation angekündigtem Buch »Marxismus-Leninismus. Das Elend der halb deutschen, halb russischen Ideologie« nach- und anschließend mit herzerfrischender Kritik im Handgemenge, wie Marx es nannte, zugeschlagen. Rainer Diehl, dem Redaktionsstab der Zeitschrift angehörend, überschrieb seinen Beitrag »Wenn der Berg kreißt«, so zum gedanklichen Fortführen des Horaz-Zitats anregend: »... zur Welt kommt ein lächerliches Mäuschen.« Der Rezensent konzentriert sich auf die Frühgeschichte der deutschen Arbeiterbewegung in den vierziger Jahren des vorigen Jahrhunderts, deren Kennerschaft sich Herr von Berg rühmt. Sein Eigenlob – »Bisher hat es eine Analyse über die angeblichen theoretischen Leistungen des Marx in der Form, wie ich sie vortrage, nicht gegeben« – kontert Rainer Diehl kühl: »Die Frage ist, ob der wissenschaftliche Ertrag der Bergschen Studien der – Verzeihung, man kann es nicht anders nennen! – rülpelhaft-ordinären Sprache und der demonstrativ zur Schau getragenen Intoleranz gegenüber allem, was nur entfernt nach Marxismus aussieht, angemessen ist. Und da stellen sich doch starke Zweifel ein.«

Dubiose Methoden und ...

Bergs Entdeckung, mit der er zu einem vernichtenden Schlag gegen den ganzen Marxismus-Leninismus auszuholen meint und zu beweisen trachtet, »welchen Scharlatanen die Einwohner des Landes der Dichter und Denker im 19. und 20. Jahrhundert aufgesessen« sind, soll darin liegen, daß Karl Marx ziemlich ausnahmslos alles an Bedeutendem von anderen weniger bekannten Autoren abgeschrieben habe, zum Teil ohne es zu verstehen. Rainer Diehls Urteil: »Solche Anwürfe wollen natürlich penibel bewiesen sein. Aber gerade in diesem Punkt läßt uns von Berg regelmäßig im Stich. Überaus ärgerlich ist es, daß von Berg aus den Quellen, von denen Marx abgeschrieben haben soll, so gut wie nie vollständige Sätze zitiert, sondern immer nur Halbsätze und Wortfetzen. Und selbst dies geht nach einer recht zweifelhaften Methode vor sich.«

... krasse Unkenntnis

Aus der Fülle der Pannen des Buches hier nur diese Beispiele:
- Herr von Berg zeiht den Autor des Anfang 1842 in den Rugeschen Jahrbüchern erschienenen anonymen Artikels »Luther als Schiedsrichter zwischen Strauß und Feuerbach« der Unseriosität und spottet über die »bekannte Faulheit« von Karl Marx, den er für den Verfasser hält. Generationen von Marx-Forschern hatten der Sprache wegen den Beitrag Karl Marx zugeschrieben. Doch bereits vor über einem Jahrzehnt hatten DDR-Forscher eingeräumt, daß sich hinter der Unterschrift »Kein Berliner« in Wirklichkeit Ludwig Feuerbach selber verbarg. Rainer Diehl an die Adresse des Herrn von Berg: »Nun sollte man eigentlich davon ausgehen können, daß einem auf die deutsche Arbeiterbewegung der vierziger Jahre des 19. Jahrhunderts spezialisierten Historiker

268

die über mindestens 20 Jahre im Osten wie im Westen auch unter Beteiligung sowjetischer Marx-Forscher geführte Diskussion um die Authentizität jenes Textes nicht entgeht. Das ist aber offenbar nicht der Fall.«

• Herr von Berg las aus einem Brief vom Mai 1843 heraus, daß Marx die »Revolution als Werk des progressiven Intellektuellen und des Proletariats aufgefaßt« und damit »die Rolle der Intelligenz höher als die der organisierten Arbeiterklasse« gewertet habe. Rainer Diehl dazu ironisch, man könne Marx erst dann einen Vorwurf machen, »wenn der große Historiker von Berg erklären kann, wo es im Mai 1843 bereits eine ›organisierte Arbeiterklasse‹ gegeben hätte. Frühestens seit Sommer 1844, seit dem schlesischen Weberaufstand, kann man überhaupt von einer Arbeiter*bewegung* sprechen, doch beileibe nicht von einer organisierten, sondern von einer elementaren, spontanen, gewaltsam erstmals aufbrechenden: Karl Marx hat dies in seinen ›Kritischen Randglossen‹ vom August 1844 wohl als erster erkannt.« In der Tat schrieb Marx den Satz: »Der schlesische Aufstand *beginnt* gerade damit, womit die französischen und englischen Arbeiteraufstände *enden,* mit dem Bewußtsein über das Wesen des Proletariats.«

Punkt für Punkt weist Rainer Diehl Herrn von Berg nach, daß Moses Heß, Lorenz von Stein, Wilhelm Schulz und Wilhelm Weitling keinesfalls Opfer des angeblichen Plagiators Marx waren. Was nicht in den Kopf des Marx-Töters von Berg hineinpaßt, beschreibt der Rezensent so: »Offensichtlich standen doch die sozialistisch-kommunistischen Schriftsteller des Vormärz in einem großen geistigen Wirkungszusammenhang und nahmen wechselseitig aufeinander Einfluß. Es gab eine lebendige Diskussions- und Streitkultur, die in Zeitschriften und Jahrbüchern, in Pamphleten und in konspirativen wie in legalen Schriften ihre Medien hatte. Marx und Engels nahmen daran teil, und sie nahmen die positiven, vorwärtsweisenden Gedanken in diesem großen intellektuellen Austauschprozeß auf, um sie produktiv weiterzuentwickeln. Mit ›Abschreiben‹ oder ›Plagiieren‹ hat dies nicht das geringste zu tun. Und es wäre auch völlig unmarxistisch zu behaupten, Marx habe seine Theorien losgelöst von allen geistig-kulturellen Zusammenhängen, in denen er nun einmal stand, entwickelt.« Herr von Berg versuche zu suggerieren, »auf Grund der schändlichen Tätigkeit professioneller ›Fälscher‹ in den Instituten für Marxismus-Leninismus der Zentralkomitees diverser kommunistischer Parteien sei die Menschheit erfolgreich in dem Glauben gehalten worden, schlechterdings alle Gedanken von Marx entsprängen der subjektiven Selbstbewegung eines von der wirklichen Welt isolierten, genialen Geistes«.

Naßforscher Ton

Rainer Diehl, dem gelegentlich auch grimmige Seitenhiebe auf die DDR zu Gebote stehen, faßt sein Urteil über Herrn von Berg zusammen: »Erstaunlich bleibt bei alledem nur, wie gründlich sich mit diesem Buch ein deutscher Professor um seine wissenschaftliche Reputation bringt. Niemand würde um das Buch mehr viel Aufhebens machen, wirkte nicht der naßforsche, lärmende und von Verachtung für die in der DDR zurückgebliebenen Kollegen (›ihr Genossen Fälscher‹) durchzogene Ton so peinlich störend und unangemessen, weil er so ganz und gar nicht mit dem korrespondiert, was von Berg an tatsächlich neuen wissenschaftlichen Erkenntnissen anzubieten hat: bei Licht besehen nämlich nichts.« Was hingegen die Rezension Rainer Diehls angeht, so mag sie seine Akte beim Verfassungsschutz schwellen lassen. Das wird er wohl zu tragen wissen. Immerhin ist ihm eine Ehrenrettung von Marx brillant gelungen. Georg Weerth, Freund und Kampfgefährte von Marx und Engels, sprühend vor Witz, Parodie und Satire in den Feuilletons der »Neuen Rheinischen Zeitung«, hat uns für einen solchen Fall einer Rezension den Satz hinterlassen: »Kein schöner Ding ist auf der Welt, als seine Feinde zu beißen.«

Lehnsherr Marx und Aftervasall Diehl

In der »NG«, 7/86, steht ein Beitrag unter der Überschrift: »Marx zur Ehrenrettung«.
Normalerweise schreibt Kritiken zu historischen und ökonomischen Problemen, wer fachlich ausgewiesen ist. Darum geht es aber nicht. Dieser Artikel ist so gut, daß er vorzüglich in das theoretische ZK-Organ der SED, »Einheit«, passen würde. Man wird sich doch nicht auf das bereits veröffentlichte Lob der SEW beschränken wollen?

270

Ich stelle fest:

1. Ich bin, entgegen der indirekten Behauptung, kein »adliger Schmarotzer«, sondern komme aus einer Arbeiterfamilie. Mein Vater war Feindreher, der Präzisionsinstrumente für Zeiss herstellte.

2. Tatsächlich promovierte ich erst als Historiker mit 37 Jahren. Allerdings arbeitete ich vorher in einem anstrengenden Job außerhalb der Universität. Zu meiner ferneren Schande muß ich noch gestehen, mit 47 Jahren im wirtschaftswissenschaftlichen Zweitfach habilitiert zu haben, obwohl ich es als ordentlicher Professor nicht mehr nötig gehabt hätte.

3. Meine Bücher schrieb ich in der DDR, nicht in der Bundesrepublik. Sie erschienen aus guten Gründen im SPD- und DGB-Verlag.

4. Gegen die Staatssicherheit wehrte ich mich in der DDR zehn Jahre lang, bis es nicht mehr ging. Ich unterlag zwei Ermittlungsverfahren wegen der Beschuldigung, ich hätte staatsfeindliche Opposition gedeckt und für die polnische »Solidarität« agiert. Ich hatte Untersuchungshaft, Berufsverbot und war entlassen ohne Arbeitslosengeld. Laut »NG« verließ ich die DDR, »weil ich nicht reisen durfte«.

5. Ohne den Schutz von Willy Brandt und Egon Bahr säße ich heute, nicht freikaufbar, wieder im Betonloch der Stasi. Der Prozeß war geplant, der Haftbefehl erneut unterschrieben. Die Stasi hat ihr erstes Ziel, mich mittels fachlicher Gutachten zu disqualifizieren und abberufen zu lassen, nicht erreicht. Keiner meiner Kollegen ließ sich dazu mißbrauchen. Die NG läßt nicht nur, sie kooperiert.

6. Ich habe außer der östlichen Ideologie und Praxis niemanden und nichts angegriffen. Man hat mich trotzdem anonym im »Vorwärts« geschmäht. Ich habe nicht reagiert. Auf die jetzige »Kritik« muß ich antworten. Alles, was offen oder verdeckt zu meiner Person und meiner politischen Haltung und Motivation geschrieben wurde, ist verleumderisch.

7. Man zitiert eine anonym bleibende Stimme aus der stalinistischen Fraktion gegen mich, die noch eine Stunde vor meiner Verteidigung der Dissertation in Ost-Berlin forderte, die Arbeit wegen »Sozialdemokratismus« abzusetzen. Eine seltsame Liaison!

Meine Gutachten schrieben Spitzenleute, deren Namen sich sehen lassen können.

Es ist unangenehm, pro domo sprechen zu müssen. Kommen wir zur Sachproblematik.

Ich treffe drei Feststellungen:

1. Marx hat weder im Manifest politischen noch in der ökonomischen Geschichtsauffassung philosophischen noch im »Kapital« ökonomischen Neuwert geschaffen, sondern er hat seine Thesen unter dem Niveau des gesicherten Wissens ideenlos und eklektizistisch kompiliert.

2. Seine politische Hauptthese von der Diktatur verursacht alle politischen Schwierigkeiten des Ostblocks, da sie die Mißachtung der Menschenrechte bedingt.

3. Seine ökonomische Hauptthese von der Abschaffung der Warenproduktion verursacht zum Schaden der arbeitenden Menschen alle ökonomischen Schwierigkeiten des realen Kommunismus.

Sozialismus und Kommunismus sind ökonomisch nicht machbar. Machbar ist eine soziale Demokratie. Die Arbeitsteilung ist nicht, wie Marx lehrte, abschaffbar, sondern sie nimmt weltweit zu. Folglich sind auch Geld, Wert, Preis, Zins, Mehrwert und Profit nicht abzuschaffen, sondern nur zu modifizieren.

Im realen Kommunismus ist die Ausbeutungsrate höher, der Lebensstandard tiefer als in den kapitalistischen Industrieländern. Außerdem, was schlimmer ist, es herrschen undemokratische Zustände. Das System ist nicht reformfähig. Der Marxismus ist auch in der Praxis erbärmlich gescheitert.

Seltsamerweise wird er in der SPD programmatisch belebt, je mehr er sich als Irrweg herausstellt. Es gibt weder politisch noch ökonomisch einen dritten Weg. Es gibt nur die pluralistische Demokratie oder die marxistische Diktatur. Deren Reformunfähigkeit kann die Welt in den Abgrund reißen, wenn der Ausweg in weiterer Expansion des russischen Imperiums gesucht wird, wie seit 500 Jahren.

Was bespricht diese seltsame Rezension davon? Nichts. Wenn ein Buch und ein Kopf zusammenstoßen, und es klingt hohl, fragt nicht nur Lichtenberg, muß es da immer das Buch sein, das hohl klingt? Nun:

Man benutzt ein technisches Versehen, zwei nicht gesetzte Auslassungspunkte in einem Marx-Zitat, um zu sagen, Berg fälscht, und so sei das ganze Buch zu werten. Diese beiden Auslassungspunkte sind längst für die zweite Auflage des Bandes gesetzt. Eine Fälschung liegt übrigens dann vor, wenn das Weggelassene die Position des Autors nicht erhärtet, wie das bei mir der Fall ist, sondern widerlegt. Eigentlich kann jeder unvoreingenommene Leser zwischen einer technischen Panne und einer wissentlichen Fälschung unterscheiden.

Warum wurden die Punkte übersehen? Mein Lektor hat das Buch in einer Nacht druckfertig machen müssen. Ich konnte keine Endkorrektur lesen, da ich in der DDR, milde gesagt, unter schwierigen Verhältnissen lebte. Das Buch mußte raschestens, vor dem letzten SED-Parteitag, auslieferungsfähig im Verlag vorliegen. Die zeitweilige Stornierung der Auslieferung bis nach dem Parteitag brachte mir in anwaltlich verbindlicher Form die Zusage meiner Ausreise ein.

Die »NG« beklagt den Stil meiner Veröffentlichung. Sie hat auf den akademischen Stil meiner Kritik im Schlußwort meines Buches über die »Europäische Gemeinschaft«, erschienen im September '85 – ebenfalls im Gewerkschaftsverlag –, als ich noch lange DDR-Bürger wider Wilen war, nicht reagiert. Vielleicht ist dort die Abstraktionsebene zu hoch. Vielleicht versteht Diehl das nicht. Ich habe daher Inhalt und Form auf einen Nenner gebracht – in voller Absicht, wie ich im Vorwort schreibe. Ich benutze öffentlich den »rüpelhaft-ordinären« Stil des privaten Karl Marx. Jetzt wird man wach. Bei Marx-Verblendeten gilt: ein grober Keil auf einen groben Klotz.

Doch nun konkret zum Inhalt des versuchten Verrisses: Diehls Vorstellungen vom Lehnswesen sind völlig diffus. Ausnahmsweise muß ich Marx verteidigen: Seite 652, Abs. 3, fünfte Zeile von oben. Diehl: »Das Lehnsverhältnis war kein Unterdrückungsverhältnis« und »vielleicht wäre das dem Historiker Berg auch aufgegangen«, wenn der eben nicht den Marx gefälscht hätte ...

Sechs Zeilen tiefer zitiert Diehl das, was Berg angeblich unterschlagen hat, nämlich Marx: »Unterdrücker und Unterdrückte standen in stetem Gegensatz« zueinander. Das muß nicht kommentiert werden. Das qualifiziert sich von selbst.

Bei wem gehen hier »Äpfel und Birnen« durcheinander? Wo sage ich, um nur eine Unterstellung aufzugreifen, Vasallen seien Leibeigene? Nirgends. So eine Erfindung ist dann elegant zu »widerlegen«.

Trotzdem: Vielleicht sollte Diehl, um das Lehnswesen zu begreifen, etwas weniger in den von ihm mehrfach strapazierten 13. Auflagen der SED-Literatur, sondern etwas mehr im Lexikon des demokratischen Sozialismus lesen. Dort findet er, unter dem Stichwort Feudalismus, unter anderem: »Nachdem *in der neueren Forschung* eine substantielle Trennung des Lehnswesens vom Feudalismus nicht mehr vorgenommen wird, wie dies liberale und konservative deutsche Rechtshistoriker im 19. und frühen 20. Jahrhundert noch forderten ...«

Kennt nicht jeder Laie den historischen Unterschied zwischen Feudalherren und Leibeigenen, nur der Berg weiß das nicht? Vielleicht antwortet Diehl auf das, was zur normalen Schulbildung eines jeden Achtkläßlers gehört:

1. Hat der mit der hohen Gerichtsbarkeit und dem Heerbann ausgestattete deutsche Hochadel ökonomisch schwächere Adlige als Vasallen geschaffen und in seine Abhängigkeit gebracht oder nicht?
2. Gab es diese Lehenspyramide, einschließlich der königlichen Spitze, der Vasallen und deren Aftervasallen, oder nicht?
3. Haben Herzöge, Fürsten, Grafen, Freiherren oder Barone, Ritter und Edle ihrerseits ihren Grundbesitz gegen Zins und Leistungen an die Bauern vergeben oder nicht?
4. Welche bruchstückhafte, äußerliche Vorstellung hat Diehl vom Lehnsrecht? War die personalrechtliche Seite der Vasallität durch die Übergabe von Rechten auf das bäuerliche Mehrprodukt in Form des Lehns oder Feudums materialisiert oder nicht?
5. Wurden die Grafen aus Amtsträgern der Karolinger zu selbständigen mächtigen Feudalherren, weil Land und Amt im neunten Jahrhundert erblich wurden, oder nicht?
6. War der Aftervasall Knecht seines Herrn oder nicht?

Genügt das, oder sollen wir den Grundkurs für historische Anfänger fortsetzen?

Wie fälscht Diehl nun vorsätzlich? Er fälscht meine Ausführungen. Ich zitiere Marx an der von Diehl beanstandeten Stelle überhaupt nicht, um dessen richtige Darstellung des Feudalismus anzugreifen. Ich zitiere Marx dort, um dessen falsche Vorstellungen vom Kapitalismus zu verdeutlichen, nämlich die unzulässige Verabsolutierung, daß sich die Gesellschaft in »Bourgeoisie und Proletariat« polarisiert.

Aus dieser falschen These leite ich die volkswirtschaftlichen Milliar-
denverluste im realen Kommunismus ab, die zu Lasten der dort arbeitenden Menschen gehen, die erheblich höher ausgebeutet werden
als sonstwo auf der Welt. Das ist der Kern des Problems. Das fälscht
Diehl weg.

Diehls Äußerung zum Lehnswesen ist im übrigen die einzige persönliche Meinungsäußerung in dem langatmigen Artikel überhaupt. In allen anderen fachlichen Dingen hat er keine eigene Meinung, sondern zitiert von mir nicht benutzte Sekundärliteratur.
Deshalb reagiere ich nicht auf das einzelne, sondern fasse zusammen:

Für den Aftervasallen Diehl ist die Version der SED in der 13. Auflage ihrer Marx-Engels-Werke gültig. Eine andere Lehrmeinung gibt
es nicht und hat es nicht zu geben. Sonst führt er gegen meine Ausführungen Marx ins Feld. Womit alles gesagt wäre. Gegen ideologische Verblendungen müßte man eigentlich gar nicht anschreiben.
Aber selbst dort, wo er seinen Lehnsherrn verteidigt, erweist er ihm
wiederum einen Bärendienst. Ich streite ja nicht darüber, ob der Text
ein umstrittener oder nicht umstrittener Text von Marx ist, sondern
gestehe diesem Marx, wie andere Forscher auch, nach wie vor diese
zwei Seiten zu mit dem Hinweis, daß Marx in einer langen Zeit nur
diese paar Seiten geschrieben hat, also eine lächerliche Leistung voll-
brachte, und darin zeige sich das, was Diehl so erbost, seine »bekannte Faulheit«. Was tut Diehl?

Er nimmt dem Marx auch noch diese paar Seiten weg, es seien nicht
»authentische Texte«. Sehr gut. Ich sage dann, durch Diehl bewiesen, dieser Marx war nicht nur faul, sondern stinkfaul ...

Diehl fragt, ob der »große Historiker von Berg« erklären kann, wo
es vor 1844 eine organisierte Arbeiterklasse gegeben hätte? Ja, ja,
von Berg kann: Ist der Bund der Gerechten, seit 1836 sich entwik-
kelnd, mit dem Programm, verfaßt von Wilhelm Weitling, beraten
und gebilligt von den Bundesmitgliedern, erschienen 1839 in Paris,
mit dem Titel »Die Menschheit wie sie ist und wie sie sein sollte« das
Dokument einer selbständig organisierten Arbeiterbewegung oder
nicht? Trat Marx in den Bund der Gerechten ein oder traten die Gerechten in die Marx-KP ein? Diehl erklärt hier natürlich den Standpunkt des Karl Marx als verbindlich, der seinerseits erklärt, vor ihm,
dem Advokaten Marx, hat es keine deutsche Arbeiterbewegung ge-

geben. Von dieser Qualität ist auch der Rest, den der Diehl'er ganz SED-mäßig verbreitet:
Ich sage, daß Wilhelm Schulz' geistiges Erbe, sein Hauptwerk über die »Bewegung der Produktion ... zur Grundlegung einer neuen Wissenschaft des Staates und der Gesellschaft« in der neueren – Mönke hatte in seiner Dissertation, die nicht gedruckt wurde, schon sehr früh darauf verwiesen, Cornu hatte gleichfalls auf Mönkes Studie und schließlich hatte Grab, hinter den inhaltlichen Wertungen dieser Kommunisten zurückbleibend, ebenfalls auf die Arbeit von Schulz aufmerksam gemacht – Geschichtsschreibung der DDR unterschlagen wird, weil sonst nachgewiesen würde, *daß es nicht Marx war, der die Grundkategorien und die Gesamtsicht der ökonomischen Geschichtsauffassung formuliert hat.* Diehl widerlegt mich. Wie? In bekannter Qualität. Schließlich, sagt er, hat das Zentralantiquariat der DDR – ich füge an, um Devisen zu erwirtschaften – einen schönen Reprint von Wilhelm Schulz vorgelegt. Worüber? Über den »Tod des Pfarrers Weidig«. Auch die Kartoffel ist bei Diehl eine Birne. Warum verschweigt er, daß in der Bundesrepublik Deutschland 1974 ein Reprint mit einem Vorwort von Kade erschienen ist, der das Hauptwerk jedem zugänglich macht? Hat Diehl eine solch barbarische Angst vor Quellen, daß er die wichtigste Sekundärliteratur und die Quellen des 19. Jahrhunderts nicht zitiert?
Es gibt zwei Bildunterschriften in Diehls Beitrag: Hess habe die Marxsche Terminologie benutzt, aber er sei hinter Marx zurückgeblieben. Seltsamerweise haben Hess und Weitling und Stein und Schulz in der ersten Hälfte ihre und hat Marx in der zweiten Hälfte des Jahrhunderts seine Hauptarbeiten geschrieben. Damit sollte klar sein, wer von wem wessen Terminologie übernommen hat. Als Hess revolutionäre Artikel zugunsten des europäischen Proletariats schrieb, schrieb Karl Marx noch antikommunistische und arbeiterfeindliche Aufsätze.
Unter Weitlings Bild wird bestätigt, daß Marx von diesem nicht abgeschrieben habe. Im Anhang meines Buches habe ich, Seite 314 bis 317, Weitlings »Demokratisch-kommunistische Tauschanweisungen für den Austausch der Produkte und Dienstleistungen« abdrucken lassen. Das alles läuft bei Weitling unter der Flagge des »demokratischen Kommunismus«, den es nach Diehl nicht gegeben hat. Marx

hat seinerseits in seinen von der Führung der deutschen Sozialdemokratie ignorierten »Randglossen« zum Gothaer Vereinigungspartei-
tag genau das gefordert, was Weitling über die zukünftige Organisation der sozialistisch-kommunistischen Gesellschaft forderte, d. h.,
Marx hat sieben bis acht Jahre nach dem Erscheinen seines ersten
und einzigen Bandes vom »Kapital« – angekündigt hatte er sechs –
seine totale ökonomische Unfähigkeit und die Tatsache demonstriert, daß er das Abgeschriebene im Band 1 seines »Kapitals« bis
dahin selbst noch nicht verstanden hatte: Alles zur konkreten Lösung des Aufbaues einer neuen Ordnung hat er von Weitling abgeschrieben – und der irrt. Wer mag: Seite 236 ff. im Buch bei Berg.
Marx hatte selbst 1875 noch nicht das Wertgesetz begriffen. Dieses
heiße Eisen greift Diehl nicht auf. Der ökonomische Autodidakt
Marx war zehn Jahre nach Band 1 des »Kapitals« noch immer unter
dem Niveau der klassischen Nationalökonomie Europas geblieben.
Diehl löst, wie Marx und noch heute alle Marxisten, alles verbal: Die
»Arbeitskraft« ist bei Thomas Morus eine »bloße Vokabel«, bei
Marx hingegen eine »ökonomische Kategorie«. Da staunt nicht nur
der Laie. Natürlich unterschlägt Diehl alle Hinweise zu diesem
Thema, die zeigen, daß der englische Lordkanzler nicht nur etwas
klüger als Marx war, z. B. wenn Morus den von Marx angeblich so
phänomenal entdeckten Unterschied im Preis der Ware Arbeitskraft
mit dem Hinweis auf die juristische Seite Lohnarbeit und Gefängnis-
arbeit untermauert. Auch hierbei handelt es sich allerdings um bloße
Vokabeln ... Es folgt eine Zwischenzeile bei diesem Akt des Diehl-
schen Trauerspiels: »Statt des Originals wird hier die Übersetzung
zur Quelle.« Er zitiert allerdings auch nur die Übersetzung und
nicht den Original-Morus. Jawohl, und Berg zitiert mit voller Absicht SED-amtliche Literatur, damit ihn keiner beschuldigen kann,
er würde irgendwelche Erfindungen in die Welt setzen. Ich habe im
Vorwort darauf aufmerksam gemacht, daß ich SED-Quellen und
SED-Dokumente benutze, damit man mir in der DDR nicht unter-
stellen kann, ich würde unsorgfältig arbeiten, denn gegen ihre eigenen Veröffentlichungen kann die SED schlecht vorgehen.
Regelrecht unverschämt wird Diehl dort, wo er behauptet, Marx
und Engels hätten von Lorenz von Stein nur methodisch die Probleme übernommen und nicht inhaltlich. Mir stockt bei soviel Un-
verfrorenheit der Atem. Diehl und seinesgleichen muß der von mir

sogenannte »steinerne Mehrwert« doch mächtig in die Knochen gefahren sein. Das beruhigt mich. Wann hat Stein seine grundsätzlichen Werke veröffentlicht? Zehn Jahre vor der ersten ökonomischen Studie des Karl Marx! Bei Stein ist die inhaltliche Antwort auf der Grundlage des Erkenntnisstandes auch der deutschen, nicht nur der englischen Nationalökonomie vor Marx voll gegeben.

Besonders wichtig ist in der marxistisch-leninistischen Theorie die heilige Rolle der allwissenden Partei. Im »Finale« versucht Diehl hier, Berg gegen Berg zu stellen. Diehl zitiert alte Dokumente; er unterschlägt alles, was ich über die neuen Dokumente bringe, die eine Weiterentwicklung meines früheren Standpunkes brachten: Ich weise nach – mit neuen Dokumenten –, daß Marx statutengemäß von der absoluten Mehrheit aus dem Bund der Kommunisten, der kommunistischen Partei des 19. Jahrhunderts, ausgeschlossen worden ist. Übrigens hat ihn keine kommunistische Partei jemals wieder aufgenommen.

Ich werde mich auch künftig nicht scheuen, frühere Standpunkte zu modifizieren oder zu revidieren, wenn neue Quellenstudien das erfordern würden. Ich war und bin Analytiker, kein verblendeter Ideologe, Anhänger der Infallibilität, und so wird das bleiben. Ich fasse zusammen:

Rede ich von dem Wilhelm Weitling nach der Revolution, dann Diehl von jenem der vierziger Jahre vor der Revolution. Schreibe ich von Schulz' Hauptwerk, zitiert Diehl eine belanglose Nebensächlichkeit. Kurz: die fachliche Inkompetenz und die methodische Schlampigkeit, die ja nur gewollt sein kann, ist abenteuerlich. Diehl ignoriert noch heute die selbst von den schlimmsten SED-Dogmatikern seit langem aufgegebene Behauptung, die Geschichte der organisierten deutschen Arbeiterbewegung beginne nicht mit dem Bund der Gerechten usw.

Falls Diehl eines Tages der »Neuen Gesellschaft« kündigen müßte, nähmen ihn nicht einmal die von ihm ausdrücklich verteidigten »Genossen Berufsfälscher« der Institute für Marxismus-Leninismus beim ZK der SED und der KPdSU. Dort wird auf höchstem Niveau gefälscht. Pfuscher kann man da nicht brauchen.

Es ist überhaupt für mich eine erstaunliche Erfahrung, daß hierzulande, wo man alles nach den Quellen prüfen kann, nicht diese Quellen, sondern die SED-Interpretation der Quellen benutzt und die

»Genossen Berufsfälscher« als Wissenschaftler hochgejubelt werden. Ich kenne nur eine Ausnahme, den seriösen Historiker Hermann Weber, welcher immer und immer wieder klarmacht, wie die SED die Quellen fälscht.

Kommen wir nun zum Kern des ganzen Problems: Ist Marx ein Plagiator, der unter Niveau abgeschrieben hat – ja oder nein?

Diehl bestreitet das natürlich vehement. Dabei ist seine Definition dessen, was Plagiat ist, ganz neu. Nach Diehl ist Plagiat – im Gegensatz zur deutschen Sprache – nicht die Veröffentlichung eines geistigen Erzeugnisses unter bewußter Verletzung fremder Urheberrechte, also Diebstahl geistigen Eigentums – wie im Falle Marx dessen Plagiat an Wilhelm Schulz, Lorenz von Stein u. a. –, sondern »eine Synopse, eine wörtliche Übereinstimmung«.

Diehl ist zum Stehlen nicht intelligent genug, er synopst nur. Und nun ertappen wir ihn gleich, denn er läßt ein solches Hauptwort wie »Produktionsweise« ganz verschwinden und rätselt, ob man Produktionskraft mit c = Produktivkraft mit k setzen könne, um ein Plagiat zu beweisen. Aber Marx ist vollkommener, er stiehlt und synopst zugleich, zum Beispiel in der Einleitung des von ihm endredigierten Manifests der kommunistischen Partei. Dort ist er wirklich so dumm und schreibt von seinem Professor Gans wortwörtlich ab, so daß Diehl eigentlich singen müßte: »Murx, die hast du Gans gestohlen.«

Was das Plagiat angeht, sage ich nicht schlechthin, Marx ist Plagiator. Ich sage und beweise, er hat unter Niveau abgeschrieben und damit der kommunistischen – heute würde man sagen: der sozialdemokratischen – europäischen Arbeiterbewegung des 19. Jahrhunderts den richtigen Weg verbaut, bis heute. Das gilt für beide Seiten der Trennlinie zwischen West und Ost.

Mag man sich vordergründig aufregen über die harsche Form meiner Kritik an Marx; das legitimiert noch lange nicht, den sachlichen Gehalt zu fälschen. Dieses Buch ist unter einem ungeheuren Druck psychischer Art entstanden, in ständiger Auseinandersetzung mit der Staatssicherheit, bruchstückweise geschrieben und nach draußen gebracht worden. Gemessen an diesen Umständen kann es sich durchaus sehen lassen. Es ist für DDR-Leser geschrieben und nicht für theoretisierende Bundesbürger.

Das Buch greift an keiner Stelle die Sozialdemokratie und schon gar nicht einen einzelnen an. Aber Diehl antwortet in einem Stil, der mich an die stalinistischen Methoden der Parteisäuberungen in der SED erinnert, nicht aber an eine Debatte unter sozial und demokratisch Orientierten.

Ich bin, wie ich geschrieben habe, nicht für, sondern gegen einen ideologischen Krieg zwischen Ost und West, aber nur unter der Bedingung der geistigen Waffengleichheit. Die geistige Entwaffnung wäre der erste Schritt zur politischen Unterwerfung.

Ich habe freilich nicht die Absicht, diesem Krieg auszuweichen, wenn man ihn mir aufdrängt. Ein solcher Streit fördert die Verbreitung zutreffender Ansichten.

Ich werde ganz einfach eine genügend breite Dokumentation aus den von mir angegebenen Quellen in Konfrontation mit Marx-Texten und einer entsprechenden Kommentierung herausgeben, so daß jeder politisch Interessierte wirklich sieht, was es mit der Ehrenrettung für Karl Marx, der besser Charly Murx heißen sollte, auf sich hat.

Berlin-West, September 1986

Notwendig: PS

Da der SSD unter Euch auch noch verbreiten ließ, meine letzten Arbeiten hätten »offiziell ein verheerendes Echo gefunden«, ich hätte deshalb weder Arbeit noch Wohnung, lasse ich noch einen Teil des »Offiziellen« umstehend abdrucken. Das sonstige ist uninteressant, weil es im rückständigen Bayern ja doch noch einige morsche Holzbrücken gibt, unter denen ich bei Regen schlafen kann, natürlich vorausgesetzt, das landeseigene Proletariat hat die Plätze nicht durch Zweitwagen, Marke Trabi, blockiert. Und nun, »Wahrheitler« Schmidt: Zitiere *er* sich doch jetzt den zweiten Teil des *Weerth*-Zitats, denn: Nichts geht über die SEW'liche hohe Kunst der altstalinistischen Zitatierer, als über all' die plumpen Gesellen seine lustigen Witze zu reißen!

Noch ein PS:
Nun, wo mein Manuskript abgeschlossen ist, lese ich in der »Neuen

Gesellschaft/Frankfurter Hefte« 6/88, unterzeichnet vom Chefredakteur, folgendes:
»Unsere Zeitschrift ist von Hermann von Berg, einem Emigranten
aus der DDR, im WDR maßlos angegriffen worden. In Nummer 7/
86 hat Rainer Diehl Bergs Buch ›Marxismus-Leninismus. Das Elend
der halb deutschen, halb russischen Ideologie‹ scharf verrissen. Zu
Recht: Das Buch, das den großen Ökonomen und Soziologen Marx
nicht nur als schlechten Propheten (was akzeptabel wäre), sondern
auch noch als plumpen Plagiator ›entlarven‹ wollte, taugt nicht viel.
Die Entgegnung Bergs (die wir prinzipiell sofort publiziert hätten)
war so beleidigt-persönlich, so hysterisch-unsachlich, daß wir sie
zurückweisen mußten. Jetzt unterstellt Berg, diese Zeitschrift betreibe falsche Propaganda zugunsten der Regierung der DDR. Ein
für allemal: Wer aus Einparteienstaaten flieht oder ausgebürgert
wird, hat unsere spontane Sympathie; aber keine Narrenfreiheit.«
Also kommen wir nochmals auf das Thema zurück, Herr *Glotz:*
Sollte ich »DDR«-Propaganda gesagt haben, präzisiere ich: Ihre
Veröffentlichung, auf die ich mich beziehe, ist SED-Propaganda aus
SED-Quellen, zugunsten des Kommunisten Marx. Sie brauchen
mir nicht zu erklären, wie derartige Maßnahmen geplant und ausgeführt werden. Im Text habe ich einiges dazu gesagt.
Sie benutzen außerdem in Ihrer Zeitschrift genau die SSD-SED-
Sprachregelung gegen mich: Größenwahn, hysterisch, unsachlich,
Narr – wie Sie wissen, assoziiert unsere Muttersprache Narrenhaus
mit Irrenanstalt, und SSD und KGB assoziieren das nicht nur theoretisch, wie übrigens auch der Chefpropagandist der SED, Reinhold, mit dem Sie kollegialen Umgang haben und dessen Ansichten
Sie im Gegensatz zu meinen in Ihrem Blättchen drucken.
Auf einer Seite finde ich da das SED-Vokabular »zerfetzt, bekämpft,
verrissen« – jeweils benutzt für Andersdenkende. Nun, mein »Verriß« vergeht Ihnen, wenn Sie die vorstehende Entgegnung lesen. Der
Leser wird beurteilen, warum Sie es nicht gewagt haben, meine Erwiderung zu drucken.
Wer ideologisch mit der SED paktiert, wie der gesamte prokommunistische Flügel Ihrer Partei, kann die von Marx geforderte und von
der SED realisierte »*DIKTATUR*« des Proletariats wie Sie natürlich
»*EINPARTEIENSTAAT*« nennen, das zählt zur aktuellen prokommunistischen Sprachregelung: Hat Sie denn Herr Reinhold noch

nicht über das demokratischste Mehrparteiensystem der Erde, das der DDR, aufgeklärt, damit Sie wissen, wie rückständig der sozialistische Pluralismus Gorbatschows ist? Selbst für die Nationalsozialisten hat die SED eine Partei gegründet, und es gibt auch die CDU, die LDP und die Bauernpartei, nur, seltsamerweise, eine SPD gibt es dort nicht, Herr Glotz – trotz aller Perestroika!

Sie sind, Herr Glotz, nicht nur hinter dem altstalinistischen Denken der SED, sondern auch hinter dem halbneuen des Zentristen Gorbatschow zurückgeblieben, denn was hat die KPdSU inzwischen zu Ihrem »großen Wissenschaftler« Marx gesagt? »Nichts Brauchbares, wir brauchen ein neues Sozialismus-Konzept.«

Ich möchte meine Leser noch auf etwas hinweisen: Hierzulande hat ein Ordinarius, der fachlich, im Gegensatz zu leichtgewichtigen Berufspolitikern, etwas wiegt, ein Jahr Zeit, um eine fachliche Analyse zu bewerten. Die NG macht das in einer Woche. Im Juni hatte ich mein Buch auf einer Pressekonferenz in Bonn vorgestellt, im Juli war die Antwort schon in der NG ausgedruckt. Mit keinem Wort ist man deshalb auf die fachlichen Probleme eingegangen, sondern hat etwas marxistische Ideologie als »Verriß« abgesondert. Wer sich zunächst die Quellen- und Sekundärliteratur verschafft, um erst einmal die Tatsachen und dann ihre logische Verarbeitung zu prüfen, braucht Zeit. Nun, darum ging es nicht: In brüderlicher Kooperation sollte Berg, ausgelaugt und erschöpft, wie er war, ohne seine spezielle Literatur, die ja in der DDR lag, zur Verteidigung parat zu haben, in der Berufsehre tödlich getroffen werden. Mord mit dem Messer wird bestraft. Rufmord macht sich bezahlt.

Das gute Buch in der Schule

Empfehlenswerte Bücher für die Bibliotheken der Gymnasien und Realschulen Bayerns

6. Gruppe: Gegenwartsfragen, Zeitgeschichte

Berg Hermann von: Die Analyse. Die Europäische Gemeinschaft – Zukunftsmodell für Ost und West? Bund-Verlag, Köln 1985, 240 S. Geb. 28,– DM.
Auch Oberstufe. Auch Seminarbücherei.   Systematik: K 700 BER

Der Autor, geboren 1933, seit 1972 Professor für Wirtschaftswissenschaften an der Humboldt-Universität in Ost-Berlin, ist auch gleichzeitig Koordinator im Ministerium für Außenwirtschaft in der DDR. Seine Sichtweise ist eine einzige Ermutigung für die Politik der EG und eine Abrechnung mit dem veralteten, ideologisch und nicht wissenschaftlich begründeten System des RGW. Seine realistische Sicht hat dem Verfasser Publikations- und Vorlesungsverbot eingebracht, »weil es im realen Sozialismus nicht darauf ankommt, ob eine Erkenntnis wahr, sondern ob sie der momentan gerade als richtig verkündeten politischen Orientierung entspricht«.

von **Berg** Hermann: Marxismus – Leninismus. Das Elend der halb deutschen, halb russischen Ideologie. Bund-Verlag, Köln 1987, 320 S. Geb. 29,80 DM.
Besondere Empfehlung. Auch Oberstufe. Grundstock. Auch Seminarbücherei.   Systematik: K 195 BER

Eine wissenschaftlich einwandfreie Abrechnung mit dem »M-L«, geschrieben im »rüpelhaft-ordinären Privatstil von Karl Marx«, heftig, scharf und aggressiv. Berg weist nach, daß Marx und Engels nicht nur große Plagiatoren waren, sondern Jahrzehnte hinter der wissenschaftlichen Entwicklung ihrer Zeit standen. Die völlige Unhaltbarkeit dieser »wissenschaftlichen« Ideologie wird in bestürzender Argumentationsweise dargelegt.
Die Auswirkungen dieser Ideologie werden aus geschichtlicher und eigener Erfahrung dokumentiert. Das Werk gehört in die Hand jedes Lehrers und jedes Schülers ab der 10. Klasse!